(일제강점기 제1차 조선교육령기)

주해 보통학교 조선어급한문독본

이 책은 2021년 대한민국 교육부와 한국연구재단의 지원을 받아 수행된 연구임
(2021S1A5A2A01069847)

(일제강점기 제1차 조선교육령기)

주해 보통학교 조선어급한문독본

허재영 주해

경진
출판

　이 주해서는 일제강점기 보통학교 조선어급한문(朝鮮語及漢文) 교과서 변천 과정을 연구하기 위한 목적에서 계획되었다. 일제는 조선을 식민지로 강점하면서부터 광범위한 일본어(그 당시 국어로 명명) 보급 정책을 펼치면서, 피식민지 모어였던 조선어를 위축시키는 데 온갖 노력을 기울여 왔다. 조선인이 다니는 '보통학교', '고등보통학교', '여자고등보통학교'에서 모든 교육을 일본어로 진행했으며, 보통학교의 경우 주 26~27시간 가운데 조선어가 차지하는 비중은 5~6시간에 불과했다. 더욱이 이 조선어 교과도 한문이 포함된 '조선어급한문'이었으므로, 실제 조선어 교육은 극히 미미했음을 알 수 있다.

　엄밀히 말하면 일제의 조선어 말살 정책은 러일전쟁 직후 통감부가 설치되면서부터 본격화된 것으로 볼 수 있다. 이 시기부터 학정(學政) 잠식이 본격화되었으며, 그 결과 한국인을 대상으로 한 교과서임에도 『보통학교 이과서』와 같은 일본문 교과서가 편찬되기도 하였다. 이 시기에는 『보통학교 학도용 국어독본(普通學校學徒用 國語讀本)』과 같이, 교과서명으로 '국어(國語)'가 사용되었지만 그조차도 개발·편찬 과정에서 강한 통제를 받았다. 이는 이 독본이 국내에서 편찬된 뒤, 일본에서 발행되었음을 통해서도 확인할 수 있다.

　강제병합 직후 일제는, 학부에서 편찬한 『보통학교 학도용 국어독본』의 명칭을『보통학교 학도용 조선어독본』으로 고치고(그 당시 편찬한『보통학교 학도용 일어독본』은『보통학교 학도용 국어독본』으로 명칭을 변경함), 강제 병합에 따른 자구 정정(字句訂定) 또는 일부 과(課)의 삭제와 대체를 통한 임시 교과서를 발행하였다. 이를 자구 정정본이라 부른다. 이를 고려하면 1907년 학부 편찬 국어독본은 자구 정정본으로 이어지며, 자구 정정본은 제1차 조선교육령기『보통학교 조선어급한문독본』의 토대가 되었음을 알 수 있다.

이 주해서는 제1차 조선교육령기『조선어급한문독본』을 한글 파일로 입력·주해하고, 특히 한문 관련 과(課)를 번역하는 데 중점을 두었다. 제1차 조선교육령기『보통학교 조선어급한문독본』은 보통학교 학제가 4년제로부터 5년제, 6년제로 변화됨에 따라 점진적으로 발행되었다. 이 독본의 발행 상황을 표로 정리하면 다음과 같다.

독본 명칭	권수	초판 인쇄	초판 발행
	卷一	1915.03.13	1915.03.15
	卷二	1915.03.13	1915.03.15
普通學校 朝鮮語及漢文讀本	卷三	1915.03.13	1915.03.15
	卷四	1915.03.13	1915.03.15
	卷五	1920.07.29	1920.08.0.
	卷六	1921.03.23	1921.03.25

이 주해서는 박붕배(2003) '침략기의 교과서' 시리즈 가운데 해당 독본과 강진호·허재영 편(2010)『조선어독본』1~5(제이앤씨) 수록본을 대상으로 주해하였으며, 두 독본 가운데 낙장 부분은 국립중앙도서관 디지털라이브러리 등에서 같은 판본을 확인하여 보충하였다. 주해 작업은 해당 독본의 원문을 입력하고 주요 사항을 주석하며 번역하는

데 중점을 두었다. 자구 정정본은 국어독본과 비교할 때 바뀐 부분을 주석하는 데 중점을 두었고, 『보통학교 조선어급한문독본』은 한문 과(課)를 번역하는 데 중점을 두었다. 따라서 자구 정정본 1권은 입력하지 않았으며, 조선어 관련 과(課)는 일부 난해 어휘를 주석한 뒤 별도의 현대어 번역은 하지 않았다. 제1차 조선교육령기 『보통학교 조선어급한문독본』은 현대어와 비교했을 때 해석이 어렵지는 않다. 그럼에도 한문 관련 과(課)는 별도의 해석이 필요하며, 그 과정에서 식민지 조선에서의 한국어 침탈이 어떻게 진행되었는지를 확인할 수 있다. 이 주해서가 일제강점기 식민 교육의 본질과 조선어 침탈 양상에 대한 연구에 다소의 기여가 될 수 있기를 기대한다.

2024년 10월

허재영

일러두기

이 주해서는 번역과 주해 원칙은 다음과 같다.

1. 이 책에서는 조선어 관련 과(課)는 원문대로 입력하는 데 중점을 두었으며, 한문 관련 과는 우리말로 번역하였다.
2. 입력 과정에서 난해한 한자는 괄호 안에 한글 음을 병용했는데, 괄호 안의 한글음은 원문에는 없다.
3. 원문 가운데 일본의 인명, 지명은 현지음으로 읽고, 가급적 주석을 달고자 하였다.
4. 원고 분량이 많기 때문에 과마다 쪽을 나누지 않고, **굵은** 글씨로 표시하였다.
5. 자구 정정본 권1은 날자, 단어 등의 기초 학습과 관련된 것으로 별도로 입력하지 않았다.
6. 자구 정정본의 주해에 사용한 '삭제, 수정' 등의 표현은 1907년 학부에서 편찬한 『보통학교 학도용 국어독본』(이 책의 자구를 정정한 것이므로)과 비교한 표현이다.

차례

보통학교 조선어급한문독본

보통학교 조선어급한문독본 권1

緒言

一. 本書는 普通學校 第一學年用 朝鮮語及漢文科 教科書로 編纂한 者이라.

二. 本書의 各課는, 生徒의 能力을 隨하야, 練習을 倂하야 二三時間에
   教授할 者이라.

三. 卷初에 揭載한 單語를 教授할 쌔에는, 爲先 生徒에게 揷畫를 指示하
   야, 其名을 言케 하고, 又此에 對하야 說明하고, 問答한 後에 諺文을
   教授할지니라.

四. 單語의 諺文 中 □標內에 在한 者는 教授치 말지라.

五. 本書는 繪畫를 特히 多載한 中, 生徒로 臨寫케 하기 爲하야, 略畫를
   揷入함도 得하니라.

六. 新出 漢字는 生徒로 反覆 記憶케 하기 爲하야 上欄에 推記하니라.

七. 練習 問題는 必要에 應하야 此를 補할지며, 漢文 練習은 아무조록 便易히 하야 運用 自在하게 할지니라.

八. 本書는 京城에서 行用하는 言語로 標準을 삼고, 諺文의 綴法은 本府에서 定한 바를 依하야, 純全한 朝鮮語에 對하야는 發音式을 採用하야 쟈·댜를 자, 져·뎌를 저, 죠·됴를 조, 쥬·듀를 주, 챠·탸를 차, 쳐·텨를 처, 쵸·툐를 초, 츄·튜를 추, 샤를 사, 셔를 서, 쇼를 소, 슈를 수로 書하고, 中聲 ·는 使用치 아니하며, 又分明히 漢字로 成한 語音은 本來의 諺文으로 使用하니, 生徒로 하야금 恒常 此에 準據케 할지니라.

大正 四年 三月
朝鮮總督府

[一]

ㅏ ㅑ ㅓ ㅕ ㅗ ㅛ ㅜ ㅠ ㅡ ㅣ ·

[二] ㄱ

가(마) 거(울) 고(초) 고기 교(의) 구(두)

練習
가갸거려고교구규그기ᄀ

[三] ㄴ ㄷ

나(븨) 노(루) 누(에) 다(리) 도(마) 두(루)(미)

練習
나냐너녀노뇨누뉴느니ᄂ
다댜더뎌도됴두듀드디ᄃ

[四] ㄹ ㅁ

마루, 머리, 무, 나무, 미나리 (소)라

練習

라랴러려로료루류르리ᄅ

마먀머며모묘무뮤므미ᄆ

[五] ㅂ

바(지)　버(들)　벼루　보리　부(삽)　비

練習

바뱌버벼보뵤부뷰부비ᄇ

[六] ㅅ

사모　사시　소　소나무　수리　시(계)

練習

사샤서셔소쇼수슈스시ᄉ

[七] ㅇ

아(해)　어부　여(호)　오리　우(물)　이마

아야어여오요우유으이 ᄋ

[八] ㅈ

자 저고리 조 조리 조(면)이 가지

練習

자쟈저져조죠주쥬즈지ᅎ

[九] ㅊ ㅋ ㅌ

마챠 초 치마 코 키 타구
(지)터 토슈 투구

練習

차챠처쳐초쵸추츄츠치ᄎ
카먀커켜코쿄쿠큐크키ᄏ
타탸터텨토툐투튜트티ᄐ

[十] ㅍ ㅎ

파 포도 표ㅈ 허(리) 혀 호도

練習

파퍄퍼펴포표푸퓨프피ㅍ

하햐허혀호효후휴흐히ㅎ

ㄱ ㄴ ㄷ ㄹ ㅁ ㅂ ㅅ ㅇ ㅈ ㅊ ㅋ ㅌ ㅍ ㅎ

(復習)

가갸거려고교구규그기ㄱ

나냐너녀노뇨누뉴느니ㄴ

다댜더뎌도됴두듀드디ㄷ

라랴러려로료루류르리ㄹ

마먀머며모묘무뮤므미ㅁ

바뱌버벼보뵤부뷰부비ㅂ

사샤서셔소쇼수슈스시ㅅ

아야어여오요우유으이ㅇ

자쟈저져조죠주쥬즈지ㅈ

차챠처쳐초쵸추츄츠치ㅊ

카먀커켜코쿄쿠큐크키ㅋ

타탸터텨토툐투튜트티ㅌ

파퍄퍼펴포표푸퓨프피ㅍ

하햐허혀호효후휴흐히ㅎ

[十一]

먹 산 돌 감 집 붓

練習
검은먹 놉흔산 찬돌 단감 조흔집 긴붓

[十二]

콩 학교 련못 말 범 솔닙

練習
누른콩 큰학교 깁흔련못 튼튼한말 무서운범 풀은솔닙

[十三]

체 궤 칙 국그 바위 광이

練習
가는체 모진궤 둣거운칙 고흔국그 둥근바위 적은광이

(綴字練習)

(밧침)

각 간 갈 감 잡 갓 강
낙 난 날 남 납 낫 낭
닥 단 달 담 답 닷 당
락 란 랄 람 랍 랏 랑
막 만 말 맘 맙 맛 망
박 반 발 밤 밥 밧 방
삭 산 살 삼 삽 삿 상
악 안 알 암 압 앗 앙
작 잔 잘 잠 잡 잣 장
착 찬 찰 참 찹 찻 창
칵 칸 칼 캄 캅 캇 캉
탁 탄 탈 탐 탑 탓 탕
팍 판 팔 팜 팝 팟 팡
학 한 할 함 합 핫 항

(重中聲)

개 게 계 괴 귀 긔 과 궈 괘 궤
내 네 녜 뇌 뉘 늬 놔 눠 놰 눼
대 데 뎨 되 뒤 듸 돠 둬 돼 뒈
래 레 례 뢰 뤼 릐 롸 뤄 뢔 뤠

매 메 메 뫼 뮈 믜 뫄 뭐 뫠 뭬

배 베 볘 뵈 뷔 븨 봐 붜 봬 붸

새 세 셰 쇠 쉬 싀 솨 숴 쇄 쉐

애 에 예 외 위 의 와 워 왜 웨

재 제 졔 죄 쥐 즤 좌 줘 좨 줴

채 체 쳬 최 취 츼 촤 춰 쵀 췌

캐 케 켸 쾨 퀴 킈 콰 쿼 쾌 퀘

태 테 톄 퇴 튀 틔 톼 퉈 퇘 퉤

패 페 폐 푀 퓌 픠 퐈 풔 퐤 풰

해 헤 혜 회 휘 희 화 훠 홰 훼

[十四]

까치 끈 짱 뿌리 싹 쌀

練習
까치가만타 끈이길다 짱이평평하다
뿌리가늘다 싹이풀으다 쌀이희다

[十五]

쏘리 딸기 쓸 쏠 쌈지 씨

練習

노루쇼리가짜르다　쌀기가달다　집쓸이좁다

쇠쌀이크다　쌈지가둥그다　고초씨가누르다

된시옷

싸샤쎠쎠쇼쇼쑤슈스씨싄

짜쟈쩌쪄쪼쪼쭈쮸쯔찌쯘

쌔쌔쌔쌔쌘쌘쌕쌖쌘쎄쌘

싸쌰써쎠쏘쑈쑤쓔쓰씨쏫

짜쨔쩌쪄쪼쬬쭈쮸쯔찌쯧

練習

가마, 거울, 고초, 교의, 구두, 나븨, 누에, 노루, 다리, 도마, 두루미, 소라,
우물, 주먼이, 집터

[十六][1]

소가 간다.
말이 온다.
고기가 논다.
범이 운다.

---

[1] 16과부터는 문장 학습에 해당함. 여기서부터는 현대어 띄어쓰기를 반영하여 입력함.

나븨가 난다.
수리가 안는다.

[十七]

찬바람이 분다.
적은 개가 달어난다.
어린 아해가 웃는다.
여러 싱도가 모인다.
정한 물이 흘는다.
고흔 나븨가 날너온다.

[十八]

복숭아 꼿치 픠엿다.
호랑나븨가 날너왓다.
슈양버들이 늘어졋다.
소낙이가 긋첫다.
둥근 달이 썻다.
큰 호박이 써러졋다.

[十九]

닭이 흙을 판다.
대나무가 굵다.
조희가 얇다.
보름달이 밝다.
시내물이 맑다.
콩을 삶는다.
구두 신을 엶는다.
농부가 보리밧홀 밟는다.
싱도가 칙을 읽는다.

　　　둘 밧침

굵 긁 넓 닭 닮 맑 밝 밟 붉
삶 삶 슯 얇 엶 옮 젊 흙

[二十]

大人.
一人. 二人. 三人. 四人. 五人.
大人 五人.

[二十一]

小兒.
一名. 二名. 三名. 四名. 五名. 六名. 七名. 八名. 九名. 十名.
大人 五名. 小兒 十人.

[二十二]

日　月　天　地　山　川
日月在天하고　山川在地니라.

[二十三]

샹학 종 친다.
교쟝에 들어가자.
션싱님이 들어오신다.
학도가 경례한다.
션싱님이 가르치신다.
학도가 배운다.

練習
一. 아버지가 방에 들어오신다.
二. 션싱님이 교쟝에 들어오셧다.

三. 어머니가 칙을 보신다.

四. 형님이 벌서 칙을 보섯다.

五. 누님이 바느질을 가르치섯다.

六. 할아버지가 글을 가르치섯다.

七. 한다. 하얏다. 하신다. 하섯다.

[二十四]

父母, 兩親, 父子, 母子, 祖父, 祖母
父母之父母는 祖父母也라.

[二十五]

男兒, 女兒, 兄弟, 姉妹
兄姉大하고 弟妹小ㅣ니라.

練習
兄大, 弟小, 姉大 妹小.

[二十六]

하학 종 친다.

노는 시간 되엿다.

나아가 운동하자.

너는 목마를 타라.

나는 그네 쮜마.

슈남아 오너라. 갓치 놀자.

練習

一. 복동아 이 칙을 보아라.

二. 옥희야 어서 이리 오너라.

三, 슈남아 잘 운동하야라.

四. 금동아 이 공을 바더라.

五. 너는 그네를 쮜여라.

六. 어서 학교에 가자.

七. 너 몬저 가거라. 나도 곳 가마.

[二十七]

耳目口鼻　手足 左手　右手　左足 右足

手在上하고 足在下ㅣ니라.

[二十八]

蟲 鳥 魚 貝

蟲在草하고 鳥在木하고 魚貝在水中이니라.

[二十九]

午前　午後　時間
午前八時上學하고 午後二時下學하나니라.

練習
午時　上午　下午
一日은 二十四時間이라.

[三十]

오졍 친다. 덤심 먹자.
나아가 놀자.
죵친다. 톄조 시간 되엿다.
어서 운동쟝에 나아가자.
하학 죵 첫다.
복동아 슈남아 갓치 집에 가자.

[三十一]

家 門 道

門外有道하고 門內有家ㅣ라.

練習

道在門外하고 家在門外하고 家中有人이라.

中外. 內外

[三十二]

七月은 대단히 더우오.

어제 오날은 바람도 업소.

검은 구름이 모여 드오.

비방울이 써러지오.

이 비는 소낙이요.

소낙이가 긋치면 바람이 시원하오.

練習

一. 이것은 어적게 픤 숏치요.

二. 월계는 다달이 픠는 숏치요.

三. 저 봉오리는 릭일 필 숏치요.

四. 그것은 벌서 본 칙이요.

五. 이것은 날마다 보는 칙이요.

六. 저것은 인제 볼 칙이요.

[三十三]

風吹. 雲起. 雨降. 水出. 山高. 河長

練習

山高雲起하야 雨降三日하니 河水大出이라.

[三十四]

七月 雨多하야 田水ㅣ 足하니 農家ㅣ 甚喜하더라.

練習

一. 農夫喜田水足이라.

二. 食口男女五人이라.

[三十五]

机上有讀本하고

机中有紙筆墨硯이니라.

生徒는 學讀本하고

又習字하나니라.

練習

一. 午前二時間을 學讀本하고 午後一時間은 習字하나니라.

二. 雨降又水出이라.

【 번 역 】

　책상 위에 독본이 있고, 책상 안에 지필연묵이 있다. 생도는 독본을 배우고
또 글자를 익힌다.

[三十六]

　아버지 안녕히 주무십시요.
　어머니 안녕히 주무십시요.
　형님 태평히 주뭅시요.
　누님 평안히 주무시오.
　李서방 잘 자오.
　복동아 잘 자거라.

[三十七]

　아버지 안녕히 주무셧습닛가.

어머니 밤 사이 긔톄 엇더하십시요.

형님 태평히 주무셧소.

누님 평안히 주무셧소.

李셔방 잘 잣소.

복동아 너는 잘 잣느냐.

練習

一. 아버지 진지 잡수십시요.

二. 어머니 진지 잡수십시요.

三. 형님 진지 잡숩시요.

四. 누님 진지 잡수시요.

五. 여보 진지 자시요.

六. 여보게 밥 먹게.

七. 슌남아 밥 먹어라.

[三十八]2)

天皇陛下는 在東京之宮城하사 治我國하시나니 天皇陛下之誕辰을 日天長節也ㅣ니라.

練習

一. 宮城은 在東京하니라.

---

2) 식민통치를 반영한 한문 문장 학습 내용.

二. 天皇陛下는 治我國하시나니라.

三. 八月 三十一日은 天長節也ㅣ니라.

【번 역】

천황폐하는 동경의 궁성에 계셔서 우리나라를 다스리시니 천황폐하의 탄신일을 천장절이라고 한다.

[三十九][3]

우리나라 國旗는 해를 그럿소.

祝祭日이면 집집이 門에 旗를 다오.

우리 學校에서는 大門에 큰 旗를 다오.

旗발이 바람에 펄펄 날니는 모양이 보기 좃소.

練習

다음에 뭇는 말을 對答하야라.

一. 國旗는 무슨 날에 다느냐.

二. 언제가 天長節이냐.

三. 天長節은 무슨 날이냐.

---

3) 식민 통치와 천장절, 일장기 관련 내용.

[四十]

時計가 일곱시를 첫다.
어서 學校에 가야 하겟다.
어머니 밥 얼는 줍시요.
玉姬야 숙능 가져 오너라.
밥상을 치여라.

[四十一]

一年有四時하니 日春日夏日秋日冬이라. 春日은 暖하며 冬夜는 寒하고 夏日은 暑하며 秋夜는 凉하니라.

練習

春夏秋冬曰四時라.　春暖　夏暑　秋凉　冬寒.

［ 번 역 ］

일년에 사시가 있으니 봄, 여름, 가을, 겨울이라 한다. 춘일은 따뜻하고 동야는 추우며, 하일은 덥고 추야는 서늘하다.

[四十二]

先生敎하고 生徒學하나니라. 先生은 愛生徒하고 生徒는 敬先生하나니라.

練習

一. 先生은 敎漢文하시고 生徒는 學讀本이라.

二. 父母愛兒하고 兒敬父母하나니라.

【 번 역 】

선생은 가르치고 생도는 배운다. 선생은 생도를 사랑하고, 생도는 선생을 공경한다.

[四十三]

一年은 열두 달이오.

처음 달은 正月이오.

그 다음 달은 二月이오.

열한재 달은 冬至달이오.

마지막 달은 섣달이오.

달에는 큰 달도 잇고 적은 달도 잇소.

[四十四]

一週日은 일해동안이요.

첫재날은 日曜日이요.

둘재날은 月曜日이요.

셋재날은 火曜日이요.

넷재날은 水曜日이요.

다섯재날은 木曜日이요.

여섯재날은 金曜日이요.

일곱재날은 土曜日이요.

土曜日을 半空日이라 하고 日曜日을 空日이라 하오.

練習

다음 □표 속에 말을 너어라.

一. 미월 □□날을 초하로날이라 하오.

二. 미월 □□날을 초잇흔날이라 하오.

三. 미월 □□□□날은 보름날이요.

四. 미월 □□□날은 금음날이요.

[四十五]

君可忠이며 父母可孝ㅣ며 兄弟可想愛ㅣ며 朋友可相信이니라.

練習

君臣, 父子, 兄弟, 朋友, 忠, 孝, 敬, 愛, 信

【번 역】

임금에게는 가히 충성하며, 부모에게는 가히 효도하며, 형제에게는 가히 서로 사랑하며, 붕우에게는 가히 서로 믿음이 있어야 한다.

[四十六]

오날은 學校에서 무엇을 배윗느냐.
讀書와 習字를 배윗습니다.
讀書는 몃재 課를 배윗느냐.
第四十課를 배윗습니다.
習字는 몃 쟝이나 썻느냐.
두 쟝 썻습니다.
날마다 배운 것을 잘 工夫하야라.

練習
다음에 뭇는 말을 對答하야라.
一. 너의 학교에서 무슨 학과를 가르치느냐.
二. 날마다 몃 시간식 가르치느냐.

[四十七]

兄作文하고 弟讀書하나니라.

男耕田하고 女縫衣하나니라.

壽男은 好馬하고 福童은 好牛하나니라.

練習

一. 壽男은 好讀書하며 又好作文하나니라.

二. 福童之家에 有男三人女二人하나니라.

[번 역]

형은 글을 짓고 아우는 책을 읽는다.

남자는 밭을 갈고 여자는 옷을 짓는다.

수남은 말을 좋아하고 복동은 소를 좋아하느니라.

[四十八]

저녁밥을 다 먹엇다.

람푸에 불을 켜야 하겟다.

오날 배운 것을 復習하겟다.

來日은 半空日이다.

國語와 算術과 體操 時間이 잇다.

算術을 미리 보아 두어야 하겟다.

잘 째가 되엿스니 그만 자야 하겟다.

練習
다음에 뭇는 말을 對答하야라.
一. 너 어제 어듸 갓더냐.
二. 로형은 릭일 어듸 가십닛가.
三. 릭일 슈남이를 가 보시랍닛가.
四. 릭일은 날이 죳켓습닛가.

[四十九]

我家有後園하고 圓中果樹多하니라.
門前有一老樹하니 秋時紅葉如花ㅣ니라.

練習
一. 兒童이 愛果樹하며 又愛紅葉이라.
二. 夏雲如山하고 夜凉如水ㅣ라.

【 번 역 】

우리집에 후원이 있고, 정원 가운데 과일나무가 많다.
문 앞에 오랜 나무가 있고 가을에는 붉은 잎이 꽃과 같다.

[五十]

오날은 日氣가 좃타.

農夫가 벼를 벤다.

올은 氣候가 조화서 벼가 잘 되엿다.

조흔 날 안 베엿다가 비가 오면 못 벤다.

벼 벨 째는 農夫가 대단히 밧부니라.

[五十一]

秋夜淸凉하야 最可講學이라.

兄弟相對하야 讀書又作文하니 父母ㅣ 見之하시고 甚樂하시더라.

練習

一. 父母ㅣ 見兄弟之讀書하시고 甚喜하시더라.

二. 秋夜에 姉妹ㅣ 相對擣衣(상대도의)하더라.

[번 역]

가을밤이 서늘하여 가히 강학하기가 가장 마땅하다.

형제가 상대하여 독서와 작문하니 부모가 그것을 보시고 심히 즐거워 하시더라.

[五十二]

우리 집 밧혼 벌서 거더들엿다.
來日은 다시 밧흘 갈고 보리를 심는다.
來日은 空日이니 나도 아버지를 짤어가서 助力하겟다.
지금 쌕리면 來年 봄에 打作한다.
겨을에 눈이 만히 오면 더욱 잘 되겟다.

[五十三]

秋日快晴하야 不暑又不寒하니 先生率生徒하고 遊郊外하더라.

[번 역]

가을날이 쾌청하여 덥지도 않고 춥지도 않으니 선생이 생도를 거느리고 교외
에 놀러 가더라.

[五十四]

앗가 왓던 學童이 누구냐.
제 동모올시다.
무엇하러 왓더냐.
칙을 빌러 왓습니다.

무슨 칙을 빌어갓느냐.

國語讀本을 빌어 갓습니다.

언제 가져온다 하더냐.

모레 가져온다 하얏습니다.

練習

다음 것을 너어서 말을 만들어라.

갓섯소. 탓섯소. 잣섯소. 섯섯소. 안젓섯소.

[五十五]

身體는 不可不强健이니라.

身體는 萬事之本也ㅣ니라.

文字를 不可不知니라.

不知文字者는 如盲人이로다.

練習

一. 我父母ㅣ 身體强健하시니 最可喜이로다.

二. 可見, 不可見, 不可不見.

〔 번 역 〕

신체는 강건하지 아니하면 안 된다.

신체는 만사의 근본이다.

문자를 알지 아니하면 안 된다.

문자를 알지 못하는 것은 맹인과 같다.

[五十六]

우리집 동산에는 實果나무가 만소.

밤나무 감나무 대추나무도 만히 잇소.

가을이 되면 各色 實果가 만히 열니오.

집에서 따 먹기도 하고 쏘 쟝에 가지고 가서 팔기도 하오.

이 나무는 우리 할아버지와 아버지께서 심으신 것이오.

練習

다음에 뭇는 말을 對答하야라.

一. 이 집 동산에는 무슨 實果나무가 잇느냐.

二. 열닌 實果는 엇더케 하느냐.

三. 그 實果나무는 누가 심엇느냐.

[五十七]

勿入瓜田하며 勿立李下하라.

李下之冠과 瓜田之履를 君子ㅣ 戒之니라.

一. 君子는 不入瓜田하며 不立李下하나니라.

二. 父戒兒하고 先生戒弟子 | 라.

三. 不入, 勿入, 不可入, 不可不入.

【번 역】

외 밭에 들지 말며, 오얏나무 아래에 서지 말라.

오얏나무⁴⁾ 아래에서 관을 고치는 것과 외 밭에서 신발을 매는 것을 군자는 경계한다.

[五十八]

콩은 五穀에 드는 것인대 사람이 흔히 먹는 것이오.

봄에 씨를 쑤리고 가을에 거더 들이오.

종류가 여러 가지나 黑豆 黃豆 靑豆 세 가지가 第一 흔하오.

밥에 두기도 하고 두부를 만들어 먹기도 하오.

練習

一. 그 아해의 일음은 슈남인대 매우 착한 싱도요.

二. 저 감나무는 내가 심은 것인대 매우 잘 열녓소.

三. 오날은 祝祭日이나 공교히 비가 와서 나아가지 못하겟소.

---

4) 오얏나무: 표준어는 자두.

四. 저 물건은 갑도 싸고 품도 좃도.

[五十九]

親之兄은 爲伯父오
親之弟는 爲叔父오
伯叔父母之子는 爲從兄弟오
子之子는 爲孫이라.

【 번 역 】

　아버지의 형은 백부(伯父)이고, 아버지의 아우는 숙부(叔父)이며, 백부모의
자식은 종형제이며, 아들의 아들은 손자가 된다.

[六十]

우리 집 논과 밧흔 다 거더 들엿소.
올은 豊年이 들어서 쯧밧게 秋收가 만히 되엿소.
父母께서도 매우 깃붜하셧소.
어제는 아버지께서 쟝에 가셔서 우리들의 옷감을 싣어 오셧소.
모레는 洞內 사람들이 모여서 자미 잇게 논다 하오.
우리 兄弟도 새옷을 입고 구경하러 가야 하겟소.

[六十一]

菊花는 其色이 或白或黃或紅하고 其性이 耐寒하야 晚秋霜露下면 百草凋落而此花는 獨盛發하니라.

練習

一. 晚秋霜白하니 草木凋落이라.

二. 園花는 或春開하고 或秋開니라.

三. 獨發, 獨不發, 不獨發.

【 번 역 】

국화는 그 색이 혹은 하얗고 혹은 누르며 혹은 붉고 그 성품이 추위를 잘 견뎌, 만추에 서리가 내리면 모든 풀이 시드나 이 꽃은 홀로 성하게 피어난다.

[六十二]

우리 집에서 닭 다섯 마리를 길으오.

그 중에 한 마리는 숫컷이오.

네 마리는 암컷이오.

수탉은 每日 새벽에 울어서 날이 밝는 것을 알이오.

암탉은 째째로 알을 낫코 쏘 병아리를 까오.

우리는 아침에 일즉 일어나서 닭에게 모이를 주오.

모이를 쌕리면 닭이 달음박질하야 와서 먹소.

[六十三]

이것은 싀골 農夫의 집이요. 집 後園에 잇는 樹木은 大槪 落葉이
되엿소. 다만 소나무는 靑靑한 입사귀가 그대로 잇소. 門前에는 적은
시내가 흘느오. 農夫는 집에서 집신을 삼고 그 안해는 시내에서 쌜내
를 하오. 아해는 새를 쫏처 산으로 가고 개는 아해의 뒤를 쌀어가오.
닭은 먹을 것을 차즈러 단기고 소는 외양간에 閒暇히 누어 잇소.

[六十四]

木生野山하야 百千成林하니 其材ㅣ 可以造屋이오 可以造器로다.

練習

一. 百千之木이 成林이라.

二. 大木可以造屋이오 小木可以造器로다.

三. 十百曰千이오 十千曰萬이니라.

四. 木, 林, 森, 材.

[번 역]

나무가 야산에서 나, 백천의 수풀을 이룬다. 그 재목은 가이 집을 지을 수
있다.

[六十五]

人家 近處에 살고 새벽부터 재재거리는 새는 참새요. 참새는 미양 벌어지를 먹소. 봄과 여름에 田畓 害되는 벌어지를 만히 잡아 먹소. 참새는 또 곡식을 매우 조화하오. 가을에 곡식이 익을 째가 되면 논과 밧헤 無數히 모이는 것을 보리다. 참새가 農事에 害되는 일도 적지 아니하오.

[六十六]

犬立於戶外하고 猫眠於室內라.
犬能守門하고 猫能捕鼠하나니라.
猫는 其形似虎오 犬은 能知主恩이니라.

練習
一. 壽童之犬은 體大又力强이라.
二. 犬眠於戶外하야 能守門하나니라.
三. 猫夜不眠捕鼠하나니라.
四. 大, 犬, 天.

【 번 역 】

개는 문 밖에 서 있고 고양이는 방 안에서 잔다.
개는 능히 문을 지키고, 고양이는 쥐를 잡는다.

고양이는 그 형상이 호랑이와 유사하고, 개는 능히 주인의 은혜를 안다.

[六十七] 慾心 만흔 개

개 한 마리가 고기 한 덩어리를 물고 다리를 건너가오.

다리 아래를 나려다 본즉 저와 갓흔 개 한 마리가 고기 한 덩어리를 물고 잇소.

그 개은 慾心이 나서 그 고기까지 쌔앗을 싱각으로 나려다 보고 지젓소.

지즐 째에 입이 벌어져서 물엇던 고기가 물에 쩌러졋소. 아래 잇던 개가 물엇던 고기도 一時에 업서졋소.

너의들은 다리 아래 잇던 개를 정말 달은 개로 싱각하느냐.

[六十八]

天寒風雪至하니 歲將暮ㅣ라.

光陰如矢하야 一去不復返이로다.

練習

一. 雪將降ᄒ니 風將大起.

二. 流水는 去不復返하나니라.

三. 冬去春復來ㅣ라.

〔번 역〕

날씨가 차갑고 풍설이 이르니 해가 장차 저물리라.

세월은 화살과 같아 한 번 가면 돌아오지 않는다.

[六十九]

一年三百六十五日이니 今日學一字하고 明日又學一字하야 學而無怠
면 爲三百六十五字ㅣ라. 積少至多하나니 一日勿怠하라.

練習

一. 每日學一字하면 三百六十五日而爲三百六十五字ㅣ니라.

二. 一字는 少也ㅣ오 三百六十五字는 多也ㅣ니라.

三. 一日勿怠 一日無怠.

〔번 역〕

일년은 삼백육십오일이니 오늘 한 자를 배우고 내일 한 자를 배워 배움에
게으름이 없으면 삼백육십오자가 된다. 작은 것을 쌓아 많음에 이르니 하루라도
게으르지 말라.

[七十]

福男의 아버지는 布木장사를 하오.

福男은 學校에서 나오면 廛 일을 보오.

손이 오면 공손히 딕졉하며 조흔 물건을 내여 보이오.

물건 갑은 세음을 잘하야 조곰도 틀님이 업소.

空日은 아침부터 나와서 廛 일을 보오.

이젼부터 단골로 단기는 사람도 매우 칭찬하고 福男의 아버지도
깃붜하오.

練習

時計, 玉姬, 正月, 金曜日, 半空日, 體操, 國旗, 氣候, 打作, 各色, 樹木, 豊年,
運動場, 廛

[七十一]

新年 第一日에 旭旗飜初陽이라.

兒童이 會集於學校하야 唱歌祝君壽寧이라.

[번 역]

새해 첫날에 깃발이 펄럭이며 햇빛을 뒤짚는다.

아이들이 학교에 모여 임금의 만수(萬壽)와 평안함을 노래한다.

[七十二]

壽男은 오날 敎場을 쓰는 츠례를 當하야 늦도록 일을 하얏소.

집으로 돌아가는 길에 어린아해 하나이 울고 잇는 것을 보앗소.

해는 벌서 저물고 바람은 차고 갈 길은 머오.

그 어린아해는 제 이웃집 아해요.

이 아해는 동모와 갓치 놀다가 혼자 써러져서 우는 것이요.

壽男은 울지 말라고 달내면서 親切히 그 손목을 붓들고 집으로 다리고 갓소.

그 아해의 父母는 매우 깃붜하며 그 親切함을 感謝히 역엿소.

[七十三]

冬天日暮에 福童出遊未歸家하니 母ㅣ 立門而待之라가 見其歸來하고 喜而抱之하더라.

練習

一. 草木은 待春而開花하고 待夏而盛이니라.

二. 兒童이 愛犬而抱之ㅣ라.

【 번 역 】

겨울 날은 저물고 복동이 놀러 나가 돌아오지 않으니, 어머니께서 문에 서서 기다리다가, 그가 돌아옴을 보고, 기뻐하며 안아 주더라.

[七十四]

어느날 先生이 生徒들에게 各其 집안 이약이를 식혓소.

福童이가 이러케 말하얏소.

우리 집은 兩親과 우리 兄弟 네 食口요. 그 외에 소 한 匹과 개 한 마리를 먹입니다.

아버지는 날마다 아침에 일즉 나무도 하러 가시고 소를 몰고 짐을 실으러 단기시기도 하십니다. 비나 눈이 오는 날은 집에서 집신을 삼으시며 삭기를 꾀시고 또 農事를 準備하십니다.

어머니는 집에서 밥을 지으시며 바느질을 하시며 또 쌀내를 하십니다.

우리 兄弟는 아침밥을 먹고 學校에 옵니다.

소는 아침 죽을 먹고 아버지를 딸어가서 일을 합니다. 개는 아버지와 우리 兄弟가 업는 동안에 집을 직힙니다.

[七十五]

爲人子者ㅣ 出必告하며 反必面하고 所遊ㅣ 必有方하며 所交ㅣ 必良友ㅣ니 近朱者는 赤하고 近墨者는 黑이니라.

練習

一. 勿不告而出하라.

二. 出家에 必告之父母하고 歸家에 必面父母하라.

【 번 역 】

사람의 자식이 된 자는 나가면 반드시 고하고, 돌아오면 반드시 얼굴을 비취
며, 놂에 반드시 방향이 있고, 벗을 사귐에 반드시 좋은 벗으로 할 것이니, 붉은
것을 가까이 하면 붉어지고, 먹을 가까이 하면 검어지느니라.

[七十六] 두 아해(一)

여긔 두 길이 잇는대 한 길은 學校에 가는 길이요 쏘 한 길은 들에 가는 길이요.
李福童과 金壽喆이가 偶然히 아침에 여긔서 맛낫소.

金: 나는 學校에 가기 실타. 이리 오너라. 들에 가자. 풀밧헤 누어서
    쏫치나 싸면서 놀자.
李: 너는 웨 學校를 조화하지 안느냐. 每日 새것을 배우는 것 갓치
    즐거운 일이 쏘 어듸 잇느냐.
金: 國語 漢文 算術 갓흔 것을 배워서 무엇에 쓰느냐. 나는 혼자
    들에 가서 자미잇게 놀겟다.

이러케 問答을 하다가 壽喆은 들로 가고 福童은 學校로 갓소.

[七十八] 두 아해(二)

二年쯤 지난 後에 두 아해는 다 쟝성한 사람이 되엿소.

어느 해 치운 겨을에 람루한 衣服을 입은 男子 하나이 大家 門前에 서서 썰면서 밥을 달나고 求乞하얏소.

고흔 衣服을 입은 主人이 나오더니 크게 놀내며 乞人을 즈셰히 쳐다 본즉 그 乞人은 붓그러운 모양으로 머리를 숙이고 主人을 마조보지 못하얏소.

너의들은 이 두 사람이 누구인 줄로 싱각하느냐.

練習
다음에 뭇는 말을 對答하야라.
乞人이 붓그러워 한 것은 무슨 緣故냐.

[七十八]

雪夜天甚寒일새 壽男이 與福童으로 相携하야 早朝에 往學校하니 兒童之至者ㅣ 猶甚少ㅣ라. 先生이 稱其精勤이러라.

練習
一. 雖天寒이나 兒童이 相携往學校하더라.
二. 壽男은 精勤而一日不怠하더라.
三. 先生與生徒ㅣ 皆旣集於學校ㅣ로다.

【번 역 】

밤에 눈이 오고 날씨가 몹시 추우나 수남은 복동과 함께 손을 잡고, 아침 일찍 학교에 가니, 아동이 온 자가 극히 적었다. 선생이 그 부지런함을 칭찬하더라.

[七十九] 勤實한 生徒

어느 洞里에 넉넉히 사는 한 農夫가 잇섯소.

그 農夫가 아들 兄弟를 두엇는대 다 普通學校에 단기오.

큰 아해는 三年級이요 적은 아해는 一年級이요.

두 아해가 다 매우 勤實하고 先生님의 敎訓을 잘 직혀가오.

學校에 가서는 工夫를 잘하고 집에 돌아와서는 집안 일을 助力하오.

하로는 先生님이 사람의 집은 정하게 하아야 病이 아니 난다 하섯소.

두 아해는 크게 感動하야 그날부터 집안 스는 일을 모도 맛헛소.

아침에는 일즉 일어나서 房과 마당을 쓸며 걸네질을 치오.

그 後는 집안이 매우 정하야져서 모든 사람이 奇特한 아해라고 稱讚하오.

練習

다음 말을 바더 쓴 뒤에 잘 외여라.

一. 先生의 敎訓을 잘 직히는 아해는 착한 生徒요.

二. 거져가 정하면 몸에도 좃고 마음에도 상쾌하오.

[八十]

松은 喬木也ㅣ라. 葉似針하고 雖至寒天이나 其色이 常靑靑하고 幹大
而長하야 可以造家屋이니라.

練習
一. 松葉은 四時常靑靑이니라.
二. 喬木은 幹大而長이라.
三. 雖葉小ㅣ나 其幹長大로다.

[번 역]

소나무는 교목이다. 잎사귀가 바늘과 같고, 비록 날씨가 차가우나 그 색은
항상 푸르고 줄기가 크고 길어 가히 가옥을 지을 수 있다.

[八十一] 太陽

해가 쓰면 四方이 밝고 해가 지면 天地가 캄캄하오. 낫이 밝고 밤이
캄캄한 것은 해가 잇고 업는 까닭이오.
해가 빗춰는 곳은 쌋쓧하고 해가 빗춰지 아니하는 곳은 칩소.
낫에는 쌋쓧하고 밤에 치운 것도 해가 잇고 업는 까닭이오.
만일 世界에 해가 업게 되면 어둡고 치워서 萬物이 살지 못하겟소.
봄에는 漸漸 太陽의 溫氣가 强하야지고 草木에 새싹이 나오.
가을에는 太陽의 溫氣가 次次 弱하야지고 草木 입사귀가 말너 써러

지오.

[八十二]

農夫ㅣ 耕田하되 手足勤勞하야 春播種하고 秋收穀하나니 古語에 曰
粒粒皆辛苦ㅏ라 하니 食之者ㅣ 不可不思其勞ㅣ니라.

練習
一. 爲生徒者는 每日不可不勤學이니라.
二. 坐食者는 勿忘農夫之勞하라.

【 번 역 】

농부가 밭을 갈되, 손과 발이 수고로워 봄에는 파종하고 가을에는 곡식을
거두니, 고어에 이르기를 나락마다 모두 신고(辛苦)라 하니라. 먹는 자는 반드시
그 수고로움을 생각해야 한다.

[八十三] 우리 學校

우리들은 昨年 四月에 入學하얏소. 學校에서 修身과 國語와 算術과
習字 等을 배우오.
學校에는 先生님이 다섯 분 게시오. 先生님은 우리들을 사랑하시며
매우 잘 가르쳐 주오.

우리들은 上學종을 치면 教場에 들어가서 工夫하고 쉬는 時間에는 運動場에 나가서 즐겁게 노오.

우리들은 이런 學校에 入學한 것을 매우 깃붜하오.

練習

다음 말에 한문ㅈ를 달어라.

일쥬일, 복습, 산슐, 농부, 오곡, 형뎨, 교쟝, 포목, 욕심, 근실, 태양.

[八十四]

金壽童은 以昨年四月로 始就學於普通學校하야 品行端正하고 身體康健하고 學業大進이러라.

[번 역]

김수동은 작년 사월로 보통학교에 취학하기 시작하여, 품행이 단정하고 신체가 강건하며 학업이 크게 향상되었다.

普通學校朝鮮語及漢文讀本 卷一 終

〈판권〉

大正四年 三月 十三日 印刷

大正四年 三月 十五日 發行

大正四年 八月 十五日 再版

朝鮮總督府

總務局印刷所 印刷

보통학교 조선어급한문독본 권2

緒言

一. 本書는 普通學校 第二學年用 朝鮮語及漢文科 敎科書로 編纂한 者이라.

二. 本書의 各課는 生徒의 能力을 隨하야, 練習을 倂하야 二三 時間에
   敎授할 者이라.

三. 新出 漢字는 敎師의 敎授 及 生徒의 學習에 便利케 하기 爲하야
   上欄에 推記하고, 二字 以上이 結合하야 特殊한 熟語가 된 者는
   旣出한 漢字라도 亦 推記하니라.

四. 練習問題는 必要에 應하야 此를 補함도 可하니라.

五. 本書는 京城에서 行用하는 言語로 標準을 삼고, 諺文의 綴法은 本府
   에서 定한 바를 依하야, 純全한 朝鮮語에 對하야는 發音式을 採用
   하야 쟈·댜를 자, 져·뎌를 저, 죠·됴를 조, 쥬·듀를 주, 챠·탸를

차, 쳐·텨를 처, 쵸·툐를 초, 츄·튜를 추, 샤를 사, 셔를 서, 쇼를 소, 슈를 수로 書하고, 中聲 ·는 使用치 아니하며, 又分明히 漢字로 成한 語音은 本來의 諺文으로 使用하니, 生徒로 하야금 恒常 此에 準據케 할지니라.

六. 本書 中 地名 物名 等에 長音′ 濁音을 表할 必要가 有한 境遇에는, 長音에는 諺文 左肩에 ·을 附하고, 濁音에는 右肩에 ″를 附하니라.

七. 本書 中 難解의 語句는 附錄에 簡單한 說明을 附하니라.

大正 四年 六月

朝鮮總督府

目錄

第一課 植木

李福童은 四月 二日에 學校에 갓다와서, 그 父親에게 이와 갓치 이약이를 하얏소.

「오날 先生님의 말삼이, 來日은 神武天皇祭인 고로, 邑內 學校林에 나무를 심으러 갈 터이니, 너의들은 各各 點心을 싸 가지고, 午前 九時 안에 學校로 오너라.

大抵 朝鮮도, 이왕에는, 內地와 갓치 處處에 나무가 茂盛하얏더니, 百姓들이 나무를 버히기만 하고, 심지는 아니하얏는고로, 지금은, 다 붉은 山이 되엿다. 山에 다시 나무가 茂盛하게 되지 아니하면, 朝鮮이 암만 하야도, 조흔 土地가 되기 어렵다 하섯습니다. 저도 來日 아침에 일즉 밥을 먹고 學校에 가야하겟습니다.」

그 父親이 福童의 이약이를 듯고, 말하기를,
「그것은 매우 조흔 일이다. 神武天皇祭는, 우리나라의 所重한 祭日이다. 그날 나무를 심는 것은 大端히 잘 싱각한 일이다. 一般 生徒가 열 株식만 심게 되면, 十年 안에, 홀능한 樹木이 될 것이다. 나도 山에 나무가 업스면, 土地가 조화지지 못할 줄로 恒常 심각하던 바이다. 우리집에서도, 今年부터 神武天皇祭를 植木日로 定하고, 동산에 年年히 나무를 심겟다. 來日 너의들은 學校林에 나무를 심고, 나는 집 동산에 나무를 심겟다.」

하얏소. 그 잇흔날, 福童은 아침에 일즉 學校에 가서, 先生님을 딸어, 學校林에 나무를 심고, 쏘 즈미잇게 놀앗소. 夕陽에 집에 돌아와본즉,

그 父親도 동산에 밤나무와 소나무를 數十株나 심엇소.

練習

一. 神武天皇祭는 언제냐, 또 무슨 祭日이냐.

二. 神武天皇祭에는, 學校에서 무엇을 하느냐.

三. 山에 나무를 심으면, 무슨 利益이 잇느냐.

第二課　漢文

斧根을 以時入山林하야 伐一樹則植一樹하고 伐二樹則植二樹ㅣ면 可以使山林鬱茂리라. 山不以高爲貴ㅣ라 以有樹爲貴하고 人不以肥爲貴ㅣ라 以有智爲貴ㅣ니라 (原文 實語敎)

練習

一. 山林을 茂盛케 하랴면 엇더케 하야야 하느냐.

二. 놉고도 나무 업는 山과, 얏고도 나무 잇는 山은 엇던 것이 조호냐.

三. 다음 말을 漢字로 써라.　산림, 삼림, 식슈, 귀인

【번 역】

도끼 자루를 가지고 산림에 들어가 나무 한 그루를 베면 곧 한 그루를 심고, 두 그루를 베면 곧 두 그루를 심으면 가히 산림이 울창해질 것이다. 산은 높아서 귀한 것이 아니라 나무가 있어야 귀하고, 사람은 살져서 귀한 것이 아니라 지식이 있어야 귀한 것이다. (원문 실어교)

第三課　鳥類

새에는 여러 種類가 잇스니, 白鷺는 희기가 눈과 갓고, 가마귀는 검기가 먹과 갓흐니라.

털이 가장 고흔 것은 孔雀과 鴛鴦 갓흔 것이오, 가장 高尙한 것은 鶴이니라.

제비와 매는 날개가 커서, 날기를 가장 速히 하고, 닭과 집오리 갓흔 것은 날개가 적어서, 能히 멀니 날지 못하나니라.

엇던 새는 山과 들에 살고, 엇던 새는 물에 살고, 참새와 가마귀와 비닭이 갓흔 것은 人家에 갓가이 살며, 짯자구리 갓흔 것은 숩속에 사나니라.

벤긴은 南洋 氷地에 살어서, 날개가 지느러미와 갓흔 고로, 水中에서 헤염을 잘하며, 駝鳥는 熱帶 沙漠에 살어서, 몸이 가장 크고, 말보다 쌜으게 닷나니라.

제비는 봄에 와서 가을에 가고, 기억이는 가을에 와서 봄에 가나니라.

소리개와 매는 날카운 주둥이와 발톱으로 달은 새를 잡어먹는 고로, 달은 새는 소리개와 매를 보면, 무서워서, 곳 숨나니라.

올뱀이와 부엉이는 낮에는 樹林 中에서 졸다가, 밤이 되면 달은 새의 잠든 틈을 타서, 잡어먹나니라.

몸이 아름답고, 소리가 큰 것은 쇠꼬리니, 山中에서 우는 소리를 듯고 차저 보면, 한줌도 못 되는 적은 새가 谷中을 울니며 울고 잇나니라.

練習

一. 速히 나는 새와 잘 날지 못하는 새는 무엇무엇이냐.

二. 다음 새 일음을 漢字로 써라.

제비, 가마귀, 소리개, 참새, 집오리, 닭

三. '…니라.'를 너어서 두서너 마듸의 짧은 글을 지어라.

第四課　漢文

鸚鵡能言하나 不離飛鳥하고 猩猩能言하나 不離禽獸하나니 今人而無
禮ㅣ면 雖能言이나 不亦禽獸之心乎아.(禮記)

秦昭王이 囚孟嘗君이러니 君이 變姓名하고 夜半에 至函谷關하니 關
法에 鷄鳴出客이라 恐追至할새 居下坐者ㅣ 能爲鷄鳴하니 於是에 群鷄
皆鳴이어늘 遂出關하니라. (事文類聚)

練習

一. 다음에 뭇는 말을 對答하야라.

(가) 不離飛鳥라 하는 것은 무슨 뜻이냐.

(나) 不離禽獸라 하는 것은 무슨 뜻이냐.

二. 다음 글을 읽어라.

人而無禮ㅣ면 卽近於禽獸라. 鷄群之一鶴이라.

[번 역]

"앵무새가 능히 말을 하나, 나는 새에 지나지 않고, 성성이(원숭이)가 능히
말을 하나 금수에 지나지 않는다. 지금 사람이 무례하면 능히 말을 할지라도
또한 금수의 마음이 아니겠는가."(예기)

"진나라 소왕(진소양왕)이 맹상군을 가두어 두었더니, 맹상군이 성명을 바꾸

어 야반에 함곡관에 이르니, 관의 법규가 닭이 울어야 객을 내보낼 수 있었다. 추격을 두려워 할 때, 아랫사람 가운데 능히 닭의 울음소리를 내는 자가 있으니, 이에 모든 닭들이 함께 울거늘 드디어 관문을 벗어나니라."(사문유취)

第五課 여러 가지 꼿

겨울 치위가 次次 減하야, 日氣가 짯뜻하면, 먼 山에 아지랑이가 씨는 날도 잇소. 이 째에 개나리는 봉우리가 생겨서, 四月에는, 누른 꼿치 가지에 가득히 피오. 개나리 꼿치 질 째가 되면, 오랑캐 꼿치 즈지빗츠로 곱게 피오. 그 다음에는, 진달네가, 입사귀는 나지 안코, 꼿만 붉게 피오. 진달네가 피면, 벌서 느진 봄이 되어, 여러 가지 꼿치 밧분 듯이 다토어 피오. 桃花·李花·杏花가 붉고 희게 피여서, 그 빗치 구름과 갓고, 또 山과 들에는, 꼿방석을 펴 노흔 것 갓소. 다만 이 조흔 째에, 바람이 불고, 째째로 비가 오는 것은 매우 可惜하오.

芍藥과 牧丹이 피면, 여름이 갓가워 오고, 石榴 꼿츤 여름에 피오. 장마질 째가 되면, 란초 꼿치 滿發하고, 그 동안에 또 蓮花가 피오.

次次 서늘한 바람이 불면, 山과 들에 唐개나리와 도라지와 싸리의 各色 가을 꼿치 보기 좃케 피고, 벌어지도 우오. 느진 가을에는 꼿보담도 고흔 丹楓이 잇고, 最後에는 菊花가 홀로 피오.

겨울에는, 나무 입사귀가 다 써러지고, 찬바람이 부오. 째째로 눈이 와서, 나뭇가지에 꼿치 핀 것 갓치 보이오.

練習

一. 봄에는 무슨 꼿치 피느냐. 그 일음을 漢字로 써라.

二. 여름과 가을에는 무슨 꼿치 픠느냐. 그 일음을 漢字로 써라.

三. 「곱게, 붉게」의 '게'를 너어서, 두 마듸의 짧은 글을 지어라.

第六課　漢文(櫻花及芝蘭)

櫻花之美는 以我國本土로 爲世界第一하나니 每春 四月에 日暖而風和則爛發이라. 都鄕이 爭賞之하고 唯曰花則知櫻花하며 或稱國花라 하나니라.

芝蘭은 生於深林하야 不以無人而不芳하고 君子는 修道立德하야 不爲困窮而改節하나니라. (孔子家語)

練習

一. 櫻花의 이약이를 하야 보아라.

二. 다음 □표 속에 漢字를 너어라.

櫻花之□는 爲□□第一, 都鄕□賞之. 唯曰花□知櫻花. 芝蘭生□深林

【 번 역 】

"벚꽃의 아름다움은 우리나라 본토로부터 세계 제일이 되니, 봄마다 4월에 날씨가 따뜻하고 바람이 온화하면 만발한다. 도시와 시골 모두 다투어 그것을 감상하고, 오직 말하기를 꽃은 곧 벚꽃으로 알며, 혹은 국화(國花: 나라꽃)라고 칭한다.

지란(芝蘭)은 깊은 산림에 생장하여 사람이 아니면 향기를 내지 않고, 군자는 도를 닦아 덕을 확립하여 곤궁하면서도 절의를 고치지 않는다."(공자가어)

第七課　桃花

이 그림을 보오. 이것은 桃花의 그림이오. 桃花는 每年 五月에 피오.
桃花는 빗치 붉고, 아름다운 꼿치오. 그 붉고 고흔 部分을 花瓣(화판)
이라 하오. 花瓣은 다섯 조각이오.

花瓣을 싸고 잇는 것을 꼿샵리라 하는대, 이것도 쏘 다섯 조각이
잇고, 風雨를 막어서 花瓣을 保護하오.

花瓣은 붉고, 꼿샵리는 풀은 고로, 더욱 아름답게 보이오.

六月이 되면, 복송아가 열니고, 八月이 되면 잘 익소. 큰 것은 주먹만
하고, 맛이 매우 좃소.

복공아나무는, 봄에는 꼿을 보고, 여름에는 열매를 먹는 고로, 사람
에게 매우 利로운 植物이오.

練習

一. 복송아나무는 어느 달에 꼿치 픠고, 어느 달에 열매가 열니고, 어느
　　달에 열매가 익느냐.

二. 桃花 各部分의 일음과 그 빗을 말하야라.

第八課　漢文

孔融이 四歲에 與諸兄으로 同食梨할새 融이 獨取小者어늘 父ㅣ 問故
한대 融이 曰 兒ㅣ 幼年하니 當取小者라 하더라.

桃李不言하니 下自成蹊ㅣ니라. (史記)

瓜田에 不納履하고 李下에 不整冠하라. (文選)

練習

一. 孔融의 이약이를 하야라.

二. 다음 글에 吐를 달아 읽어라. 그리하고 그것을 외여라.

桃李不言下自成蹊.　瓜田不納履李下不整冠.

[번 역]

공융[5]이 네 살 때, 여러 형제들과 함께 배를 먹고자 할 때, 융이 홀로 작은 것을 집거늘, 그 아버지가 그 까닭을 물으니, 융이 말하기를, 제가 나이가 어리니 당연히 작은 것을 취합니다 하더라.

복숭아와 자두나무는 말을 하지 않아도, 그 밑은 절로 길이 난다.

외밭에서 신발 끈을 매지 말며, 자두나무 밑에서 갓끈을 바로잡지 말라.

第九課　花遊와 請邀

요사이 日氣가 짯쯧하고, 마음이 爽快하오이다. 草木은 새싹이 나며, 꽂치 맷쳐서, 山과 들에 봄긔운이 가득하야, 매우 볼만하게 되엿습니다. 이갓치 조흔 째에 집에 들어 잇는 것은 甚히 즈미업는 일인고로, 다음 空日에 二三 學友가 作伴하야, 꽂求景을 가랴 하오니, 兄도 意向이 게시거늘, 그날 午前 九時에 弟의 집으로 오시기를 바랍니다.

月　　日　孫正煥 再拜

---

5) 공융(孔融): 동한 말의 대신. 자는 문거. 노나라 사람으로 공자의 20대 손. 조조가 유표와 손권을 공격하고자 할 때 말리다가 죽음. 『후한서』 공융전 참고.

吳寅泳 座下

同回答

兄의 편지를 바더보오니, 매우 반갑습니다. 오는 日曜日에는 弟도 쏘한 꽂求景을 가랴고 하던 춧에 이갓치 몬저 請邀하시니 大端히 고맙습니다. 그날은 多幸히 아무 相値되는 일이 업는 고로, 兄과 作伴하랴 하오니 그리 아옵소서, 아무조록 時間 前에 兄宅으로 가랴 하오나, 萬若 晩時가 되더라도 暫時 기다려 주시기를 바랍니다.

月 日 吳寅泳 拜覆
孫正煥 座下

練習

本課를 모방하야 郊遊散步하는 편지와 그 답장을 지여라.

第十課 春雨

昨年 겨울 以後로 비와 눈이 別로히 오지 아니하얏도다. 次次 日氣가 쌋쯧하야지고, 農事를 시작할 쌔가 되는 고로, 洞里사람들이 모다 너무 가무는 것을 근심하더라.

간밤에 하날이 猝地에 흐리더니, 오날은 아침부터 비가 퍼붓고, 조곰도 긋치지 안터라. 길이 질어서, 學校에 갓다올 쌔에, 매우 고싱하얏도다. 그러하나, 집에 돌아와 본즉, 아버지께서 大端히 깃붜하시며, 말삼하시기를,

「어- 비 잘 온다. 아무조록 만히 오너라. 來日도 오고, 모레도 오너

라. 至今 오는 비는 참 조혼 비다. 來日 비가 개이거든 네가 學校에 단겨온 후에, 우리집 보리밧헤 갓치 가 보자.」

하시더라. 아버지께서 말삼하시는 것을 들은즉, 나도 쏘한 大端히 깃부더라. 문을 열고 쳐다 보니, 하날에 검은 구름이 덥혀서, 來日도 개이지 아니할 듯 하더라.

練習

一. 요사이 비와 눈이 오지 아니하는 것을 보고, 웨 洞內 사람들이 걱정하 얏느냐.

二. 비가 만히 오는 것을 보고, 父親이 무엇이라 말삼하시더냐.

第十一課　漢文

弟子ㅣ 侍坐於先生할새 先生이 問焉이어시든 終則答하며 請業則起하고 請益則起ㅣ니라. (小學)

從於先生할새 不越路而與人言하며 遭先生於道하야 趨而進하야 正立 拱手하야 先生이 與之言則對하고 不與之言則趨而退ㅣ니라. (小學)

練習

一. 다음에 뭇는 말을 對答하야라.

(가) 先生님이 물으실 째에는 엇더케 하느냐.

(나) 先生님에게 배울 째에는 엇더케 하느냐.

(다) 先生님을 짤어갈 째에는 엇더케 하느냐.

(라) 先生님을 길에서 맛날 째에는 엇더케 하느냐.

二. 다음 漢字를 두 字식 부쳐 읽어 보아라.

　　起와 坐, 進과 退, 問과 對

[번역]

　"제자들이 선생을 모시고 앉았을 때에 선생이 물으시면, 묻는 말이 끝난 뒤에 대답하며, 선생에게 학업을 청할 때에는 서서 하고, 더욱 설명해 주기를 청할 때에도 일어나서 말한다."(소학, 명륜편)

　"선생을 따라갈 때에는 길을 건너가서 남과 말하지 않으며, 선생을 길에서 만나면 빠른 걸음으로 나아가 바로 서서 두 손을 모아잡고 선생이 더불어 말을 하면 대답하고 더불어 말하지 않으면 빠른 걸음으로 물러난다."(소학, 명륜편)

第十二課　蓮花

　느진 봄이 되면, 련못에 넓고 둥근 입사귀가 가득하게 덥힌 것을 보리다. 이것은 蓮이라 하는 것인대, 여름에 꼿치 아름답게 피오.

　蓮花는 흰빗과 붉은 빗치 잇고, 조흔 香臭가 잇소.

　靑靑한 입사귀에 흰꼿과 붉은 꼿치 석겨 핀 것은, 더욱 보기 좃소.

　蓮花는 일은 아침에 픠는 고로, 늣게 일어나는 사람은 한참 볼만한 째에 보지 못하오.

　아침 바람이 서늘한 째에, 일즉 일어나서, 련못가에 서서 보면, 꼿봉우리 픠는 소리가 들닌다 하오.

　蓮은 濁한 물과 더러운 흙에서 生長하나, 그러나 甚히 아름답고 高尙한 고로, 俗談에 蓮花는 花中君子라 하오.

一. 蓮花의 빗과 입사귀의 형상을 말하야라.

二. 蓮花는 花中君子라 하는 俗談의 뜻을 말하야라.

三. 볼만한 새의 'ㄹ만한'을 너어서 두서너 마듸의 짧은 글을 지어라.

第十三課　漢文(孔子及孟子)

孔子는 魯人也라. 有弟子三千人하고서 卒年이 七十三이시니 後世에 尊稱하야 聖人이라 하니라. 論語는 錄孔子言行之書也ㅣ니라.

孟子는 鄒人也ㅣ시니 受業于子思之門人하시고, 子思는 孔子之孫也ㅣ시니 著書하사 述孔子之意하야 明聖人之道하시니라.

一. 孔子의 이약이를 하야 보아라.

二. 孟子의 이약이를 하야 보아라.

三. 論語라 하는 것은 엇더한 칙이냐.

四. 다음 말을 漢字로 곳쳐라.

　　공즈, 밍즈, 셩인, 군즈, 론어

〔번 역〕

공자는 노나라 사람이다. 제자가 삼천 명이 되고, 73세에 돌아가셨다. 후세 사람이 존칭하여 성인이라고 한다. 논어는 공자의 언행을 기록한 책이다.

맹자는 추 지방의 사람이니, 자사의 문하에서 공부하셨다. 자사(子思)는 공자의 손자로 책을 지어 공자의 뜻을 기술함으로써 성인의 도를 밝히셨다.

第十四課　연과 팽이의 노래

올너라 연아 연아　　　활신활신 올너라
空中에 날어가는　　　저 소리개보담도
올너라 연아 연아　　　좀더 좀더 놉직히
돌어라 팽이팽이　　　얼는 얼는 돌어라
바람에 팽팽도는　　　바람갑이 보담도
돌어라 팽이팽이　　　좀더좀더 쌜으게

練習
本課를 외여라.

第十五課　漢文

子貢*이 問於孔子曰 有一言而可以終身行之者乎잇가. 子ㅣ 曰 其恕乎ㄴ져. 己所不欲을 勿施於人이니라. (論語)

孟子ㅣ 曰 子路*는 告之以有過則喜하고 禹*는 聞善言則拜러시다. (孟子)

勿以惡小而爲之하라. 積小惡而爲大惡하며 勿以善小而不爲하라. 積小善而成大善하니라.

練習

一. 다음 글에 吐를 달어 읽어라. 그리하고 그것을 외여라.

　己所不欲 勿施於人

二. 다음 말을 읽어라.

　善惡, 積善, 善言, 惡行

【번 역】

"자공이 공자게 여쭈어 말하기를, 한 마디로 가히 죽을 때까지 지켜야 할 것이 있습니까. 공자께서 답하시기를, 그것은 서(恕)이다. 자신이 하고 싶지 않은 것을 다른 사람에게 시키지 말아야 한다고 하시다."(논어)

"맹자께서 말씀하시기를, 자로는 허물을 알려주면 기뻐하고, 우는 선한 말을 들으면 배례하셨다."(맹자)

악이 작다고 하여 행하지 말라. 작은 악이 쌓이면 큰 악이 되며, 선이 작다고 하여 행하지 않으면 안 된다. 작은 선이 쌓여 큰 선을 이루게 된다.

第十六課　俚諺

세 살의 버릇이 여든까지 간다.

三歲之習이 至于八十이라

소 일코 외양간 곳친다.

旣失其牛하고 乃葺厥(廐) ㅣ라.

낫말은 새가 듯고, 밤말은 쥐가 듯는다.

晝言雀聽하고 夜言鼠聆이라.

될성불은 나물은 세옵부터 알어본다.

蔬之將善은 兩葉可辨이라.

本課 俚諺의 쯧을 말하야라.

第十七課　大日本帝國

우리 大日本帝國은 여러 섬과 한 半島로 되엿소. 이 여러 섬은 東北에서 西南으로 쌧쳐서 一千二百里 사이에 깔녀 잇스니, 其中에 큰 섬은 本州·北海道·九州·臺灣·四國과 밋 樺太의 南部요, 半島는 곳 朝鮮이오.

全國 人口는 年年히 增加하야, 至今은 約七千萬이 되오. 面積은 四萬三千餘 方里니, 本州는 大概 그 三分의 一이오, 朝鮮半島는 本州보다 조곰 적고, 北海道는 本州의 三分의 一 假量이며, 九州는 北海道의 半假量이고, 臺灣과 樺太 南部는 다 北海道의 三分의 一이고, 四國은 九州의 半보다 적소. 이 外에 遼東半島의 南部에 租借地가 잇스니, 關東州라 하오.

우리나라의 周圍에는 太平洋·日本海·黃海·오호두구 海·支那海 等이 잇서서, 모다 世界 通商의 要路가 되오.

쏘 氣候는 各地가 大概 溫和하야, 各種 天産物이 만코, 産業도 크게 發達하며, 景致의 조흔 곳도 만소.

練習

一. 우리나라는 무엇이라 하는 섬과 半島로 되어 잇느냐.

二. 우리나라의 全面積은 얼마냐. 또 本州·朝鮮半島·北海道·九州·臺灣·樺
   太 南部·四國의 面積은 各各 얼마냐.

三. 關東州라 하는 것은 어듸 잇느냐.

四. 우리나라의 周圍에는 무엇이라고 하는 바다가 잇느냐.

五. 우리나라의 氣候 天産物·産業·景致는 엇더하냐.

第十八課 漢文(富士山 及 金剛山)

富士山*은 我國 第一名山也ㅣ라. 直立 一萬三千尺이오 山形이 似倒
扇하고 四時에 戴白雪하야 每年 盛夏에 登覽者ㅣ 極多하니 立山頂에
可以望十三州ㅣ니라.

金剛山은 在江原道하니 自古로 以形勝著ㅣ라. 世稱 山有一萬二千峯
하고 其最高者ㅣ 可六千尺이라. 山中에 多古寺하고 奇巖怪石과 飛瀑澄
潭이 亦不少하며 九秋紅葉이 尤可賞이라. 故로 亦云楓嶽이니라.

練習

一. 富士山의 이약이를 하야 보아라.

二. 金剛山의 이약이를 하야 보아라.

三. 다음 □ 표 속에 漢字를 넛코 吐를 달어라.

   我國 第一名□富士山也. 四□戴白雪.

   九□紅葉尤可賞

四. 부ᄉ산, 금강산을 漢字로 써라.

[번 역]

후지산은 우리나라 제일 명산이다. 직립 1만 3천 척이요, 산의 모습이 마치 부채를 거꾸로 한 것과 같고, 사계절 백설을 이고 있어, 매년 여름에 등산하여 보는 자가 매우 많다. 산 정상에서 가히 13주를 조망할 수 있다.

금강산은 강원도에 있으니, 예로부터 형승이 빼어나서 세칭 산에 일만 이천 봉이 있다고 하고, 그 가장 높은 곳은 6천 척이 된다. 산중에 옛날 사찰이 많으며, 기암괴석과 폭포, 맑은 물이 또한 적지 않다. 구월 가을의 홍엽이 더욱 볼 만하며, 그러므로 또한 풍악이라고 한다.

第十九課　夏節衛生

여름은 가장 더운 째인고로, 달은 째보다 더욱 衛生에 注意함이 可하니라. 너무 더운 째에 工夫를 하는 것은 몸에 害가 되는 고로, 學校에서도 休業을 하나니라.

兒孩들은 果實을 매우 조화하나니, 잘 익은 果實은 맛이 좃코, 또 消化를 돕는 效驗이 잇나니라. 그러하나, 선 果實 속에는, 사람에게 害로운 것이 들어 잇는 고로, 이것을 먹으면 腹痛이 나며, 泄瀉가 나고, 尤甚하면 죽는 일도 잇나니라. 櫻桃·복송아·살구·능금·참외 갓흔 果實을 먹을 째는 잘 익은 것을 擇할지니라.

朝鮮 사람은 冷水를 먹는 習慣이 잇서서, 소나무 밋과 바위 틈에서 솟아 나오는 샘물과 시내물을 藥水라 하고, 한번에 여러 박아지를 먹는 사람도 잇스니, 이것은 衛生을 몰으는 習慣이라. 特別히 痢疾과 怪疾 等의 傳染病이 流行할 째는 더욱 注意할 것이니라.

아침 서늘할 째에 山野에서 運動을 하는 것은 매우 조흐니라. 그러하나, 정낫에 日光이 直射하는 곳에서 過度히 勞働을 하면, 쌈이 過히 나서, 身體가 疲困하여지는 고로, 도로혀 害가 되나니라.

이 外에 夏節에 집의 內外를 더럽게 하는 것은 더욱 害로우니, 아모조록 注意하야, 掃除를 잘할지어다. 사람을 잘 자지 못하게 하는 모긔·벼록·빈대 갓흔 못된 벌어지는, 모다 더러운 곳에서 만히 생기는 것이니라.

練習

一. 果實을 먹을 째에는 웨 익은 것을 먹어야 하느냐.

二. 웨 집의 內外를 掃除하야야 하느냐.

三. 다음 말을 달은 말로 밧구어라.

　　果實, 過度히, 疲困, 內外

第二十課　漢文

古語에 曰 體欲常勞하고 食欲常節이라 하니, 此語ㅣ 最切要於夏時ㅣ라. 每日晏起且午睡而飽食過飮者ㅣ 不知衛生者也ㅣ니 其不病死者는 蓋幸矣ㅣ니라.

夏雖放學이나 不可全然廢工이니 但避午間炎熱하고 宜揀朝夕稍涼時하야 溫習前課라야 無忘其所知하고 又有知新之益也ㅣ리라.

練習

一. 다음 □표 속에 漢字를 넛코, 吐를 달어라.

　　體□常勞　食□常節　夏□放學　不□全然廢工

二. 엇더한 일을 하면 衛生에 害로우냐.

三. 夏期放學 中에는 엇더케 하야야 하느냐.

四. 다음 말을 읽어라.

　最切要　死生　溫習

[번 역]

옛말에 몸은 항상 일을 해야 하고, 먹는 것은 항상 절제가 있어야 한다고 하였다. 이 말이 여름철에는 가장 긴요한 말이다. 매일 늦게 일어나고 낮잠을 자며 배불리 지나치게 먹는 것은 위생을 모르는 것이니, 그리하고도 병들지 않고 죽지 않는 것은 다행스러운 일이다.

여름에는 비록 방학을 하나 공부를 모두 폐하면 안 된다. 다만 낮에 뜨거운 열을 피하고, 아침저녁으로 조금 서늘한 때를 가려 앞서 배운 과목을 익혀야 그 아는 바를 잊지 않고, 또한 더욱 새롭게 알게 될 것이니라.

第二十一課　驟雨의 歌

난대 업는 一陣 狂風	검은 구름 몰아다
먹쟝 갈아씨언진 듯	왼 하날을 덥더니
번개불이 번적번적	우뢰소리 우루루.
주먹갓흔 큰 비방울	여긔저긔 듯다가
함박으로 퍼붓는 듯	펑펑 좔좔 쏘다져
나무 입이 너푼너푼	락슈물이 주루루
뢰셩번개 련해 나며	바람소리 비소리

上天下地 뒤놋는 듯   슌식간에 漲水나
시내물이 출넝출넝   모래언덕 우수수.
적은 듯이 비가 긋쳐   구름 것고 해 날 제
彩色다리 架設한 듯   무지개가 샛첫네.
各色草木 너훌너훌   듯는 이슬 후두두.

練習

一. 다음 글을 너어서 한 마듸식 되는 글을 지어라.

　나무입이 너푼너푼

　시내물이 출넝출넝

　各色草木 너훌너훌

二. 다음 말을 漢字로 써라.

　구름, 바람, 모래, 다리, 이슬, 무지개

第二十二課　病者慰問

日前부터 學校에 缺席하시는 고로, 무슨 까닭인지 아지 못하야, 오날 先生님 宅에 가서, 엿주어 본즉, 感患으로 缺席하신다 하시니, 듯기에 매우 놀납습니다. 宅으로 가서 뵈오랴 하오나 겨를이 업서서 가지 못하고, 書字로 慰問합니다.

先生님의 말삼을 들은즉, 近日은 感氣가 돌어단기는 時期라 하시니, 아무조록 잘 調攝하셔서, 速히 學校에 出席하시기를 바랍니다.

月　日　韓永洙 再拜

姜載鎬 座下

問病回答

이와 갓치 慰問하야 주시니 매우 感謝합니다. 지난 月曜日에 들에서 비를 맛고 歸家한 後로, 惡寒(오한)이 甚하야 食事도 못하고, 卽時 잣더니, 그날 밤부터 身熱이 나서, 苦痛을 하얏스나, 至今은 差度가 잇는 고로, 來日까지는 調攝하고, 모레는 學校에 가랴 하오니, 過히 念慮마십시오.

　　　　　　　月　　日　　姜載鎬 拜覆

　　　　　　　　　　　　　韓永洙 座下

練習

本課를 모방하야 친구의 어루신네에게 問病하는 편지와, 그 답장을 지어라.

第二十三課　漢文

孔子ㅣ 謂曾子曰 身體髮膚는 受之父母ㅣ라. 不敢毁傷이 孝之始也ㅣ니라. (小學)

曾子ㅣ 曰 身也者는 父母之遺體也ㅣ니 行父母之遺體호대 敢不敬乎아. (小學)

孟子ㅣ 曰 孩提之童이 無不知愛其親하고 及其長也하야 無不知敬其兄ㅣ니라. (小學)

練習

一. 다음 글에 吐를 달어라. 그리하고 그것을 외여라.

　　身體髮膚 受之父母 不敢毁傷 孝之始也

二. 다음 글을 漢文으로 곳쳐라.

　　兩親을 사랑한다.　　　兄을 공경한다.

　　몸은 父母의 遺體니라. 孝는 百行의 根本이라.

[번 역]

　"공자께서 증자에게 말씀하시기를, 신과 체, 머리터럭과 피부는 부모로부터 받은 것이다. 감히 훼상하지 않는 것이 효의 시작이니라 하셨다."(소학)

　"증자께서 말씀하시기를, 몸이라는 것은 부모께서 남겨주신 것이니, 부모께서 남겨주신 것을 행함에 어찌 감히 공경하지 않겠는가 하셨다."(소학)

　"맹자께서 말씀하시기를, 어린아이가 그 부친을 사랑해야 함을 알지 못함이 없고 자람에 미쳐 그 형을 공경함을 아지 못하는 바가 없다 하셨다."[6](소학)

第二十四課　혹 잇는 老人 (一)

　옛날 어느 山村에 한 老人이 잇섯는대, 그 목에 큰 혹이 달녓섯소.

　하로는, 그 老人이 나무를 하러 山에 갓다가, 더물어서, 집에 돌아오지 못하고, 길가에 잇는 뷘 집으로 들어가서, 자랴고 하얏소.

　밤은 漸漸 깁허지고, 四方이 寂寞하야, 잠이 오지 아니하는 고로, 다시 일어 안저서 淸淸한 목소리로 즈미잇는 노래를 불으고 잇섯소.

　그 近處에 잇는 독갑이들이, 이 소리를 듯고, 모여왓소.

---

6) 이 구절은 양능(良能)과 양지(良知)를 나타낼 때 쓴 표현임. 양능은 타고난 재능이니 배우지 않고도 할 수 있는 것이며, 양지는 타고난 지능이니 생각하지 않고도 알 수 있는 본심을 말한다. 어린아이가 부모의 사랑을 아는 것, 형의 공경을 하는 것은 양능·양지에 해당한다.

老人은 여러 독갑이가 몰녀오는 것을 보고, 조곰도 무서워하는 氣色이 업시, 노래를 불넛소. 독갑이는 그 노래에 大端히 感動되여 極히 고요하게 듯고 잇섯소.

독갑이들이 한참 듯더니, 그 中 괴수되는 독갑이가 老人을 對하야 뭇되,

「老人은 어듸서 그런 조흔 音聲이 나옵닛가.」

하얏소.

老人의 對答이,

「어 목에 달녀 잇는 혹 속에서 나온다.」

하얏소.

괴슈 독갑이는 이 말을 듯고,

「그러면, 그 혹을 나를 주시오.」

하면서, 여러 가지 寶貝를 내여주고, 그 혹을 쎼여 갓소.

練習

一. 老人은 웨 山中 뷘 집에 들어갓느냐.

二. 老人은 웨 홀노 노래를 불으고 잇섯느냐.

三. 독갑이들은 엇더케 하고 老人의 노래를 듯고 잇섯느냐.

四. 괴슈 독갑이와 老人은 무슨 問答을 하얏느냐.

五. 독갑디들의 '들'을 너어서 두 마듸의 짤은 글을 지어라.

第二十五課　혹 잇는 老人 (二)

老人은 恒常 貴치 안케 역이던 혹이 써러지고, 또 貴重한 寶貝가

만히 생긴 것을 깃붜하면서, 그 잇흔날 아침에 일즉 집으로 돌아왓소.

그 老人 사는 洞里에 목에 큰 혹이 달닌 老人 하나이 또 잇는대, 그 혹이 업서진 緣由를 듯고, 일부러 前老人이 자던 집으로 가서, 밤이 들기를 기다려, 노래를 불으고 잇섯소. 밤중이 되매, 果然 독갑이들이 몰녀와서, 노래를 ᄌᆞ미잇게 듯고 잇다가, 괴슈 독갑이가 그 老人에게 조흔 音聲이 어듸서 나오느냐고 물은즉, 老人이 역시 혹에서 나온다고 對答하얏소. 독랍이들이 그 말을 듯고, 日前에도 엇던 老人에게 속엇다 하면서, 쎄여 두엇던 혹을 그 老人의 한편 목에 붓쳐 주고, 우스면서 몰녀가 버렷소.

이러함으로 俗談에 혹 쎄러 갓다가, 혹 붓쳣다 하는 말이 생긴 것이오.

練習

一. 목에 큰 혹 잇는 老人이 혹 쩬 前老人의 이약이를 듯고 엇더케 하얏느냐.

二. 혹 잇는 老人은 독갑이와 問答한 後에 엇더한 욕을 보앗느냐.

三. 혹 쎄러 갓다가 혹 붓쳣다 하는 俗談의 뜻을 말하야 보아라.

四. 貴치 안소의 '치'를 너어서, 두 마의의 쌀은 글을 지어라.

第二十六課　漢文(秋冷)

凉秋九月에 白露既降하고 草蟲이 鳴于戶하니 慈母縫衣於燈下할새 運針密而忙하야 謂兒輩曰 秋風起天漸冷하니 不速製爾輩衣裳이면 一朝 霜雪에 將悔不及矣라 하시더라.

一. 다음 □표 속에 漢字를 너어서, 吐를 달어라.

　　草蟲鳴□戶　縫衣□燈下　　將悔□□矣

二. 다음 말을 읽어라.

　　凉秋, 白露, 慈母, 衣裳, 霜雪

【번 역】

　　서늘한 가을 구월에 흰 이슬은 이미 내리고, 초충이 문지게에 우니, 어머니께서 등잔불 아래에서 옷을 지을 때, 바느질이 민첩하고 부지런한데 아이들에게 말하기를, 가을바람이 불고 날씨가 점점 서늘해지니 급히 너희들의 의상(衣裳)을 짓지 않으면, 하루 아침에 서리와 눈이 내려 장차 후회함에 미치지 못할 것이라고 하였다.

第二十七課　太郎과 奇男

太郎과 奇男은 한 洞里에 隔墻하야 사오.

이 두 兒孩는, 나히도 比等하고, 킈도 비슷하오.

이 두 兒孩는 매우 의가 좃케 지내요.

太郎은 그 洞內 尋常小學校에 단기고, 奇男은 普通學校에 단기오.[7]

每日 學校에 갓다 오면, 서로 차저 단기며, 갓치 노오.

競走도 하고, 씨름도 하면서 노는대, 或 太郎이 이기기도 하고, 或

---

7) 太郎(타로)는 일본인, 奇男(기남)은 한국인으로 동화정책을 반영함.

奇男이 이기기도 하오.

　空日이나 祭日에는 點心을 싸 가지고, 山이나 들로 갓치 놀러가오.

　처음에는, 서로 말을 몰으더니, 相從한 지가 오랜 고로, 至今은 能히 言語를 通하게 되엿소.

　그 父母끼리도 漸漸 親近하야져서, 서로 조화지내오.

練習

　一. 太郎과 奇男은 무슨 學校에 단기느냐.

　二. 太郎과 奇男은 學校에 갓다 오면 무엇을 하고 노느냐.

　三. 空日이나 祭日에는 두 兒孩가 무엇을 하고 노느냐.

　四. 太郎과 奇男의 父母는 엇더케 지내느냐.

第二十八課　漢文

　孟子ㅣ 曰 積善은 朋友之道也ㅣ니라. (孟子)

　子貢이 問友한대 孔子ㅣ 曰 忠告而善道之호대 不可則止하야 毋自辱焉이니라. (논어)

　子ㅣ 曰 益者ㅣ 三友오 損者ㅣ 三友ㅣ니 友直하며 友諒하며 友多聞이면 益矣ㅣ오 友偏僻하며 友善柔하며 友便佞이면 損矣ㅣ니라. (論語)

練習

　一. 다음에 뭇는 글을 對答하야라.

　　(가) 벗에게는 엇더케 하야야 하느냐.

　　(나) 엇더한 사람을 벗으로 하야야 하느냐.

(다) 엇더한 사람을 벗으로 하야서는 못 쓰느냐.

二. 近墨者黑이라 하는 말의 뜻을 말하야라.

三. 다음 漢字를 比較하야, 달은 것을 말하야라.

母 毋, 止 正, 目 自, 門 問, 中 忠, 色 邑

[번 역]

"맹자가 말씀하시기를 선을 쌓는 것은 붕우의 도리이니라 하셨다."(맹자)

자공이 벗을 사귐을 물은대, 공자께서 말씀하시기를 진실로 고하고 바른 길로 이끌대 멈추어서 안 되며 스스로 욕되지 말게 해야 한다고 하셨다.

공자께서 말씀하시기를 이로운 것이 세 가지 벗이 있고, 손해로운 것이 세 가지 벗이 있으니, 정직한 사람을 벗하고, 진실한 사람을 벗하고, 들은 것 많은 사람을 벗하면 이로우며, 편벽된 사람을 벗하고, 부드럽게 꾸미기 잘하는 사람을 벗하며, 말만 잘하는 사람을 벗하면 해롭다고 하였다.

第二十九課 運動會

오날은 우리 學校의 運動會라. 昨夜에는 日氣가 흐려서, 비가 올가 念慮하얏더니, 오날 아침에 일즉 일어나본즉, 하날에 구름이 一點도 업고, 日氣가 淸明하더라.

우리들은 愉快한 마음으로 學校에 集合하야, 여러 學友와 作隊하야 活潑한 氣象으로 校門을 나서서 運動場으로 가는도다.

運動場에 到着하야본즉, 淸黃赤白黑의 色彩旗가 바람에 펄펄 날니고, 場內에는 賓客과 觀覽者가 가득하더라.

豫定한 時刻이 되매, 卽時 運動을 시작하얏도다. 最初에 各級 聯合體操를 하는대, 觀覽者들이 各各 그 活潑한 氣象을 稱讚하는고로, 우리들은 더욱 奮發할 마음이 생기더라.

各種 運動 中에, 第一 活潑하고 爽快한 것은, 競走오, 가장 滋味 잇고 우수운 것은, 兩人三脚과 一人一脚이라. 競走할 사람들이, 出發하는 곳에 整列하얏다가, 先生님이 出發하라는 軍號로 鐘을 치시니, 모다 一心 精力으로 달어나는대, 그 氣象이 매우 活潑하더라. 그 中에 或은 너머지는 者도 잇고, 或은 압섯던 者가 뒤써러지며, 뒤써러졋던 者가 압서는 者도 잇고, 或은 압선 者의 衣服을 붓들어서, 急히 가지 못하게 하고, 自己가 압흘 서서 一等이 되는 者도 잇는대, 先生님이 이갓치 不正한 行爲를 하는 者에게는 賞品을 주시지 안코, 觀覽者도, 그 卑劣함을 미워하더라. 쏘 最後에 온 生徒라도, 中途에 긋치지 안코, 힘을 다하야 달어온 者를, 先生님이 稱讚하시더라.

兩人三脚에는, 第一 압섯던 者가 瞥眼間에 뒤써러지는 者도 잇고, 或은 달녀가다가 너머지더니 卽時 다시 일어나서, 쏫처가다가 압서는 者도 잇고, 쏘 압섯던 者 中에, 다리에 매엿던 씬이 풀어져서, 行步를 中止하야, 뒤써러지는 者도 잇더라.

一人一脚에는 長大한 者가 손과 머리를 흔들면서, 急히 달녀가랴 하나, 氣盡하야, 잘 가지 못하는 者도 잇고, 體小한 者가 개고리갓치 工巧하게 쮜여들어가서, 一等賞을 밧는 者도 잇는 고로, 觀覽者의 우슴 소리가 場內에 가득하더라.

그 外에 旗取競爭 障碍物競爭·投球競爭·引繩 等의 各項 運動을 豫定대로 맛친 後에, 校長 先生님의 訓示하시는 말삼을 듯고, 卽席에서 解散하얏는대, 집에 돌아와 본즉, 午後 五時假量이 되엿더라.

練習

一. 運動會 날의 日氣는 엇더하얏느냐.

二. 觀覽者는 各級 聯合體操를 보고 엇더하다고 하얏느냐.

三. 運動의 種類에는 무엇 무엇이 잇섯느냐.

四. 쇠 잇는 兒孩를 對하야, 先生님은 엇더케 하섯느냐.

五. 兩人三脚과 一人一脚을 할 새에는, 무슨 즈미 잇는 것이 잇섯느냐.

第三十課　漢文

初秋天晴이라. 老父ㅣ 携兒遊邑外할새 有一小川이 發源於西山하야 淸流如玉이어늘 兒ㅣ 問曰 此川不涸(차천불학)는 何乎잇가. 老父ㅣ 指西山謂曰 四方之山에 獨西山이 林不鬱蒼하고 有茂林則淸泉出하니 所以此川이 四時不絶流也ㅣ니라.

空氣濁則易致病이니 故로 窓戶를 不可常閉오 身體汚則易釀病이니 故로 沐浴을 不可不勤이오 人宜常運動其身體ㅣ니 故로 體操를 不可不習이오 人宜常快樂其心思ㅣ니 故로 遊戲를 亦所勿禁이니라.

練習

一. 시내물이 늘 잇는 것은, 무슨 까닭이냐.

二. 窓을 늘 닷쳐두면, 웨 害로우냐.

三. 웨 沐浴을 하야야 하느냐.

四. 다음 □표 속에 漢字를 너어라.

　　發源□西山　　此川不□何乎　　易□病　　沐浴□可□勤　　□可□運動

　　人□常勞其身

【 번 역 】

　이른 가을 하늘을 맑았다. 노부가 어린아이를 손에 잡고 읍외에 놀러감에 한 작은 천이 있는데, 서산에서 발원하여 옥과 같이 흐르거늘, 아이가 물었다. 이 냇물을 마르지 않으니 왜 그렇습니까. 노부가 서산을 가리키며 말하기를, 사방의 산에서 오직 서산만이 숲이 울창하지 않고, 나무가 무성하여 맑은 물이 흘러나오니, 그 까닭으로 이 냇물은 사계절 끊이지 않고 흐른다고 하였다.

　공기가 흐리면 병이 들기 쉬우니 창문을 항상 닫아서는 안 되고, 신체가 더러우면 곧 병을 기르기 쉬우니, 목욕을 부지런히 하지 않으면 안 된다. 사람이 마땅히 그 신체에 운동을 해야 하니 체조를 익히지 않으면 안 되고, 사람이 마땅히 마음이 쾌락해야 하니, 유희를 또한 금해서는 안 된다.

第三十一課　쌀내

　소나무가 茂盛한 저 山中에서, 홀너오는 시내물은 玉갓치 맑소. 여긔저긔서, 洞里 녀편네들이 衣服과 옷감을 밧부게 쌔오. 終日토록 쌀내 방망이로, 두드리다가 헤이며, 헤이다가 두드리오. 시내에는 물이 만허서, 쌀내하기가 매우 조흘 듯하오, 그러하나, 日氣는 차고, 바람은 몹시 부는대, 일은 아침부터 물에 손을 암그고 잇는 것이 매우 치울 듯하오.

　너의들의 입은 衣服은, 다 너의들의 母親이나 妹氏가 이와 갓치 애를 써서, 정하게 쌜어다가, 다시 다듬어서, 곱게 바누질을 하야, 지은 것이니라. 그런고로, 너의들은 衣服을 씻지 말고, 또 더러히지 안토록, 恒常 注意할 것이오, 運動場에 나가서, 여러 가지 運動을 할 쌔에는 반다시 두루마기를 벗어야 한다. 두루마기를 입고 運動하는 生徒도 혹 잇스나, 이와 갓흔 生徒는 運動도 活潑히 하지 못할 쑨 아니라, 또 衣服을 찟고 더럽힐 念慮가 잇나니라.

練習

一. 洞內 녀편네가 시내에서 쌀내하는 貌樣을 말하야라.

二. 웨 너의들의 입은 옷을 더러혀서는 못 쓰느냐.

三. 조홀 듯하오, 치울 듯하오의 'ㄹ 듯하'를 너어서 두마듸의 쌀은 글을 지어라.

第三十二課　漢文

路旁小池에 中有淸泉하야 春時水深하고 冬時水淺하니 鄕間婦女ㅣ 常來池畔하야 水中洗菜하고 石上擣衣(석상도의)하더라.

四面陸地에 水瀦其中(수저기중)하니 小者曰池오 大者曰湖ㅣ라. 湖水 深濶하야 巨舟可以往來하고 水中에 産魚蝦하며 多菱藕하며 而灌田이 又便이라. 故로 湖濱之田은 收穫이 恒豊하니라.

練習

一. 四時라 하는 것은 무엇무엇이냐. 그것을 漢字로 써라.

二. 다음 글에 吐를 달어라.

　　春夏秋冬曰四時　　東西南北曰四方　　前後左右曰四方

三. □旁, □濱의 □표 속에 漢字를 너어라.

四. 다음 말을 읽어라.

石山　水中　燈下　深淺　往來　開閉　出入

[번 역]

길가 작은 연못에 맑은 샘물이 있어 봄이 되면 물이 깊고, 겨울에는 물이 얕으니, 마을 부녀들이 항상 연못가로 와 물가에서 채소를 씻으며, 돌 위에서 옷을 다듬질한다.

사면이 육지인 곳에 물웅덩이가 있으니, 작은 것을 연못이라 하고, 큰 것은 호(湖)라 한다. 호수는 깊고 넓어 큰 배가 왕래할 수 있으며, 물 가운데 고기와 새우가 살며, 물풀과 연뿌리가 많으니 밭에 물을 대기도 편하다. 그러므로 호숫가의 밭은 수확이 항상 풍요롭다.

第三十三課　朝鮮地方의 地勢

朝鮮은 半島이니, 東西가 짤으고, 南北이 기오. 其面積은 本州보다 조곰 적고, 東쪽에는 日本海가 잇고, 西쪽에는 黃海가 잇고, 南쪽에는 朝鮮海가 잇고, 北쪽만 陸에 連하얏소.

朝鮮 北쪽 地境에는 큰 江이 둘이 잇스니, 하나는 鴨綠江이고, 하나는 豆滿江이오. 鴨綠江은 日本에 第一 큰 江이니, 기리가 一百八十里나 되나, 水利가 만치 안소. 이 外에 大同江·漢江·洛東江·錦江도 다 큰 江이오.

鴨綠江과 豆滿江은 長白山脈에서 發源하고, 그 山脈 中에 白頭山이라 하는 놉흔 山이 잇소. 白頭山에서 간닌 큰 山脈은 半島를 南北으로 쉐엿는대, 其中에 金剛山·五臺山·太白山의 有名한 山이 空中에 소사 잇고, 支脈 中에 妙香山·智異山이 잇소. 이 山脈은 半島의 東쪽에 잇는 고로, 山脈의 東쪽은 땅이 좁고, 큰 江도 업고, 平地도 적으나, 西쪽에는 큰 江도 잇고, 平野도 만소.

또 海岸도 東쪽과 西쪽이 大端히 달으니, 東쪽 海岸은 出入한 곳이 적고, 조흔 港口는 元山쑨이나, 西쪽과 南쪽 海岸은 出入한 곳이 만코, 섬이 만허서, 自然히 조흔 港口가 만소. 釜山·馬山·木浦·群山·仁川·鎭南浦는 다 조흔 港口요.

濟州島는 南쪽에 잇서서, 朝鮮地方에 第一 큰 섬이오. 島中에 漢挐山이 소사 잇소.

練習

一. 朝鮮地方의 周圍에는 무슨 바다가 잇느냐.

二. 朝鮮地方의 北쪽 地境은 엇더케 되어 잇느냐.

三. 朝鮮地方에는 무슨 큰 江이 잇느냐.

四. 朝鮮地方의 山脈은 엇더케 되어 잇느냐. 또 其中에 有名한 山은 무엇무엇이냐.

五. 朝鮮地方의 海岸은 엇더케 되어 잇느냐. 또 거긔 잇는 有名한 港口는 무엇무엇이냐.

六. 濟州島의 이약이를 하야라.

第三十四課　我鄉

우리 싀골은 田畓과 山林이 만코, 땅이 매우 기름지오.

邑內는 民家가 一千餘戶인대, 瓦家와 草家가 相半하오.

그 中에 第一 큰 집은 郡廳과 學校와 警察署와 郵便局이오.

郡廳에는 各官吏가 잇스니, 郡守는 자조 學校에 오셔서, 우리들이 工夫하는 것을 보시기도 하며, 조흔 말로 勸勉도 하야 주시오.

學校는 우리가 每日 단기는 곳인대, 昨年에 새로 建築하얏고, 邑內에서 第一가는 집이오.

警察署에는 署長과 巡査가 잇서서, 每日 四面으로 巡行하야, 仔細히 삷히는 고로, 近來에는 賊患과 火災의 所聞을 듯지 못하얏소.

郵便局에는 出入하는 사람이 만코, 매우 奔走한 貌樣인대, 貯金을 하는 사람도 적지 안소. 邑內에는 每朔 여섯 번식 場이 서는대, 本邑 所産은 勿論이오, 隣邑에서도 各色 物産이 모여드오.

우리 고을에서는 養蠶을 만히 하는 고로, 明紬의 賣買가 가장 만히 되오.

練習

一. 다음 말을 漢字로 바더 써라.

　군청, 경찰서, 우편국, 군슈, 셔장, 국장

二. 이 邑內에 무슨 官廳이 잇느냐.

三. 다음 말을 漢字로 바더 쓰고, 그 뜻을 말하야라.

第三十五課　漢文

孟子ㅣ 曰 徐行後長者를 謂之弟ㅣ오 疾行先長者를 謂之不弟라 하시니 不弟之者는 才學雖優나 其人은 不足觀也ㅣ니라.

年長以倍則父事之하고 十年以長則兄事之하고 五年以長則肩隨之ㅣ

니라. (小學)

一. 弟, 不弟라 하는 것은 무슨 뜻이냐.

二. 父事, 兄事, 肩隨라 하는 것은 무슨 뜻이냐.

三. 웃사람 特히 老人을 對하야서는 엇더케 하야야 하느냐.

四. 다음 □표 속에 漢字를 너어라.

謂□弟, 不弟□者, 父事□

五. 다음 말을 읽어라.

徐行, 疾行, 進行, 先行, 後行, 年長, 長者

[번 역]

"맹자가 말씀하시기를 나이 많은 사람을 뒤에서 천천히 따르는 것을 제(弟)라 하고, 장자(長者)를 무섭게 선행하는 것을 부제(不弟)라 하셨다. 공손하지 않은 자(부제)는 비록 재주가 뛰어나더라도 볼 만한 것이 못된다고 하셨다.

나이가 두 배가 많으면 곧 부모로 대우하고, 십년이 위이면 형으로 섬기며, 오년이 위이면 어깨를 나란히 하여 따라야 한다."(소학)

第三十六課　他人의 惡事[8]

　어느날 先生님이 生徒들에게 말삼하시기를,

　「工夫하는 時間에, 한눈을 파는 者는 罰을 주리라」 하엿는지라. 應善은 良明과 誼가 不協한 故로 良明이 한눈을 팔면 先生의게 告하랴고 每日 良明의 動靜을 注意하여 삷히더라. 一日은 良明이 無心히 한눈을 판지라. 應善이 보고 곳 先生에게 告한대, 應善의 생각에는 先生이 반다시 良明을 罰주고 自己를 稱讚하리라 하얏더라. 然이나 先生이 應善을 對하야 갈오대 「너는 엇지하야 그것을 보앗나뇨. 그 쌔에 네 눈은 冊을 보앗나뇨」 한 대 應善이 能히 一言도 對答지 못하고 얼골이 土色갓흔지라 다른 學徒들이 서로 도라보며 嘲笑하더라. 사람은 自己의 行한 바 일에 熱心하면 달은 사람의 行動을 注目할 餘暇가 업는 것이오.

練習

　一. 應善은 어써케 하랴고, 每日 良明의 動靜을 注意하야 삷혓느냐.

　二. 應善은 웨 良明의 한눈 판 것을 보고, 先生님에게 告하얏느냐.

　三. 先生님은 應善의 말을 듯고, 應善에게 무엇이라고 하셧느냐.

---

8) 이 단원은 1907년 보통학교학도용 국어독본 권5 제8과 타인의 악사와 같은 내용임.
　先生이 學徒를 對ᄒ야 「工夫ᄒᄂ 時間에 한눈을 파ᄂ 者ᄂ 罰 주리라」 ᄒ셧ᄂ지라. 應善은 良明과 誼가 不愜(불협)ᄒ 故로 良明이 한눈을 팔면 先生의게 告ᄒ랴고 每日 良明의 動靜을 注意ᄒ야 솗히더라. 一日은 良明이 無心히 한눈을 판지라. 應善이 보고 곳 先生에게 告ᄒ다. 應善의 싱각에ᄂ 先生이 ᄇᄃ시 良明을 罰주고 自己를 稱讚ᄒ리라 하얏더라. 然이나 先生이 應善을 對ᄒ야 굴ᄋ딕 「너ᄂ 엇지ᄒ야 그것을 보앗ᄂ뇨. 그 ᄶᆡ에 네 눈은 冊을 보앗ᄂ뇨」 ᄒ딕 應善이 能히 一言도 對答지 못ᄒ고 얼골이 土色ᄌᆺ흔지라. 다른 學徒들이 서로 도라보며 嘲笑ᄒ더라. 사름은 自己의 行ᄒᆯ 바를 着實히 行ᄒ고 他人의 惡事에ᄂ 留心치 아니홈이 可ᄒ도다. 自己의 行ᄒᆯ 바 일에 熱心ᄒ면 他人의 惡事에 注目ᄒᆯ 餘暇가 업슬지니라.

四. 本課의 이약이를 對하야 感動한 것을 말하야라.

五. 先生님에게 告하라고의 '랴'를 너어셔 세 마듸의 쌀은 글을 지어라.

第三十七課　漢文

看書之時에는 不可視他所오 講書之時에는 不可聽他言이니라.

子ㅣ 曰君子는 成人之美하고 不成人之惡하나니 小人은 反是ㅣ니라.

子貢이 曰君子之過也는 如日月之食焉이라 過也에 人皆見之하고 更也에 人皆仰之니라. (論語)

子ㅣ 曰過而不改ㅣ 是謂過矣ㅣ니라. (論語)

練習

一.「달은 대를 보면 못 쓴다」,「달은 말을 들으면 못 쓴다」 하는 글을 漢字로 써라.

二. 다음 글에 吐를 달어라. 그리하고 그것을 외어라.

　　(가) 君子 成人之美 不成人之惡

　　(나) 過而不改 是謂過矣

【 번 역 】

　책을 볼 때에는 다른 곳을 보아서는 안 되고, 책을 강독할 때에는 다른 말을 들어서는 안 된다.

　"공자께서 말씀하시기를 군자는 다른 사람의 장점을 이루고, 다른 사람의 나쁜 점을 이루지 않는다. 소인은 이와 반대로 한다.

자공이 말하기를, 군자의 허물은 일식과 월식의 밥을 먹는 것과 같다. 허물이 있으면 사람이 모두 쳐다보고 고치며, 다시 모든 사람이 우러러보게 한다.”(논어 위령공)

“공자께서 말씀하시기를, 허물이 있으나 고치지 않으면, 그것이 허물이다.” (논어 위령공)

第三十八課　正直之利[9]

한 싀골 商賈가 京城에 와서, 어느 商廛에서 紬緞과 布木을 사 가지고, 旅館으로 돌아왔더라. 그날 夜深 後에, 한 사람이 차저와서 말하되,

「나는 오날 物件을 판 廛人인대, 計算이 틀넛기로 차저왓습니다.」

하거늘, 싀골 商賈는 싱각하기를,

「計算이 잘못되여, 싸게 팔고, 不足되는 돈을 바드러 온 것이로다.」

하고

「얼마나 不足하냐.」 물은즉

「不足함이 아니라, 計算이 잘못 되어, 더 바든 것을 도로 들이러 왓습니다.」

---

9) 보통학교학도용 국어독본(1907) 권3, 21과. 어느 싀골 商賈가 京城에 와셔 어느 商廛에서 絹布를 貿買하야 旅館으로 왓더니 夜深 後에 한 사람이 來訪하야 굴으대 나는 오날 絹布를 賣却한 廛人이라 계산에 틀임이 잇기로 訪來하엿다 하는지라 廉價로 誤算하야 賣却하고 不足額을 推尋코져 홈인가 싱각하고 '얼마나 不足하냐' 흔즉 '不足이 아니라 過額을 밧은 故로 還償하기 爲하야 왓다' 하고. 代金 幾許를 還償하는지라. 싀골 商人이 그 正直홈을 感動하야 世上에 欺人하야 劣品의 物件도 高價로 賣却하는 商人도 잇거늘 뎌 商店은 實로 正直하도다 사름마다 이 말을 듯고 稱讚하더라 이러홈으로 그 商店은 正直하다는 聲門이 傳播된지라. 商店의 信用이 잇는 고로 漸漸 繁昌하야 每日 貿買하는 者ㅣ 多數하야 恒常 사름이 湊集홈으로 男女 數十人을 使備하는 大商이 되엿다 하더라.

하고 돈 얼마를 도로 주로 가더라.

그 商賈는 그 正直함에 感動되여, 혼자 싱각ᄒ기를,

「世上에는 사람을 속여서 나즌 物件을 갑을 만히 밧고 파는 商賈도 잇거늘, 그 商廛은 實로 正直하도다.」

하고 맛나는 사람에게마다, 이 말을 하고 稱讚하더라, 이 ᄭ닭으로, 아모 商廛은 正直하다는 所聞이 自然히 傳播되엿더라.

商廛의 信用이 날로 더함을 ᄯᅡ러서, 物件을 사러오는 사람이 每日 遝至(답지)하야, 맛참내 大商이 되엿더라.

練習

一. 夜深 後에 웨 엇더한 廛人이 旅館에 잇는 싀골 商賈를 차져왓느냐.

二. 두 商賈 사이에 엇더한 일이 생겻느냐.

三. 正直한 商廛은 웨 繁盛하게 되엿느냐.

四. 正直한 商賈는 그 後에 엇더한 사람이 되엿느냐.

五. 傳 字ᄀᆞ치 人偏의 漢字를 아는 대로 써 보아라.

第三十九課　漢文

士農工商에 四民有業하니 學以居位曰士오 闢土殖穀曰農이오 作巧成器曰工이오 財鬻貨曰商이니 聖王이 量能授事어시든 四民이 陳力受職하나니 故로 朝無廢官하고 邑無敖民하고 地無曠土하니라.(漢書)

孟子曰 五畝之宅에 樹墻下以桑하야 匹婦ㅣ 蠶之則老者ㅣ 足以衣帛矣며 五母雞와 二母彘를 無失其時면 老者ㅣ 足以無失肉矣며 百畝之田을 匹夫ㅣ 耕之면 八口之家ㅣ 足以無飢矣리라. (孟子)

練習

一. 四民이라 하는 것은 무엇무엇이냐. 또 그 漢字를 써라.

二. 다음 말을 읽어라.

　五畝之宅,　百畝之田,　八口之家

三. 다음 漢字를 比較하야 보아라.

　工 土,　王 玉,　士 土,　直 植 殖

【 번 역 】

　"사농공상의 사민은 각각의 업이 있으니, 배움으로써 벼슬에 있는 자는 선비 (士)요, 땅을 갈아 곡식을 심는 자는 농(農)이라 하며, 재능을 갖고 기구를 만드는 것을 공(工)이라 하고, 재화를 유통하여 식화를 사고 파는 것을 상(商)이라 한다. 성왕(聖王)께서 능력을 헤아리셔서 각각의 일을 주시니, 사민이 그 힘에 따라 직책을 맡으므로, 조정에 폐관함이 없고, 읍에 오민(敖民)이 없으며, 땅에 노는 토지가 없도다."(한서)

　"맹자께서 말씀하기시를, 오무(五畝)의 집터에 뽕나무를 심고, 필부가 양잠을 하면 노인이 족히 비단옷을 입을 수 있고, 다섯 마리의 닭과 두 마리의 돼지를 기르고 그 때를 놓치지 않으면 노인이 족히 고기를 놓치지 않는다. 백무의 밭을 필부가 경작하면, 여덟 가구가 족히 굶지 않으리라."(맹자 양혜왕)

第四十課　海濱10)

兒孩 三人이 海濱에서 노는도다.

海上에는 배 三隻이 잇스니 두 隻은 布帆을 달고, 한 隻은 黑煙을 吐하는도다. 布帆을 단 것은 漁船이오, 黑煙을 吐하는 것은 汽船이니라. 汽船은 暫時間에 島蔭에 隱蔽하얏고 漁船은 조곰도 動함이 업는지라. 漁夫는 배를 停留하고 釣魚하더라.

汽船은 多數한 사람과 物貨를 搭載하고 먼 地方에 行하는도다. 波浪이 海岸에 打來하야 兒孩의 발에 부대치매, 兒孩들은 波浪을 逃避하야 沙場으로 走去하다가, 다시 波浪을 조차 물에 들어가며, 兒孩가 작은 발로 沙場에서 자욱을 내면, 물결은 곳 그것을 埋沒하야 다시 平坦케 하는도다.

海濱에는 白沙도 잇고 小石도 잇고 조개도 잇도다.

조개와 小石에는 靑赤黑白이 잇고 그 形狀도 또한 여러 種類가 잇도다. 물결은 晝夜 分別이 업시 이것을 恒常 洗滌(세척)하는 고로 맑고 아름다운지라. 물결은 舊滓를 滌去하고 淸水를 駛來(사래)하는고로 恒常 새로운 것을 보는도다.

練習

一. 그림을 보면서 漁船과 汽船의 이약이를 하야라.

二. 兒孩가 海岸에서 무엇을 하느냐.

三. 물결은 恒常 무슨 일을 하느냐.

四. 다음 말을 바더 써라.

---

10) 보통학교 학도용 국어독본 권3 제14과: 아래아 표기 바뀐 부분. 이척-두 척, 일척-한 척.

어션, 긔션, 어부, 희빈, 파랑, 사쟝

第四十一課　蚌鷸之爭[11]

어느 싸싹한 날, 죠개가 海邊陽地에 나와서, 썹질을 버리고 閑暇히
놀고 잇섯소.

그 째에 황새 한 마리가 날녀와서, 여긔 먹을 것이 잇고나 하고,
긴 주둥이로 쪼앗소.

조개는 크게 놀나서 곳 썹질을 닷첫소.

황새는 죽을 힘을 다하야 쌔랴 하고, 조개는 限死하고, 단단히 오무
렷소.

황새는 속마음으로 決斷코 먹지 아니할 터이니, 노흐라고 말을 하랴
하나, 주둥이를 물녀서 말을 할 수가 업고, 조개는 썹질을 열면 쪼아먹
힐가 두려워하야, 조곰도 놋치 아니하얏소. 이리할 지음에 漁父가 와
셔, 둘을 다 채롱에 너허 가지고 갓소.

이럼으로, 두 사람이 서로 다토어서, 달은 사람의 利益이 되게 하는
것을 蚌鷸之爭이라 하오.

練習

一. 어느 싸싹한 날에 조개는 海邊에서 무엇을 하고 잇섯느냐.

二. 그 째에 황새가 와서 엇더케 하얏느냐.

三. 조개와 황새의 사이에 엇더한 일이 생겻느냐.

---

11) 보통국어 권3 제15과: 한자어 가운데 일부를 고유어 또는 한글로 표기함.

四. 둘이 다토고 잇슬 새에, 漁父가 와서 엇더케 하얏느냐.

五. 蚌鷸之爭이라는 말은 무슨 뜻이냐.

第四十二課　漢文(筆及墨)

古時之筆은 削竹木爲之하야 染漆以寫之러니 至於後世하야 以竹爲管하고 以獸毛爲毫하고 染墨以寫之하니 較古時爲便矣오 且有紫毫羊毫之分하니 紫毫는 性健하고 羊毫는 性柔하야 隨人之所宜而用之也ㅣ니라. 今則又有鉛筆與石筆而所用이 尤便矣라.

焚松桐之枝而取其負하야 和而膠質하고 範以模型하고 曝而乾之하니 是之爲墨이라. 以墨蘸水而磨之於硯則爛然成墨水하나니 可以濡筆而寫字니라.

練習

一. 다음 말을 읽어라.

　毛筆, 鉛筆, 石筆, 全然, 爛然

二. 다음 □표속에 漢字를 너어라.

　以竹□管, 以獸毛□毫, 爛然□墨水, 和□膠質, □墨蘸水,

　可□濡筆而寫字

〔 번 역 〕

옛날의 붓은 대나무를 깎아 칠을 묻혀 쓰도록 하였는데, 후세에 이르러 대나무로 관을 만들고 짐승의 털로 붓끝을 만들어 먹을 칠해 쓰도록 하였으니, 옛날에 비해 편리하다. 또한 자호(紫毫)와 양호(羊毫)가 있는데, 자호는 성질이 건실하고, 양호는 성질이 부드러워 사람의 필요한 바에 따라 사용할 수 있다. 지금은 또한 연필과 석필이 있어 필요에 따라 더욱 편하게 사용할 수 있다.

소나무와 오동나무를 태워 그 그을음을 취하고 교질(膠質)과 섞어 모형을 만들어 햇볕에 쬐어 건조하면 그것이 곧 먹이다. 먹을 갈아 물에 담그고 벼루에 마찰하여 문드러지게 하면 먹물이 되니, 가히 붓을 적셔 글씨를 쓸 수 있다.

第四十三課　有事探問

緊急한 볼일이 잇서서 再明日에 平壤에
나려갓다가, 그믐날쯤 올너올 터이오니
或 付託하실 일이 잇삽거든, 무슨 일이던지
奇別하시기를 바랍니다. 宅으로 가서
뵈랴 하오나, 忽忙하야 가지 못하고, 書字
로 말삼합니다.

日　月　李裕澤 拜上

金百濟 座下

同回答
이와갓치 편지를 하야 주시니, 매우 感謝
합니다. 奇別하신 辭意는 仔細히 알엇
습니다. 들은즉, 平壤은 元來 景致가 조
흔 곳이라 하니, 그 近方 景致를 박은 葉書
를 몃 벌이던지 사다 주시기를 바랍니다.

돈 五十錢을 보내니, 바드시고, 萬一 不足
이 되거든, 얼마던지 先當하야 주시면, 단
겨오신 뒤에, 곳 세음하야 들이겟습니다.
아마조록 平安히 단겨오시기를 바랍니다.

月　日　金百濟　拜覆

李裕澤　座下

練習

本課를 모방하야, 달은 有事探問의 편지와 그 답장을 지어라.

第四十四課　漢文

孔子ㅣ 曰生而知之者는 上也ㅣ오 學而知之者는 次也ㅣ오 困而學之ㅣ
又其次也ㅣ니 困而不學이면 民斯爲下矣ㅣ니라.

上品之人은 不敎而善하고 中品之人은 敎而後善하고 下品之人은 敎
亦不善하니 不敎而善이 非聖而何ㅣ며 敎而後善이 非賢而何ㅣ며, 敎亦
不善이 非愚而何오. (小學)

練習

一. 다음 □표 속에 하낯를 넛코, 吐를 달어라.

生□知之者上也,　不敎□善,　敎□不善,　非賢□何,

困□不學民□爲下矣,　過□不改□爲過矣

蘸水□磨□於硯

二. 다음 말을 읽어라.

賢愚, 善惡, 上品, 中品, 下品

[번 역]

"공자께서 말씀하시기를, 나면서부터 아는 것은 상위이며, 배워서 아는 것은 그 다음이다. 어려움을 겪은 후 아는 것은 또한 그 다음이며, 어려움을 겪고도 배우지 않는 것은 사람이 곧 하위가 된다.

상품의 사람은 가르치지 않아도 선하고, 중품의 사람은 가르친 후 선하며, 하품의 사람은 가르쳐도 불선하니, 가르치지 않아도 선하면 성인이 아니며, 가르친 후 선하면 현자가 아니며, 가르쳤는데도 불선하면 어리석은 자가 아니겠는가."(소학)

第四十五課　京城[12]

京城은 朝鮮總督府가 잇는 곳인대, 人口가 三十萬假量이오.

京城 城廓은 그 周圍가 約 四里오, 그 사이에 城門이 여덟이 잇섯소. 그 中에 至今까지 남어 잇고, 第一 큰 것은 南大門과 東大門이오.

鐘路는 京城 中央인대, 길이 넓고 큰 塵이 만소. 本町通은 內地人이 만히 살고, 大端히 繁華하오.

市內에는 朝鮮總督府와 各官署·學校·病院·銀行·會社의 큰 집이 잇소. 또 電燈·瓦斯燈·水道도 잇고, 電信·電話도 잇소. 道路에는 電車가 단기오.

---

12) 보통학도국어독본 권4, 제15과 한성. 정정본 4권, 14과 경성.

龍山은 漢江 北쪽에 잇는대, 京城의 한 部分이오. 이곳에 朝鮮軍司令部가 잇소.

京城은 釜山서 新義州에 가는 鐵道 中間에 잇고, 西에는 仁川에 가는 鐵道가 잇스며, 또 東에는 元山에 가는 鐵道가 잇소. 그런고로 京城은 交通이 便하야, 南大門 停車場과 龍山 停車場에는 올으고 나리는 사람과 실고 푸는 짐이 만소.

練習

一. 京城의 人口는 얼마가 되느냐.

二. 京城의 交通은 엇더하냐.

三. 다음 말을 漢字로 바더 써라.

　관셔, 학교, 병원, 은힝, 회샤, 뎐등, 와스등, 슈도

第四十六課　我家(一)13)

우리집 食口는 兩親과 우리 四男妹뿐이오. 그 外에는 下人도 업고, 다만 소 한 匹과 닭 세 마리가 잇소.

아버지께서는 每日아침에 일즉 일어나셔서, 집 近處로 돌아단기시면서, 논과 밧흘 보삷히시는 것으로 樂을 삼으시오.

---

13) 보통학도 권2, 10과. "우리집에는 아우 二人과 妹弟 一人이 잇스니 父母신지 家族이 六人이로다. 家族 外에는 婢僕도 업고 다만 소 흔 匹과 둙 세 머리가 잇스니 둙은 째째로 알을 낫더라. 父親은 아침마다 일즉 일어나셔서 園圃를 도라보는 것으로 즐거온 일을 삼으시더라. 母親은 그 사이에 朝飯을 지으시고 妹弟는 房안을 쓰는듸 나는 소의게 풀을 주고 둙의게 모이를 주는도다. 父母와 妹弟는 들에 나아가신 後에 나는 學校에 가고 두 아우는 집에셔 놀더라."

어머니께서는 그 사이에 早飯을 지으시고, 弟는 房을 쓸고 나는 소에게 풀을 주며, 닭에게 모이를 주오. 萬一 내가 좀 늦게 가면, 소들이 먹을 것을 달나는 것 갓치 소리를 질으며 반가워하오.

아버지께서 들에 나가신 後에, 나는 學校에 오고, 어머니는 妹弟를 다리시고, 裁縫을 하시고, 두 아우는 집에서 즈미 잇게 노오.

練習

一. 이 兒孩의 집에는 엇더한 사람과 엇더한 즘생들이 잇느냐.

二. 아버지는 아침마다 무엇을 하시느냐.

三. 어머니와 妹弟와 이 兒孩는 아침마다 무엇을 하느냐.

四. 이 兒孩가 學校에 간 後에 어머니는 무엇을 하시느냐.

五. '아버지께서'의 '께서'를 너어서, 세 마듸의 쌀은 글을 지어라.

第四十七課　我家(二)[14]

내가 學校에서 돌아가면, 妹弟와 두 아우가 매우 깃붜하오. 우리가 한참 즈미잇게 놀 째에 아버니께서는 들에서 돌아오시고, 어머니=께서는 저녁밥을 지으시오. 저녁밥을 먹을 째에는 第一 즐겁소, 兩親과 우리 四男妹가 함쯰 안저서 食事를 하는대, 아버지께서는 種種 조흔 이약이를 하시오.

아버지 말삼이, 우리집은 비록 艱難하나, 勤實히 農事를 지으면, 衣

---

14) 이웃집 의사 이야기, 간난하나 근실 군색지 않을 것, 행복〉 의사이야기 삭제, 행복 대신 부자가 될 것으로 바꿈.

食에 窘塞치 아니할 것이오, 또 집안 사람들도 다 몸이 健康한 고로, 이와 갓치 몃해만 지내면 富者가 되리라 하섯소.

練習

一. 집안 사람들이 함의 안져서 저녁밥을 먹을 째의 貌樣을 말하야라.

二. 아버지께서 그 째에 무슨 이약이를 하섯느냐.

三. '食事를 하는 대'의 '대'를 너어서 두 마듸의 짤은 글을 지어라.

第四十八課 漢文

我皇祖가 初在九州하샤 治此國이러시니 後에 神武天皇이 東征하사 奠都大和橿原하시고 以辛酉歲로 卽位하시니 國大開民始安이라. 是爲 第一代 天皇하니라. 爾後 列聖이 相承하사 至今 二千五百七十餘年에 君視民如子하시고 民奉君如親하니 所以寶祚與天壤無窮也ㅣ니라. 神武 天皇卽位之年은 卽我國紀元元年也ㅣ니라.

練習

一. 紀元節은 언제냐. 또 무슨 祭日이냐.

二. 神武天皇의 이약이를 하야라.

三. 다음 □표속에 漢字를 넛코 吐를 달어라.

　　君視民□子 民奉君□親

四. 다음 말을 읽어라.

　　皇祖,　天皇,　寶祚,　紀元,　君民,　親子

　　우리 황조(皇祖)께서 처음 구주(九州)에서 나라를 다스리시더니, 후에 신무천
황이 동쪽을 정벌해서 대화강원(大和橿原: 일본 나라현의 지역)에 도읍하시고
신유년에 즉위하셔서 나라를 열고 백성을 평안하게 하셨다. 이로써 제1대 천황
이라 한다. 이후 열성(列聖)이 나라를 이어 지금 2570여 년에 이르러, 임금은
백성을 자식으로 여기고 백성은 임금은 어버이처럼 섬기니 이로써 왕위가 끝없
이 무궁할 것이다. 신무천황 즉위년은 곧 우리나라 기원 원년이다.

第四十九課　我家의 家畜

　　우리집에서는 마소 各 한 匹과, 개 한 마리를 길으오.

　　소는 내가 出生하기 前부터 잇섯고, 말은 三年 前에 삿소. 개는 前부
터 잇던 것이 昨年 봄에 죽고, 다시 이웃집에서 강아지를 어더다 길넛
소. 처음에는 적던 강아지가 漸漸 자라서, 至今은 나보다도 잘 먹고,
달음박질도 잘 하오. 우리 兄弟는 개를 다리고 노는 것을 가장 즐거워
하오.

　　말은 每日 짐을 실고, 邑內에 往來하오. 집안 사람이 혹 어듸를 갈
쌔에도 타고 가오. 秋收할 쌔가 되면, 소와 合力하야, 논과 밧해서 곡식
을 실고, 하로도 몃 번식 往來하오. 집안 사람이 어두운 밤 中이라도,
마구간으로 갓가이 가면, 곳 알어보고 반가워하는 듯이 소리를 질으오.

　　소는 第一 有益한 動物인대, 農事에는 하로도 업지 못할 것이오.
봄에 田畓을 갈고, 또 秋收한 後에도, 가을 보리밧흘 가는 것이, 모다
소의 힘이요. 그런고로, 이 쌔에는 아침부터 저녁까지, 소의 勤勞가

大端하오. 우리집에서도, 매우 소를 緊重히 역여서, 每日 우리가 食事하기 前에 粥을 먹이고, 풀을 먹여서 잘 길으오.

父母가 恒常 말삼하시기를
「우리집 소가, 지금은 늙엇스나, 前에는 힘이 세여서, 달은집 소보다 갑절이나 勞働을 하얏스니, 우리집에 對하야 勤勞를 다한 者이오. 우리집 財産도 저 소로부터 어든 것이 적지 아니하다.」
하시오.

練習
一. 이 집에는 엇더한 즘생을 몃 마리식 먹이느냐.
二. 이 집의 소 말 개는 언제부터 먹엿느냐.
三. 이 집의 말과 소는 무슨 일을 하느냐.
四. 父母는 이 집의 소 이약이를 무엇이라고 말하시느냐.
五. '갓가이 가면 곳 알어보고'의 '곳'을 너어서 두 마의의 쌀은 글을 지어라.

第五十課　漢文

昨夜大雪이 庭中積數寸이라. 早朝群兒ㅣ 團雪作雪人하니 目張口開如巨人坐ㅣ라가 有頃日出雪解하니 雪人이 消釋하야 不復有人形이러라.
　天將曉에 鳥啼樹間이어늘 披衣下床하야 推窓一望하니 東方이 已白하고 紅日이 上升하야 流霞成彩라. 未幾霞散에 日光이 射入室中하고 鳥聲이 漸少러라.

練習

一. 다음 글을 漢文으로 써라.

　(가) 어제 밤에 눈이 만히 왔소.

　(나) 눈을 뭉쳐셔 셜인을 만드오.

　(다) 새가 나무 사이에서 우오.

　(라) 동쪽이 벌서 희여서 홍일이 올너왔소.

二. 다음 말을 읽어라.

　昨夜, 昨夕, 昨日, 早朝, 早飯, 早起, 披衣, 縫衣, 昨夜擣衣(작야도의),
　昨日縫衣, 早起披衣

[번 역]

　지난 밤 큰 눈이 뜰 안에 몇 마디나 쌓였다. 아침 일찍 아이들이 눈을 뭉쳐
눈사람을 만드니 눈은 크고 입은 벌어져 큰 거인이 앉아있는 것과 같았다. 해가
뜰 무렵 눈이 녹으니 눈사람이 조금씩 녹아 다시 사람의 모습을 갖추지 못한다.

　하늘이 밝으니 새가 나무 사이에서 울거늘, 옷을 입고 잠자리에서 일어나
창을 열고 바라보니, 동쪽이 이미 하얗고, 해가 떠서 안개가 고운빛을 이룬지라.
얼마 후 싸라기눈이 날리고 햇빛이 방안에 들어오면서 새소리가 점점 작아졌다.

第五十一課　禁酒[15]

　　어느 곳에 木手가 잇는대, 그 才操는 매우 놀나우나, 술을 過히 먹어서 休業하는 날이 만터니, 그 안해가 甚히 근심하야, 술 먹지 말기를 勸하며, 自己가 몬저 담배를 쓴코, 每日 담배갑 一錢式을 그날부터 郵便局에 貯金하더라.

　　그후 一年만에 木手가 연장을 사기 爲하야 돈 三圓을 求하는대, 百方으로 周旋하나, 取貸할 길이 萬無하야, 甚히 근심하는지라. 그 안해가 男便의 근심함을 보고, 心中에 未安하야 暫間 기다리라 하고, 밧그로 나가 한 時間도 못 되어, 돈 三圓을 가지고 와서, 男便을 주거늘, 木手가 大驚하야 그 돈의 出處를 물은대, 그 안해가 對答하야 갈오대,

　　「이것은 내가 已往에 쓴혼 담배갑을 郵便局에 貯金하야 두엇던 것인대, 每日 얼마 아니되는 것도 塵合泰山으로, 이갓치 큰 돈이 되어 邊利까지 붓게 되엿소.」
하더라.

　　木手가 그 돈을 手中에 바더들고, 안해의 마음에 크게 感動되여, 말하되

　　「하로 一錢의 담배갑도, 一年 동안에 三圓이 넘어서, 오날갓치 急한대 쓰이는 줄은 至今에야 비로소 쌘잘엇노라. 오날까지 술 먹기를 過度히 한 것은, 나의 큰 허물이로다. 醉後에는 休業할 쑨 아니라 往往 달은 사람에게 酒酲을 하얏스니 從今以後로는, 술을 아니 먹기로 決心하고, 每日 술 세홉갑을 郵便局에 貯蓄하리라.」

---

15) 정정본 권7, 18과. 한자 중심의 문장에서 한글을 중심으로 한 문장으로 바꿈: 그 아내가 술을 먹는 것을 가정하고 술 끊은 돈을 저금한 것에서 '담배'를 끊는 것으로 수정됨.

하더라.

그 後는 生涯를 힘쓰며, 또 節用하야 貯金하얏더니 次次 달은 사람에게 信用을 엇고, 安樂하게 世上을 살게 되엿더라.

적은 돈도 貯金하야 두면, 나종에는 큰 돈이 되는 줄을 알지니라. 附錄 郵便貯金利子 積算表를 見하라.

練習

一. 木手의 안해가 그 男便에게 禁酒를 勸하던 이약이를 하야라.

二. 男便이 돈 三圓을 물을 쌔에 안해가 무엇이라고 對答하얏나냐.

三. 塵合泰山이라 하는 것은 무슨 뜻이냐.

四. 禁酒한 後에 木手는 엇더케 되엿느냐.

五. 다음 말을 바더 써라.

　　져축, 져금, 졀용, 변리

第五十二課　漢文

百聞不如一見. 漢趙充國이 曰 百聞이 不如一見이라. 兵難隃度이니 臣願馳至金城하야 圖上方略하노이다. (漢書)

聞一知十. 孔子ㅣ 曰 回也는 聞一以知十하고 賜也는 聞一以知二니라. (논어)

螢雪功. 晉車胤은 字는 武子ㅣ니 南平人이라. 幼恭謹博覽하나 貧하야 不當得油ㄹ새 夏月에 以練囊으로 盛數十螢火하야 照書讀之하야 以後繼日하더니 後에 官至尙書郎하니라. 今人이 以書窓爲螢窓은 由此也

ㅣ니라. (晉書)

晉孫康은 京兆人也ㅣ니 少淸介하야 交游不雜하고 家貧無油하야 映雪讀書하더니 後에 官至御史大夫하니라. 今人이 以書案爲雪案은 由此也ㅣ니라. (晉書)

練習

一. 다음 글에 吐를 달어라. 쏘 그것을 외여라.

百聞不如一見. 聞一以知十

二. 車胤의 이약이를 하야라.

三. 孫康의 이약이를 하야라.

[번 역]

"백문이 불여일견. 한나라 조충국이 말하기를 백 번 듣는 것이 한 번 보는 것만 같지 못합니다. 군사는 멀리서 헤아리기 어려우니, 신이 원컨대 금성에 가서 방략을 세우겠나이다 하였다."(한서)

"문일지십. 공자께서 말씀하시기를 안회는 한 번 들으면 열을 알고, 사(자공) 는 하나를 들으면 둘을 알 따름이다."(논어)

"형설지공. 진차윤은 자가 무자(武子)이니 남평인이다. 어렸을 때 공손하고 삼가며 박람하나 가난하여 기름을 얻지 못하니, 여름에 연낭(練囊)에 수십 마리 의 반딧불을 잡아 그것을 비추어 책을 읽고 그 후 낮에 계속하더니 후에 관직이 상서랑에 이르렀다. 지금 사람들이 서창(書窓)을 형창(螢窓)이라고 하는 것은 이로 말미암은 것이다."(진서)

"진손강(晉孫康)은 경조 사람이니 젊었을 때 청렴개결하여 교유함에 잡스럽 지 않고, 집안이 가난하여 기름이 없으므로 눈을 비추어 책을 읽더니, 후에 관직이 어사대부에 이르렀다. 지금 사람들이 서안(書案)을 설안(雪案)이라 하는 것은 이로 말미암은 것이다."(진서)

第五十二課　俚諺

쇠귀에 경 읽기
牛耳誦經에　何能諦聽이리요.
단단한 땅에 물이 괴이느니
行潦之聚가　亦又硬土니라
아니 쌔인 굴뚝에 연긔날가
竈苟不然이면　埃豈生烟가.
수박 것할기로
西瓜外舐하면　不識內美ㅣ니라.

練習
本課의 뜻을 말하여 보아라.

第五十四課　漢文

言其所善하며 行其所善하며 思其所善이면 如此而不爲君子ㅣ 未之有也오 言其不善하며 行其不善하며 思其不善이면 如此而不爲小人이 未之有也ㅣ니라. (小學)
子貢이 問君子한대 子－曰 先行其言이오 而後從之니라. (論語)

練習

一. 다음 □표 속에 漢字를 넛코 吐를 달어라.

   (가) □此而□爲君子□之有也

   (나) 行其言而□從之

二. 다음 글을 읽어라.

   如此, 如斯, 視民如子

   百聞不如日見, 不如學

【번 역】

"선한 바를 말하며, 선한 바를 행하며, 선한 바를 생각하면 이와 같이 하여 군자가 되지 않는 사람이 없으며, 불선한 바를 말하며, 불선한 바를 행하며, 불선한 바를 생각하면 이와 같이 하여 소인이 되지 않는 자가 없다."(소학)

"자공이 군자에 대해 묻건대, 공자께서 그 말을 먼저 행하고 이후에 따르는 것이라고 하였다."(논어)

第五十五課　玉姬의 慈善16)

어느날 新聞紙에 「可憐ᄒᆞᆫ 母子」라 ᄒᆞᄂᆞᆫ 題目下에 左記ᄒᆞᆫ 事實을 揭載ᄒᆞᆫᆺ더라.

白洞 二十統 一戶에 사ᄂᆞᆫ 李如源은 今年 十一歲되ᄂᆞᆫ 童子ㅣ라. 五歲

---

16) 정정본 권3, 19과.

時에 그 父親이 죽으매, 其母가 悲痛 中에 每日 낮에는 菜蔬를 行賣하고, 밤에는 他人의 衣裳을 裁縫하야 僅僅히 歲月을 보내엿더라.[17]

그러나 그 아들 如源을 敎育코져 ᄒᆞ야 八歲時에 普通學校에 入學케 ᄒᆞ얏더니[18] 如源이 비록 年幼하나 그 母親의 勞苦흠을 焦悶ᄒᆞ야 學校에 在ᄒᆞ야는 先生의 訓導를 克從ᄒᆞ고 自家에 在ᄒᆞ야는 母親을 誠心으로 셤기더라.

三年을 經過하매 如源이 第四年生이 된지라. 然이나 그 母親이 積年 苦勞흔 所以인지 猝然히 臥病하거늘 如源이 크게 憂慮하야 學業을 廢止하고 薪炭과 菜蔬를 行賣하야 어든 돈으로써 藥劑를 사셔 母親의게 進供하고 밤에는 母側에셔 至誠으로 侍湯하는대 그 母親은 自己 아들의 可憐한 形容을 보고 心中에 헤아리되,

「뎌 吾子가 오작히 學校에 가고 십흐랴」

하고 因ᄒᆞ야 涕泣하더라.

母親의 病勢가 더욱 沈重하매 如源은 心中에 焦悶하야 門外에도 出去치 안코 侍湯하기를 至誠으로 하더라.

슯흐다. 如源이 自今으로 엇더케 돈을 엇으며 엇더케 藥을 살 수 잇스리오, 그 母子의 身勢가 참 可憐하도다.

玉姬라 하는 女子의 母親이, 그 新聞을 읽을새 玉姬가 듯고 크게 感心하야 平日에 貯蓄한 돈 六十錢을 如源의게 捐助하겟다 하매, 그 母親도 玉姬의 慈善心에 感動되야 나도 衣服을 주겟다 하고, 翌日에

17) 정정본: 如源의 父는 木工으로 資生ᄒᆞ더니 어ᄂᆞ날 某 家의 修理 工役에 被傭ᄒᆞ얏다가 重傷ᄒᆞ야 死亡하니 이 쩍는 如源의 나히 五歲라. 其母ㅣ 悲痛흔 中에 每日 낫에는 菜蔬를 行賣ᄒᆞ고 밤에는 他人의 衣裳을 裁縫ᄒᆞ야 僅僅히 歲月을 보닉ᄂᆞ지라.

18) 칠세에 백동 보통학교에 입학케 하엿더니〉 팔세시에 보통학교에.

玉姬와 그 母親이 如源의 집을 차져가서, 돈과 衣服을 捐助하니 如源이 喜悅한 마음과 感激한 情을 이기지 못ᄒ야 無數히 拜謝하고 如源의 母親도 病床에셔 懇切히 그 恩惠를 일캇더라.

練習

一. 如源이 學校에 入學한 後에 學校와 집에서 엇더케 하얏느냐.

二. 母親이 病이 든 後에 如源이 엇더케 하얏느냐.

三. 玉姬가 그 이약이를 듯고, 그 母親에게 무엇이라고 하얏느냐.

四. 玉姬와 그 母親이 如源의 집을 차저가서 엇더케 하얏느냐.

五. 다음 글을 쉬운 말고 곳쳐라.

　　(가) 每日 낫에는 菜蔬를 行賣하고, 밤에는 他人의 衣裳을 裁縫한다.

　　(나) 母親이 積年 苦勞ᄒ 所以인지 猝然히 臥病하얏다.

第五十六課　漢文(孝)

凡爲人子之禮는 冬溫而夏淸하며 昏定而晨省하며 出必告하며 反必面하며 所遊를 必有常하며 所習을 必有業하며 恒言에 不稱老ㅣ니라. (小學)19)

孝子之有深愛者는 必有和氣하고 有和氣者는 必有愉色하고 有愉色者는 必有婉容이니라. (小學)

---

19) 본래 출전은 『예기(禮記)』 곡례(曲禮)임.

練習

一. 爲人之禮를 말하야 보아라.

二. 深愛, 和氣, 愉色, 婉容이라 하는 것은 무슨 뜻이냐.

三. 다음 漢字를 比較하야 보아라.

　　反 友, 心 必, 知 智, 性 姓, 黑 墨

〔번 역〕

　"무릇 사람의 자식된 도리는 겨울에 따뜻하게 해 드리고, 여름에 시원하게 해 드리며, 어두운 밤에 이부자리를 정돈하고, 새벽에 안부를 살피며, 나갈 때 반드시 고하고, 돌아오면 반드시 얼굴을 보이고, 놀러 가는 곳에 반드시 일정함이 있고, 배운 것을 반드시 업으로 삼으며, 항상 하는 말에 늙었다고 칭하지 않는다."(소학)

　"효자가 (부모를) 깊이 사랑함은, 반드시 온화한 기운이 있고, 온화한 기운이 있는 것은 반드시 즐거운 얼굴빛이 있고, 얼굴빛이 즐거운 것은 반드시 온순한 용모가 있다."(소학)[20]

---

20) 원 출전은 예기(禮記). "禮記曰孝子之有深愛者(예기왈효자지유심애자)는 必有和氣(필유화기)하고 有和氣者(유화기자)는 必有愉色(필유유색)하고 有愉色者(유유색자)는 必有婉容(필유완용)이니 孝子(효자)는 如執玉(여집옥)하며 如奉盈(여봉영)하야 洞洞屬屬然(통통촉촉연)하야 如弗勝(여불승)하며 如將失之(여장실지)니 嚴威儼恪(엄위엄각)은 非所以事親也(비소이사친야)니라."(『禮記』 祭義)

第五十七課　海[21]

海面은 거울과 갓치 平瀾ᄒ나 海底에는 山과 갓치 놉흔 곳도 잇고 골과 갓치 깁흔 곳도 잇스며 原野갓치 平坦흔 곳도 잇서셔 高低가 均一치 아니하니라. 島嶼라 하는 것은 곳 海底에 잇는 山이 海面에[소사 잇는 것이니라.[22] 陸地上에 各種 植物이 生長하며 各種 動物이 棲息함과 갓치 海底에도 쏘한 植物도 잇스며 動物도 잇ᄂ니라.

動物에ᄂ 道味, 明太, 秀魚 等의 魚類와 全鰒, 牡蠣(모려), 大蛤 等의 介類가 잇고, 쏘 陸地에 棲息하는 獸類와 갓치 四足과 毛가 잇서서, 海水를 잘 游泳하는 것도 잇스며, 特히 鯨은 足과 毛가 업스나, 獸類 中에 最大한 것이니, 큰 것은 百尺假量이나 되고 적은 것은 二十尺假量이 되나니라.

植物에는 昆布, 海衣, 甘藿(감곽), 青苔 等의 풀과 갓흔 것도 잇고, 가지가 잇서 樹木과 갓흔 것도 잇스니 그 種類가 夥多하니라. 萬一 사람이 幾日間을 海中으로 泳廻하면 奇異한 것과 恐懼한 것과 美麗한 것을 多數히 볼지니라.

練習
一. 海中에는 무슨 動物이 잇느냐.

二. 海中에는 무슨 植物이 잇느냐.

三. 다음 말을 漢字로 서라.

　　거울, 골, 풀, 가지

---

21) 정정판 권3, 제6과 해저.

22) 이 문장은 새롭게 삽입됨.

四. 다음 漢字를 말로 써라.

　　海, 島嶼, 動物, 牡蠣, 鯨, 海衣

第五十八課　漢文(記誦)[23]

記誦은 是讀書第一法이니 不多讀則不能記하고 不記則無由考究義理
라. 故로 記誦은 誠是學者之要務이나 然이나 記誦은 必須於幼少之時니
苟到壯年之時면 雖强記誦이나 然이나 易忘失하야 徒勞力而已ㅣ니라.
(原文 貝原益軒 『愼思錄』)

練習

一. 讀書百徧이 其義自見이니라 하는 글의 뜻을 말하여라.

二. 다음 漢字를 比較하야 보아라.

　　已 己, 徒 從, 至 到 倒, 者 孝 考

【번 역】

"기송(記誦)은 독서의 제일 좋은 방법이니, 다독하지 아니하면 기억하기 어렵

---

23) 정정판 권7 제1과 독서법(조선문). "學問이 淺薄ᄒᆞ야 아즉 讀書ᄒᆞᆯ 줄을 아지 못ᄒᆞᄂᆞᆫ 者ᄂᆞᆫ
搖體ᄒᆞ며 高聲을 發ᄒᆞ야 讀書ᄒᆞᆷ을 常事로 아ᄂᆞ니 彼等의 讀書ᄒᆞᆷ은 精神이 出沒ᄒᆞ야 書中의
意義를 深究치 못ᄒᆞᄂᆞᆫ 者이니라. 學問이 該博ᄒᆞ야 讀書에 熟達ᄒᆞᆫ 者ᄂᆞᆫ 聚精會神ᄒᆞ야 發聲ᄒᆞ
지 안코 書義를 靜思ᄒᆞᆯ지라. 만일 發聲ᄒᆞᆫ즉 書聲에 精神이 散亂ᄒᆞ야 意義를 窮究ᄒᆞᆷ에 妨害
가 되ᄂᆞ니 讀書法의 如何를 보고 其人의 學問의 淺深을 可히 推知ᄒᆞᆯ지니라. 我等이 學校에
셔 讀書를 鍊習ᄒᆞᆯ 찍ᄂᆞᆫ 書中의 事理를 解得ᄒᆞᆷ과 又치 文字도 精通치 아니치 못ᄒᆞᆯ지오
또 他人의 傍聽을 爲ᄒᆞ야 朗讀ᄒᆞᆷ도 熟習ᄒᆞᆷ이 可ᄒᆞ도다. 故로 發聲ᄒᆞ야 記誦ᄒᆞ기 爲ᄒᆞ야
書中의 眞理를 解釋치 못ᄒᆞᆷ은 크게 不可ᄒᆞ니라."

고, 기억하지 아니하면 그 의미와 이치를 고구(考究)하기 어렵다. 그러므로 기송(記誦)은 진실로 배움에서 필요로 하는 것이다. 그러나 기억과 암송은 반드시 어렸을 때에 비롯하는 것이니, 진실로 장년이 되면 비록 힘써 기억하고 암기하고자 하나 쉽게 잊혀져 헛되이 힘만 쓸 따름이다.”(원문 貝原益軒, 『신사록(愼思錄)』)

第五十九課　遺失物의 拾得

　어느 곳에 무슨 조흔 物件 하나이 써러졋는대 맛침 兒孩 셋이서 지나가다가, 이것을 보고 한 兒孩가 말하되,

「조흔 物件을 어덧스니, 집어서, 우리 셋이 分配하자.」

하더라. 또 한 兒孩는 挽留하며 하는 말이,

「써러진 物件을 집어가서는 못 쓴다. 萬一 집어가지면 달은 사람들이 우리가 몰내 훔친 것이라 하기 쉬우니, 이대로 여긔에 내여 버려두고 가자. 그리하면 物件 임쟈가 와서 차저갈는지도 몰으니, 우리들은 손도 대지 말고 가자.」

하더라. 또 한 兒孩가 말하기를,

「너의들의 意思는, 모다 나와 달으고나. 길에 써러진 物件을 집어서, 自己의 所有를 만들면, 달은 사람의 것을 훔친 것과 달음이 업다. 그러나 警察署에 갓다 두랴고 집으면, 아모도 훔첫다고는 말하지 아니할 것이다. 萬一 이대로 여긔 내여버려두고 가면, 이 다음에 지나가는 사람이 보고, 집어갈는지도 알 수 업다. 또는 物件 임쟈가 멀니가서, 싱각이 나더라도, 찻지 못할 줄로 斷念하고, 다시 오지 아니하는 일도 잇다. 나는 이것을 집어다가 警察署에 두겟다.」

하더라.

너의들은 이 세 兒孩 中에 엇던 兒孩의 意思가 올흔 줄로 싱각하나뇨. 無論 셋재번에 말하던 兒孩의 말이 가장 올타 하리로다. 路上에서 달은 사람이 遺失한 物件을 어든 째는, 반다시 이것을 집어다가 警察署에 둘지니라. 그리하면 警察署에서는 그 物件의 일음과 어든 곳과 年月日과 어든 사람의 일음 等을 仔細히 帳簿에 記入하고, 坐 物件 일음을 警察署 압헤 揭示하나니라.

坐 自己物件을 일어허린 째는, 그 事由를 卽時 警察署에 申告하야 둘지니, 萬一 그 物件을 正直한 사람이 어든 째에는, 다시 自己 手中으로 들어오나니라.

學校 안에서 써러진 物件을 어든 境遇에도, 坐한 이와 갓치 卽時 先生님에게 갓다 들일지니라. 비록 鉛筆 한 자루, 칼 한 개 갓흔 적은 物件이라도, 이것을 내여버려두거나 或은 自己의 物件을 만드는 것은 正直한 生徒들이 敢히 行할 바이 아니니라. 坐 自己 物件을 遺失한 째에도 卽時 그 事由를 先生님에게 告할지니라.

그러하나 各其 自己의 物件은 恒常 잘 整頓하여 이저버리거나, 或은 遺失하는 弊端이 업게 하며, 特別히 무슨 일에 忽忙할 째에는 더욱 注意할지니라.

練習

一. 遺失物을 보고 세 兒孩는 무엇이라고 말하얏느냐.

二. 어느 兒孩의 意思가 第一 조흔 줄로 싱각하느냐.

三. 제가 物件을 일허버린 째에는 엇더케 하야야 하느냐.

四. 學校에셔 遺失物을 어들 째에는 엇더케 하야야 하느냐.

五. '홈친 것이라 하기 쉬우니'의 '쉬우니'를 너어서 두 마듸의 쌀은 글을 지어라.

第六十課　漢文(中江藤樹)

中江藤樹는 近江人也 l 니 學識德行이 爲一世師表하야 有近江聖人之稱이라. 鄕黨이 皆薰其德하야 雖在商賈 l 나 見得思義하고 若旅舍茗肆에 有客所遺物則必置之閣上하야 以侯遺者之復來하야 歷年之後에 塵土坌滿하야 雖煙管煙包類 l 라도 竟不收用하더라. (原文 先哲叢談)

練習
一. 近江聖人이라 하는 사람은 누구냐.
二. 웨 藤樹를 近江聖人이라 하느냐.
三. 다음 글에 吐를 달어라.
　　學識德行爲一世師表有近江聖人之稱
四. 다음 말을 읽어라.
　　閣上, 巖上, 池中, 林中, 樹下, 月下

【 번 역 】

"나가에도슈(일본 에도시대 유학자)는 오미(近江) 사람이니 학식과 덕행이 일세의 사표(師表)가 되어, 오미의 성인이라고 일컬어졌다. 향당(鄕黨)이 모두 그 덕을 흠모하여, 비록 상고(商賈)에 있어도 이익을 보면 의를 생각하고, 여관이나 찻집(茗肆)에서 손님이 남긴 물건이 있으면 곧 누각 위에 올려놓아 이후 잃어버린 사람이 다시 와서 몇 년 후 먼지가 쌓일지라도, 그것이 비록 담뱃대나 담배쌈지일지라도 거두어 쓰지 않았다."(원문 『선철총담』)

附錄

第一課　植木

神武天皇끠옵서 崩御하옵신 日은 四月 三日이니, 每年 此日에는 親
祭를 行하옵시고, 此를 神武天皇祭하 하나니라. 此日은 我國 大祭日
中의 하나이니, 맛침 植木하기에 조흔 時節인 故로, 朝鮮에서는, 一般
히 植栽日로 定하얏나니라.

第四課　漢文

秦昭王　卽今부터 二千二百餘年 前에, 支那에 잇던 秦나라 임금. 昭王
은 또 昭襄王이라고도 하나니라.

孟嘗君. 秦昭王 쌔에 秦나라 밧게, 齊라 하는 나라가 잇섯나니, 孟嘗君
은 그 나라 임금의 겨레로, 姓은 田이요, 名은 文이라 하는 사람이니라.

函谷關. 秦나라 東쪽 地境에 잇는 關門이니라.

第八課　漢文

孔融. 孔子의 二十世孫이니, 支那 後漢쌔 곳 卽今부터 一千八百餘年
前 사람이니라.

第十五課　漢文

子貢. 孔子의 弟子요, 端木賜라 하는 사람이니, 子貢은 그 字이니라.

子路. 孔子의 弟子요, 仲由라 하는 사람이니, 子路는 그 字이니라.

禹. 옛적 支那에 大洪水가 잇섯슬 째에, 그것을 다사린 사람이요, 夏라 하는 나라의 임금이 되엿나니, 孔子보다, 훨적 옛사람이니라.

第十七課 大日本帝國

租借地. 한 나라가 他國으로부터 빌어서 어느 期限 동안 다사리는 土地를 租借地라 하나니라.

第十八課 漢文

富士山. 內地의 本州에 잇나니, 臺灣에 잇는 新高山(니이다가야마)를 除하면 我國에 第一 놉슨 山이니라.

第二十三課 漢文

曾子. 曾은 姓이요, 名은 參이요, 字는 輿니, 孔子의 弟子로, 孝行으로 有名한 사람이니, 曾子라 함은 그 尊稱이니라.

第四十八課 漢文

大和橿原. 大和는 곳 奈良縣이고, 橿原이라 하는 쌍은 同縣의 高市郡에 잇나니, 橿原神宮이 잇는 곳이니라.

寶祚. 天皇의 御位를 寶祚라 하나니라.

紀元節. 神武天皇씌옵서 卽位하옵신 日은 二月 十一日이니, 此日은

紀元節이라 하야, 我國 三大節 中의 하나이니라.

第五十一課 禁酒

郵便貯金利子積算表　（…中略…）

〈판권〉

大正四年 三月 十三日 印刷
大正四年 三月 十五日 發行

　　朝鮮總督府

印刷者　東京市 下谷區 二長町 一番地 凸版 印刷株式會社 代表者
　　　　井上源之丞
印刷所　東京市 下谷區 二長町 一番地
　　　　凸版 印刷株式會社

보통학교 조선어급한문독본 권3

緒言

一. 本書는 普通學校 第一學年用 朝鮮語及漢文科 敎科書로 編纂한 者이라.

二. 本書의 各課는, 生徒의 能力을 隨하야, 練習을 倂하야 二三時間에
敎授할 者이라.

三. 新出漢字는 敎師의 敎授 及 生徒의 學習에 便利케 하기 爲하야,
上欄에 推記하고, 二字 以上이 結合하야 特殊한 熟語가 된 者는
旣出한 漢字라도 亦推記하나라.

四. 練習問題는 必要에 應하야 此를 補함도 可하니라.

五. 本書는 京城에서 行用하는 言語로 標準을 삼고, 諺文의 綴法은 本府
에서 定한 바를 依하야, 純全한 朝鮮語에 對하야는 發音式을 採用
하야, 자다를 쟈, 져뎌를 져, 죠됴를 조, 쥬듀를 주, 챠타를 차, 쳐텨

를 처, 쵸툐를 초, 츄튜를 추, 샤를 사, 셔를 서, 쇼를 소, 슈를 수로
書하고, 中聲 ·는 使用치 아니하며 又 分明히 漢字로 成한 語音은
本來의 諺文을 使用하니 生徒로 하야금 恒常 此에 準據케 할지니라.

六, 本書 中 地名·物名 等에 長音·濁音을 表할 必要가 有한 境遇에는
長音에는 諺文 左肩에 *을 附하고, 濁音에는 右肩에 〃을 附하니라.

七. 本書 中 難解의 語句는 附錄에 簡單한 說明을 附하니라.

大正　六年　一月

朝鮮總督府

目錄

第一課　今上天皇陛下와 皇后陛下

今上 天皇陛下께옵서는 明治天皇의 皇子이옵시니 神武天皇으로부터 第百二十二代의 天皇이옵시니라. 明治十二年 八月 三十一日에 誕降하옵시고, 大正 元年 七月 三十日 寶齡 三十四에 踐祚(천조)하옵셧나니라.

陛下께옵서는 孝心이 至極하사 明治天皇과 昭憲皇太后의 崩御하옵신 時에 深히 哀慟하옵시고, 御大葬時에도 凡事에 極히 惱神하옵셧나니라.

此兩度御大葬日에 罔極하심을 不勝하사, 惠澤을 遠近에 普及케 하옵시기 爲하야, 內地 朝鮮 臺灣 樺太와 關東州의 人民에게 多額의 金錢을 頒賜하옵시고, 坐 多數한 罪人에게 恩赦의 令을 下하옵신 故로, 一般 人民이 感泣치 아니한 者가 無하얏나니라.

明治四十年 皇太子로 在하옵셧슬 時에, 朝鮮에도 渡臨하옵셔서, 土地 人民 等의 狀況을 親覽하옵시고, 學校에도 金錢을 下賜하사, 敎育을 勸獎하옵셧나니라.

皇后陛下께옵서는, 幼時로부터 甚히 仁慈하옵시며, 少毫도 奢侈치 아니하옵시고, 坐 每年에 親히 養蠶하옵셔서, 富國 增進의 道를 一般 人民에게 示하옵시나니라.

我等 日本 國民은, 恒常 兩陛下의 聖恩을 惶感히 思하며 君國을 爲하야, 盡忠竭力할지니라.

練習

一. 今上 天皇陛下께옵서는 第幾代의 天皇이시냐.

二. 今上 天皇陛下께옵서는, 明治天皇 及 昭憲皇太后의 御大葬日을 當하야, 人民에게 如何한 惠澤을 下하시고, 坐 人民은 이 일에 對하야, 如何

히 感心하얏느냐.

三. 今上 天皇陛下께옵서 朝鮮에 渡臨하옵신 일에 對하야, 이약이를 하야
보아라.

四. 皇后陛下의 御性質과 밋 國事를 싱각하시는 大御心의 一斑을 이약이
하야 보아라.

五. 다음 語句 中에 ○를 附한 部分에 注意하야라.[24]

(가) 天皇陛下께옵서.　　父母께서　　兄弟가

(나) 하옵시니라　　하시니라　　하니라

第二課　漢文

孝子之事親에 居則致其敬하고 養則致其樂하고 病則致其憂하고 喪則
致其哀하고 祭則致其嚴이니 五者ㅣ 備矣然後에야 能事親이니라. (小學)
　父母ㅣ 愛之어시든 喜而不忘하고 父母ㅣ 惡之어시든 勞而不怨이니
라. (맹자)
樹欲靜而風不止하고 子欲養而親夫待로다. (韓詩外傳)

練習

一. 다음 □속에 漢字를 넛코 그것을 읽어라.
居則致其□하고 養則致其□하고 病則致其□하고 喪則致其□하고 祭
則致其□이니라

二. 다음 漢字를 比較하야 달은 것을 말하야라.

---

24) ○는 밑줄로 대체함.

受愛, 亡忘, 嚴嚴, 能態

三. 다음 글을 외여라.

樹欲靜而風不止하고 子欲養而親夫待로다.

【번역】

"자식이 효도함에 부모를 모시면, 살아가는 데 공경함을 지극히 하고, 봉양함에 그 즐거움을 지극히 하며, 병이 듦에 그 근심을 지극히 하고, 상을 당함에 슬픔을 지극히 하며, 제례에 엄숙함을 지극히 한다."(소학)

"부모가 좋아하시면 기뻐하며 잊지 않도록 하며, 부모가 싫어하시면 수고로우나 원망하지 않는다."(맹자)

"나무는 고요하고자 하나 바람은 그지치 않고, 자식이 봉양하고자 하나 부모는 기다리지 않는다."(한시외전)

第三課　井蛙의 所見[25]

한[26] 개구리가 잇는대, 우물 속에서 生長하야, 우물 밧게 나와 본 일이 업섯소. 우물 속에서만 하날을 쳐다보는 故로 하날이 넓은 것을 아지 못하고, 우물안을 世界의 全部로 알어서, 그 우물 속에 잇는 적은 벌어지를 任意로 잡어먹으며, 世界에 나갓치 强한 者는 다시 업스리라

---

25) 정정판 제7권 제19과. 한자를 한글로 바꾼 단어가 많음.

26) 蛙가 井中에셔 生長ᄒ야 井外에 出視홈이 업ᄂ지라. 井底에셔 天을 仰見ᄒ고 天의 廣大無邊홈을 不知ᄒ며 井底ᄂ 世界의 全部로 自信ᄒ고 井中에 寄生ᄒᄂ 小蟲 等을 任意로 捕食ᄒ며 世界에 나ᄀᆺ치 强혼 者ᄂ 更無혼 줄로 思量ᄒ더니.

고 싱각하얏소.

　하로는 별안간 世界가 문어지는 듯한 큰 소리가 나며, 우물이 뒤집혀서, 한참동안은 아모 것도 보이지 아니하얏소. 조곰 잇다가 四方이 고요한 故로, 左右를 돌아본즉, 한 怪異한 돌조각 갓흔 物件이 自己의 겻헤 쑥구리고 안저서, 두 눈을 불읍쓰고, 흘겨 보앗소. 개구리가 처음에는 驚怯하야 한참 떨다가, 다시 싱각하되, 이 世界에 나보다 强한 者는 업다 하고, 決鬪를 하라 한즉, 그 物件이 冷笑하며, 한 손으로 개구리를 눌느고

　「唐突한 놈이로다.」
하니, 개구리는 그 힘이 强함을 歎服하야,
　蝸: 너는 엇더한 者이며, 어듸서 왓느냐.
하고 물은즉, 그것이 對答하되
　「나는 거북이라 하는 것인대, 바다에서 왓다.」
하얏소.

　蝸: 바다는 어듸 잇느냐.
　龜: 우물 밧게 잇다.
　蝸: 대단히 넓으냐.
　龜: 至極히 넓다.
　蝸: 이 우물과 大小가 엇더하냐

　거북이 크게 웃으며
　龜: 이갓치 狹窄한 곳과 比較할 수 업다. 너갓흔 것은 여러 달을

헤염하야 가도, 이편 가에서 저편 가까지 갈 수 업스리라.

蛙: 이 世界 밧게, 네 말과 갓치 넓은 곳이 잇는 줄은 아지 못하얏다.

龜: 바다 밧게는 쏘 넓은 陸地라 하는 곳이 잇는대, 네가 사는 우물은 陸地에 판한 적은 구멍이다.

蛙: 그러면 바다와 陸地에는 너보다 强한 者도 쏘 잇느냐.

거북이 쏘 크게 웃으며

龜: 바다와 陸地에는 나보다 數百倍나 큰 것이 잇서서, 나갓흔 것도 한번에 삼킨다. 너는 이갓치 좁은 곳에서 자라서 弱한 적은 벌어지만 보고, 自己보다 强한 者는 업는 줄로 싱각하얏슬 터이다. 그러나 우물 밧게 넓은 世界에서는, 너 갓흔 者가 가장 弱하고 적다.

개구리는 비로소 自己의 所見이 좁아서 强하다 自處하던 것이 妄佞됨을 깨달엇소.

이것은 남의 엇더한 것을 듯고 보지 못하고, 自己의 知覺과 才能이 出衆한 줄로 自處하는 者를 警戒한 古談이오. 그런 故로 이런 所見을 가진 者를 우물 안 개구리라 하오.

練習

一. 우물 속의 개구리는 처음에 自己를 엇더한 者로 싱각하고 잇섯느냐.

二. 우물 속의 개구리는 엇지하야 거북을 맛낫느냐.

三. 개구리와 거북의 問答한 것을 대강 이약이하야라.

四. 우물 안 개구리라 하는 俗談은 무슨 뜻이야.

五. ‘업스리라’의 ‘리라’를 너어서 두 마의의 쌀은 글을 지어라.

第四課　漢文

　　呂氏童蒙訓에 曰 今日에 記一事하고 明日에 記一事하면 久則自然貫穿하며, 今日에 辨一理하고 明日에 辨一理하면 久則自然浹洽하며, 今日에 行一難事하고 明日에 行一難事하면 久則自然堅固ㅣ니 渙然氷釋하며 恰然理順은 久自得之니 非偶然也ㅣ니라. (小學)

少年易老學難成하니　一寸光陰不可輕이라
未各池塘春草夢하야　階前梧葉已秋聲이라. (朱熹)

練習

一. 다음 漢字를 比較하야 달은 것을 말하야라.

　　然　燃, 貫　實, 辨　瓣, 偶　隅

二. 다음 글을 읽어라.

　　欣然而喜　　怫然而怒

　　慘然而泣　　哄然而笑

三. 本課의 詩를 외여라.

四. 다음 말을 漢字로 써라.

　　소년　청년　성년　로년

[번 역]

　　여씨 동몽훈에 이르기를, 금일 하나의 일을 기록하고, 내일 하나의 일을 기록하여 오래되면 자연히 그것을 꿰뚫게 되며, 금일 하나의 이치를 판별하고 내일 또 하나의 이치를 판별하여 오래면 자연히 흡족하게 되며, 금일 하나의 어려운 일을 행하고, 내일 또 하나의 어려운 일을 행하여 오래면 자연히 견고해질 것이니 돌이켜 얼음이 녹으며 순리에 흡연함이 오래면 스스로 그것을 터득할 것이니 이는 우연한 것이 아니다. (소학)

젊은 나이는 쉽게 늙으나 배움은 이루기 어려우니
잠시의 시간이라도 가벼이 여길 수 없다.
못 가의 봄풀 꿈에서 채 깨기도전
섬돌 앞 오동잎 떨어져 벌써 가을이 되었네. (주희)

第五課　新井白石

新井白石27)은 지금부터 大約 二百五十年前 사람인대 博覽强記하고 識見이 卓越하야 有益한 各種 書籍을 著述하야, 國家에 有助한 일을 만히 한 사람이오.

白石는 어렷슬 째부터, 非常한 英才로 七歲時에 어른을 쌀어 演劇을 구경갓다 와서, 그 본 것을 하나도 틀님이 업시 집안 사람에게 이약이하얏소. 八歲時로부터는 習字를 始作하야, 낮에는 行草 三千字와 밤에는 一千字를 日課로 定하야 工夫하얏는대, 겨울이 되어, 해가 쌀너서, 낮에 할 工夫를 맛치기 前에 해가 지랴고 하는 째에는, 밝은 데를 차저, 冊床을 툇마루로 가지고 가서 工夫하고, 쏘 밤에 졸녀서 工夫하기 어려운 째에는 옷을 벗고, 미리 準備하야 두엇던 冷水 한 통으로 沐浴하고, 쏘 조곰 잇다가 졸음이 오면, 역시 前과 갓치 물로 沐浴하고

---

27) 新井白石: 아라이하구세키.

工夫를 繼續하얏소,

白石는 이러케 熱心으로 工夫한 고로, 未久에 能히 父親의 편지를 代書하게 되고, 十三歲 時에는 君侯의 書札도 代書하게 되엿소. 十七歲부터는 小學 四書의 類를 읽엇는대, 다 玉篇만 가지고 獨習하얏소. 白石의 天才는 이러한 忍耐와 工夫로 因하야 漸漸 빗치 나서, 二十六歲에는 朝鮮에서 온 세 學士가 白石의 漢詩를 보고, 그 詩才의 非凡함을 敬歎하얏다 하는 말도 잇소.[28]

그 後 幕府의 重要한 地位에 任用되여 政事에도 參與하고, 朝鮮 使臣의 應接에 關한 儀式을 定하야 兩方 交際에 盡力한 일이 적지 아니하오.

六十歲 時에 辭職한 後 專혀 著述에 潛心하다가 六十九歲에 別世하얏소.

白石는 天稟의 特才를 가젓스나, 이와갓치 장한 사람이 된 것은, 한편으로는 힘써 工夫한 까닭이오. 世上에 天才 잇는 者가 或 自己의 才操만 밋고 學業을 게을니 하야, 도로혀 凡人만도 못하게 되는 實例가 적지 안소. 여러분은 白石의 일을 銘心하야 조곰도 懈怠치 말고 工夫하야 하오.

練習

一. 新井白石는 무슨 일을 하야 國家를 利益케 하얏느냐.

二. 白石가 習字를 배울 새의 貌樣을 이약이하야라.

三. 白石가 十歲째부터 二十歲째까지 일으는 사이에 엇더케 學問上의 進步를 하얏느냐.

---

28) 1711년 신묘 통신사와 아라이하루세키의 필담: 임수간, 『강관필담』 관련. 이덕무 『청장관전서』 제58권 앙엽기 5의 일본문헌 관련.

四. 白石는 政事上 무슨 일에 關하야 朝鮮과 相關이 잇섯느냐.

五. 너의들은 白石의 이약이를 듯고 엇더케 感動하느냐.

六. 다음 말을 漢字로 곳쳐라.

　박람강긔, 쇼학, 亽셔, 옥편, 의식, 응졉, 져슐

第六課　漢文

玉不琢이면 不成器오 人不學이면 不知道ㅣ니라. (禮記)

不積蹞步(부적규보)ㅣ면 無以致千里오 不積小類ㅣ면 無以成江海ㅣ니라. (荀子)

靑은 出於藍而靑於藍하고 氷은 水爲之而寒於水ㅣ니라.(荀子)

蓬生麻中에 不扶而直하고 白沙在涅(백사재열)에 與之俱黑이니라.(荀子)

練習

一. 다음 漢字를 各其 너어서 두 字식의 말을 지어라.

　學, 道, 寒, 直

二. 다음 漢字의 색음과 음을 말하야라.

　扶, 助, 佐, 祐

三. 다음 글을 바더 써라.

　靑於藍, 寒於水, 高於山

　深於海, 紅於花

四. 다음 글을 외여라.

　玉不琢이면 不成器오 人不學이면 不知道ㅣ니라

第七課　金剛石[29]

金剛石이라도 갈지 안으면
燦爛한 光彩는 날 수 업도다.
사람도 學問을 닥근 後에야
眞實한 德性이 나타나리라.
時計의 바늘이 間斷이 업시
돌아감과 갓치 一分一秒의
光陰을 앗기여 誠勤히 하면
무슨 事業인들 成功 못할가.

練習
本課를 외여라.

第八課　蠶[30]

누에는 처음에 알에서 까나니, 그것을 幼蟲이라 하오. 幼蟲은 몸이 甚히 적고, 처음에는 빗치 검고, 가는 털이 몸에 입혓스나, 漸漸 자라면, 껍질을 벗고, 灰白色으로 變하오.

幼蟲[31]이 다 자란 後에는, 입으로부터 실을 ᄯᅡ하오. 그 실이 몸속에

---

29) 정정판 권8 제16과. "金剛石이라도 갈지 아니ᄒᆞ면　潤澤ᄒᆞᆫ 光彩는 나지 안ᄂᆞᆫ도다　사ᄅᆞᆷ도 學問을 닥근 以後에야　眞實ᄒᆞᆫ 德行이 들어나리로다　時計의 바늘이 조곰 間斷업시　도라감과 ᄀᆞᆺ치 寸陰일지라도 앗기고 앗겨서 부즈런히 ᄒᆞ면　아모 業이라도 成功ᄒᆞ리로다"
30) 정정판 권5 제12과 蠶과 내용은 같으나 문체가 달라짐.

잇슬 째는 透明한 粘液이나 입에서 나와서, 바람을 쏘이면, 곳 구더서 가는 길이 되는 것이오. 이런 가는 실로 몸을 여러겹 싸서 지은 것을 곳치라 하오. 곳치 한 개의 실 길이가 三里되는 것도 잇소.

幼蟲이 곳치 속에 잇슨지 數日이 되면, 變하야 번덕이가 되오. 번덕이는 빗치 검붉고, 그 形狀이 대초씨와 갓소. 번덕이가 또 열흘쯤 지나면, 두 날개가 나서, 곳치를 쓸으고 나오오. 이것을 蛾라 하오. 哦는 幼蟲과 갓지 아니하야, 머리와 가슴과 배의 區別이 分明하오. 蛾는 곳치 속에서 나와서, 無數한 알을 낫코, 未久에 스스로 죽소. 둣거운 조의에 알을 바더 두엇다가, 이듬해 봄에 싸면, 다시 幼蟲이 되오. 이 조의를 蠶卵紙라 하오. 朝鮮에서는 修院의 原蠶種 製造所에서 原原蠶種을 製造하야 各道에 잇는 原蠶種으로 다시 原蠶種을 製造하야 各蠶種製造者에게 配布하고 蠶種 製造者는 그것으로 蠶卵種을 製造하야, 이것을 養蠶者에게 販賣하는 故로, 至今은 엇더한 싀골에서던지 조흔 蠶種을 容易히 엇게 되엇소.

練習

一. 누에게 알로부터 번덕이 되기까지의 이약이를 하야라.

二. 번덕이가 蛾가 되어 蠶卵紙를 엇기까지의 이약이를 하야라.

三. 조흔 蠶卵紙는 엇더케 하야 만드느냐.

31) 토사액, 견(繭), 용(蛹)〉 투명한 점액, 곳치, 번덕이, 잠란지.

第九課　漢文(詔勸農蠶)

繼體天皇*32) 元年 春三月에 詔曰 朕聞一夫ㅣ 不耕이면 則天下ㅣ 或受其飢하고 一婦ㅣ 不織이면 則 天下ㅣ 或受其寒이라 하니 是故로 帝王이 躬耕하야 以勸農業하고 后妃ㅣ 親蠶하야 以勸女功하나니 況在群寮百姓하야 其可廢棄農績乎아. 有司는 普告天下하야 令識朕意하라. (大日本史)

練習

一. 다음 말을 漢字로 써라.

　천황폐하, 황후폐하, 군신, 빅셩

二. 다음 漢字를 比較하야 달은 것을 말하야라.

　勸 觀, 群 郡, 識 織 職

三. 다음 글을 색여서 諺文으로 바더 써라.

　一夫ㅣ 不耕이면 則天下ㅣ 或受其飢하고 一婦ㅣ 不織이면 則 天下ㅣ 或受其寒이니라.

[번 역]

츠바키 천황 원년 춘 삼월에 조칙을 내려 말하기를, 짐이 듣기로 한 사내가 밭을 갈지 않으면 천하가 굶주림을 당하고, 한 부인이 직물을 하지 않으면 천하가 추위를 당한다 하니, 그러므로 제왕이 몸소 밭을 갈고 농업을 권장하며, 후비가 친히 영잠하여 여공을 권장하니, 하물며 무릇 신료와 백성들이야 어찌 가히 농업

---

32) 일본 제26대 천황.

과 방적을 폐기할 수 잇으랴. 유사는 천하에 알려 짐의 뜻을 알게 하라.

第十課 勞働

사람의 職業에는 여러 가지가 잇는대, 다 各各 自己의 일을 하오. 일을 하지 아니하면 食物도 살 수 업고, 衣服도 살 수 업소. 남만 부리고 自己는 아모 일도 아니하고 잇는 것을 貴한 줄로 역이고, 手足을 놀니는 것을 賤한 줄로 아는 것은 진실로 理致에 맛지 아니하는 일이오.

아모 것도 아니하고 노는 것이, 매우 편한 것 갓치 보이나, 이러한 사람은 大槪 몸에 病이 만흐며, 命도 쌀으로, 부즈런히 勞働하는 사람은 病도 업고, 長壽하는 일이 만소.

世上에는 父祖의 德澤으로 平生을 安樂케 지낼 수 잇는 사람도 만흐나, 이러한 사람도 恒常 手足을 놀니지 아니하면 못 쓰오. 쏘 勞働에 從事할 째에는, 무슨 일이던지, 熱心으로 하야야 하오. 비나 눈이 좀 온다고 일을 中止하며, 일을 하면서 술이나 담배를 먹는 것은 가장 좃치 못한 習慣이니, 이러한 일은 다 곳쳐야 하오.

練習

一. 勞働하는 것은 決코 賤한 일이 아닌 것을 說明하야라.

二. 勞働과 健康은 무슨 關係가 잇느냐.

三. 勞働에 從事할 째에, 우리가 特別히 注意하여야 할 일을 이약이하 야라.

第十一課　漢文

挾泰山하야 以超北海를 語人曰 我不能이라 하면 是는 誠不能也ㅣ어니와 爲長者折枝를 語人曰 我不能이라 하면 是는 不爲也ㅣ언정 非不能也ㅣ니라. (孟子)

伊川先生이 曰 蓋常人之情이 纔放肆則日就曠蕩하고 自檢束則日就規矩(규구)ㅣ니라. (小學)

練習

一. 다음 □표 속에 漢字를 너어라.

　放□,　檢□,　規□

二. 다음 글을 읽고, 그 뜻을 말하야라.

　未爲一事, 未成日簣

三. 다음 漢字를 比較하야 달은 것을 말하야라.

　超 起,　語 話

四. 다음 漢字를 各其 너어서 두 字식의 말을 지어라.

　山, 海, 進, 往

〔번 역〕

태산을 옆에 끼고 북해를 건너뛰는 것을 사람들이 말하기를 나는 못하겠다 하면, 그것은 진실로 못하는 것(불능)이다. 다 큰 사람이 나뭇가지를 꺾는 것을 사람들이 나는 못하겠다 하면 이것은 하지 않는 것(불위)일지언정, 불능은 아니다.

이천선생이 말하기를 보통사람의 마음은 조금이라도 방자함을 내 놓으면 날마다 제멋대로 행하고, 스스로를 검속하면 날마다 규구(規矩: 올바름, 규구준승)

를 취하게 된다.

第十二課　淸潔33)

大抵 病은 飮食을 注意하지 안코, 運動을 不足히 하는 데서 나는 일이 만흐나, 不潔함을 因하야 나는 일도 적지 안소. 그런 故로 身體와 飮食과 衣服과 家屋을 다 淸潔케 하야야 하오. 그 中에 더욱 飮食과 器皿을 淸潔케 하는 것이 第一 必要한 일이오.

身體를 淸潔케 함에는, 每日 아침에 낫을 씻고, 이를 닥고, 양치질하고, 또 째째로 머리를 씻어야 하오. 手足도 恒常 정하게 하되, 特히 便所에 갓다 온 뒤에는, 꼭 손을 씻어야 하오. 코물을 衣服이나 기동에 싯으며, 또 아모데나 함부로 침을 밧는 것은 體面上으로 보던지, 衛生上으로 보던지, 嚴禁할 일이오. 또 째째로 찬물에 적신 手巾으로 몸을 씻으며, 더운 물에 沐浴하는 것이 衛生에 必要한 일이오.

衣服은 華麗한 것을 입을 必要가 업소. 잘 쌀어서 恒常 정한 것을 입는 것이 좃소. 더러운 옷을 입고 잇스면, 衛生에도 害가 될 쑨 아니

---

33) 초등소학(국민교육회) 권4 제9과 청결과 비교. "우리는 恒常 身體를 淸潔케 홈이 可ᄒ오이다. 그럿치 아니ᄒ면 身體에서 惡흔 냄새도 나고 또 病이 나ᄂ이다. 또 他人의 前에 가면 他人은 반닷히 됴와아니ᄒ겟소. 그런즉 우리는 身體를 淸潔케 ᄒ기를 힘쓸 것이오. 다만 手와 面만 쓸 쑨 아니라 자죠 沐浴을 ᄒ야 全身을 쌔긋ᄒ게 홀 것이올시다. 또 衣服도 자죠 쌀아서 드러운 빗과 惡흔 냄새가 나지 아니ᄒ게 홀 것이오 衣服이 쌔긋지 아니ᄒ면 身體가 淸潔홀 슈 업ᄂ니. 오작 身體와 衣服만 淸潔케 홀 것이 아니오 그 家도 淸潔케 ᄒ여야 쓰ᄂ이다. 人이 淸潔을 힘쓰지 아니ᄒ면 自己에게만 害될 쑨 아니라 他人에게도 害가 되겟소."

라, 달은 사람에게 對하야서도, 또한 無禮한 일이오.

　방 안은 每日 쓸고, 졍하게 걸네질을 쳐셔, 恒常 淸潔케 하야야 하오.
요강을 방안에 두는 것은, 衛生에 害가 되오. 또 방안은 空氣가 잘
流通하고, 日光이 잘 들어오도록 하며, 寢具 갓흔 것도 째째로 日光에
쪼여서, 恒常 졍하게 하야 두는 것이 죳소. 學校도 또한 自己가 恒常
居處하는 곳인즉, 自己집과 갓치 淸潔케 하기에 注意하야야 하오.

練習

一. 우리는 웨 身體와 衣服을 淸潔케 하야야 하느냐.

二. 華美와 淸潔은 달은 理由를 이약이하라.

三. 방안의 衛生에 對하야 注意할 일을 이약이하야라.

四. ‘日光이 잘 들어오도록 하며’의 ‘도록’을 너어서 두서너 마듸의 쌀은
글을 지어라.

第十三課　漢文(早起之益)

　每朝 六點鐘起者로 比八點鐘起者ㅣ면 則 積四十年이면 贏得二萬九千
二百時辰이니 則 三年一百二十一日 十六時辰也ㅣ라. 比數ㅣ 與每日八
箇時辰이 積至十年者로 正相同하니 人苟有志於養心性하며 講究學術인
댄 豈不可贏得二三時辰하야 以充其用乎아. (中村正直)

練習

一. 다음 漢字를 比較하야 달은 것을 말하야라.

績, 積, 債, 漬(지)

二. 다음 □표 속에 漢字를 너어라.

修□心性　　講□學術

三. 다음 글의 쯧을 말하야라.

正相同　　嬴得二三時辰

［ 번 역 ］

"매일 6기에 일어나는 것과 8시에 일어나는 것을 비교하면 40면이면 2만 9천 2백 시간이 되니, 즉 삼년 1백 21일 16시간이다. 이 숫자를 비교하면 매일 8시간이 10년 동안 쌓이는 것과 같으니, 사람이 진실로 심성을 기르는 데 뜻을 두고 학술을 강구하면 어찌 두세 시간이 차지 않는다고 그 쓰임새를 채우지 아니하겠는가."(나카무라 마사나오)

第十四課　雨露[34]

거울을 向하야 呼吸하면, 곳 흐려져서, 사람의 얼골이 分明히 보이지 아니하나니,[35] 이것은 사람의 吐한 水蒸氣가 찬 거울에 부듸침으로

---

34) 정정 권6, 18과 (문체 변화).

35) 面鏡을 對ㅎ야 呼吸흔즉 面鏡이 靉靆(애체: 구름이 낌)ㅎ야 我等의 顔色이 正照치 안는도다. 이는 我等의 吐ㅎ는 바 水蒸氣가 冷흔 鏡面에 衝當흔즉 卽時 식어셔 다시 小水球를 이루느니라. 碧空에 密雲이 滿布ㅎ야 太陽을 掩蔽홈이 잇느니 이는 空氣 中에 飛散흔 水蒸氣가 冷風에 식어셔 小水球가 됨이라. 구름은 地上에셔 본즉 山도 又고 彌綿도 又고 大波도 又ㅎ야 그 形態가 千差萬別ㅎ나 다만 無數흔 小水球의 集合홈에 不過ㅎ는도다. 그 小水球가 漸漸 식으면 合ㅎ야 大水球가 되야 能히 公衆에 飛散치 못ㅎ고 地上으로 落來ㅎ느니 이를 雨라 稱ㅎ는도다. 雨는 海水 河水와 其他 地上에셔 水蒸氣가 되얏던 것이 다시 地上으로

卽時 식어서, 적은 물방울이 이루는 까닭이니라.

中天이[구름이 가득하야, 太陽을 가리는 일이 잇나니, 이것은 空氣 中에 잇는 水蒸氣가 찬 바람에 깃어서 적은 물방울이 되는 것이니라. 구름은 地上에서 쳐다보면 山도 갓고, 흰 솜도 갓고, 큰 물결도 갓해서, 그 形狀이 千萬가지나, 그러나 다만 無數한 물방울이 엉김에 지나지 아니하나니라.

그 적은 물방울이 漸漸 식을수록, 合하야 큰 물방울이 되어, 能히 空中에서 써 단기지 못하고, 地上으로 써러지나니, 이것을 비라 稱하나니라. 비는 海水 河水 等이 水蒸氣가 되어 空中에 올너갓던 것이 다시 地上으로 돌아오는 것이니라. 地上에 써러지는 비는 草木을 적신 후에, 다시 짱 속으로 홀너들어가서, 시내와 내가 되어, 河海로 홀너들어갓다가, 다시 日光을 바더서, 水蒸氣가 되어, 空氣 中으로 날너 헛터지나니라. 물은 이갓치 恒常 空中과 地上을 循環하나니라.

水蒸氣는 空氣 中에 싸엿다가, 찬 물건을 맛나면 忽然히 엉긔여서, 적은 물방울이 되나니, 이것을 이슬이라 하나니라. 일은 아침에 草木의 가지 긋과 지붕의 기와가 이슬에 져진 것을 보리로다. 이것은 水蒸氣가 밤 사이에 찬 草木과 기와 等에 부듸쳐서, 엉긔는 것이니라. 구름 안개 노을 等은 다 水蒸氣가 엉긘 적은 물방울이니라.

歸來홈이라. 且 地上에 落來ᄒᆞᄂᆞᆫ 雨水ᄂᆞᆫ 草木을 濕濡케 ᄒᆞ얏다가 土中으로 浸流ᄒᆞ야 河川이 되야 湖海에 流入ᄒᆞ얏다가 다시 日光에 熱沸ᄒᆞ야 水蒸氣가 되야 空氣 中에 往還ᄒᆞᄂᆞ니라. 水蒸氣ᄂᆞᆫ 空氣 中에 包含되여 冷物과 相觸ᄒᆞ면 忽然히 凝結ᄒᆞ야 小水球가 되ᄂᆞ지라. 早朝에 草木의 梢末(초말)과 屋上의 瓦甍(와맹: 기와 용마루) 等이 이슬에 濕潤홈을 볼지어다. 이ᄂᆞᆫ 水蒸氣가 夜間에 寒冷ᄒᆞᆫ 草木 瓦甍 等과 相觸홈이로다. 무릇 雲霧 霞 等은 다 水蒸氣의 凝結ᄒᆞᆫ 小水球이니라.

練習

一. 水蒸氣라 하는 것은 무엇인가. 簡單한 例로써 說明하야라.

二. 구름은 엇지하야 생기는 것이냐.

三. 비는 엇지하야 생기는 것이냐.

四. 地上에 써러지는 비는 엇더케 되겟느냐.

第十五課　雨[36]

비야 비야 오는 비야
　어듸로셔 나려왓노　　하날로셔 나려왓네
　空中에셔 나려왓네

그 前에는 어듸 잇섯노
　河川에도 잇섯고　　池塘에도 잇섯고
　湖海에도 잇섯네

엇지하야 올너갓노
　쓰거온 볏헤 쪼여　　水蒸氣가 되어
　뭉게뭉게 올나갓네

只今 어듸로 가려노
　河川으로 가려 하네　　池塘으로 가려 하네

---

36) 정정판 권6 제19과.

湖海로 가려 하네

練習

本課를 외여라.

第十六課　漢文(三餘)

　魏董遇(위동우)의 字는 季直이니 性謹直好學하야 與兄季中으로 采稆
耕作(채사경작)할새 常挾經書하야 有間習讀하더니 明帝時에 官至大司
農이라. 或人이 請就學한대 遇ㅣ 不肯曰 必當先讀百遍이니라. 言讀書百
遍義自見이라. 對曰 苦無日이로라. 曰 當以三餘ㅣ니라. 問其意한대 曰
冬者는 歲之餘오 夜者는 日之餘오 陰雨者는 時之餘也ㅣ니라. (魏略)

練習

一. 다음 한자를 比較하야 달은 것을 말하야라.

　挾 狹, 遍　篇

二. 다음 漢字를 各其 너어서 두 字식의 말을 지어라.

　謹, 經, 意, 餘

三. 다음 글을 읽어라. 또 그 뜻을 말하야라.

　(가) 讀書百遍義自見

　(나) 冬者는 歲之餘오 夜者는 日之餘오 陰雨者는 時之餘也ㅣ니라.

四. 董遇의 이약이를 듯고, 感動된 일을 말하야라.

【 번 역 】

　"위나라 동우(董遇)의 자는 계직이니, 성품이 근면 정직하고 학문을 좋아하여, 그의 형 계중과 함께 밭을 갈 때 항상 경서를 옆에 끼고 시간이 나면 책을 읽더니, 명제 때 관직이 대사농에 이르렀다. 혹 어떤 사람이 학문을 배우기를 청하니 우가 받아들이지 않고 말하기를 먼저 독서 백편을 하라고 하였다. 말하기를 독서 백편이면 그 뜻이 절로 드러난다 하였다. 대답하여 말하기를 시간이 없다 하니, 말하기를 마땅히 세 가지 여유로써 하라고 하였다. 그 뜻을 물으니 겨울은 한 해의 여유이요, 밤은 하루의 여유이며, 음우는 시간의 여유라고 하였다."(위략)

第十七課　소곰과 砂糖

　소곰과 砂糖은 사람에게 重要한 食物이라. 우리들이 每日 먹는 魚肉·菜蔬·菓子 等의 맛을 좃케 하는 것은 소곰이나, 砂糖을 넛는 緣故이니, 소곰과 砂糖은 다 빗치 흰 故로, 暫間보면 恰似하야 分辨키 어려우나, 그 맛이 하나는 달고, 하나는 짜서 全然히 달으니라.

　砂糖은 植物의 汁으로 製造하나니라. 능금·배·감 갓흔 것이 天然으로 甘味 잇는 것은 糖分을 가진 緣故이오, 또 풀샊리에도 甘味 잇는 것이 만흐니, 이것은 다 糖分을 가진 까닭이니라. 糖分을 가장 만히 가지고, 맛이 가장 단 것은 甘蔗이라. 그런 故로 砂糖은 흔히 甘蔗로 製造하나니라. 甘蔗는 가늘고 긴 줄기에 마듸가 잇고, 그 입사귀도 亦是 가늘고 길어서, 수수와 恰似하니라. 甘蔗는 봄에 심고, 줄기가 잘 成熟하기를 기다려 버히나니, 이것을 砂糖黍(사탕서)라 하나니라.

　砂糖黍의 汁을 짜서, 오래 끌여서, 水分을 업시하야, 砂糖을 製造하나니라.

 소곰은 바닷물을 썰여서 製造하는 것이 普通으로 行하는 法이라. 바다가 평평한 짱에 鹽田을 만들고, 바다물을 대인 후에 日光을 쏘인즉, 水分은 蒸發하고, 鹽分만 남아서 地面에 덥히나니, 거죽에 흙과 함씌 석긴 것을 긁어모아, 진한 鹽水에 풀어서, 큰 가마에 넛코 쓸이나니라. 이러케 하면, 물은 불긔운으로 因하야 날너가고, 白雪과 갓흔 소곰만 가마니 속에 남나니라.

 또 朝鮮과 갓치 비가 만치 안은 地方에서는, 바닷물을 썰여서 製造하는 法 外에, 해빗츨 쏘여서 製造하는 法도 잇나니라.

 巖鹽이라 하는 바위갓흔 소곰덩어리가 山中에서 나는 일이 잇나니, 이것을 파서 製造하면, 至極히 潔白한 소곰이 되나니라. 海鹽은 到處에 잇스나 巖鹽의 産地는 稀少하니라.

 소곰은 이갓치 사람의 食用으로 無치 못할 것이나, 其外에 工業用으로 쓰이는 일도 甚多하니라.

 練習

 一. 砂糖은 무엇으로 만드느냐.

 二. 甘蔗의 이약이를 하야라.

 三. 소곰을 製造하는 法을 이약이하야라.

 四. 巖鹽의 이약이를 하야라.

 五. '全然히 달으니라'의 '히'를 너어서 두서너 마듸의 쌀은 글을 지어라.

第十八課　漢文

劍雖利나 不礪면 不斷이오 材雖美나 不學이면 不高오 雖有旨酒嘉殽
(수유지주가효)나 不嘗이면 不知其味오 雖有善道나 不學이면 不達其
功이니라. (韓詩外傳)

心不在焉이면 視而不見하며 聽而不聞하며 食而不知其味니라. (大學)

子-曰 士ㅣ 志於道而恥惡衣惡食者는 未足與議也ㅣ니라.(論語)

練習

一. 다음 글을 읽어라. 그리하고 그 쯧을 말하야라.

　　言雖美나 不行이면 不可오 人雖賢이나 不學이면 不知니라.

二. 다음 글구의 可否를 보고 聽字와 聞字의 달은 것을 말하야라.

　　　　可　　　否　　　可　　　否

　　謹聽　　謹聞　　　見聞　　見聽

三. 다음 글을 읽어라. 그리하고 그 쯧을 말하야라.

　　粗衣粗食　　　嘉言善行

四. 本課 中 第二及 第三의 格言을 외여라.

[번 역]

"칼이 비록 날카로우나 연마하지 않으면 물건을 자를 수 없고, 재주가 비록
아름다우나 배우지 않으면 높아지지 않으며, 좋은 술과 안주라도 맛을 보지 않으
면 그 맛을 알 수 없고, 비록 도가 좋으나 배우지 않으면 그 공효에 도달할
수 없다."(한시외전)

"마음이 존재하지 않으면 보아도 보이지 않으며, 들어도 들리지 않고, 먹어도

그 맛을 알 수 없다."(대학)

"공자께서 말씀하시기를, 도에 뜻이 있으나 거친 옷과 나쁜 음식을 부끄럽게 여기는 자는 족히 더불어 의논할 바가 못 된다."(논어)

第十九課　鐵의 談話(一)37)

해가 더듸고 더듸여 기동 우에 걸닌 時計가 겨우 子正을 치고, 집안이 젹막한대, 어듸셔 말하는 소리가 낫소.

「오날은 多幸히 집안이 고요하니, 彼此 來歷을 이약이하는 것이 엇더하냐.」

한즉

「그것 참 조흔 말이다.」

하는 對答 소리가 四面에서 나더니, 조곰 잇다가,

「내가 몬저 말하겟다.」

하고 나오는 것을 본즉, 솟이오, 속이 말하기를,

「나는 本來 岩石 속에 석겨서 數千年 前부터 엇던 鑛山에 잇다가, 十餘年 前에 엇던 사람에게 파낸 바이 되여 製鐵所로 가서 岩石과 서로 갈닌 후에 鑄鐵이 되엿더니, 밍렬한 불긔운에 녹고, 접흐집으로 들어가서, 맛참내 이 몸이 되엿다. 우리 同類 中에 여러 가지 그릇이 된 것이 許多하나, 至今은 消息을 몰은다.」

하얏소. 그 다음에 기동 우에 잇는 못이 말하기를,

「나도 本來 鐵鑛으로 鑛山에 잇더니, 사람에게 파낸 바이 되여, 製鐵

---

37) 정정 제6권 제10과.

所로 들어가서 鍛鍊이 되엿고, 그 後에 다시 대장의 手中으로 들어가서, 불에 달궈지고, 물에 담근 바이 되여, 無限한 鍛鍊을 바더서, 이 몸이 되엿는대, 鍛鐵로 製造된 것 中에는 우리 外에 火箸와 쇠몽둥이 된 것도 잇고, 호믜·광이 等이 된 것도 잇고, 또 無數히 쳐 늘인 바이 되어, 鐵板·鐵線이 된 것도 잇다.」

하얏소.

練習

一. 깁흔 밤, 집안에 무슨 일이 일어낫느냐.

二. 솟이 처음에 무엇이라고 하얏느냐.

三. 그 다음에 못이 무엇이라고 하얏느냐.

四. '鍛鐵로 製造한' 것에는 무슨 것이 잇느냐.

第二十課 鐵의 談話(二)[38]

그 째에 칙상 우에 잇던 참칼이 쏘 말하기를,

「나도 根本 鐵鑛이더니, 製鐵所로 들어가서, 鋼鐵이 되여, 불에 달궈지고, 물에 담근 바이 되여, 百般 辛苦를 격근 후에, 이 몸이 되엿다. 모든 쇠 中에 가장 堅剛한 故로, 옛적부터 칼·슬·줄·톱·낫의 類와 陸海軍의 兵器와 汽車나 電車의 軌道 等屬을 製造하는 所用이 되고, 쏘 우리는 彈力이 强한 故로, 여러 가지 器械의 고동이 된다.」

하얏소. 참 칼의 말이 밋쳐 맛치지 못하야, 기동 우에 걸닌 時計 속에서

---

38) 정정 제6권 제11과.

소리가 나기를,

「果然 그러타. 果然 그러타.」

하는 것은 時計의 胎葉이오. 連하야 말하기를,

「나도 本是 鋼鐵이다. 참칼과 갓치 艱難辛苦를 지내엿다. 艱難을 격근 까닭으로, 오날와서 義務의 一部分을 다한다. 그러나 갓흔 쇠 中에도 부러운 것은 너의들의 身上이다. 너의들은 時時로 쉴 째가 잇스나, 나는 暫間도 쉴 겨를이 업다.」

기동 우에 잇는 못이 위로하야 하는 말이,

「나는 너의들의 勞働하는 것을 부러워한다. 나와 갓치 活動치 안는 者는 漸漸 록이 나서 壽가 滅한다. 恒常 勞動하는 너의들의 身上이 참 부럽다.」

하니, 座中이 다 그 말을 올케 역엿소.

練習

一. 칙샹 우에 잇는 참칼은 무엇이라고 하얏느냐.

二. 참칼의 말을 듯고, 時計의 胎葉이 무엇이라고 하얏느냐.

三. 胎葉의 말을 듯고, 못은 무슨 말로써 위로하얏느냐.

四. 鋼鐵로 製造한 것에는 무슨 것이 잇느냐.

五. 鐵의 三種類를 말하야라.

六. 다음 말을 漢字로 곳쳐라.

　　　철광, 쥬철, 단철, 강철, 제철소, 병긔, 긔챠, 궤도, 긔계

第二十一課　漢文

子ㅣ 曰 吾嘗終日不食하며 終夜不寢하야 以思호니 無益이라. 不如學
也ㅣ로라. (論語)

物有本末하고 事有終始하니 知所先後ㅣ면 則近道矣리라. (大學)

君子之道는 譬如行遠必自邇하며 譬如登高必自卑니라. (中庸)

唐李白이 少年에 學業未成하고 棄歸할새 道逢一嫗ㅣ 磨鐵杵하야 白
이 問之한대 嫗ㅣ 曰 欲作鍼이로라. 白이 感其言하야 遂還卒業하니라.
(唐書)

練習

一. 다음 漢字의 색음과 音을 말하야라.

　　歸還, 礪磨, 寢寐, 遠邇, 近邇

二. 다음 글을 바더 써라. 그리하고, 그 뜻을 말로 하야라.

　　本末　終始　先後　遠近　往還

三. 다음 漢字를 各其 너어서 글을 지어라.

　　日　夜　益　業

四. 李白의 일을 이약이하야라.

[번 역]

"공자께서 말씀하시기를 내가 하루 종일 밥도 먹지 않고, 밤새도록 자지 않고
생각하니, 무익하더라. 배움만 같지 못하다 하셨다."(논어)

"사물에는 본말이 있고, 일에는 시작과 끝이 있으니, 선후한 바를 알면 곧
도에 가까우니라."(대학)

"군자의 도는 비유컨대 먼 길을 가까운 데서 가는 것과 같으며, 높은 곳에 오르고자 할 때 낮은 곳으로부터 시작함과 같으니라."(중용)

"당나라 이백이 젊었을 때 학을 마차지 못하고 돌아갈 때, 거리에서 한 노파를 만나니 그 노파가 쇠공이를 갈고 있었다. 이백이 묻건대 노파가 말하기를, 바늘을 만들고자 한다. 이백이 이 말에 감동하여 드디어 돌아와 업을 마쳤다."(당서)

第二十二課　梨를 贈與하는 書札[39]

敬啓者 弟가 此地 種苗場에 在勤하는 某氏의 指導를 因하야 數年 前에 梨木의 接木을 試驗하얏더니, 其後에 發育이 甚히 잘 되어, 今年에 처음으로 結實이 되엿삽는대, 蟲害도 업고 貌樣이 크고, 맛이 조흔 故로 一籠을 보내여드리오니, 情으로 바더 맛보옵소서. 明春에 培養法 에 一層 힘을 더하야 더욱 조흔 結果를 엇고자 하옵나이다.

月　　日　　李嘉永 拜手
閔博議 仁兄 座下

同答書

敬復者 稀貴한 梨를 이갓치 만히 보내여 주시니, 무슨 말삼으로써 謝禮할는지 몰으옵는 中, 老母께서는 大端히 깃붜하시며, 이갓치 맛 조흔 梨는 至今 처음 본다하시옵나이다. 弟도 兄의 盡力하심을 본바더 期於히 栽培하랴 하오니 接木하는 方法을 ᄌ세히 가르쳐 주시옵소서. 忽忽하야 數字로 厚情을 謝禮하옵나이다.

---

39) 정정 권6 제14과 '임금을 증여하는 서찰'에서 '배를 증여하는'으로 바뀜.

月　日　　閔博議 拜復

李嘉永 仁兄 座下

練習

本課를 모방하야 甜瓜(첨과)를 贈與하는 편지와 그 답장을 지어라.

第二十三課　漢文(甘藷先生)

靑木昆陽(아오기 곤요)[40]가 嘗暎曰 凡有罪非死刑者를 遠放之嶋嶼는 要在使其終天年耳라. 然이나 諸嶋에 少五穀일새 常以海産木實로 給食하다가 是以로 往往不能免餓死하니 豈不亦痛哉아. 卽雖種藝之地나 遇歲歉(겸)하면 則民이 不能無菜色하나니 意者百穀之外에 可以當穀者ㅣ 莫如蕃薯也ㅣ라 하고, 乃陳宮하야 求種子于薩摩(사두마)하야 試種之官藥苑中하니 則極蕃衍(번연)이라. 於是에 著蕃薯考一卷하야 而演其培植之法하니 官이 鏤版倂種子하야 行下諸嶋及諸州러니 未數年에 無處不種이라. 至今上下ㅣ 便之하야 雖歲不登이나 民不遄餓者(민불천아자)는 實昆陽之惠也ㅣ로다. 題其墓門之碑曰 甘藷先生之墓ㅣ라 하니 有以哉ㄴ저. (先哲叢談)

練習

一. 다음 漢字를 比較하야, 그 뜻을 말하야라.

---

40) 靑木昆陽(아오기 곤요): 18세기 일본의 난학자(蘭學者). 『화란문자략고(和蘭文字略考)』,
『화란문역(和蘭文譯)』 등을 남김. 에도 막부 시대 구황작물인 감자 재배를 건의하면서
『번서고(蕃薯考)』를 저술함.

穀　殻

二. 다음 글을 읽어서 令 字와 使 字의 쓰는 法을 알어라.

有司는 普告天下하야 令識朕意하라.

要在使其終天年耳니라.

三. 다음 漢字의 색음과 音을 말하야라.

飢餓　種植　年歲　苑園　蕃繁　逢遇

四. 靑木昆陽는 엇더한 일을 하얏느냐.

[번 역]

　"아오기 곤요(靑木昆陽)가 일찍이 돌이켜 말하기를, "무릇 죄가 있어 죽이지 않는 자를 원방의 도서로 보내는 것은 그로 하여금 삶을 그곳에서 마치게 할 필요가 있기 때문이다. 그러나 모든 섬에 곡식(오곡)이 적으므로 항상 해산물과 나무 열매로 배를 채우다가 이로써 왕왕 아사함을 면하지 못하니, 어찌 안타까운 일이 아니겠는가. 비록 모든 식물을 기를 수 있는 땅일지라도 흉년을 만나면 백성들이 누른 빛을 면하지 못하니, 생각이 있는 자라면 백곡 이외에 가히 곡식이 될 만한 것으로 번서(蕃薯: 마의 일종)만 같지 못하다." 하고, 궁에 들어 사두마(薩摩)에서 종자를 구하여 관약원(官藥苑)에 시험삼아 파종하니 곧 매우 번성하였다. 이에 『번서고(蕃薯考)』한 권을 지어 재배하고 심는 법을 보여주니, 관청에서 이를 새기고 종자와 함께 여러 섬과 모든 주에 보내니, 몇 년이 지나지 않아 파종하지 않는 곳이 없었다. 지금 상하로 편제하여 비록 더 보태지 않으나 백성들이 쉽게 굶어죽지 않는 것은 실로 곤요의 혜택이다. 그 무덤의 비에 이르기를 '감저선생지묘'라 하니, 이로 인한 것이로다."(선철총담)

第二十四課　北部朝鮮(一)[41]

北部 朝鮮은 北은 滿洲와 露領 沿海州, 東은 日本海, 西는 黃海道와 江原道에 包圍된 地方을 總稱한 것이니, 平安北道·平安南道·咸鏡南道·咸鏡北道의 四道로 成하니라.

平安北道에는 江南·狄蹢·妙香의 諸山脈이 西에서 東으로 竝走하니, 其中에 妙香山脈이 最長하야, 咸鏡南道를 橫斷하야, 咸鏡北道의 東北端에 達하고, 妙香山·狼林山 等의 高峰이 有하니라. 又 咸鏡南道의 北境에 聳立한 有名한 白頭山은 長白山脈의 主峯이니 其支脈의 一은 咸鏡南道와 平安南北 兩道 間의 分水嶺이 되어 南延하야 半島의 脊梁山脈이 되니라. 此等 大山脈 以外에 平安南道에는 二三 小山脈이 東西로 連互하니라.

此地方에는 大江이 多하니 鴨綠江은 白頭山에서 發源하야 國境을 西流하야 黃海에 注入하니라. 延長이 百八十里니 我國에 第一되는 長流이오 其 支流에 虛川江·長津江(咸鏡南道)·渾江·靉河(애하)(滿洲)[42] 等이 有하니라. 豆滿江도 坐한 白頭山에서 發源하야 東流하야 國境이 되고 日本海에 入하니라. 大同江은 狼林山에서 出하야 平安南道를 東北에서 西南으로 貫流하니라.

此地方은 大槪 山地가 多하고, 平野가 稀한 故로 森林·鑛山이 多하며 田畓은 少하나, 河流의 沿岸에는 沃野가 處處에 闢하야 米穀의 産出이 不少하며, 咸鏡南北道의 沿海地方에는 明太 漁業이 가장 盛旺하니라.

鐵道는 西部에는 京義線이 有한대 鴨綠江鐵橋로 安奉線과 接續하고,

---

41) 정정 권5 12과 평안남북도, 15과 함경남북도를 아울러 재구성함.
42) 일제강점기이므로 만주를 포함하여 서술함.

支線에 平南線이 有하며, 東南部에는 京元線이 有하며, 又 東方의 咸鏡線은 漸次로 工事를 進行하야 旣히 一部의 開通됨을 見함에 至하니라. 道路는 年年히 改修되여 已往보다 大端히 便利하게 되엿스나, 오히려 交通이 困難한 處가 不少하니라. 海上에는 大小 汽船이 往來하야 各港에 寄航하는 故로 陸上보다 便利가 多하니라.

(*70~71쪽 지도 생략)

練習

一. 我國과 滿洲 及 露領 沿海州의 境界를 이약이하라.

二. 北部朝鮮에 잇는 道는 무엇무엇이냐.

三. 北部朝鮮에 잇는 山脈과 山岳의 이약이를 하야라.

四. 北部朝鮮에 잇는 江河의 이약이를 하야라.

五. 北部朝鮮의 産業에 關하야 이약이를 하야라.

六. 北部朝鮮의 交通에 關하야 이약이를 하야라.

第二十五課　北部朝鮮(二)

京義線의 終點 新義州府는 鴨綠江 南岸에 在한 開港場이니, 總督府 營林廠이 在하고, 對岸의 安東縣과는 鐵橋로 往來하나니라. 此地로부터 四里쯤 上流에 在한 義州에는 平安北道廳이 在하고 又 約六里쯤 下流되는 處에는 龍巖浦라 稱하는 港口가 有하니라. 新義州에서 汽車를 乘하고 宣川·定州 等을 過하야 南으로 往하면 淸川江을 渡하나니 其上流에 寧邊이 有하고, 其北方의 雲山郡에는 有名한 金鑛이 有하며,

更히 東北 山峽으로 往하면, 江界라 하는 古來名邑이 有하니라.

汽車로 淸川江을 渡하야 大同江 北岸에 到하면 平壤府가 有하니, 平安南道廳의 所在地니라. 北部 朝鮮에 屈指하는 大都會이니, 四方이 廣濶하고 名勝古蹟이 多하며 又 其 附近에 無煙炭을 産하나니라. 平壤에서 鐵道 平南線을 乘하면 二時間 以內에 鎭南浦府에 到하나니, 此地는 大同江口에 在한 開港場인대, 큰 製鍊所가 有하고, 又 其 近地에 廣梁灣의 鹽田이 有하니라. 平壤의 北에 在한 順安에는 砂金을 産하며 其北方의 价川에는 鐵을 産하며, 价川의 西南에 在한 安州는 輕便鐵道가 有하며, 平壤 東北의 成川은 古來로 明紬와 煙草로 著名하니라. 咸鏡南道 永興灣에는 元山府가 有하니 有名한 開港場이고, 海陸 交通의 便이 多하야, 東海岸에 第一되는 良港이라 稱하나니라. 其北岸에는 永興의 海軍 要港이 有하며, 元山에서 鐵道 咸鏡線을 乘하고 北으로 往하면 明紬의 各産地되는 永興에 到하고, 其東北에 在한 咸興은 道廳의 所在地이니라. 咸興에서 輕便鐵道로 東南으로 向하면 西湖津이 有하고, 此로부터 遙히 北方의 惠山鎭에는 總督府 營林支廳이 有하고, 其 東南에 在한 甲山郡은 古來로 銅山으로 著名한 處이니라.

咸興으로부터 北靑을 經하야 咸鏡北道에 入하면 開港場 城津이 有하고 更히 北行하면 道廳이 在한 鏡城에 至하는 要津이니라. 鏡城으로부터는 輕便鐵道로 羅南을 經하야 輸城과 淸津府에 至하나니 羅南에는 第十九師團의 兵營이 有하고 淸津은 東海岸에서 元山의 次되는 開港場이니라. 淸津으로부터 國境에 近한 會寧에 行코자 하면 鐵道의 便이 有하니라.

練習

一. 北部 朝鮮에 잇는 各道의 道廳 所在地의 일음을 말하야라.

二. 北部 朝鮮에 잇는 府廳 所在地의 일음을 말하고, 쏘 그 쌍에 對하야
아는 일을 말하야라.

三. 北部 朝鮮에 잇는 開港場과 有名한 港口의 일음을 말하야라.

四. 左記한 쌍은 어느 道에 잇스며, 무엇으로 有名하냐.

雲山, 廣梁灣, 順安, 殷山, 价川, 安州, 成川, 永興, 惠山鎭, 甲山, 羅南

五. 前項 外에, 쏘 有名한 고을이 잇거든, 그 일음을 말하야라.

第二十六課　漢文(乃木大將 及 東郷大將)

日露戰役에 旅順이 旣降이라. 或이 訪乃木大將하야 賀戰捷하고 且弔其二子戰歿한대 大將이 泫然(현연)曰 七月 以來로 我喪幾萬愛兒矣라. 如吾二兒는 守平生訓言耳니 何足深悲리오 하더라. 嗚呼 l 라. 此一語는 可以泣神人矣로다.

露國波羅的艦隊 l 來侵我國커늘 我東郷大將이 率聯合艦隊하야 將邀擊之할새 揭信號旗令曰 皇國興廢 l 在此一擧하니 各員은 奮勵努力하라 하니, 於是에 士氣大振하야 奮戰兩日에 遂殲滅之하니라. (新定 漢文讀本)

練習

一. 乃木 大將은 무엇이라고 말하얏느냐.

二. 東郷 大將은 엇더한 命令을 나렷느냐.

三. 다음 □표 속에 漢字를 너어라. 그리하고, 그것을 읽어라.

旅順□降. 可□泣神人矣. □邀擊之. □殲滅之.

四. 다음 글 中 잘못된 漢字를 곳쳐라.

賃戰勝.　幾萬受兒.　皇國與廢.　土氣大振.

[번 역]

"일로전쟁에 여순이 이미 항복했다. 어떤 사람이 노기 대장(乃木大將)을 방문하여 전첩을 축하하고 또 그 두 아들이 전몰함에 대장이 눈물을 흘리며 말하기를, 칠월 이래로 우리 사랑하는 아들들이 죽은 자가 몇 만이다. 나의 두 아들은 평생의 가르침을 지켰을 따름이니 어찌 매우 슬퍼하겠는가 하였다. 아, 이 한마디는 신인을 울리는 말이로다.

러시아 발틱함대(波羅的艦隊)가 우리나라를 침범하거늘, 우리 도고 대장(東鄉大將)이 연합함대를 거느리고 장차 요격하고자 할 때 신호기를 올려 명하기를, 황국의 흥폐가 이 한 번의 일에 달렸으니, 각자 분려 노력하라 하니, 이에 사기가 크게 올라 이틀을 분전하여 드디어 그들을 섬멸하였다."(신정 한문독본)

第二十七課　牛43)

소는 몸이 크고 四肢가 쌀으고, 힘이 만소, 머리에는 쏠 둘이 잇고, 눈이 커서, 보기에는 사나운 듯하나, 사람에게 길녀서 至極히 柔順하오.

소의 굽은 말의 굽과 달너서, 두 쪽이오. 압니는 아래턱에만 잇고, 위턱에는 업서서, 잘 씹지 못하나, 어금니는 甚히 오목하고 쏏족하야, 서로 합하는 故로, 食物을 씹기에 便利하오.

---

43) 정정 권6 제6과 牛: "牛는 體形이 長大호고 四肢가 短호고 膂力(여력)이 强호도다. 頭上에 雙角이 並立호고 眼孔이 炯火(형화)호야 猛惡혼 形狀이 잇스나 사룸에게 길드러 至極히 順호니라."

소의 비위는 四房으로 되엿소. 最初에는 食物을 잘 씹지 아니하고, 第一房으로 삼켜서, 第二房에 達하면, 다시 입으로 吐하야 徐徐히 씹소. 이것을 反芻라 하오. 소가 걸을 쌔나 쉴 쌔나 恒常 두 턱을 움죽이는 것은 反芻를 하는 것이오. 그 다음에 第三房·第四房으로 나려가서 次次 消化되는 것이오. 소는 田畓을 갈고, 物件을 運搬하는데 必要할 뿐 아니라, 고기와 젓은 사람의 몸에 가장 有助한 滋養品이오. 썌와 쏠은 단초와 빗 等物을 製造하는 데 쓰고, 털은 요속으로 쓰고, 피와 內臟은 肥料가 되오. 소는 全體 中에 엇던 部分이던지, 버릴 것이 업시 다 緊用되오.

朝鮮의 소는 그 種類가 甚히 죳소. 그 中에 咸鏡南北道와 平安南北道에서 나는 것은 몸이 肥大하야 한 匹 갑이 百圓 以上되는 것이 적지 안소. 소와 牛皮는 朝鮮 輸移出品 中에 重要한 것인대, 每年 內地로 利出되고 海蔘威로 輸出되는 것이, 一百十萬圓에 達하오.

練習

一. 소의 몸 外形의 이약이를 하야라.

二. 소의 굽과 이의 이약이를 하야라.

三. 反芻라 하는 것은 무엇이냐.

四. 소의 效用을 말하야라.

五. 朝鮮의 소에 對하야 이약이를 하야라.

第二十八課　漢文

　曾子ㅣ 曰 孝子之養老也는 樂其心하며 不遠其志하며 樂其耳目하며
安其寢處하며 以其飮食으로 忠養之니라. 是故로 父母之所愛를 亦愛之
하며 父母之所敬을 亦敬之니 至於犬馬하야도 盡然이온 而況於人乎아.
(小學)

　子游ㅣ 問孝한대 子ㅣ 曰 今之孝者는 是謂能養이니 至於犬馬하야도
皆能有養이니 不敬이면 何以別乎ㅣ리오. (論語)

練習

一. 다음 漢字를 各其 너어서, 二字식의 글을 지어라.

　　孝, 耳, 養, 處

二. 다음 글을 바더 써서, 그 뜻을 말하야라.

　　(가) 孝子之養老也는 樂其心이니라.

　　(나) 不敬이면 何以別乎ㅣ리오.

三. 本課 第二의 글을 諺文으로 바더 써라.

[번 역]

　"증자께서 말씀하시기를 효자가 노부모를 모시는 것은 그 마음을 즐겁게 하
며, 그 뜻을 멀리하지 않으며, 그 이목을 즐겁게 하며 그 잠자리를 편안하게
하며 음식으로서 진실로 봉양하는 것이다. 그러므로 부모가 사랑하는 바를 사랑
하며, 부모가 공경하는 바를 또한 공경하니, 견마에 이르러도 그러할 것인데
하물며 사람이겠는가."(소학)

　"자유가 효에 대해 묻건대, 공자께서 말씀하시기를 지금 효라는 것은 능히

봉양하는 것을 일컬으니, 견마에 이르러도 모두 봉양함이 있거늘 공경하지 않으면 어찌 다름이 있겠는가."(논어)

第二十九課　燈火[44]

낮에는 太陽이 잇서서, 萬物이 分明히 보이나, 밤에는 太陽이 업는 故로 咫尺을 분변할 수 업소.

滿月이 되면, 밤이 밝기가 낫 갓소. 그러나 물건을 잘 보이지 아니하는 故로, 우리들은 太陽의 代身으로 燈火를 쓰오.

옛적에는, 소나무에 불을 다려서 燈火로 썻고, 그 後에 삼·棉花·白菜 等의 種子로 기름짜는 法이 發明되엿소. 이 기름을 種油라 稱하오. 種油로 불을 켜는 것이, 소나무에 불을 다려 燈火로 쓰는 것보다 便利하고, 쏘 安全한 故로, 소나무 불로 燈燭을 삼는 일이 漸漸 드물어젓소. 쏘 櫨實(노실)에서 白蠟을 取하야, 초를 만드는 法도 種油와 一時에 發明되엿소, 방안의 燈火에는 種油를 쓰는 것이 便利하나, 種油의 燈火는 가지고 단기기가 甚히 不便하오.

어두운 밤에 出入할 쌔는 초불이 가장 便利하고, 방안에서 불을 가지고 무엇을 차즐 째에도 초불이 좃소. 사람의 지식이 漸漸 열님을 쌀어서 쏘 石油가 發見되엿소. 洋燈은 卽 石油를 쓰는 燈이오. 石油는 새암물과 갓치 地中에서 솟아나오는 것인대, 갑이 甚히 헐할 쑨 아니라, 밝기가 倍나 더한 故로, 지금 와서는 種油를 쓰는 일도 極히 적어젓소.

近年에는 洋燈보다 倍나 밝은 瓦斯燈·電氣燈이 發明되엿스나, 瓦斯

---

44) 정정 권6 제2과 등화.

燈·電氣燈을 쓰랴면 浮費가 너무 만히 드는 故로, 大都會處에만 잇고, 싀골촌에는 업소. 都會處라도 가난한 사람의 집에서는 쓰지 못하오.

練習

一. 옛적부터 오날까지 엇더한 것이 燈火로 使用되여 왓느냐.

二. 種油와 白蠟은 무엇으로 만드느냐.

三. 石油는 어듸서 엇느냐.

四. 너의들은 瓦斯燈과 電氣燈을 본 일이 잇느냐. 본 者는 그것에 對하야 이약이를 하야라.

五. 다음 말을 漢字로 곳쳐라.

　　면화, 빅치, 종ᄌᆞ, 등화, 양등, 와ᄉᆞ등, 젼긔등, 도회.

第三十課　俚諺45)

되로 주고 말로 밧는다.

始用升授하고 酒以斗受(내이두수)라.

뱁새가 황새를 딸어가면 다리가 씨여진다.

鷦效鵲步(안효작보)하면 載裂厥胯(재열궐과)라.

나무에 잘 올으는 놈 써러지고, 헤염 잘 치는 놈 쌔져 죽는다.

善攀者落(선반자락)하고 善泅者溺(선수자익)이라.

죽은 ᄌᆞ식 나 세여보기

旣妖之子를 胡算其齒오.

---

45) 이언은 정정판의 속담이 바뀐 경우가 많음. 제6권 제8과 (모두 바뀜).

練習

本課의 뜻을 말하야라.

第三十一課　漢文

君子는 憂道오 不憂貧이니라. (論語)

子ㅣ 曰 君子는 喩於義하고 小人은 喩於利니라. (論語)

子ㅣ曰 君子는 和而不同하고 小人은 同而不和ㅣ니라. (論語)

子ㅣ曰 巧言令色이 鮮矣仁이니라. (論語)

孔子ㅣ曰 良藥이 苦於口ㅣ나 而利於病하고 忠言이 逆於耳ㅣ나 而利於行이니라. (孔子家語)

練習

一. 다음 漢字를 比較하야, 달은 것을 말하야라.

　　憂愛, 貧貪, 巧功

二. 다음 글을 외여서 그것을 써라.

　　良藥이 苦於口하고 忠言이 逆於耳ㅣ니라.

三. 다음 글의 뜻을 말하고, 그 惡한 일인 줄을 싱각하야라.

　　巧言令色, 附和雷同

【 번 역 】

"군자는 도를 근심하며 가난함을 근심하지 않는다."(논어)

"공자께서 말씀하시기를, 군자는 의에 밝고 소인은 이익에 밝으니라."(논어)

"공자께서 말씀하시기를, 군자는 화이부동하고 소인인 동이불화니라."(논어)

"공자께서 말씀하시기를, 교언영색이 인에서 드물다."(논어)

"공자께서 말씀하시기를, 양약은 입에 쓰나 병에는 이롭고, 충언은 귀에는 거슬리나 행위에는 이롭다."(공자가어)

第三十二課　中部朝鮮(一)46)

中部朝鮮은 黃海·京畿·江原의 三道를 合한 地方의 總稱이니 北은 平安南道와 咸鏡南道에 連하고, 南은 忠淸南北道와 慶尙北道에 接하며, 東은 日本海에 濱하고, 西는 黃海에 臨하니라.

江原道47)의 東部에는 太白山系의 主脈이 南北으로 連亙하야, 半嶋의 脊梁이 되고, 其一脈은 本道의 北端에서 起하야, 京畿道에 入하야 多數한 小支脈이 其間에 蜿蜒하니라. 黃海道에는 四條의 山脈이 東西와 南北으로 馳走하니, 太白山系 中에는 金剛山·五臺山·太白山 等의 名山이 有하고, 黃海道에는 九月山이 有하니라. 江河는 漢江이 最大하니, 南北 兩流가 有하야, 一은 鐵嶺에서 出하고, 一은 五臺山에서 發하야, 京畿道에서 相合하야, 京城灣에 注하니, 水運의 便이 多하며, 臨津江은 元山의 西方에 在한 山에서 發源하야 南流하야 漢江에 合하니라.

此 地方의 東部와 北部는 山脈이 多한 故로 地勢가 自高하고, 南과

---

46) 정정 권6 제3과 강원도, 제9과 황해도.

47) 정정 권6 제3과 강원도에서는 춘천, 철원 상세히 설명.

西으로 向할수록 次第로 低下하야, 海에 臨한 處와 江에 沿한 地에는 處處에 平野가 有하니라. 高地에는 森林과 鑛山이 多하고, 低地에는 農業이 大開하고, 商業의 繁昌한 市邑이 不少하며, 海岸은 西部는 屈曲이 多하야, 漁鹽의 利가 富하고, 東部는 漁業과 水産 製造業이 旺盛하니라.

鐵道[48]는 西部에 京釜·京仁·京義의 三線이 相連하며, 又 東北으로 西南에 互하야, 京元線이 有하니라. 道路는 近年에 크게 修築되엿스나 江原道의 山地는 오히려 交通의 不便한 處가 多하니라. 海上은 東西가 共히 汽船의 便이 有하나, 西海岸이 一層 便利하니라.

練習

一. 中部朝鮮에 잇는 道는 무엇무엇이냐.

二. 中部朝鮮에 잇는 山脈과 山岳의 이약이를 하야라.

三. 中部朝鮮에 잇는 江河의 이약이를 하야라.

四. 中部朝鮮의 産業에 關하야 이약이를 하야라.

五. 中部朝鮮의 交通에 關하야 이약이를 하야라.

第三十三課　中部朝鮮(二)

京城府는 漢江의 北岸에 在하야 朝鮮總督府와 京畿道廳이 在한 處이니, 戶口가 稠密하고,[49] 物貨가 輻湊하며, 交通이 頗히 便하며, 又 龍山

---

48) 이 부분은 개정하면서 강조한 내용임.

49) 정정 권6 제13과 경기도와 비교.

에는 第二十師團 司令部와 兵營이 有하니라. 京城으로부터 汽車가 永
登浦를 經하야 西行하면, 一時間 假量에 仁川府에 到하나니, 此地는
西海岸에 第一되는 開港場이오, 附近의 朱安에는 鹽田이 有하니라. 京
城으로부터 京義線으로 北行하면, 大豆 名産地의 長湍을 過하야 開城
에 到하나니, 此地는 古來의 名邑으로 舊跡이 多하며, 又 人蔘의 栽培가
旺盛하야, 總督府의 紅蔘 製造所가 有하니라. 開城으로부터 更히 北行
하면, 禮成江이 有하니, 其流域은 大豆의 産地이오, 上流의 遂安에는
著名한 金鑛이 有하고, 遂安의 西方에 在한 黃州는 兼二浦 支線의 分岐
點이니, 大豆와 生牛의 賣買가 盛行하며, 其南方의 沙里院 停車場에서
自動車를 乘하면, 四時間 假量에 海州에 達하나니라. 海州는50) 黃海道
廳의 在한 處이니, 其南方 一里餘되는 龍塘浦로부터, 海路로 仁川에
至하는 船便이 有하고, 海州로부터 更히 自動車를 乘하고 北行하면,
載寧을 過하나니, 此地는 有名한 鐵과 米의 産地이니라. 其書에 安岳이
有하고, 安岳의 西에 殷栗이 有하니, 共히 鐵을 産하나니라.

  更히 京城에서 京元線 汽車를 乘하면, 鐵原에 到하나니, 生牛와 明紬
의 大市場이니라. 其南方 春川에는 江原道廳이 有하고, 京城과 自動車
가 往來하며, 春川으로부터 南下하면 原州에 到하고, 此에서 東行하면,
平昌을 過하야, 江陵에 出하나니, 嶺東 第一되는 名邑이고, 平昌의 南에
在한 寧越은 煙草의 産出로 有名한 處이니라. 原州로부터 西으로 京畿
道에 入하면 驪州가 有하니, 此地에서 自動車를 乘하고, 更히 西行하면,
水原에 到하나니, 總督府 勸業模範場이 有하고, 風光이 明媚하니라. 其
南方에 平澤이 有하니, 田野가 遠히 闊하고, 米穀의 産出이 多하며,

---

50) 정정 권6 제9과 황해도 겸이포 지선, 재령.

其西北의 海岸에 南陽이 有하니, 古來 製鹽으로 著名하니라. 更히 京城에서 舟를 乘하고, 漢江을 下하면, 江口에 一大嶋가 橫在함을 見하리니, 此는 江華嶋라 하는 歷史上 有名한 處이니라.

一. 中部朝鮮에 잇는 各道의 道廳과 府廳 所在地의 일음을 말하고, 쏘 그 쌍에 對하야, 아는 일을 말하야라.

二. 中部朝鮮에 잇는 開港場과 有名한 港口의 일음을 말하야라.

三. 左記한 쌍은 어느 道에 잇스며, 무엇으로 有名하냐.

　　朱安, 長湍, 開城, 遂安, 黃州, 載寧, 安岳, 殷栗, 鐵原, 寧越, 水原, 南陽

四. 前項 外에 有名한 고을이 잇거든 그 일음을 말하야라.

第三十四課　漢文(四知)

後漢 楊震의 字는 伯起니 遷東萊太守할새 道經昌邑하니 故所擧荊州茂才王密이 爲昌邑令이라가 謁見할새 至夜에 懷金十斤하야 以遺震한대 震이 曰 故人은 知君하나니 君不知故人은 何也오. 密이 曰 暮夜에 無知者니이다. 震이 曰 天知地知子知我知하니 何謂無知오. 密이 愧而退하니라. (蒙求)

練習

一. 다음의 地名을 아느냐. 쏘 洲 字와 州 字에 對하야도 注意하야라.

　　亞細亞洲, 滿洲, 關東州, 義州, 原州, 海州.

二. 다음 말의 쯧을 말하야라.

拜謁, 謁見, 知己, 朋友.

三. 楊震의 이약이를 듯고, 感動된 일을 말하야라.

[번 역]

후안 양진(楊震)의 자는 백기이니, 동래 태수로 옮길 때, 창읍을 지나더니, 형주 무재 왕밀(王密)[51]이 창읍 수령이 되어 알현하거늘, 밤이 되어 금 10근을 남겨두고 갔다. 양진이 말하기를 나는 그대를 아는데, 그대는 나를 알지 못함은 무슨 까닭인가 하였다. 밀이 대답하기를 밤이 늦어 (이 일을) 아는 사람이 없을 것이라 하니, 양진이 말하기를 하늘이 알고, 땅이 알고, 그대가 알고, 내가 아는데 어찌 모른다 하겠는가. 밀이 부끄러워하며 물러갔다.

第三十五課　朝鮮의 年中行事

朝鮮에는 名節이라 하야, 京鄕이 崇尙하는 날이 만코, 또 春夏秋冬의 時節을 짤어서, 行事가 만소. 지금 그 重要한 것을 아래 말하겟소.

正月 元旦에는, 사람사람이 일즉 일어나서, 새옷을 갈아입고, 家廟에 들어가 茶禮를 지낸 後에 親戚과 웃어룬에게 歲拜를 단기오. 立春에는 白紙에 조흔 글구를 써서, 大門과 기동에 붓치는 집이 만소. 正月 十四日에는 싀골서는 줄다리기를 하고, 望日 黃昏에는, 兒孩들이 홰불

---

51) 형주 무재 왕밀: 무재는 관리 시험을 통과한 인재를 일컫는 말로, 왕밀은 왕진이 추천하여 무재가 되었음. 이 텍스트는 『소학』 선행편에도 수록되어 있음.

을 들고, 山에 올너가서, 달마지를 하오. 또 二月 一日은 몬지 쓰는 날이라 하야, 집의 안팟을 정하게 쓸고, 寒食날에는 사람마다 山所에 가서 茶禮를 지내오. 三月 三日 上巳는 제비가 江南서 오는 날이라고 傳하야 나려오고, 四月 八日은 부처의 誕日인대, 절에 가는 사람도 만코, 저녁에는 집집마다 燈을 다오. 五月 五日은 端午이니 凄凄에 鞦韆을 만히 하오. 六月 十五日은 流頭節이니, 맑은 시내에 가서, 머리를 감으며, 몸을 씻고, 또 飮食을 차려 먹소.

七月 七夕에는 까치가 銀河에 다리를 놋키 爲 하야, 다 하날로 올너가는 故로, 쌍에는 한 마리도 업다고 傳하야 나려오며, 또 이 날은 衣服과 書籍을 늬노하 볏을 쪼이오. 八月 十五日은 秋夕이라 하야, 百穀이 익는 째인 故로, 新穀으로 술과 송편을 만들어서, 茶禮를 지내고, 잘 노오. 九月 久逸은 重陽이니, 제비가 江南으로 도로 가는 날이라고 傳하야 나려 오오. 十月에는 各處에서 時祭를 지니고 또 집집에서 짐장을 담그오. 十一月 冬至날에는 팟죽을 쑤어 먹고, 茶禮를 지내오. 十二月이 되면, 歲末이 되어, 모든 사람이 次次 밧뷔지고, 금음날이 되면, 祠堂에 歲拜를 하고, 年少한 者는 親戚의 집으로 묵은 歲拜를 단기오. 밤은 除夕이라 하야, 簷下와 大門間과 부엌과 뒷간 等 到處에 불을 켜 놋코, 老少를 勿論하고 닭 울 째까지 잠을 자지 안코, 즐겁게 新年을 맛소.

練習

一. 이 地方에서 行하는 名節을 이약이하야라.

二. 다음 말의 쯧을 區別하고, 各其 너어서 하나식 글을 지어라.

　　(가) 입는다. … 입힌다.　　　(나) 붓는다. … 붓친다.

　　(다) 올은다. … 올닌다.　　　(라) 난다. … 날닌다.

(마) 씻는다. … 씻긴다.　　　(바) 논다. … 놀닌다.

(사) 운다. … 울닌다.

第三十六課　漢文

子-日 人無遠慮ㅣ면 必有近憂ㅣ니라. (論語)

子-日 君子는 病無能焉ㅣ오 不病人之不己知ㅣ니라. (論語)

子-日 君子는 求諸己오 小人은 求諸人이니라. (論語)

子-日 君子는 不以言擧人ᄒ며 不以人廢言이니라. (論語)

練習

一. 다음 □표 속에 漢字를 너어라.

遠□近□.　□子□人.

君子는 求□己ㅣ니라.

君子는 不病□之不□知ㅣ니라.

二. 다음 글에 吐를 달아라. 그리하고 그것을 외여라.

(가) 人無遠慮必有近憂.

(나) 君子求諸小人求諸人.

三. 諸 字와 病 字가 本課에 쓰인 것과 달은 뜻이 잇거든, 그것을 말하야라.

【 번 역 】

“공자께서 말씀하시기를, 사람이 먼 곳을 근심하지 않으면 반드시 가까운 데 근심이 있다.”(논어)

"공자께서 말씀하시기를, 군자는 능력이 없음을 걱정하지 않고, 남이 자기를 알아주지 않음을 걱정하지 않는다."(논어)

"공자께서 말씀하시기를, 군자는 자기로부터 구하며, 소인은 남으로부터 구한다."(논어)

"공자께서 말씀하시기를, 군자는 말로써 사람을 천거하지 않으며, 사람에 따라 말을 폐하지도 않는다."(논어)

第三十七課　瓜生岩[52]

瓜生岩는 福島縣 사람이오, 열일곱 살 째에 瓜生氏에게 出嫁하야 男便과 媤父母를 至誠으로 밧들고, 奴僕을 잘 거나리며, 誠心으로 家事에 盡力한 故로, 집안이 대단히 和睦하얏소. 그리하더니, 셜흔네 살 째에 그 男便이 病으로 作故한 故로, 그 後에는 비록 녀편네의 몸일지라도 世上에 有益한 일을 하야 보리라고, 굿게 決心하얏소.

岩는 慈愛하는 마음이 대단히 만혼 사람인 故로 그 近村에서 衣食이 困窮한 외로운 아해와 구챠한 아해를 모아다가 養育하고, 그 우에 學問·手藝까지도 가르쳐서, 맛치 自己 子女와 갓치 역이엿소. 그런 까닭으로 十年 以上이 지난 뒤에 혼자 生活하게 된 者가 百人 以上에 達하얏다 하오.

岩는 그 後, 福島市에 養育會를 設置하고 더욱 慈善事業에 힘을 쓰더

---

52) 우리우이와(瓜生岩: 1829~1987). 일본의 여성사회사업가. 陸奧国みちのくに 耶麻郡やまぐん 熱塩村(あつしおむら, 福島県ふくしまけん 喜多方市きたかたし) 출신. 고아·전사자유족·빈민 등의 구호, 출감자보호사업, 낙태 등의 나쁜 풍속의 교정에 힘쓰고, 제생병원을 개설.

니 明治 二十四年에 昭憲皇太后의 內命을 奉承하야, 東京養育院에 들어가서 熱心으로 그 職務를 보더니, 三年 後에 무슨 事情을 因하야 自己 故鄕으로 가게 되엿소. 그리한대 그 이듬해에 明治二十七八年 戰役이 일어나서 우리나라 軍士가 滿洲치위에 苦楚를 莫甚하게 밧는다 하는 말을 듯고 各處에서 돈을 모아 雪中에 시는 신 數萬 켜레를 지여서, 恤兵部에 獻納하얏소. 쏘 그 째에 昭憲皇太后께옵서는 여러 貴婦人과 協力하사 繃帶(붕대)를 만드셧는대, 그 부시럭이를 岩에게 나리셧는 故로 岩는 매우 惶感히 싱각하야 그것으로 적은 旗를 만들고, 그 旗에 昭憲皇太后께옵서 親히 지으신 노래를 박아서 戰死한 사람의 家族에게 난오아 주엇소.

岩의 善行이 이갓치 만핫는 故로 明治二十九年에 政府에서 그 功勞를 表彰하얏소.

練習

一. 瓜生岩가 出嫁한 뒤로 男便이 죽을 째까지 한 일을 이약이하라.

二. 岩는 衣食이 困窮한 외로운 아해와 구챠한 아해 等에 對하야 엇더한 일을 하얏느냐.

三. 明治二十七八年 戰役에 當하야 岩는 엇더한 일을 하얏느냐.

四. 岩의 善行에 對하야 政府는 엇더한 일을 하얏느냐.

五. 다음 말을 漢字로 곳쳐라.

지셩, 화목, 즈이, 곤궁, 양육, 직무, 열심, 션힝, 표챵, 비복

第三十八課　漢文

子張이 問仁於孔子한대 孔子 l 曰能行五者於天下 l 면 爲仁矣니라.
請問之한대 曰 恭寬信敏惠니 恭則不侮하고 寬則得衆하고 信則人任焉
하고 敏則有功하고 惠則足以使人이니라. (論語)

仁者는 愛人하고 有禮者는 敬人하나니 愛人者는 人恒愛之하고 敬人
者는 人恒敬之니라. (孟子)

練習

一. 다음 漢字를 比較하야, 달은 것을 말하야라.

侮 悔 海, 功 切, 任 仕.

二. 다음 말을 漢字로 써라.

공, 관, 신, 민, 혜.

三. 다음 글의 뜻을 말로 하야라.

信則人任焉이니라. 愛人者는 人恒愛之 l 니라.

四. 다음 말의 뜻을 말하야라.

信用, 寬大, 恭儉, 博愛

[번 역]

"자장이 공자께 인에 대해 여쭈되, 공자께서 말씀하시기를 능해 천하에 다섯
가지를 행하면 인이 되느니라. 청하여 묻건대, 말씀하시기를 공관신민혜(恭寬信
敏惠)니, 공은 모욕되지 않고, 관은 무리를 얻으며, 신은 다른 사람이 신임하고,
민은 공을 얻을 수 있으며, 혜는 족히 사람을 부릴 수 있다 하셨다."(논어)

"인자는 사람을 사랑하고, 예가 있는 자는 사람을 공경하니, 사람을 사랑하는

것은 다른 사람이 항상 그를 사랑하고, 다른 사람을 공경하는 것은 사람들이 항상 그를 공경한다."(맹자)

第三十九課　慈善

사람의 貧富에는 여러 等分이 잇는대, 一平生을 아모 걱정업시 지내가는 사람도 잇고, 날마다 그날 하로 生活에 困窮히 지내는 사람도 잇나니라.

困窮은 大槪 그 사람이 自取하는 것이나, 그러나 坐한 그러하다고만 할 수도 업나니라. 或은 意外의 災難을 맛나서 不幸함에 일은 者도 잇고, 坐는 貧困하야 當初부터 工夫도 못하며, 무슨 營業도 못하는 者도 잇고, 其外에 어려서 父母를 離別한 孤兒나 盲者나 聾啞者 等갓치 境遇上 或 身體上에 普通사람과 如히 生活키 어려운 不幸한 者가 잇나니라. 이런 者는 實로 可矜한 身勢라. 決코 그 當한 사람만 責할 수 업나니라. 이런 不幸한 사람을 救助하는 것이 卽 慈善이니라. 衣食이 足한 富者 等이 이런 不幸한 者에게 施惠하는 것이 極히 조흔 일이라 할지니라. 朝鮮에서는 明治天皇께옵서 下賜하신 金으로써 京城에 濟生院을 設置하야, 孤兒를 敎養하야 職業을 엇게 하고, 盲者와 聾啞者를 敎育하야 生活의 方途를 가르치고, 坐 各地에 慈惠醫院을 設置하야 貧窮한 者의 疾病을 救療케 하시는 것은 眞實로 惶感한 일이니라.

世上에 身體가 健壯하야 能히 勞役에 堪耐할 者로도 自己의 職業을 怠慢히 하고, 慈善力에 依賴하야 生活하야 가라고 싱각하는 者가 잇나니라. 이것은 非常히 잘못 싱각하는 일이라. 잇갓흔 者에게는 金錢이나 物品을 줄 必要가 업나니, 차라리 適當한 職業을 붓들게 하야, 스스로 勤勞하는 習慣을 길너주는 것이 極히 조흔 일이니라.

練習

一. 慈善이라 하는 것은, 무슨 일이냐.

二. 濟生院·慈惠醫院은, 엇더케 하야서 設置되엇느냐.

三. 濟生院은 무엇을 하는 곳이냐.

四. 慈惠醫院은 무엇을 하는 곳이냐.

第四十課　漢文

子-曰, 德不孤ㅣ라 必有隣이니라. (論語)

子-曰 君子는 欲訥於言而敏於行이니라. (論語)

夫仁者는 己欲立而立人하며 己欲達而達人이니라. (論語)

子-曰 貧而無怨은 難하고 富而無驕는 易하니라. (論語)

子夏-曰 博學而篤志하며 切問而近思하면 仁在其中矣니라. (論語)

練習

一. 다음 漢字를 比較하야, 달은 것을 말하야라.

　　孤 狐,　隣 憐,　訥 納.

二. 다음 □표 속에 漢字를 너어서 그 뜻을 말하고, 또 그것을 외여라.

　　(가) 德不□ㅣ라 必有□이니라.

　　(나) □訥於言而敏於行이니라.

　　(다) □問而近思ㅣ니라.

三. 다음 글을 읽어라. 그리하고 그 뜻을 말하야라.

　難易輕重. 海外貿易.

　詩·書·易·春秋·禮를 曰 五經이니라.

【번 역】

　"공자께서 말씀하시기를, 덕은 외롭지 않다. 반드시 이웃이 있다고 하셨다."
(논어)

　"공자께서 말씀하시기를, 군자는 말은 어눌하게 하고 행동은 민첩하게 하고자
한다고 하셨다."(논어)

　"대저 인이라는 것은 스스로 하고자 하는 바로 다른 사람을 세우며, 스스로
도달하고자 하는 바로 다른 사람을 도달하게 하는 것이다."(논어)

　"공자께서 말씀하시기를, 가난하고 원망하지 않는 것은 어려우나 부귀하고
교만하지 않는 것은 쉬우니라."(논어)

　"자하께서 말씀하시기를 널리 배우고 뜻을 돈독히 하며 절실히 묻고 가까이
생각하면 인이 그 가운데 있다고 하셨다."(논어)

第四十一課　俚諺

　배 먹고 이 닥기
　　啖梨之美(담리지미)하고 兼以濯齒(겸이탁치)니라.
　하로 개아지 범 무서운 줄 몰은다.
　　一日之狗ㅣ 不知畏虎ㅣ라.
　말 타니 경마 잡히고 십다.

既乘其馬하니 又思牽者ㅣ라.

제 배 불으닛가 종의 밥 짓지 안는다.

我腹旣飽하니 不察奴飢ㅣ라.

練習

本課의 뜻을 말하야 보아라.

第四十二課　東京·京都·大阪

東京은 我國 首府이니 東京灣에 臨하고 廣이 約 五方里이니라. 人口
는 凡二百萬이니 京城 人口의 約 八倍가 되여, 東洋에 第一되는 大都會
이니라. 全市를 十五區에 分割하얏스니, 其中에 京橋區·日本橋·神田區
等이 가장 繁華한 곳이니라.

市의 中央에는 宮城이 잇고, 其他 諸官衙 學校 會社 工場 商店 等의
宏壯한 建築物이 處處에 잇나니라. 鐵道는 各地에 通하고, 市內에는
電車가 四通五達하며 電線은 蜘蛛網(지주망=거미줄)과 갓치 空中을
蔽하니라. 又 夜間에는 電燈·瓦斯燈이 到處에 밝어서, 낫과 달음이 업
나니라.

上野·日比·淺草芝 等地에는 公園이 잇는대, 景槪가 絶勝하야 四方에
서 來集하는 人士가 絡繹不絶(낙역부절)하더라. 又 市內에는 世人의
知識을 開發하기 爲하야 圖書館·博物館·動物園·植物園 等을 設하니라.

京都는 千餘年 前부터 明治初까지 宮闕이 잇던 곳이니 市의 內外에
는 名所·舊蹟과 有名한 神社 佛閣이 多하야 各處에서 觀光하러 오는

사람이 不尠하니라. 人口는 五十餘萬이니라. 市街는 道路가 碁枰(기평) 과 갓치 縱橫으로 通하야 甚히 美麗하니라. 周圍에는 三面이 山이 包圍 하야 地形이 京城과 酷似하고, 山에는 樹木이 鬱蒼하야, 春秋의 眺望이 甚佳하니라. 商業은 東京·大阪과 갓치 殷盛치 못하나 精巧한 織物·陶 器·漆器 等을 産하나니라.

大阪은 大阪灣에 臨하고 人口는 百四十萬 假量이니, 實로 東京의 次 되는 大都會이니라. 市中에는 河川과 溝渠가 到處에 通하야 水의 都會 라 評하는 사람도 有하야, 水運의 便利함이 他都會에 比키 難하니라. 且 港口의 設備도 完全한 故로 築港된 後로부터 大船의 出入이 더욱 頻繁하니라. 陸上의 交通도 甚히 便利하야, 電車가 京都·奈良·神戶에 通하니라.

大阪은 如斯히 水陸의 交通이 便利한 故로, 今에는 我國 商工業의 一大 中心이 되고, 外國의 貿易도 頗히 盛大하니라.

以上 東京·京都·大阪을 我國의 三府라 稱하나니라.

練習

一. 我國의 首府는 무엇이냐.

二. 宮城은 어듸 잇느냐.

三. 我國의 三府라 하는 것은 무엇무엇이냐.

四. 東京의 位置와 廣과 人口에 對하야 이약이를 하야라.

五. 京都의 人口와 市街와 周圍의 地形에 對하야 이약이를 하야라.

六. 京都의 産物에 對하야 이약이를 하야라.

七. 大阪의 位置와 人口와 交通에 對하야 이약이를 하야라.

八. 다음 말을 漢字로 곳쳐라.

슈부, 궁셩, 공원, 도셔관, 박물관, 동물원, 식물원, 신샤, 샹공업, 관광,
축항, 무역.

第四十三課　漢文(季札守信)

吳季札이 嘗使北過徐할새 徐君이 好札劍이나 口弗敢言이어늘 札이
心知之나 未獻이라가 還至徐하니 徐君이 已死ㅣ라. 乃解其寶劍하야 懸
徐君塚樹하니 從者ㅣ 曰 徐君이 已死어늘 尙誰與乎아. 察이 曰 不然이
라. 始吾心이 已許之어니 豈以(其)死로 背吾心哉ㅣ리오.(蒙求)

練習

一. 다음 漢字를 比較하야, 달은 것을 말하야라.

　　季 李,　過 遇,　徐 除,　背 脊.

二. 다음 글 中에 잘못된 글 字를 곳치고, 그것을 읽어라.

　　(가) 李札이 嘗使北過徐ㅣ라.

　　(나) 乃解其寶劍하야 縣徐君塚樹이라.

　　(다) 豈以其死로 脊吾心哉ㅣ리오.

三. 季札의 이약이를 듯고, 感動된 일을 말하야라.

〔 번 역 〕

　　오나라 계찰이 일찍이 북쪽 서나라에 사신으로 갔을 때, 서나라 임금이 계찰의

칼을 좋아하나 감히 말하지 못하거늘, 계찰이 마음으로 그것을 알고 있으나 드리

지 못했는데, 서나라에 돌아오니 서나라 임금이 이미 죽었다. 이에 그 보검을

풀어 서나라 임금 무덤의 나무에 걸어두니 따르는 사람이 말하기를 서나라 임금은 이미 죽었는데, 누구에게 주고자 하십니까 하였다. 계찰이 말하기를 그렇지 않다. 내 마음에 이미 (칼을 주기로) 허락했거늘, 어찌 죽었다는 이유로 내 마음을 배반하겠는가 하였다.

第四十四課　南部朝鮮(一)

南部 朝鮮은 北은 京畿·江原 兩道에 接하고 東西南의 三面은 海로 包圍된 地方의 總稱이니, 忠淸南北道·全羅南北道·慶尙南北道의 六道가 有하고, 此를 三南이라도 稱하나니라.

東部에는 太白山系의 主脈이 南北으로 走하고, 又 同系의 諸山脈이 此와 騈走하며, 中央에는 小白山系의 主脈이 慶尙北道 北端의 小白山으로부터 海南半島에 亘하야 此地方을 斜斷하고, 同系의 諸山脈이 쪼한 其 左右에 分出하며, 西部에는 小白山系의 西에 蘆嶺山脈이 有하니, 主峯을 蘆嶺이라 하고, 其北方에 車嶺山脈이 有하니, 忠淸南北道를 橫斷하니라. 小白山系中에는 小白山·竹嶺·鳥嶺이 有하고, 智異山이 最히 著名하니라.

前記 諸 山脈에서, 各其 無數한 支脈이 縱橫으로 分岐하야, 波濤의 起伏함과 恰似하고, 其間을 流하야는 江河가 不少하니, 洛東江이 最大하니라. 洛東江은 太白山에서 發源하야 慶尙 兩道를 貫流하야, 海에 入하나니, 流域이 廣大하고, 灌漑와 舟運의 利가 最多하며, 錦江은 六十嶺(全羅北道)에서 發源하야, 忠淸南北道를 縈流(영류)하야, 黃海에 注하나니, 水利는 洛東江에 次하고, 萬頃江은 其南에 流하며, 榮山江은

全羅南道의 西部를 貫流하고, 蟾津江은 其東部를 繞하니라.

此地方은 山脈이 全部에 分布하얏스나, 大小 江河가 其間을 流하야, 沃野가 甚多하고, 特히 上記한 諸江의 下流는 地味가 다 膏腴(고수)하야 半島에 屈指하는 農業地이니 農業이 크게 發達하고 養蠶과 牧畜이 坯한 盛旺하니라. 海岸에는 岬灣·島嶼가 多하야 處處에 良港을 成하얏스니, 海陸의 交通이 至便하고, 商業이 坯한 繁昌하며, 三面의 遠近 海洋에는 漁業이 盛行하고, 鹽의 産出도 豊多하니라. 又 山地에는 有名한 森林이 多하고, 金·銀·鐵·黑鉛·重石 等이 處處에서 産出하나니, 實로 三南은 半島의 富源이라 謂할지니라.

鐵道는 西北에서 東南으로 京釜線이 貫通하고, 西部에는 湖南線·群山支線이 有한대, 坦坦한 大路가 其左右에 開하야 輕便鐵道·電車·自動車 等의 便이 有하며, 海上에는 大小 汽船이 沿岸 各地와 嶋嶼를 往來하고, 內地와 外國에도 交通이 便利하니라.

練習

一. 南部 朝鮮에 잇는 道는 무엇무엇이냐.

二. 南部 朝鮮에 잇는 山脈과 山岳의 이약이를 하야라.

三. 南部 朝鮮에 잇는 江河의 이약이를 하야라.

四. 南部 朝鮮의 産業에 關하야 이약이를 하야라.

五. 南部 朝鮮의 交通에 關하야 이약이를 하야라.

第四十五課　南部朝鮮(二)

此 地方에 主要되는 都邑은 大概 鐵道線路에 沿在하고, 京釜線의 終 點되는 釜山府는 半島의 第一되는 開港場으로 內外 交通의 要衝이니 船舶이 輻湊하야 貿易이 盛行하고, 魚類 賣買의 中心地가 되며, 其 北方 의 釜山鎭에서 東萊溫泉까지는 電車의 便이 有하고, 東萊郡 梵魚寺와 隣郡 梁山의 通度寺는 共히 半島의 名刹이며, 釜山鎭 北方의 三浪津과 其 北方의 密陽과 東北의 蔚山은 共히 古來의 名邑이오, 蔚山 附近의 長生浦는 鯨魚業의 根據地이니라. 三浪津에서 汽車로 一時間 半 假量을 行하면, 馬山府에 到하나니, 山水가 佳麗한 良港이며, 其 東方 金海는 洛東江 下流의 名邑이니라. 馬山에서 自動車로 西往하면, 晉州에 達하 나니, 慶尙南道廳의 所在地이고, 南江 流域의 沃野에 連하야, 農産物이 豊饒하며, 北方 陜川郡에는 海印寺가 有하니, 有名한 古刹이니라. 晉州 에서 自動車로 南行하면, 泗川을 經하야, 三千浦에 出하나니, 泗川에는 鹽田이 多하고, 三千浦는 漁業地이니라. 三千浦에서 汽船을 乘하고, 東往하면, 統營에 到하나니, 漁船의 碇泊地이고, 螺鈿漆器(나전칠기)를 産하며, 進하야 鎭海灣을 過하야, 馬山灣에 入하면, 鎭海軍港을 經하야, 馬山에 再到하나니, 馬山에 上陸치 아니하면 其船으로 釜山에 到함을 得하나니라.

　釜山에서 三浪津을 經하야, 汽車로 北行하면, 慶尙北道廳이 在한 大 邱府에 達하나니, 大邱는 四通八達의 地이니, 商業이 殷盛하야, 南部 朝鮮에 第一되는 都會이고, 古來로 令市로써 有名하니라. 此地로부터 慶州를 經하야 浦項에 至하는 自動車가 有하니, 慶州는 古來 名邑으로 史蹟이 甚多하고, 白木과 紙의 名産地이며, 浦項은 鯨·鰊(경련)의 漁業 地이고, 附近에 鹽田이 多하니라. 大邱의 西北에 在한 金泉은 穀屬과

雜貨의 一大 集散地이고, 草席을 産하고, 晉州와 尙州에 至하는 自動車가 有하니, 尙州는 古來 名邑이고, 四面의 山에서 金을 多産하나니라. 尙州의 東方 安東도 또한 名邑이고, 交通의 要路이니, 此地에서 船을 乘하고 洛東江을 下하면, 京釜線 倭館驛에 出하고, 又 義城까지 行하면, 自動車로 大邱에 至하는 便이 有하니라.

練習

一. 慶尙南北道에 잇는 道廳 所在地의 일음을 말하고, 또 그 쌍에 對하야 아는 일을 말하야라.

二. 慶尙南北道에 잇는 府廳 所在地의 일음을 말하고, 또 그 쌍에 對하야 아는 일을 말하야라.

三. 慶尙南北道에 잇는 開港場과 有名한 港口의 일음을 말하야라.

四. 左記한 쌍은 어느 道에 잇스며, 무엇으로 有名하냐.

東萊, 長生浦, 泗川, 統營, 鎭海, 慶州, 浦項, 金泉, 尙州

五. 前項 外, 慶尙南北道 中에, 또 有名한 고을이 잇거든, 그 일음을 말하야라.

第四十六課　南部朝鮮(三)

金泉에서 秋風嶺을 越하야 西北으로 向하면, 大田에 着하나니, 湖南線의 分岐하는 要驛이고, 附近에 儒城溫泉이 有하며, 更히 北往하면 鳥致院이 有하니, 此地로부터 自動車가 淸州를 經하야, 忠州에 通하나니, 忠州는 其西南의 槐山·淸安과 共히 烟草의 主産地이고, 附近의 山에서는 金·鐵·黑鉛·重石 等을 産하며, 淸州는 忠淸北道廳의 所在地이

니, 附近의 平野는 屈指하는 一大 農山地이니라. 鳥致院에서 自動車로 西南으로 向하면, 公州에 達하나니, 忠淸南道廳의 所在地이니라. 公州에서 舟로 錦江을 下하면, 扶餘에 至하나니, 名勝地가 多하며, 其下流의 韓山은 苧布의 名産地이오, 江景·論山은 米穀의 大産地이니라. 更히 鳥致院에서 北行하면, 天安을 過하야 成歡에 至하나니, 共히 農山地로 著名하며, 天安으로부터 自動車를 乘하면, 溫陽溫泉을 經하야, 洪城에 至하나니, 成歡의 東方 稷山에는 金鑛이 有하고, 又 砂金을 産하나니라. 成歡은 又 其 西南의 牙山과 牙山灣 外의 豊島와 共히 日淸戰役의 遺蹟地이니라.

公州에서 大田에 出하야, 鐵道를 利用하면, 江景을 過하야, 裡里에 到하나니, 裡里는 大平野의 中央에 在하니, 汽車로 群山에 達하고, 輕便鐵道로 全州에도 達하나니라. 群山府는 錦江口에 在한 開港場이니, 背後에 江景·全州의 二大 沃野를 負하고, 水陸의 交通이 甚히 便利하며, 米穀의 賣買가 盛大할 뿐더러, 附近 漁業의 中心地이니라. 全州는 全羅北道廳의 所在地이니, 西는 全州平野에 接하고, 物資가 豊富하야, 頗히 繁華한 大邑이오, 其 東南의 南原은 米穀을 多産하나니라.

裡里에서 汽車로 南下하야, 金堤를 過하고, 蘆嶺을 踰하야, 松汀里驛에서 自動車를 乘하면, 光州에 到하나니, 此地는 全羅南道廳의 所在地이며, 其西南의 羅州는 竹工과 鹽으로서 著名하며, 其南에 榮山浦가 有하니, 此等地는 다 榮山江 流域의 沃野에 在하야, 米穀과 棉花의 主産地이니라. 湖南線 終點에 開港場 木浦府가 有하니, 附近의 平野는 農産物이 豊饒하고, 特히 棉花 栽培는 我國의 第一이라 稱하나니라. 木浦에서 汽船을 乘하고 南海岸을 廻하면, 麗水를 經하야, 釜山에 到하나니라. 麗水의 西北에 順天이 有하니, 京城으로부터 來하는 國道의 終點이니라.

木浦 近海는 嶋嶼가 頗多하고, 其 航路는 大槪 木浦를 中心으로 하나

니라. 島의 最大한 者는 濟州島이니, 木浦와 釜山에 通하는 航路가 有하고, 中央에 漢拏山이 屹立(흘립)하얏는대, 氣候가 溫和하고, 漁業과 彩貝業(채패업)이 豊盛하니라. 其次되는 大島는 鎭海灣의 南에 在한 巨濟島와 麗水의 東에 在한 南海島와 木浦의 南에 在한 珍島 等이니, 巨濟島는 漁業이 最盛하나니라. 又 日本海에 在한 鬱陵島는 慶尙北道에 屬하니, 冬節에는 附近에 鯨의 來集이 多하니라.

練習

一. 忠淸南北·全羅北道의 道廳 所在地의 일음을 말하고, 또 그 쌍에 對하야 아는 일을 말하야라.

二. 忠淸南北·全羅北道의 府廳 所在地의 일음을 말하고, 또 그 쌍에 對하야 아는 일을 말하야라.

三. 左記한 쌍은 어느 道에 잇스며, 무엇으로 有名하냐.

大田, 儒城, 忠州, 槐山, 淸安, 扶餘, 韓山, 溫陽, 稷山, 成歡, 牙山, 豊島, 裡里, 南原, 羅州, 榮山浦.

四. 前項 外, 忠淸南北·全羅北道 中에 또 有名한 고을이 잇거든, 그 일음을 말하야라.

五. 南部 朝鮮에 잇는 嶋嶼의 이약이를 하야라.

第四十七課　漢文(養老醴泉)

美濃當耆郡에 有樵夫하야53) 事父至孝하니 家極貧하야 鬻薪以養父할새 父ㅣ 嗜酒라. 樵夫ㅣ 常提弧過市하야 賒酒以進(사주이진)하더니 一日에 往山薪樵(왕산신초)라가 誤墮巖谷之際하니 覺有酒氣라. 心怪之하야 回顧其側하니 有泉涌出하야 其色이 似酒어늘 嘗之하니 芳烈其美라. 樵夫ㅣ 大喜하야 汲歸供父러니 事聞于朝하야 車駕ㅣ 行幸觀之하고 以爲孝感所致라 하야 遂名其泉曰 養老라 하고, 因紀元하고 授樵夫官하니라. (皇朝史略)

練習

一. 다음 漢字를 比較하야, 달은 것을 말하야라.

　　提 堤,　列 烈 例,　咸 感 惑.

二. 다음 글을 읽어라. 그리하고 그 뜻을 말하야라.

　　(가) 養老瀑布는 今在美濃國養老郡하니라.

　　(나) 賞孝子節婦ㅣ라.

　　(다) 負薪鬻於市하야 以養父ㅣ라.

三. 本課에 잇는 孝子의 이약이를 하야라.

---

53) 미노노기코리(美濃樵夫): 야야 군 사람. 부모에 대해 지극한 효행을 하였다. 초부는 집이 가난하여 장작을 팔아 부모를 봉양했다. 술을 좋아하는 아버지를 위해 초부는 호통병을 들고 시장에 갈 때마다 술을 사 왔다. 어느 날 산 속에서 나무를 하던 초부는 돌을 밟아 넘어졌다. 깨어난 초부는 술의 향기가 나는 것을 이상하게 생각해, 암석 사이에 떨어지는 희미한 것이 있음을 깨달았다. 그 색이 술과 비슷하고 마셔보니 매우 감미로웠다. 초부는 기뻐하며 그 물을 길어 아버지께 드렸다. 가메가메(靈龜) 3년 9월 모토마시 천황(元正天皇)이 미노 지방을 행차할 때(美濃行幸際) 야야 군을 지나갔는데, 술맛이 나는 샘을 친히 보시고 초부의 효행이 천지를 감동한 때문이라고 생각했다. 그래서 샘물을 양로의 샘이라고 명명하고, 연호를 양로(養老)로 바꾸었다. 초부는 관직을 받았고, 집이 점점 부유해졌으며, 부모에게 효행을 다했다. (전현고실)

【번 역 】

단술로 부모를 봉양함

"미조야야 군(美濃當耆郡)에 한 초부가 있어 아버지를 섬김에 지극히 효도하더니, 그 집안이 극히 빈곤하야 나무를 하여 아버지를 봉양함에, 아버지께서 술을 좋아하셨다. 초부가 항상 호롱병을 차고 시장에 가서 술을 사서 드리더니 하루는 산에 가서 나무를 하다가 잘못하여 암벽 골짜기 아래에 떨어지니 문득 술기운이 느껴졌다. 마음속으로 이상히 여겨 돌아보며 그 곁을 살피니 샘물이 용솟음쳐 나고 그 색이 술과 비슷하거늘 맛을 보니 향긋하고 좋았다. 초부가 크게 기뻐하여 그 물을 길어 돌아와서 아버지께 드리니, 그 일에 대해 조정에서 듣고 수레를 타고 가서 보고 효도가 지극한 까닭이라고 하였다. 드디어 그 샘물을 일컬어 양로(養老)라 하고, 이로 인해 초부관을 제수하게 되었다."(황조사략)

第四十八課　興夫傳(一)

옛날 어느 곳에, 놀부와 興夫라 하는 사람 兄弟가 잇섯소. 兄 놀부는 慾心이 만코, 못된 짓을 만히 하야, 이웃까지 不安케 하얏소. 아우 興夫는 兄 놀부와 判異하야, 마음이 極히 正直하고, 山 밋 數間斗屋 속에서 여러 子息을 다리고 家勢가 赤貧한 살님을 하얏소.

어느 해 봄에 興夫의 집에 제비 한 마리가 날너와서, 집을 짓고, 삭기를 첫소. 그 째 큰 구렁이 하나가 와서, 삭기를 다 잡어먹엇는대, 그 中 한 마리가 집에서 써러젓소. 써러질 째에 발에 걸녀, 두 다리가 불어져서, 피를 흘니며, 썰고 잇섯소. 興夫는 이것을 보고, 불상히 역여, 손에 올녀놋코, 발에 藥을 발으고, 실로 매여서 노하주엇소. 그러한 지 十餘日만에 제비는 다리가 나서 江南으로 갓소.

  江南王은 그 自初至終을 듯고, 興夫의 恩惠를 갑기 爲하야, 報恩瓢라
하는 박씨 하나를 내여 보내엿소. 그 이듬해 三月 三日에 제비는 박씨
를 물고, 興夫의 집에 와서, 써러틀엿소. 興夫의 內外는 異常히 싱각하
고, 쓸 압 담 밋헤 심엇소. 三四日이 지나매, 싹이 나고, 次次 자라서
입히나고, 곳치 피더니, 큰 박 몃 통이 열녓소. 興夫 內外는 無心코
톱을 들고 한 통을 켯더니 쯧밧게 靑衣童子가 여러 가지 仙藥을 가지
고 나왓소. 또 한 통을 켯더니 집 짓는 연장과 세간 긔명과 衣服衾枕이
나왓소. 또 한 통을 켯더니 집지위와 五穀과 가진 寶貝와 怜悧하고
敏捷한 男女가 만히 나와서, 훌늉한 집을 눈결에 지어놋코, 여긔저긔
먹을 것이 싸여서, 興夫는 大端히 八字죳케 살게 되엿소.

練習
一. 興夫와 놀부는 性質이 엇더하며 엇더한 生活을 하얏느냐.
二. 제비는 興夫의 집으로 엇더케 하야 날너왓스며, 또 興夫는 그 제비에
   게 對하야 엇더한 일을 하얏느냐.
三. 제비는 엇더케 하야 興夫의 恩惠를 갑헛느냐.
四. 興夫는 엇더케 하야 八字 조흔 사람이 되엿느냐.
五. 다음 말의 쯧을 區別하고 各其 너어서 하나식 글을 지어라.
   (가) 건다 … 걸닌다   (나) 홀는다 … 홀닌다
   (다) 본다 … 보인다   (라) 듯는다 … 들닌다
   (마) 난다 … 낸다   (바) 문다 … 물닌다
   (사) 써러진다 … 써러틀인다 (아) 먹는다 … 먹인다

第四十九課　興夫傳(二)

　慾心 만흔 놀부놈은 興夫의 집에 차저가서 前보다 잘 사는 것을
보고, 大端히 불어워서 저도 그와 갓치 하랴고 決心하고, 일부러 제비
집을 지여놋코 제비 오기를 기다렷소. 그 後에 運數不吉한 제비가 와
서 그 속에 삭기를 첫소. 놀부는 이것을 보고 크게 깃붜하야, 잘 길우
다가 불갓흔 慾心이 일어나서, 제비삭기 다리를 일부러 부질는 후에
藥을 발으고, 실로 매여서 너어 두엇소.

　그리한 지 몃칠만에 그 다리가 나아서, 九月 九日이 되매, 江南으로
가서, 王에게 그 지난 이약이를 告하얏소. 王은 이 말을 듯고, 크게
노하야 報讎하기 爲하야 박씨 하나를 내여 보내엿소. 놀부는 大端히
조화하며 심엇더니, 얼마 아니되여 박 열 통이 열넛소. 놀부는 이것을
켜랴고, 이웃을 請하고, 사람을 들여서 켯더니 첫 통에서는 伽倻琴
타는 놈이 나와서, 가진 짓을 다하고, 돈을 쌔앗어 갓소. 둘재 통을
켯더니, 늙은 중이 나와서 念佛을 하고, 돈을 쌔앗어 가고, 셋재 통
속에서는 喪人이 나와서 애고애고 울며 葬費를 쌔앗어 가고, 넷재 통
속에서는 무당이 나와서 굿을 하고 돈을 쌔앗어 가고, 다섯재 통 속에
서는 큰 샹즈를 진 놈이 여럿이 나와서 瑤池鏡을 내여 보이고, 돈을
쌔앗어 가고, 여섯재 통 속에서는 초란이 탈 쓴 놈 千餘名이 나와서,
가진 짓을 다하다가 돈을 쌔앗어 가고, 일곱재 통부터는 ㅅ당·거사·
왈쟈·八道 소경이 모다 나와서 놀부를 싸리며 차며 돈을 쌔앗어 갓소.
그리하야도 놀부는 慾心이 업서지지 아니하야 집웅에 올너가서 나머
지 박을 싸다가 켯더니 그 속에서는 쏭이 나와서 집안이 다 쏭 속에
뭇쳣소. 놀부는 제가 잘못한 것을 쌔닷고 뉘웃쳣스나 엇지할 길이

업는 故로 妻子를 다리고, 興夫의 집으로 어슬넝 어슬넝 어더 먹으러 갓소.

練習

一. 놀부는 興夫의 富者된 것을 보고, 엇더한 일을 하얏느냐.

二. 놀부는 날너온 제비에 對하야 엇더한 일을 하얏느냐.

三. 제비가 놀부에게 보낸 박씨가 生長하야 박이 열닌 後에 놀부는 이것을 엇더케 하얏느냐.

四. 興夫傳을 읽어서 感動된 일을 이약이하라.

第五十課　漢文

能行之者ㅣ 未必能言이며 能言之者ㅣ 未必能行이니라. (史記)

小人이 閒居에 爲不善호대 無所不至하다가 見君子而後에 厭然揜其不善하고 而著其善하나니 人之視己ㅣ 如見其肺肝然이어니 則何益矣리오. (大學)

子貢이 問曰 鄕人이 皆好之면 何如ㅣ니잇고, 子ㅣ曰 未可也ㅣ니라. 鄕人이 皆惡之면 何如ㅣ니잇고. 子ㅣ曰 未可也ㅣ니라. 不如鄕人之善者ㅣ 好之오 其不善者ㅣ 惡之니라. (論語)

練習

一. 다음 글에 吐를 달어라. 그리하고, 그것을 읽어라.

　（가）人之視己如見其肺肝然則何益矣.

　（나）鄕人皆好之何如

二. 다음 글을 諺文으로 바더쓰고, 그 뜻을 말하야라.

　(가) 能言之者ㅣ 未必能行이니라.

　(나) 小人이 閒居에 爲不善호대 無所不至ㅣ니라.

　(다) 言行一致는 人所最貴ㅣ니라.

【번 역】

　"능히 행하는 자가 말을 잘하는 것은 아니며, 말을 잘하는 자가 능히 실천하는 것은 아니다."(논어)

　"소인이 한가히 거처하며 불선한 것이 이르지 못할 바가 없다가, 군자를 본 연후에 그 불선을 가리고자 하고 그 선한 것을 드러내고자 하니, 사람들이 그것을 보면 마치 폐와 간을 보는 것과 같을지니 어찌 이로움이 있으리오."(대학)

　"자공이 묻기를 향인(鄕人)이 모두 좋아하면 어떻습니까. 공자께서 말씀하시기를 가하지 않다. 향인이 모두 싫어하면 어떻습니까. 공자께서 말씀하시기를 가하지 아니하니라. 향인이 모두 좋아하는 것을 좋아할 것이며, 그 불선한 것을 싫어할 것이니라."(논어)

附錄

第一課 今上天皇陛下와 皇后陛下

昭憲皇太后. 明治天皇의 皇后이시니, 大正 三年 四月 十一日 御年六十三에 昇遐하옵시니라.

第五課 新井白石

幕府. 將軍의 政廳을 云함이니라.

第九課 漢文(詔勸農蠶)

繼體天皇. 我國 第二十六代의 天皇이시니라.

第十一課 漢文

泰山. 支那 山東省에 在한 名山이니라.

第二十二課 梨를 贈與하는 書札

種苗場. 種苗場은 各道에 設置되여, 各各 其所在 道廳의 管轄에 屬ᄒᆞ야 農業 改良上의 指導를 하는 處이니라.

第二十三課 漢文 (甘藷先生)

靑木昆陽. 卽今부터 約百五十年前의 儒者이니라.
薩摩. 鹿兒島(가고시마) 縣에 屬한 國名이니라.

第二十四課 北部 朝鮮(一)

京義線. 京城과 義州間의 鐵道이니라.
安奉線. 滿洲에 在한 安東縣과 奉天을 連結한 鐵道이니, 我南滿洲鐵道會社에 係한 바이니라.
平南線. 平壤과 鎭南浦間의 鐵道이니라.
京元線. 京城과 元山間의 鐵道이니라.
咸鏡線. 元山 以北 咸鏡南北道에 在한 鐵道의 總稱이니라.

第二十五課 北部 朝鮮(二)

總督府 營林廠. 鴨綠江 及 豆滿江 沿岸에 在한 森林의 保護와 伐採等에 關한 事를 掌하니라.
海軍 要港. 軍事上에 重要한 處로 指定된 港口이니라.

第二十六課 漢文 (乃木大將 及 東鄕大將)

日露戰役. 明治三十七八年에 我國과 露西亞間에 行한 戰役이니라.
旅順. 關東州에 在하니, 明治二十七八年 以來로 露國이 關東州를 租借하고, 旅順에 要塞를 築하얏다가, 日露戰役 時에 我軍에게 陷落되여,

爾後로 我國이 關東州의 租借權을 得하는 同時에 旅順에 海軍 要港部를 置하게 되니라.

乃木大將. 日露戰役 時에 旅順 要塞를 陷落하고, 奉天會戰에 戰功이 有한 陸軍 大將 乃木希典이니라.

東鄉大將. 日露戰役 時에 旅順을 封鎖하고, 露國의 太平洋 艦隊를 破하며, 日本海 海戰에서 露國 波羅的 艦隊를 殲滅한 海軍 大將 元帥 東鄉平八郎이니라.

露國 波羅的 艦隊. 露의 本國에 在한 艦隊이니, 日露戰役 時에 露國이 連敗한 勢를 回復코쟈 하야 此를 遠히 東洋에 派遣하니라.

聯合艦隊. 艦隊는 軍艦 二隻 以上으로 成하나니, 聯合艦隊는 二箇 以上의 艦隊를 合한 것을 云함이니라.

第三十二課 中部 朝鮮 (一)

京釜線. 京城과 釜山間의 鐵道를 云함이니라.
京仁線. 京城과 仁川間의 鐵道를 云함이니라.

第三十三課 中部 朝鮮 (二)

紅蔘 製造所. 紅蔘은 生人蔘으로 製造한 것이니, 紅蔘의 製造는 總督府 度支部에서 此를 經營하되, 其 製造所를 開城에 置하니라.

總督府 勸業模範場. 水原에 在하니, 朝鮮 全道 農業의 改良 發達에 資하는 調査 及 試驗을 行하야, 農事의 模範을 示하고, 且 實地의 指導를 하는 處이니라.

第三十七課 瓜生岩

福島縣(후쿠시마). 本州 東北部에 在한 縣이니라.

福島市. 福島縣에 在한 都會이니라.

明治二十七八年 戰役. 明治二十七八年에 我國과 淸國間에 行한 戰役
이니, 又 日淸戰役이라고도 云하나니라.

恤兵部. 戰役 又는 事變의 時를 際하야, 國民의 同情으로 軍人에게
寄贈된 金品을 處理하는 處이니라.

繃帶. 傷處 又는 腫處 等의 外部에 纏하는 木綿의 布를 云함이니라.

第四十三課 漢文 (季札守信)

徐. 卽今 支那 江蘇省 徐州府이니라.

第四十四課 南部 朝鮮 (一)

湖南線. 大田부터 木浦에 至하는 鐵道 及 裡里부터 群山에 至하는
支線의 總稱이니라.

第四十五課 南部 朝鮮 (二)

軍港. 軍艦과 水雷艇 等을 留置하는 處이니 鎭守府를 設置하니라.
但 鎭海灣에는 鎭守府를 設置치 아니하니라.

令市. 距今 約 二百六十年 前부터 大邱에서 行하는 市를 云함이니,
今日에도 혼히 春秋 二期에 行하야 甚히 盛大하니라.

第四十六課 南部 朝鮮 (三)

日淸戰役. 明治 二十七八年의 戰役이니라.

第四十七課 漢文 (養老醴泉)

美濃當耆(미노타기) 郡. 美濃(미노)는 本州 中部 岐阜縣에 屬한 國名
이오, 當耆(타기)郡은 昔時의 郡名이니, 今의 養老郡에 屬하얏나니라.
紀元. 紀元은 年號를 새로 짓는 것이니, 第四十四代 元正天皇 第三年
에 年號를 養老라고 곳치셧나니라.

〈판권〉

大正 六年 三月 八日 印刷

大正 六年 三月 十日 發行

朝鮮總督府

總務局 印刷所 印刷

보통학교 조선어급한문독본 권4

緒言

一. 本書는 普通學校 第四學年用 朝鮮語及漢文課 敎科書로 編纂한 者이라.

二. 本書의 各課는 生徒의 能力을 隨하야, 練習을 併하야 二三 時間에 敎授할 者이라.

三. 新出 漢字는 敎師의 敎授 及 生徒의 學習에 便利케 하기 爲하야 上欄에 推記하고, 二字 以上이 結合하야 特殊한 熟語가 된 者는 旣出한 漢字라도 亦 推記하니라.

四. 練習問題는 必要에 應하야 此를 補함도 可하니라.

五. 本書는 京城에서 行用하는 言語로 標準을 삼고, 諺文의 綴法은 本府에서 定한 바를 依하야, 純全한 朝鮮語에 對하야는 發音式을 採用하야 쟈·댜를 자, 져·뎌를 저, 죠·됴를 조, 쥬·듀를 주, 챠·탸를

차, 쳐·텨를 처, 쵸·툐를 초, 츄·튜를 추, 샤를 사, 셔를 서, 쇼를
소, 슈를 수로 書하고, 中聲 ·는 使用치 아니하며, 又分明히 漢字로
成한 語音은 本來의 諺文으로 使用하니, 生徒로 하야금 恒常 此에
準據케 할지니라.

六. 本書 中 地名 物名 等에 長音′ 濁音을 表할 必要가 有한 境遇에는,
長音에는 諺文 左肩에 ·을 附하고, 濁音에는 右肩에 〃를 附하니라.

七. 本書 中 難解의 語句는 附錄에 簡單한 說明을 附하니라.

大正 七年 三月

朝鮮總督府

目次

附錄

第一課 公德

公德이라 함은 널니 社會 公衆 一般의 利益과 幸福을 增進하기 爲하야 사람사람이 직혀야 할 道德이오. 社會의 進步는 여러 사람이 이 公德을 직힘에 잇는 것이오.

世上에는 自己가 아는 사람을 對하야는 親切하게 하나, 自己가 아지 못하는 사람에게는 不親切하게 하는 사람이 적지 아니하오. 汽車 汽船 電車의 乘降이나, 또는 사람이 만히 모여 混雜한 째에, 달은 사람을 밀치고, 自己가 몬저 하랴 하는 等事는 가장 不可한 일이니, 모다 公德을 몰으는 緣故이오.

또 世上에는 自己의 것은 重히 역이되, 남의 것이나 여러 사람의 共用하는 것은 毀損됨을 조곰도 不顧하는 사람이 잇소. 함부로 山野의 樹木을 쎡그며, 公園의 꼿츨 싸며, 남에게서 빌어온 書籍을 汚損하며, 官衙·學校 等의 墻壁에 글시를 쓰는 等事는 모다 公德에 違反되는 行爲이오. 大抵 公衆을 爲하야 設施한 것은 누구던지 重히 역여, 사람사람이 서로 便利와 歡樂을 밧도록 하야야 하오. 또 火災의 根源을 잘 團束치 못하며, 傳染病을 숨기는 等事로 因하야, 洞里 한 地方에까지 禍를 씨치는 일이 적지 아니하오. 이것도 또한 自己의 不注意로 因하야 일어난 일이니, 亦是 公德에 違反되는 일이오.

사람사람이 公德을 重히 역이면, 世上 사람이 서로 便利와 幸福을 밧고, 萬一 그러치 안으면 社會의 平和를 破하게 되오. 그런 故로 사람사람이 깁히 경계하야야 하오.

練習

一. 公德이라 하는 것은 엇더한 일을 하는 것이냐.

二. 汽車·汽船·電車를 乘降할 째나 또는 사람이 混雜한 째에는 他人에
　　 對하야 엇더케 하여야 하느냐.

三. 山野·公園의 樹木과 남에게서 빌어온 書籍과 官衙·學校 等에 對하야
　　 서는 엇더케 하여야 하느냐.

四. 右에 말한 것 外에, 公德으로 重히 역이지 아니치 못할 일을 말하야라.

五. 사람사람이 서로 公德을 重히 역이며 아니 역임은 社會에 엇더한
　　 일이 밋치느냐.

第二課　漢文(寒夜脫御衣)

醍醐天皇54)은 我國 第六十代 天皇ㅣ니시 帝ㅣ 臨御日久에 勵精圖治
하사 哀矜百姓하야 搜訪疾苦하시고 至寒夜脫御衣하사 以想察民間凍餒
(상찰민간동뇌)하시며 嘗曰威嚴外見이면 難爲盡言이라 하사 故로 每
群臣奏對에 溫顔接之하사 勉導忠讜(면도충당)하사 以求啓沃하시니 國
家無事하고 民庶安堵하야 世ㅣ 以比仁德帝55)하고 後之言治者ㅣ 皆稱
延喜하니 延喜는 同天皇御在位中之年號也ㅣ라. (國史略)

---

54) 醍醐天皇(다이고덴노): 헤이안(平安) 전기의 천황(재위 897~930). 宇多天皇의 첫째 皇子.
　　古今和歌集을 칙령으로 편찬함. (다음백과)

55) 仁德帝(닌도쿠): 닌토쿠 천황(일본어: 仁德天皇, 257년?~399년 2월 7일?)은 일본의 제16대
　　천황(재위 313년 2월 14일?~399년 2월 7일?). 이름은 오호사자키노미코토(大雀命, 大鷦鷯
　　尊)이며, 일본서기(日本書紀)에는 오호사자키노스메라미코토(大鷦鷯天皇), 성제(聖帝)로
　　나와 있고, 만요슈(万葉集)에는 난파천황(難波天皇)으로 나와 있다. 오진 천황의 네 번째
　　아들로, 리추 천황, 한제이 천황, 인교 천황의 아버지이다. 현대 역사학자들은 『일본서기』
　　의 기록이 적절하지 않은 것으로 비판하고 있음.

練習

一. 醍醐 天皇께읍서 百姓을 哀矜하읍신 일을 이약이하야라.

二. 醍醐 天皇께업서는, 群臣이 奏對할 時에 엇더케 하읍섯느냐.

三. 人德 天皇께읍서 하신 일에 對하야, 아는 바를 말하야라.

四. 다음 글의 吐에 注意하야라.

　　(一) 捜訪疾苦하시고　國家無事하고

　　(二) 勵精圖治하사　　民庶安堵하야

　　(三) 以求啓沃하시니　皆稱延喜하니

〔번 역〕

　　다이고 덴노은 우리 60대 천황이시니, 황제께서 즉위하신 지 여러 날에 정치를 바르게 하는 데 힘써 백성을 애긍히 여기시고 질고를 탐방하시며 지극히 추운 날에는 어의를 벗고 민간이 얼어죽지 않는지 상세히 살피셨다. 일찍이 겉으로 위엄을 나타내면 진실된 말을 하기 어렵다 하여, 매번 군신이 마주할 때 온화한 얼굴로 대하셔서 진실된 말을 하도록 힘쓰셨으며, 이로써 기름지게 하고자 하셨으니, 국가가 무사하고 백성이 안도하여 세상이 이로써 인덕제(仁德帝)와 비교하였다. 후세에 치자를 말하는 자는 대개 연희(延喜)라고 일컬으니 연희는 다이고 천황의 즉위 시 연호이다. (국사략)

第三課　種痘56)

　古昔에는 何國에던지 痘疫이 流行하야 痘痕이 잇는 者이 往往 잇섯스나, 種痘의 妙術을 發明한 後로는 痘疫이 別無하야, 早年에 死亡하는 者와 面體의 醜惡한 者이 稀少하게 되느니라.57)

　種痘라 하는 것은 痘疫 들닌 牛體의 痘瘡의 濃液을 人體에 移種함이라. 細尖한 針端에 濃液을 附着하야 人體의 皮膚 柔軟한 곳에 移種하면 濃液의 注入한 곳이 成瘡하느니라. 그러나 流行하는 痘瘡과 갓치 苦痛치 아니하는도다. 一次 種痘를 밧은 者는 天然痘의 憂慮가 업는지라. 近來 文明國 兒童은 幼稚한 째에 種痘를 밧는 故로 天然痘에 걸니는 者이 稀少하고 面上에 痘痕 잇는 者이 殆無하느니라.

　朝鮮에도58) 이 有益흔 醫術을 輸入한 지 已久하얏스나 愚昧한 鄕曲人民은 若此한 利益을 아지 못하고 天然痘로 苦痛하는 者ㅣ 尚多하니 참 慨歎할 바이로다.

　種痘의59) 妙術은 距今 約 一百二十年 前 英國의 쩨너라 하는 사람의 發明한 것이라. 發明한 當時에는 世人은 쩨너는 妖術로써 欺人하는 者이라 誹謗하는 者이 잇섯스나 쩨너는 素志를 堅執하야 더욱 精密히 硏究한 結果로 其說을 信從하는 者이 日加月增하야 드듸여, 此術이 今

---

56) 정정 권7 제13과: 朝鮮人은 面上에 痘痕 잇는 者ㅣ 許多ᄒ되 內地人이나 歐美人 中에는 稀少ᄒ니 이는 何故이뇨. 古昔에는 何國에던지 痘疫이 流行ᄒ야 痘痕 잇는 者ㅣ 往往 잇섯스나 種痘의 妙術을 發明흔 後로는 痘疫이 別無ᄒ니라.

57) 이 부분은 추가된 부분임.

58) "內地人 中에도 六十 以上된 者는 痘痕이 間或 잇스니 이는 內地에 種痘術 輸入되기 前에 生長ᄒ야 種痘를 밧지 아니흔 者ㅣ니라."라는 문장은 삭제함.

59) 정정 권7 제14~15과 쩨너에 들어 있던 내용을 압축하여 부가함.

日과 如히 世界에 廣布되여, 世人의 幸福을 增進케 되엿나니라. 쩨너가 人世에 끼친 바 功績은 實로 多大라 할지로다.

練習

一. 種痘의 妙術이 發明된 後로, 世上 사람이 엇더한 恩惠를 입엇느냐.

二. 種痘는 엇더한 方法으로 하느냐.

三. 現今 朝鮮의 種痘를 이약이하야라.

四. 種痘를 發明한 사람의 일음과, 또 그 發明하기까지 苦生하던 것을 이약이하야라.

第四課　漢文(野中兼山)

兼山[60]이 嘗來江戶라가 及歸期也하야 致書鄕人曰 上佐ㅣ 無物不有 하나 自江戶齎歸는 惟有蛤蜊一艘(유합리일소)라. 海路行無恙하면 以 歸日饋之하리라. 衆以爲嘗異味라 하고, 計日待歸러니 旣至則命投其所 漕於城下海中하고 不餘一箇라. 衆이 怪問한대 兼山이 笑曰 此ㅣ 不獨饋 諸卿이라. 使卿子孫으로 亦飫之也로다, 自此後로 果多生蛤蜊하야 遂爲 名産하니 衆이 始服其遠慮러라. (原文 原善『先哲叢談』)

---

60) 野中兼山(노나가겐산): 에도(江戶) 전기의 정치가·유학자. (1615~1663). 도사반(土佐藩)의 으뜸 가신. 주자학을 다니지초(谷時中)에게 배워 남학을 전했다. 번의 재정의 확립을 위해 치수(治水)와 새로 개간한 논 개발·항만개수·생산량 증가에 힘썼으나 독재적인 시정이 반감을 불러 실각. 저서에 『무로도고키(室戶港記むろとこうき)』 등이 있다. (다음백과)

練習

一. 土佐에서 蛤蜊를 多産하게 된 理由를 말하야라.

二. 다음 글을 漢文으로 곳쳐라.

(가) 土佐에 잇지 아니하는 物件이 업스나

(나) 여럿이 써 하되 달은 맛을 맛본다 하야.

(다) 命하야 그 漕한 바를 城 아래 바다 속에 더지고

三. 다음 漢字를 比較하야 달은 것을 말하야라.

卿 鄕,　果 菓,　齎 齋 齊.

[번 역]

겐샨이 일찍이 에도에 갔다가 돌아올 때에 미쳐 향인에게 글을 보내기를, 상좌(上佐)가 없는 물건이 없으나 에도로부터 돌아감은 오직 합리(蛤蜊: 조개)가 담긴 한 척 배이다. 해로로 가서 무탈하면 돌아가는 날 그것을 먹을 수 있으리라. 무릇 사람들이 그 이상한 맛이라고 하되, 날을 헤아려 돌아감을 기다리더니, 이미 명하여 그 배를 성 아래 바다 가운데 두고 하나도 남김이 없었다. 무릇 사람들이 이상히 여겨 묻건대 겐샨이 웃으며 말하기를 이것은 다만 여러 신하들에게만 먹일 것이 아니다. 여러 신하들의 자손으로 하여금 또한 먹일 수 있다. 이후로 과연 조개를 많이 생산하여 드디어 명산(名産)이라는 이름을 얻으니 무릇 사람들이 그 원려(遠慮: 앞날을 내다봄)함에 복종하더라.

第五課　愚人의 迷信

巫卜을 밋음은 不可할 쁜 아니라 生年月日 時를 보고 吉凶을 占하며, 手掌을 보고 禍福을 論하는 일이 無識한 사람 中에 最多하니라.

엇던 惑世誣民하는 者가 잇서서, 家隅에 神壇을 設置하고 거긔 祈禱하면, 靈驗이 神奇하다 하고 말하는지라. 近處의 無識한 사람들이 所願하는 일이 잇서, 祈禱를 請한즉, 그 祈禱者가 神壇에 올나가 祈禱하고 少頃에 神酒를 담은 酒瓶에 細短한 木枝를 꼿고 갈오대,「이 木枝는 神接한 것이니, 손을 대지 말고, 스스로 動함을 보아라.」하니, 無識한 사람들이 이것을 보고, 大驚하는 추에 맛참 壁에 둘넛던 屛風이 넘어져서, 酒瓶이 橫倒하니, 그 속에서 無數한 小魚가 露出한지라. 이에 모든 사람이 木枝의 動搖함은 小魚의 힘인 줄을 알고, 크게 怒하야, 그 祈禱者의 欺人함을 責한즉, 祈禱者는 慙愧함을 難堪하야, 旣往부터 各種 方法으로 欺人함을 自服하얏다 하니, 巫卜 等이 사람을 迷惑케 함은 大槪 이와 갓흔 것이라. 足히 밋지 못할지니라.」無論 某事하고, 理致업는 일에 迷惑하야 信仰함을 迷信이라 하나니, 學問과 知識이 업는 사람은 迷信에 싸지기 쉬운지라. 엇더한 나라에던지 學問이 發達치 못한 時代에는, 迷信하는 者이 만허서, 今日에는 三尺童子라도 밋지 아니할 일을 밋엇스나, 學問의 進步를 쌀어서, 迷信者가 漸減하나니라. 孔子도「知者는 不惑」이라 하시니라.

練習

一. 엇던 惑世誣民하는 祈禱者가 近處의 無識한 사람들을 모으고, 엇더한 일을 하얏느냐.

二. 사람들이 그 일을 보고, 大驚할 추에 엇더한 일이 일어낫느냐.

三. 사람들이 最後에 그 祈禱者를 엇더케 하얏느냐.

四. 「知者는 不惑이라」 하는 말의 뜻을 말하야라.

五. 너의들 사는 地方에 밋지 못할 迷信이 잇거든, 그것을 말하야라.

第六課　漢文(安珦)

　高麗 忠烈王 元年에 安珦이 出爲尙州判官하니 時에 有女巫三人이 奉妖神惑衆하야 自陜州로 歷行郡縣이라. 所至에 作人聲呼空中하야 隱隱若喝하니 道聞者奔走設祭하야 莫敢後하고 雖守令이나 亦然이러니 至尙州에 珦이 杖而械之한대 巫托神言하야 怵以禍福이라. 州人은 皆懼호대 珦은 不爲動하니 後數日에 巫乞哀라. 乃放터니 其妖ㅣ 遂絶하니라. (高麗史)

練習

一. 本課의 大綱 뜻을 말하야라.

二. 다음 □표 속에 漢字를 넛코, 吐를 달어라.

　　□陜州歷行郡縣

　　所至作人聲呼空中隱隱□喝

　　道聞者奔走設祭莫□後

　　巫托神言怵□禍福

三. 다음 漢字를 各其 너어서, 두 字식의 말을 지어라.

　　巫, 惑, 福, 哀

[번 역]

"고려 충렬왕 원년에 안향이 상주 판관으로 나아갈 때, 무녀 세 사람이 요신을 신봉하여 백성들을 유혹하더니, 협천으로부터 여러 군현을 지나게 되었다. 그곳에 이르러 사람들이 공중에 소리를 질러 은은히 부르짖는 것과 같이 하니, 길가에서 이를 듣는 사람들이 분주히 제를 베풀고 그 뒤를 감당치 못하고 비록 수령들도 또한 그러했다. 상주에 이르러 안향이 형틀을 지웠더니 무녀가 신을 의탁하여 화복을 두렵게 하는 말을 했다. 주 사람들은 모두 두려워하되 안향은 움직이지 않으니, 수일 후에 무녀가 애걸하였다. 이에 방면하니 그 요망한 일이 드디어 근절되었다."(고려사)

第七課　友人의 慈親喪을 弔慰함[61]

先夫人은 春秋가 邵隆(소륭)하시나 尊執(존집)의 孝養이 至極함으로 百歲 遐齡(하령)을 安享하심으로 旣望하얏삽더니 千萬 夢外에 訃音을 遽承하오니 驚怛(경달)하옵기 마지 못하오며 日月이 不居하와 成服이 遽經하오니 哀痛하심이 오작하오시릿가. 卽時 奔慰할 터이오나 相居路 左하와 不得如誠하오니 十分 寬抑하시와 孝로써 孝를 傷치 마옵소셔.
　不備謹疏

年 月 日　張永基 疏上

權明德 至孝 苦前

---

61) 정정 권8 제12과 제13과 아래아 표기를 제외하면 내용은 동일함.

明德은 稽顙再拜(계상재배) 言明德이 先考를 早失하고 偏母가 在堂하오나 家貧 孝薄하와 晚景菽水(만경숙수)의 供도 盡誠치 못하옵다가 卒然히 凶禍를 當하오니 攀號擗踊(반호벽용)하오며 叩地叫天(고지규천)하와 生全하옵기를 바라지 안삽는 차에 慰問하심을 밧사오니 哀感無地이옵나이다. 荒迷不次謹疏.

年　月　日　孤哀子 權明德 疏上

張永基 大人 座下

練習

本課를 모방하야, 友人의 아들 죽은 것을 弔喪하는 편지와 그 답쟝을 지어라.

第八課　漢文(五倫)

人之所以異於禽獸者는 倫理而已니 何謂倫고. 父子 君臣 夫婦 長幼 朋友 五者ㅣ 倫序是也ㅣ오. 何謂理오. 卽 父子有親 君臣有義 夫婦有別 長幼有序 朋友有信 此 五者之天理是也ㅣ라. 於倫理에 明而且盡이면 始得稱爲人之名이어니와 苟倫理一失이면 雖具人之形이나 其實은 於禽獸에 何異哉리오. (貝原益軒『初學知要』)

練習

一. 五倫이라 하는 것은 무엇무엇이냐.

二. 사람이 禽獸와 달은 바는 무엇에 잇느냐.

三. 다음 □표 속에 漢字를 넛코, 吐를 달어라. 그리하고 그것을 외여라.

父子有□　君臣有□　夫婦有□　長幼有□　朋友有□

四. 다음 漢字를 比較하야 달은 것을 말하야라.

倫 論,　理 埋,　朋 明,　且 旦,　具 貝.

[번 역]

"사람이 짐승과 다른 까닭은 윤리가 있기 때문이니 무엇이 윤리인가. 부자, 군신, 부부, 장유, 붕우 다섯 가지가 윤의 시작이다. 무엇을 리(理)라고 하는가. 즉 부자유친, 군신유의, 부부유별, 장유유서, 붕우유신 이 다섯 가지의 천리가 그것이다. 윤리에 밝고 극진하면 비로소 사람이라는 이름을 얻게 되거니와 진실로 윤리를 잃어버리면 비록 사람의 형체를 갖고 있을지나 사실 금수와 무엇이 다르겠는가."(貝原益軒 『초학지요』)

第九課　移秧62)

어제 오날 連하야
　비가 오더니
논이던지 개천에
　물이 넘치네
볏모 옮겨 심기는
　째가 알맞다
소를 끌어내여서

---

62) 정정 7권 12과와 동일.

장기 메이고

여긔셔는 소 몰어

어셔 논 갈게

저긔서는 볏모를

밧비 심는다

康衢煙月 擊壤歌   서로 불으며

瞬息間에 논빗츤 靑靑하얏네

練習

本課를 외여라.

第十課   勤儉

一家를 豐足케 하며, 一國을 富裕케 함에 가장 必要한 것은 勤儉
두 가지오 勤이라 함은 努力을 앗기지 안코 業務를 힘쓰는 것이고,
儉이라 함은 自己의 身分을 짤어서 節用하야 奢侈치 안토록 하는 것이오

勤勉은 事業을 成功하는 要訣 中에 가장 緊要한 것오. 그런 故로
天質이 鈍한 사람이라도, 힘써서 긋치지 아니하면, 相當한 事業을 成就
할 수가 잇소. 事業의 成不成은 그 사람의 運數에 關係도 적지 아니하
나, 千辛萬苦하야 努力한 結果로, 自己의 運을 크게 한 사람도 만소.
儉約도 쏘한 處世上에 가장 必要한 것이니, 儉素한 사람은 自然히 財産
에 餘裕가 잇서서, 달은 사람의 累가 되지 아니할 쑨 아니라, 도로혀
社會 公衆에 有益한 事業을 할 수가 잇소.「衣食足而知禮節이라」(孟子)
한 옛 말을 보아도, 儉約이 風儀上에 重大한 關係가 잇는 것을 알겟소.

勤勉의 反對는 怠惰이오. 儉約의 反對는 奢侈이오. 怠惰하면 眞實한 뜻이 업고, 僥倖을 바라서 아모리 天才가 잇는 사람이라도, 普通사람으로 勤勉辛苦한 사람만 못하게 되오. 또 奢侈하면 柔弱하고 浮華를 조화하며, 여러 가지 誘惑에 싸져서, 맛참내 몸과 집까지 亡하게 되오.

여러분은 以後에 엇더한 職業에 從事하던지, 勤儉 두 가지를 銘心하야 實行하면, 自己의 名譽와 幸福은 勿論이오, 自然 家를 興하고 國을 强하게 하는 데에 至하오.

練習

一. 勤과 儉이라 하는 것은 엇더한 것이냐.

二. 勤勉한 사람과 儉約하는 사람은 나종에 엇더케 되느냐.

三. 怠惰한 사람과 奢侈한 사람은 나종에 엇더케 되느냐.

四. 사람사람이 各其 職業을 할 째에 勤儉하면 一家一國은 엇더케 되느냐.

五. 「衣食足而知禮節이라」하는 것은, 무슨 말이냐.

第十一課　漢文(儉約)

世俗이 不知儉之與嗇之分하야 往往誤認儉德爲吝嗇이로다. 蓋薄於俸己ㅣ 是儉德也오 薄於惠人이 是吝嗇也ㅣ니 吝嗇則輕禮義重財貨하고 且奉親非薄하며 使下慘刻하고 視人之窮而不能賑하며 愛人之恩而不爲報하고 積而不能散하며 滿而不知施하나니 所謂守錢之虜耳라. 何以能爲善乎아. (初學知要)

一. 儉約과 吝嗇의 區別을 말하야라.

二. 다음 □표 속에 漢字를 넛코, 吐를 달어라.

　　(가) 吝嗇則輕□□重□□且奉親□□

　　(나) 使下□□視人之窮而不能□愛人之恩而不爲□

　　(다) 積而不能□滿而不知□

[번 역]

"세속이 검소와 인색을 구분하지 못하여, 왕왕 검덕(儉德)이 인색(吝嗇)함으로 오인한다. 대개 자기에게 주는 것을 박하게 하면 그것이 검덕이며, 다른 사람에게 혜택을 박하게 하면 그것이 인색함이다, 인색은 곧 예의를 가볍게 하고, 재화를 중시하며 봉친을 박하게 하고 아랫사람으로 하여금 비참함을 느끼게 하며 다른 사람의 궁핍함을 보고도 능히 구휼하지 않으며, 다른 사람의 은혜를 좋아하고 갚지 않으며, 쌓아놓고 흐트릴 줄 모르고, 충만하되 베풀 줄을 모르니, 소위 수전(收錢)의 포로가 될 따름이다. 어찌 능히 좋은 일이겠는가."(초학지요)

第十二課　廢物利用[63]

休紙·絲屑(사설=실가루)·弊綿·空瓶·石油筒 갓흔 廢物은 別로히 큰 所用이 되지 아니할 쏫하나, 그러나 恒常 注意하야 이것을 利用하면 不少한 利益이 잇는 것이오.

---

63) 정정 권7 제18과: 분뇨, 남루, 진개 등을 언급했으나 폐물 대상이 바뀜.

어느 집에 한 老翁이 잇는대, 틈틈이 休紙를 모아서 조희 노끈을 꼬아 두엇섯소. 하로는 노끈을 쓸 일이 잇서서, 집안 사람들이 四面으로 차질 째에 老翁이 이것을 쓰라고 하면서, 꼬아 두엇던 조희노를 내여노혼즉 사람마다, 그 싱각이 周密한 것을 歎服하얏소.

쏘 한 집의 婦人은 恒常 실오락이를 모아서, 이것을 이여서 큰 공을 만히 만들엇소. 집안사람들은, 저것으로 무엇을 하나 하고 怪異히 역엿더니, 그 後에 그 婦人은 이것으로 필육을 짜서 집안 사람에게 보인즉, 다 그 注意가 깁흔 것을 感歎하얏소.

조희는 甚히 만히 所用되는 것인대, 그 中에는 無用된 헌겁 갓흔 것으로 만든 것도 잇스니, 이것이 卽 廢物로 달은 物件을 만든 것이오. 이 外에 石油筒을 물 筒으로 쓰며, 쏘 煙筒도 만들고, 其他 여러 가지 器具를 만드는 것도, 쏘한 廢物利用이오.

大抵 무슨 物件이던지, 利用할 方法이 업는 것은 업소. 假令 今日에는 所用이 업는 廢物이라도 明日에는 利用할 方法이 發見될는지도 알 수 업소. 俗談에 「썩은 삭기도 쓸 데가 잇다.」하는 말이 잇스니, 些少한 廢物이라도, 決斷코 허루하게 역이지 말고, 利用할 길을 硏究하야야 하오.

練習

一. 廢物利用이라 하는 것은 엇더한 일이냐.

二. 休紙를 모아서, 조희 노끈을 꼬은 老翁의 이약이를 하야라.

三. 실오락이로 큰 공을 만든 婦人의 이약이를 하야라.

四. 헌겁, 石油筒 等은 엇더한 物件으로 쓰이느냐.

五. 「썩은 삭기도 쓸 데가 잇다.」하는 말은, 무슨 뜻이냐.

第十三課　漢文

才性過人者는 不足畏오 惟讀書尋思推究者ㅣ 爲可畏耳라. (小學)

人一能之어든 己百之하며 人十能之어든 己千之니라. 果能此道矣면 雖愚ㅣ나 必明하며 雖柔ㅣ나 必强이니라. (中庸)

一日一錢이면 千日千錢이니 繩鋸木斷하고 水滴石穿이니라. (鷄林玉露)

孟子ㅣ 曰 鷄鳴而起하야 孶孶爲利者[64]는 蹠之徒也ㅣ니 欲知舜與蹠之分인댄 無他ㅣ라. 利與善之間也ㅣ니라. (孟子)

練習

一. 다음 漢字의 색음과 音을 말하야라.

　　性, 過, 畏, 尋, 愚, 柔, 鳴.

二. 다음 □표 속에 漢字를 넛코, 쏘 全文을 말로 곳쳐라.

　　(가) 繩鋸木□하고 水滴石□이니라.

　　(나) 人□能之어든 己□之니라.

　　(다) 鷄鳴而起하야 □□爲□者는 □蹠之徒也ㅣ니라.

［번 역］

"재주가 다른 사람에게 뛰어난 자는 두려워할 것이 못 된다. 오직 독서하고 깊이 생각하여 추구하는 자라야 가히 두려워할 따름이다."(소학)

"다른 사람이 한 번에 능하면, 나는 백 번을 하고, 다른 사람이 열 번에 잘하면

---

64) 孶孶爲利者(자자이리자): '자자'는 근면함을 의미함. 척은 도척.

나는 천 번을 한다. 과연 이와 같이 하면, 비록 어리석을 지라도 반드시 명석해지
며, 비록 유약할지라도 반드시 강해진다."(중용)

"하루 일전이면 천일은 천전이니 톱을 묶어 나무를 자르고, 물방울이 돌을
뚫는다."(계림옥로)

"맹자께서 말씀하시기를, 닭이 울고 일어나 부지런하게 선을 행하는 사람은
도척의 무리이다. 순 임금과 도척의 구분을 알려고 하면, 다른 것이 없다. 이익과
선의 사이일 따름이다."(맹자)

第十四課　쌕테리아65)

쌕테리아는 가장 細微흔 動物이니 顯微鏡이라 하는 眼鏡이 업스면
能히 보지 못하는도다.
쌕테리아는 到處에 生存하나 그러나 特別히 塵埃와 汚水와 腐敗物에
셔 多生하나니라.

쌕테리아는 自體의 分裂로 因ᄒ야 繁殖ᄒᄂ니 卽 發育ᄒ야 一定흔
體大에 達ᄒ면 中央에셔 分裂ᄒ야 二個가 되ᄂ도다. 如此히 成長ᄒ야
또 同樣으로 分裂ᄒ며 그 分裂ᄒᄂ 時間이 甚히 迅速ᄒ야 二十分이나
三十分에 一次식 分裂ᄒᄂ지라. 故로 一個의 쌕테리아가 四五日 後에
ᄂ 不可勝數ᄒᄂ니라. 박테리아ᄂ 他物에 寄生ᄒ야 그 養分을 奪取ᄒ
ᄂ 者인듸 我等의 身體 中에 寄生흔 者 中에ᄂ 可畏흔 者이 잇도다.
腸窒扶斯 虎列刺 赤痢病 等은 다 쌕테리아 寄生으로 因生ᄒᄂ 者인

---

65) 정정 권8 제7과: 아래아 표기만 바뀜.

디 이것으로 因ᄒ야 生命을 損失ᄒᄂ 弊端이 不少ᄒ니라.

然則 我等은 注意ᄒ야 쌕테리아의 發生을 豫防치 아니치 못ᄒ지라. 쌕테리아ᄂ 塵埃와 汚水와 腐敗物 가온듸셔 發生ᄒᄂ 者ㅣ 最多ᄒ즉 家屋의 內外를 恆常 淸潔히 掃除ᄒ야 如此ᄒ 不潔物이 積滯케 ᄒ지 말고 또 身體와 衣服을 淸潔케 ᄒ며 飮食物은 반다시 煮沸ᄒ지니라.

且 쌕테리아ᄂ 虛弱ᄒ 身體에 侵入ᄒ면 繁殖이 甚速ᄒ나 健全ᄒ 身體에ᄂ 設或 侵入ᄒ지라도 卽時 枯死ᄒᄂ니 我等은 平日에 身體를 健全케 ᄒ야 그 繁殖을 不許ᄒ도록 注意ᄒ지로다.

쌕테리아 中에ᄂ 人類의게 毒害가 업고 도로혀 有益ᄒ게 ᄒᄂ 것이 잇스니 酒 醋(초) 漿 等의 美味를 生케 홈은 其中에 無害ᄒ 박테리아가 繁殖ᄒᄂ 然故이니라.

且 쌕테리아의 繁殖으로 因ᄒ야 凡物이 腐敗ᄒᄂ 것인대 我等 人類에게 爲害함이 甚多하나 그러나 我等이 藁와 草 等을 腐敗케 하야 肥料를 得하는 것은 亦是 쌕테리아의 作用에 因함이니 한 便으로 보면 腐敗라 하는 것도 甚히 有益한 것이니라.66)

練習

一. 쌕테리아는 엇더한 것이냐.

二. 쌕테리아는 엇더한 곳에 만히 생기느냐.

三. 쌕테리아의 繁殖되는 次序를 말하야라.

---

66) [정정판과 비교] 且 쌕테리아의 繁殖으로 因ᄒ야 凡物이 腐敗ᄒᄂ 것인듸 我等 人類의게 爲害홈이 甚多ᄒ나 그러나 若 或 何物이던지 腐敗홈이 업스면 太古로부터 今日ᄭ지 發生ᄒ 야 枯死ᄒ 動植物이 地球上에 堆積ᄒ야 我等의 住居홀 處所가 업슬지로다. 雖然이나 쌕테리 아가 잇셔셔 枯死ᄒ 無用物을 腐敗케 ᄒ야 恆常 世界를 空濶케 ᄒᄂ니라.

四. 有害한 쌕테리아의 發生을 豫防함에는 엇더케 하야야 하느냐.

五. 우리들 몸에 有害한 쌕테리아의 侵入함을 豫防함에는 엇더케 하야야
하느냐.

第十五課　漢文

晋陶侃이 爲廣州刺史하야 在州無事어든 輒朝運百甓於齋外(업조운
백벽어재외)하고 暮運於齋內하더니 人이 問其故한대 侃이 曰 大禹는
聖人이사대 乃惜寸陰하시니 至於衆人하야는 當惜分陰이니 豈可逸遊
荒醉하야 生無益於時하며 死無聞於後ㅣ리오. 是自棄也ㅣ니라. 其勵志
勤力이 如此ㅣ러라. (小學)67)

---

67) 『소학』 권6 善行: "陶侃이 爲廣州刺史하여 在州無事어든 輒朝運百甓於齋外하고 莫(暮)運於
齋內하더니 人이 問其故한데 答曰 吾方致力中原하노니 過爾優逸이면 恐不堪事라 하니 其勵
志動力이 皆此類也더라. 後爲荊州刺史하니 侃이 性聰敏하여 勤於吏職하며 恭而近禮하며
愛好人倫하니라 終日斂膝危坐하여 閫外多事하여 千緒萬端이로되 罔有遺漏하며 遠近書疏
를 莫不手答하되 筆翰如流하여 未嘗壅滯하며 引接疏遠하되 門無停客하니라. 常語人曰 大禹
는 聖人이되 乃惜寸陰하니 至於衆人하여는 當惜分陰이니 豈可逸遊荒醉하여 生無益於時하
고 死無聞於後리오 是自棄也니라 諸參佐或以談戲廢事者어든 乃命取其酒器蒱博之具하여 悉
投之于江하며 吏將則加鞭扑曰 樗蒱者는 牧猪奴戲耳요 老莊浮華는 非先王之法言이니 不可
行也라 君子는 當正其衣冠하며 攝其威儀니 何有亂頭養望하여 自謂弘達耶리오 하니라(도간
이 광주자사가 되어 고을에 있으면서 일이 없으면 그때마다 아침에 백 개의 벽돌을 집
밖으로 옮기고 저녁이면 집 안으로 옮겼다. 사람들이 그 까닭을 물으니 대답하기를, '내
장차 중원에 힘을 다하려 하는데, 지나치게 편안하면 일을 감당하지 못할까 두려워해서이
다.'라고 하니, 그가 의지를 굳게 하고 힘을 부지런히 (단련)함이 모두 이러했다. 뒤에
형주자사가 되었는데 도간의 성품이 총명하고 민첩하여 관리의 직무에 부지런하였으며
공손하면서 예절에 가까우며 인륜을 좋아하였다. 종일토록 무릎을 모으고 단정히 앉아
변방에 일이 많아 천 가지 만 가지였으나 빠뜨림이 없었다. 멀고 가까운 곳에서 온 서간과
상소를 손수 답하지 않음이 없었는데 붓과 글이 물 흐르는 듯하여 일찍이 막힌 적이
없었으며, 소원한 자들을 인견하되 정체해 있는 손님이 없었다. 그는 항상 사람들에게
말하기를, '대우(大禹)는 성인(聖人)이었는데도 한 치의 광음(시간)을 아꼈는데 일반 사람
에 이르러서는 마땅히 한 푼의 광음을 아껴야 한다. 어찌 편안히 놀고 크게 취하여 살아서

昔에 黃相國喜ㅣ 微時行役하야 憩于路上이라가 見田夫ㅣ 駕二牛耕者하고 問曰 二牛ㅣ 何者爲勝고. 田夫ㅣ 不對하고 輟耕而至하야 附耳細語曰 此牛ㅣ 勝이니다. 公이 怪之曰 何以附耳相語오. 田夫ㅣ 曰 雖畜物이나 其心은 與人同也ㅣ라. 此勝則彼劣이니 使牛聞之면 寧無不平之心乎잇가. 公이 大悟하야 遂不復言人長短云이라. (芝峯類說)

練習

一. 陶侃의 이약이를 하야라.

二. 黃相國의 이약이를 하야라.

三. 陶侃의 이약이를 듯고, 感動된 것을 말하야라.

四. 黃相國의 이약이를 듯고, 感動된 것을 말하야라.

五. 다음 □표 속에 漢字를 넛코, 吐를 달어라. 그리하고, 그 뜻을 말하야라.

　(가) 大禹□□乃惜□□ 至於□□當惜□□

　(나) 此□則彼□使牛聞之寧無□□之心乎 公大悟遂不復言人□□云

〔번 역〕

"진나라 도간이 광주 자사가 되어 그 고을에 일이 없으면 아침마다 벽돌을 집 밖으로 옮기고, 저녁이면 집 안으로 옮겼다. 사람들이 그 이유를 묻건대, 간이 말하기를 대우(大禹)는 성인이시다. 시간을 아끼시니, 무릇 사람들에 이르

는 당시에 보탬이 없고 죽어서는 후세에 알려짐이 없게 하겠는가? 이는 스스로를 버림이라.'고 하였다. 여러 보좌관들이 혹 잡담과 희롱으로 일을 폐하는 자가 있으면 마침내 그 술그릇과 장기바둑의 기구를 가져다가 모두 강에 던지게 하였으며, 아전과 장수에게는 매를 치고 말하기를, '주사위는 돼지 치는 종의 놀이일 뿐이요 노장(老莊)의 부화함은 선왕(先王)의 법도에 맞는 말이 아니니 행해서는 안 된다. 군자는 마땅히 그 의관을 바르게 하며 그 위의(威儀)를 잡아야 하니 어찌 머리를 헝클어뜨리고 명망을 기른다 하여 스스로 크게 통달했다고 말할 수 있겠는가.'라고 했다)."

러서는 마땅히 시간을 쪼개니 어찌 가히 취할 시간이 있겠는가. 살아서는 마땅히 보탬이 없고, 죽어서는 후세에 알려짐이 없게 하겠는가. 이것은 스스로를 포기하는 일이다. 그 의지를 격려하고 힘써 행함이 이와 같았다."(소학)

"옛날 상국 황희가 미시에 길을 나서 노상에서 쉬다가 밭을 가는 농부가 두 소를 메여 밭을 가는 것을 보고 물었다. 두 소 가운데 어느 것이 나은고. 전부가 대답하지 않고 밭갈이를 그만두고 다가와 귀에 대고 말하기를, 이 소가 낫습니다. 공이 괴이히 여겨 말하기를, 어찌 귀에 대고 말을 합니까 하니, 전부가 말하기를 비록 가축이나 그 마음은 사람과 같습니다. 이것이 나으면 저것은 열등할 것이니, 소로 하여금 그것을 듣게 하면, 어찌 불평하는 마음이 없겠습니까. 공이 크게 깨달아 드디어 다시는 다른 사람의 장단을 말하지 않았다."(지봉유설)

第十六課　食物의 貯藏

食物이 腐敗함은 大槪 空氣 中의 쌕테리아가 食物 中에 侵入하야 作用함을 因함이라. 故로 食物을 貯藏함에는 此 쌕테리아의 作用을 防止함이 可하니, 此를 防止함에는 쌕테리아가 侵入지 못하게 하며, 此를 繁殖치 못하도록 하며, 又 此를 撲滅함이 必要하니라. 左에 其 方法을 列擧하노라.

一. 乾燥하는 法: 쌕테리아는 水氣가 無한 處에는 生活치 못하는 것인 故로, 食物을 乾燥하야, 水氣를 除去하면, 腐敗의 念慮가 無하니, 此法은 菜蔬·穀物·魚類 等을 貯藏함에 廣用되나니라.
二. 冷却하는 法: 쌕테리아는 寒冷한 處에서는 發育치 못하나니, 食物을 寒冷한 處에 置하며, 氷室에 藏하는 等事는 皆 此法이니라.

三. 熱하는 法: 食物을 高溫度로 長時間 熱하면 쌕데리아가 死하는 故로, 腐敗함을 防止함을 得하나니, 다시 冷却하고 쏘 空氣에 接觸하면, 싹데리아가 再次 寄生하는 事도 有하나니, 故로 此法으로는 長久히 食物을 保存키 不能하니라.

四. 空氣를 絶하는 法: 鷄卵 等을 灰·鹽·租殼 等 中에 藏置하야, 外氣를 絶하며, 又 壺 等을 密閉함은 皆 此法에 屬하니라.

五. 鑵詰法: 鑵詰法은 食物을 鑵에 入하고 熱을 加하야 쌕테리아를 殺한 後에 空氣를 入치 못하게 함이니, 此法을 用하면, 腐敗함이 無한 故로, 永久히 貯藏함을 得하니라.

六. 燻煙法: 鋸屑(거설) 等이 燃하는 煙 中에 魚 豚肉 等을 燻함이니, 此는 其煙中에 防腐性의 瓦斯가 有함과, 肉中의 水氣를 除去함으로 因하야 腐敗함을 防止함이 되나니라.

七. 漬醃法(지해법): 鹽·酢·砂糖(염 초 사탕) 等은 能히 食物의 腐敗를 防하나니, 肉類에 鹽을 加하야 貯藏하며, 菜蔬를 鹽과 醋(초)에 浸하며, 果實 等을 砂糖에 浸하는 等事가, 皆 此理를 應用함이니라.

練習

一. 食物을 乾燥하면, 오래 가는 理由를 말하야라.

二. 熱하얏던 食物을 오래 貯藏치 못하는 理由를 말하야라.

三. 鑵詰法의 食物을 오래 保存하는 理由를 말하야라.

四. 燻煙法의 食物 腐敗를 防止하는 理由를 말하야라.

五. 漬醃法이라 하는 것은 엇더케 하는 것이냐.

第十七課　漢文

子-曰 君子 食無求飽하며 居無求安하며 敏於事而愼於言이오 就有道
而正焉이면 可謂好學也已ㅣ니라. (論語)

子-曰 飯蔬食飮水하고 曲肱而枕之라도 樂亦在其中矣니 不義而富且
貴는 於我에 如浮雲이니라. (論語)

愼言語하야 以養其德하고 節飮食하야 以養其體하나니 事之至近而所
繫至大者- 莫過於言語飮食也ㅣ니라. (程伊川)

練習

一. 다음 □표 속에 漢字를 넛코, 吐를 달어라.

　　(가) □無求飽□無求安

　　(나) □於事而□於言　就□□而正焉

　　(다) 飯□□飮□□□而枕之

　　(라) 不義而□且□於我如□□

　　(마) 愼□□以養□□節□□以養□□

二. 다음 漢字의 색음과 音을 말하야라.

　　愼, 謂, 曲, 浮, 繫

【번 역】

"공자께서 말씀하시기를, 군자는 먹음에 배부름을 추구하지 않고, 거처함에
편안함을 추구하지 않으며, 일을 처리하는 데 신속하고 말하는 데는 신중하며,
도가 있는 곳에 나아가 스스로를 바로잡으면, 가히 배우기를 좋아한다고 말할
수 있다 하셨다.

공자께서 말씀하시기를, 나물 먹고 물 마시고, 팔 구부려 벨지라도 즐거움이 그 안에 있으니, 불의와 부와 귀함은 나에게 뜬 구름과 같다 하셨다.

말을 삼감으로써 덕을 기르고 음식을 절제함으로써 몸을 보양하니, 이것은 매우 가까우나 매우 큰 것이니, 언어와 음식보다 더한 것은 없다."(정이천)

第十八課　與妹弟書68)

妹弟 竹姬의게

夏日이 極炎한대69)

兩堂 氣力 康旺하옵시고 大小宅 諸節이 一安하옵신 消息 들으니 마음에 탐탐 깃브다. 兄은 客地에 잇스나 心神이 快活하야 晝夜로 勤工하니 이런 말삼 兩堂에 稟達하야라. 小包 郵便으로 보낸 바 周衣(주의=두루마기)는 昨日에 到着하얏는대 長廣이 適體하고 裁縫이 精密하니 針工의 進步함을 喜幸히 역이며 夏期 休學에 丁寧히 歸覲하려 하는대, 來週부터는 試驗을 始作하니 二週間 後에는 相面할 쯧다. 餘不宣.

年　月　日　家兄 平書

練習

本課를 모방하야 아우에게 與하는 편지를 지어라.

---

68) 정정 권8 제4과.

69) 春日이 漸和한대〉 하일이 극염한대. 鮮明하니〉 精密하니/ 상면할 줄 밋느다〉 상면할 쯧다.

第十九課　漢文

范益謙70)의　座右戒에　曰

　一은　人附書信이어든　不可開拆沈滯며

　二는　與人竝坐에　不可窺人私書ㅣ며

　三은　凡入人家에　不可看人文字ㅣ며

　四는　凡借人物에　不可損壞不還이며

　五는　凡喫飲食에　不可揀擇去取며

　六은　與人同處에　不可自擇便利며

　七은　見人富貴하고　不可歎羨詆毁니

凡此數事를　有犯之者ㅣ면　足以見用意之不肖ㅣ니　於存心修身에　大有所害라．因書以自警하노라．(小學)

練習

　一．本課의　座右戒　뜻을　한마듸식　說明하야라．

　二．다음　글　가온대에，잘못된　漢字를　곳쳐라．

---

70) 범익겸: 남송의 학자．『소학』에 실린 좌우명은 두 종류가 있음. "范益謙座右戒曰, 一不言朝廷利害邊報差除. 二不言州縣官員長短得失. 三不言衆人所作過惡之事. 四不言仕進官職趨時附勢. 五不言財利多少厭貧求富. 六不言淫媟戲慢評論女色. 七不言求覓人物干索酒食(一. 조정에서 하는 일의 이롭고 해로운 것과 국경에서 들어오는 보고와 국경에의 사신파견·임명 등에 대해서 말하지 않는다. 二. 주(州)·현(縣) 관원의 장단점에 대해서 말하지 않는다. 三. 여러 사람이 지은 잘못과 악한 일을 말하지 않는다. 四. 벼슬에 나가는 일과 시속의 권세에 아부하는 일을 말하지 않는다. 五. 재물의 이익이 많고 적음과 가난을 싫어하고 부를 구하는 일을 말하지 않는다. 六. 음란하고 업신여기는 말을 하지 않으며, 여색(女色)을 평론하지 않는다. 七. 남의 물건을 요구하거나 술과 음식을 요구하는 일을 말하지 않는다)." 又曰, 一人附書信, 不可開拆沈滯. 二與人並坐, 不可窺人私書. 三凡入人家, 不可看人文字. 四凡借人物, 不可損壞不還. 五凡喫飲食, 不可揀擇去取. 六與人同處, 不可自擇便利. 七見人富貴, 不可歎羨詆毁. 凡此數事有犯之者, 足以見用意之不肖. 於存心修身大有所害. 因書以自警."(소학, 가언)

不可開折沈滯라 不可損懷不還이라. 不可自澤便利라.

【 번 역 】

범익겸의 좌우계에 이르기를,

일. 남이 서신(書信)을 부탁하거든 뜯어보거나 오래 가지고 있지 말라.

이. 남과 나란히 앉았을 때 남의 사서(私書)를 엿보지 말라.

삼. 남의 집에 들어가거든 남의 문자(文字)를 보지 말라.

사. 남의 물건을 빌렸을 때는 흠집이 생기지 않게 하라.

오. 음식을 먹을 때 가리거나 버리지 말라.

육. 남과 함께 있을 때 자신의 편리한 것만을 택하지 말라.

칠. 남의 부귀한 것을 보고 부러워하거나 비방하지 말라.

무릇 이 몇 가지를 범하는 자가 있다면 그의 마음가짐이 어질지 못하다는 것을 알 수 있다. 따라서 이와 같은 일은 본마음을 보존하고 몸을 수양하는 데 해로운 것이니 글을 써서 경계하노라.

第二十課 漂衣71)

山谷間에 흐르는	맑은 물가에
져긔 안즌 져 漂母	방망이 들고
이웃 져옷 쌀 적에	하도 밧부다
희는 어이 쌀나셔	西山을 넘네

---

71) 정정 권8 제8과 표기만 달라짐. 이 과에는 練習이 없음.

물에 잠가 두다려	얼는 헤이고
다시 한 번 쥐여 싸	널어 말닐 제
나무 가지에 걸고	풀밧헤 펀다
볏흔 어이 엷어셔	더듸 말으네
멀니 뵈는 山언덕	희기도 희다
終日토록 싼 옷이	다 말낫스니
주섬주섬 것어셔	가지고 간다
애는 어이 철업셔	배곱하 우네
서리 오고 바람 찬	長長秋夜에
옷 다듬는 저 소래	이집 저집서
쟝단 맛쳐 應하니	듯기도 좃타
달은 어이 多情히	窓에 비최네

第二十一課　老樹의 談話

　어느 여름날에, 多年 길가에 서 잇던 큰 늣틔나무가, 길 左右에 보기 좃케 가즈런히 벌녀 잇는 어린 보부라 나무를 對하야, 다음과 갓치 이약이를 하야 들녓소.

　「이애. 보부라 나무들아. 너의들은 아즉 나히가 어려서, 알지 못하리라마는, 지금 너의들이 서서 잇는 곳에는 前부터 國道가 잇섯는대, 지금 갓치 훌늉하지는 못하얏다. 幅이 좁고, 울퉁불퉁하고, 돌이 굴너단기고, 바위가 쑥 내여밀고, 그쑨 아니라, 구불구불하야, 사람이 지금이면 하로에 갈 길을, 以前에는 三四日이나 되여야 단겻다. 하물며 바위만 잇는 고개길을 올으나리는 짐군을 볼 째마다, 엇지 가여운지 몰으겟더라. 수레갓흔 것이 通치 못함은 말할 것도 업고, 牛馬가 艱辛히 조고마한 짐을 싯고 단겻다.

단기는 길만 困難할 쑨 아니라, 내도 또한 困難이 莫甚하얏다. 저긔 보이는 저 내에도 已往에는 징검다라만 잇섯고, 지금 갓흔 堅固한 다리가 업섯다. 그런 故로 조곰만 큰 물이 가면, 곳 交通이 막혀서, 내를 건너랴 하는 사람이 암만 애를 써도 물이 싸지기까지 몃칠식 이 아래 洞里에서 기다릴 수밧게 업섯다.

前에 比較하면 지금 道路는 엇더하냐. 넓고 平坦하고, 또 곳게 나지 아니하얏나냐. 지금은 사람이 通行하기에 便利할 쑨 아니라. 짐 실은 수레가 連絡不絶하게 단기며, 自轉車도 단기며, 째째로 自動車가 큰 소리를 내면서 瞬息間에 지나가니, 참 曾往과는 宵壤之判이다.

本來 나는 二三百年 前부터 이 언덕 우에 서서 잇섯는 故로 近處에 親舊가 만히 잇더니, 次次 늙어 죽기도 하고, 或은 사람이 버히기도 하야, 지금은 나 혼자만 남어 잇다. 已往에는 내 그늘에서 쉬는 사람이 만치 아니하더니, 지금 와서는 길이 조화져서, 사람과 牛馬의 通行이 繁多한 故로, 每日 몃 十名式 쉬여가는지 몰은다. 또 길이 다시 난 싸닭으로, 너의들 갓흔 靑年이 만히 생겨서, 봄의 綠陰과 가을의 黃葉이 길 단기는 사람의 눈을 깃브게 하고, 요새 갓흔 더운 날에는 사람과 牛馬가 다 너의들의 그늘로 지나가서 얼마쯤 有助한지 몰은다. 그러나 앗가 暫時 본즉, 어느 衣冠한 사람이 쓸데업시 너의들의 손을 썩거 가고, 또 지게 진 사람이 너의들의 가죽을 벗겨간 모양이니, 참 이런 사람의 心術은 알 수 업더라. 우리들은 사람과 牛馬에게 그늘을 만들어 줄 쑨 아니라, 길이 傷하지 안토록 保護하야 주는대, 그것을 싱각지 안코 몹시 구는 사람은 道路의 恩惠와 樹木의 重要함을 아지 못하는 사람이다.

大體 길을 좃케 만드는 것은 다만 사람이 단기기에 便케 할 샌 아니라, 物貨를 運輸하기에 便케 함이다. 物貨의 運輸가 便利하게 되면, 自然히 産業이 興旺하고, 産業이 興旺하면 地方이 繁盛하야, 漸漸 文明의 恩澤을 만히 밧게 되는 것이다. 그런 故로 道路는 不可不 所重히 알어야 한다. 日前에 이 아래 洞里 사람들이 비가 와서 道路가 조금 破損된 것을 곳 곳치니 그것은 매우 올흔 일이다. 나는 以前의 일을 아는 故로 이 길을 볼 재마다, 지금 世上의 고마운 恩惠가 더 깁히 싱각난다.

늣틔나무는 여긔까지 이약이를 하고 긋첫는대, 보부라 나무들은 이것을 듯고, 다 當然한 말로 알엇소.

練習

一. 늣틔나무는 옛적 길과 지금 길의 달은 것을 엇더케 말하얏느냐.

二. 늣틔나무는, 압헤 보이는 내와 다리를 보면서, 엇더한 말을 하얏느냐.

三. 늣틔나무는, 갈가 나무가 來往하는 사람에게 利益되게 하는 일을 엇더케 말하얏느냐.

四. 衣冠한 사람이 나뭇가지를 썩거가는 것을 보고, 늣틔나무는 무엇이라고 흉을 보앗느냐.

五. 길이 좃케 되면, 그 地方이 繁昌하는 理由를 말하야라.

第二十二課　漢文(雨森芳洲)[72]

芳洲- 通諸方之語하야 其每與韓人相說話에 不假譯者하니 韓人이 嘗戲謂曰 君은 善操諸邦音이나 而殊熟日本이라 하더라. 年八十一에 始將學和歌*하야 而意謂詩則有時作之하니 雖無可稱者나 得不謬平仄하고 至和歌하야는 一不解其法하니 先莫如熟讀古歌라. 自今讀古今集者 一千遍하고 而後自賦者ㅣ 一萬首ㅣ면 其或有所少通焉이라 하야 乃經二年에 千遍畢하고 又三年而萬首就하니라. (先哲叢談)

練習

一. 雨森芳洲는, 엇더케 朝鮮語에 能通하얏느냐.

二. 雨森芳洲는 엇더케 熱心으로 和歌를 배왓스며, 또 그 이약이를 듯고 感動된 것을 말하야라.

三. 다음 漢字를 比較하야, 달은 것을 말하야라.

　　譯 澤 擇,　熟 熱,　或 惑.

〔번 역〕

"호슈는 여러 지방의 말을 통하여, 매번 한국 사람과 더불어 말을 하되 통역자가 필요하지 않았다. 한인이 일찍이 그것을 즐겨 말하기를, 그대는 여러 지방의 말을 잘하나 특히 일본에 익숙하다 하더라. 나이 81에 와카(和歌: 일본 고유 노래)를 배우기 시작하여 그 뜻을 시로 일컬으면 때에 따라 짓고자 하였으니, 비록 일컫는 자가 없을지나 평측에서 오류가 없고, 와카에 이르러 그 방법을

---

72) 雨森芳洲(아메노모리 호슈): 『첩해신어』의 저자.

해석하지 못한 것이 있으니 먼저 고가(古歌)를 숙독함만 같지 못하다 하였다. 이로부터 고금을 모은 것이 일천 편에 이르고, 이후 스스로 지은 것이 일만 수이면 혹 다소 통하는 것이 있을 것이라 하여, 2년이 지난 뒤 천 편을 다 마치고, 다시 삼년이 지나 일만 수를 수집했다."(선철총담)

第二十三課　猫와 虎[73]

여러분 中에는 猫를 不知하는 者가 업겟소. 猫는 鄂이 短하고 頸이 大한 故로, 强力을 發하야 他物을 獲嚙(획교)함에 適當하오. 足掌에는 柔한 肉이 잇고, 足端에는 銳한 爪가 잇서서, 靜步로 潛行하야, 鼠類를 捕捉함을 能히 하고, 上下顎에는 左右에 大牙 一箇식이 잇스니 그 牙齒는 甚히 銳할 쑨 아니라, 內曲하야 動物의 皮肉을 咬裂함에 便利하고 또 舌端에는 針形 갓흔 細尖物이 鱗着(린착)하야 骨上에 附在한 脂肉을 할터먹기에 適宜하오.

虎는 猫와 大小가 不同하나 形體의 組織이 小毫도 달음이 업소. 다만 猫는 毛色이 여러 가지 잇스나 虎의 毛色은 大槪 黃質에 黑章이 橫成하얏소. 故로 虎皮는 華麗한 鋪氈(포전)이 되어 價額이 甚高하오.

虎는 豚 犬 鹿羊 等의 大獸를 捕食하오. 그 捕食하는 貌樣도 亦是 猫의 捕鼠함과 恰似하야 樹下에나 巖後에 隱伏하야 此等 獸類의 過去함을 暗待하다가, 不意에 躍出하야, 그 頸部를 咬裂하오. 그 膂力이 甚强하야, 牛馬 갓치 巨大한 것이라도 口에 물고 疾走하며, 鹿羊의 類는 前足으로 한 번 擊하면 卽死하오.

---

73) 정정본 권7 제7과 虎

虎는 驍猛한 獸인 故로 朝鮮에서는 家의 大門間에 其形像을 畵하야 붓쳐서, 魔鬼의 侵入을 防禦한다 하는 迷信이 잇소. 又 古語에 「虎를 畵하다가 成치 못하고, 도로혀 猫와 갓다」하는 말이 잇소. 이것은 豪傑 을 學하다가, 放蕩하게 됨을 일음이오.

練習

一. 猫의 形體를 말하야라.

二. 虎의 形體를 말하야라.

三. 虎가 달은 짐생을 捕食할 세의 擧動을 말하야라.

四. 虎를 畵하다가 成치 못하고 도로혀 猫와 갓다 하는 말은 무슨 말이냐.

第二十四課　漢文

親老ㅣ어시든 出不易方하며 復不過時하나니라. (小學)

子ㅣ曰 父母之年은 不可不知也ㅣ니 一則以喜오 一則以懼ㅣ니라. (論語)

孝子之事親也에 有三道焉하니 生則養하고 沒則喪하고 喪畢則祭니 라. (禮記)

父ㅣ 命呼ㅣ어시든 唯而不諾하야 手執業則投之하며 食在口則吐之하 고 走而不趨ㅣ니라. (禮記)

將爲善에 思貽父母令名하야 必果하며 將爲不善에 思貽父母羞辱하야 必不果ㅣ니라. (禮記)[74]

---

[74] "內則曰 父母雖沒 將爲善 思貽父母令名 必果(내칙에 이르기를, 부모가 비록 돌아가셨더라 도, 장차 선을 행할 때는, 부모에게 아름다운 명예를 끼칠 것을 생각하여 반드시 결행하 고)." 果는 決.

練習

一. 本課 各 글귀의 뜻을 말하야라.

二. 다음 □표 속에 漢字를 넛코, 吐를 달어라.

    (가) 親老出不□方復不□時

    (나) 生則□沒則□喪畢則□

    (다) 手執□則□之 食在□則□之

    (라) 將爲□善思貽父母□□必□

    (마) 將爲□□思貽父母□□必□□

〔 번 역 〕

"부모가 연로하시면 외출을 해도 방향을 바꾸지 않으며, 돌아올 때에도 다시 그 시간을 넘기지 않는다."(소학)

"공자께서 말씀하시기를 부모의 연세는 알기 어려우니 하나에 기뻐하고 하나에 두려워한다."(논어)

"효자가 부모를 섬김에 세 가지 도리가 있으니, 살아계시면 봉양하고, 돌아가시면 장례를 치르고, 장례를 마치면 제사를 지낸다."(예기)

"아버지께서 명령하여 부르시면, 빨리 대답하며 느리게 대답하지 않고, 손이 일거리를 잡았다면 그것을 던지고, 음식이 입에 있으면 그것을 뱉고, 달려가며 종종걸음으로 가지 않는다."(예기)

"장차 선을 행할 때에는 부모에게 아름다운 명예를 끼칠 것을 생각하고 반드시 결행하며, 장차 불선을 행할 때에는 부모에게 욕됨을 끼칠 것을 생각하여 반드시 행하지 않는다."(예기)

第二十五課　朝鮮의 行政官廳[75]

　朝鮮은 大日本帝國의 一部이니 朝鮮總督이 天皇의 命을 奉하야 此를 管轄하며, 朝鮮總督府 及 所屬 官署를 置하야 諸般 政治를 行하나니라.

　總督의 下에는 政務總監이 잇서서 總督을 輔佐하야 事務를 監督하나니라.

　總督府는 總督官房 及 內務部 度支部 農商工部 司法部의 四部로 成하니, 各部에 長官을 置하며, 又 官房 及 各部를 局 課에 分하야 各各 事務를 分掌하나니라.

　朝鮮은 十三道로 分하고, 各道에 長官을 置하니, 各道 長官은 朝鮮總督의 命을 受하야 管內의 行政을 管理하며, 道事務는 更히 長官官房 第一部 第二部의 各部에서 此를 分掌하나니라.

　各道의 名稱 及 道廳의 所在地는 左와 如하니라.

京畿道	京城	忠淸北道	淸州
忠淸南道	公州	全羅北道	全州
全羅南道	光州	慶尙北道	大邱
慶尙南道	晉州	黃海道	海州
江原道	春川	平安南道	平壤
平安北道	義州	咸鏡南道	咸興
咸鏡北道	鍾城		

---

75) 정정판 권5 -제7과 조선총독부 급 소속관서.

道는 府郡島에 分하고 府에는 府尹, 郡에는 郡守, 島에는 島司를 置하야, 各其 官內의 行政 事務를 掌理케 하나니라. 府는 十二이니, 京城·仁川·群山·木浦·大邱·釜山·馬山·平壤·鎭南浦·新義州·元山·淸津이며, 郡은 二百十八이고, 島司를 置한 島는 濟州·鬱陵의 二이니, 各郡·島에는 面을 置하고, 面에는 面長이 잇나니라.

各道에 參與官을 置하고, 又 道·府·郡·島에 參事를 置하니라. 參與官은 道長官의 諮問에 應하며, 又 道 事務를 보며, 參事는 道·府·郡·島內에 住居하고, 學識 名望이 잇는 者로써 任하야, 道長官·府尹·郡守·島司의 諮問에 應케 하나니라. 各道에 警務部와 憲兵隊가 잇고, 又 必要한 地에는 警察署·憲兵分隊 又는 憲兵 分遣所가 잇서서, 各地方의 安寧 秩序를 保하며, 衛生의 事務를 行하나니, 此等 官署는 警務總監部 及 憲兵 司令部의 管轄에 屬하나니라.

又 各道에 慈惠醫院을 附置하야, 疾病의 診療를 掌하며, 兼하야 助産婦·看護婦를 養成하나니라.

練習

一. 朝鮮 十三道 名과 그 道廳 所在地名을 말하야라.

二. 道事務는 무슨 部 무슨 部로 分掌되엿느냐.

三. 府名과 島司를 置한 島名을 일너라. 또 郡 數는 몃치냐.

四. 參與官과 參事라 하는 것은 엇더한 것이냐.

五. 警務總監部와 憲兵隊 司令部의 管轄에 屬한 官署에는 엇더한 것이 잇느냐.

第二十六課 漢文

朝鮮之地는 以十三道分區라. 然이나 諸地에 有由來俗稱하니 忠淸南北 全羅南北 慶尙南北 六道는 皆在南方이라. 故로 稱以三南하고, 在鳥嶺以南之慶尙南北道는 謂之嶺南하고 指碧骨池*·訥堤·黃登堤之南之全羅南北道하야 曰湖南이오 之西之忠淸南北道는 曰湖西오 稱大關嶺以東之江原道하야 爲關東하며 又嶺東이라 하고 嶺以西를 爲嶺西하고 咸鏡南北道는 在北이라 故로 曰關北이오 平安南北道는 在西라 故로 曰關西이오 黃海道는 瀕於海而在西라 故로 以海西呼之하니 合平安南北道면 則爲兩西니라.

練習

一. 三南·嶺南·湖南·湖西는 어느 地方을 일은 것이냐.

二. 關東·嶺東·嶺西·北關·西關은 어느 地方을 일은 것이냐.

三. 海西·兩西는 어느 地方을 일은 것이냐.

[번 역]

조선의 지방은 13도로 나뉜다. 그러나 여러 지방에는 속칭이 유래하니, 충청남북·전라남북·경상남북 6도는 모두 남쪽에 있다. 그러므로 삼남이라 칭하고, 조령 이남 경상남북도는 영남이라고 일컫도, 벽골지, 눌제, 황등제 남쪽의 전라남북도는 호남이라고 일컬으며, 서쪽의 충청남북도는 호서이다. 대관령 동쪽의 강원도는 관동이 되며, 또 영동이라고 하고, 고개 서쪽은 영서가 되며, 함경남북도는 북쪽에 있으므로 관북이며, 평안남북도는 서쪽에 있는 까닭에 관서이다. 황해도는 서쪽 바닷가이므로 해서라고 부르니 평안남북도와 합하면 양서가 된다.

第二十七課　職業76)

　사람이 이 世上에 生活을 經營함에는 반다시 一定한 職業이 잇서야 하오. 놀기만 하고 貧窮에 싸져서 달은 사람에게 累를 씻치는 者는 大概 自己 職業에 힘쓰지 아니하는 사람이오. 비록 財産이 잇서서 窘塞함이 업시 生活하야 가는 사람이라도, 아무 일도 하지 안코, 便한 것만 取하는 것은 참 큰 羞恥라 할 것이오. 一定한 職業에 從事하야 그 業에 勉勵하는 것이 卽 사람이 사람된 道를 다하는 것이오.

　사람사람이 그 業을 힘쓰는 것은, 그 社會·國家의 繁榮을 增進케 하는 것이오. 만일 한 사람이라도, 그 職業에 게을너서, 달은 사람에게 폐를 씻치는 일이 잇스면, 그것은 그 한 사람의 羞恥가 될 뿐 아니라, 實로 社會·國家의 進步 發達을 妨害하는 것이오. 그러한즉 老幼나 不具者 갓흔 사람은 할 수 업거니와, 身體가 健康한 사람은 不可不 一定한 職業에 從事하야야 하오.

　職業에는 精神을 쓰는 것도 잇고, 身體를 勞働하는 것도 잇고, 特別한 技能을 要하는 것도 잇서서, 그 種類가 여러 가지나, 不正한 職業이 아니면, 엇던 것이던지 世上에 必要치 아니한 것이 업소. 사람사람이 各其 才能이 달으고, 嗜好도 알은 고로, 各其 適當한 바를 짤어서, 職業을 힘써야 비로소 完全한 社會를 組織할 수가 잇소. 正當한 職業에 誠實히 勉勵하는 일이 가장 貴重한 것이니오. 自己가 自己의 職業을 賤히 역여서 그 業務를 게을니 하고, 쏘 함부로 그 業을 變更하는 等事는 가장 경계할 일이오.

---

76) 정정판 권3 제16과: 내용상 차이가 많음.

一. 財産이 잇고 아모 窘塞도 업는 사람은 自己職業을 게을니 하야도 關係
　 치 아니하냐.

二. 사람사람이 各其 職業을 勉勵하고 아니함에, 社會·國家에 엇더한 일
　 이 밋치느냐.

三. 自己 職業을 賤히 역이고, 그 業務를 게을니함은, 왜 올치 아니하냐.

第二十八課　漢文(閔損衣單, 伯瑜泣杖)

史記에 閔損의 字는 子騫(자건)이니 早喪母하고 父娶後妻하야 生二
子라. 損이 孝心不怠하니 母ㅣ 疾之하야 所生子는 衣綿絮하고 損은 以
蘆花絮라. 父ㅣ 冬日에 令損으로 御車할새 體寒失靷하니 父ㅣ 責之호대
損이 不自理라. 父ㅣ 察知之하고 欲遣後母한대 損이 啓父曰 母在一子寒
하고 母去三子單이니이다. 父ㅣ 善之而止하니 母亦悔改하야 後待三子
均平하야 遂成慈母也ㅣ러라. (蒙求)

韓詩外傳에 伯瑜ㅣ 有過하야 其母ㅣ 笞之泣한대 母ㅣ 曰 他日杖에
汝ㅣ 未嘗泣이러니 今泣은 何也오. 對曰 他日에 得杖常痛이러니 今母老
無力하야 不能痛이라 是以泣이니이다. (蒙求)

一. 閔損의 이약이를 하야라.

二. 伯瑜의 이약이를 하야라.

三. 다음 漢字를 各其 너어서 두 字식의 말을 지어라.
　 喪, 綿, 寒, 悔, 慈, 過, 痛

四. 다음 漢字를 比較하야 달은 것을 말하야라.

　絮 恕 怒,　失 矢,　欲 慾,　泣 位.

[번 역]

"사기에 민손의 자는 자건이니 일찍 어머니를 여의고, 아버지가 후처를 취하여 두 아들을 나았다. 손이 효심을 게을리하지 않더니, 어머니가 그것을 싫어하여 친히 나은 아들에게는 솜옷(綿絮)을 입히고, 손은 갈옷을 입혔다. 아버지가 겨울에 손에게 수레를 몰라 하니 몸이 추워 고삐를 놓쳤다. 아버지가 그것을 꾸짖으니 손이 그 이유를 말하지 못했다. 아버지가 그것을 살펴 알아채고 후처를 내쫓으려 하니 손이 아버지께 말하기를, 어머니께서 계시면 한 아들(자신)이 춥고, 어머니께서 가시면 세 아들이 모두 외롭습니다 하였다. 아버지께서 그것을 옳게 여겨 그만두니, 어머니 또한 회개하여 세 자식을 균등하게 대하므로, 드디어 자애로운 어머니가 되었다."(몽구)

한시외전에 백유가 잘못하여 그 어머니가 매를 때리니 울거늘, 어머니가 말하기를 지난 날 너는 일찍이 울지 않더니 지금 우는 것은 무슨 까닭이냐. 대답하여 말하기를 지난 날 매를 맞을 때는 항상 아프더니 지금 어머니께서 늙으셔서 아픔을 느끼지 못하니, 그 까닭으로 웁니다 하였다.

第二十九課　朝鮮의 産業(一)[77]

農業: 現今 朝鮮의 耕作地는 約 其三分의 一이 畓이오 三分의 二가 田이니, 畓은 京城 以南이 多하고, 田은 其以北에 多한 故로 南方에는 米가 多産하고 北方에는 粟 等이 多産하나니라. 畓에는 灌漑의 設備가 最히 必要한 故로 各道에서 다 此에 盡力하나니라.

農産物 中 重要한 者는 米이니 收穫이 逐年 增加하야 全朝鮮의 一箇年 産額이 一千二百餘萬石인대, 其中 內地에 利出되는 額도 不少하니라. 其次에 重要한 者는 麥과 粟이니라. 又 朝鮮의 南方은 地味와 氣候가 棉花를 栽培함에 適當한 故로, 近來에 陸地棉이라 稱하는 種類를 栽培하는대, 其成績이 頗히 良好하나니라. 養蠶業은 朝鮮 全土에 適當하니, 近來 獎勵한 結果로 顯著히 發達됨에 至하나니라. 牛는 種類가 甚히 優良한 故로, 生牛와 牛皮의 輸移出額이 甚多하야 朝鮮 貿易의 重要한 地位를 占하나니라. 甜菜(첨채)로 砂糖을 製造하는 業도 平安南道와 黃海道 地方에서 經營하게 되나니라.

漁業: 朝鮮은 三面에 海가 有하야 海岸線이 八千餘 海里에 亘하고, 地勢·氣候와 潮流의 關係가 各各 異한 故로, 海産物도 地方을 隨하야 各異하니, 東海岸에는 비웃·明太魚·고등어 等이 多하고, 南海岸에는 도미가 多하고, 西海岸에는 조긔 等이 多하나니라. 又 東海岸과 南海岸에서는 고래를 捕獲함이 不少하나니라. 其他 海藻·貝類 等을 養殖하는 處도 有하다.

---

77) 정정판 권4 제4~5과 조선지세, 조선해안 등과 관련.

練習

一. 朝鮮의 田畓 分布를 말하야라.

二. 朝鮮米에 아는 일을 말하야라.

三. 朝鮮 棉花의 이약이를 하야라.

四. 朝鮮의 養蠶業·牛·砂糖業의 이약이를 하야라.

五. 朝鮮 漁業의 이약이를 하야라.

第三十課 朝鮮의 産業(二)

鑛業: 朝鮮에는 鑛物이 甚히 豊富하니라. 其中 金 의 産額이 頗多하니
雲山(平安北道) 遂安(黃海道) 稷山(忠淸南道) 等地의 金鑛이 有名하니
라. 鐵鑛은 各道 到處에 有하나, 其中 黃海道의 鐵鑛이 特히 著名하니,
九州 八幡[78](야와다) 製鐵所에 供給하는 分量이 頗多하며, 其他 製鐵業
에 緊重한 重石의 産地도 近來에 不少히 發見되니라. 石炭은 內地의
産出에는 不及하나, 平壤地方에서 産出하는 無煙炭은 分量도 頗多하고
品質도 甚佳하며, 平壤 鑛業所에서는 我國 海軍에 屬한 軍艦에서 使用
하는 無煙炭을 掘出하나니, 其 炭田은 自今 數百年間을 掘出하야도 盡
치 아니한다 하나니라.

如斯히 朝鮮 地中의 寶는 甚히 多하나, 從來로 鑛業이 幼稚하야, 其産
額이 少하더니, 近來 內地 大鑛業家로 此事業에 着手하는 者가 多한
故로, 自今은 其産額도 顯著히 增加됨에 至하리라.

---

78) 일본의 인지명을 한글로 부속한 경우가 많음.

工業: 朝鮮의 美術·工藝 等은 昔時에는 頗히 興旺하얏스나, 近來에는 甚히 衰退되니라. 然이나 最近에 大規模의 各種 工業이 漸漸 興旺하니 可喜한 事이니라.

貿易: 朝鮮의 輸移出品 中 重要한 者는 米·大豆·牛皮·棉花 等이오 輸移入品의 大部分은 木綿·綿絲·其他 織物·石油·紙物·砂糖·機械類이니, 卽 朝鮮에는 工業이 興旺치 못한 故로 如此히 製造品의 輸移入이 多하니라.

　産業은 富國强兵의 基礎인 故로 國民된 者는 上下를 勿論하고 此에 努力함이 可하니라.

練習
一. 朝鮮의 有名한 金鑛·鐵鑛의 이약이를 하야라.
二. 朝鮮의 石炭 이약이를 하야라.
三. 朝鮮의 工業 이약이를 하야라.
四. 朝鮮의 輸移出品·輸移入品 中에 重要한 物品을 말하야라.

第三十一課　漢文

　司馬溫公이 嘗言吾無過人者어니와 但平生所爲ㅣ 未嘗有不可對人言者耳로다. (小學)
　曾子ㅣ曰 吾ㅣ 日三省吾身하노니 爲人謀而不忠乎아 與朋友交而不信乎아 傳不習乎아ㅣ니라. (論語)
　孟子ㅣ曰 自暴者는 不可與有言也ㅣ오 自棄者는 不可與有爲也ㅣ니

言非禮義를 謂之自暴也ㅣ오 吾身不能居仁由義를 謂之自棄也ㅣ니라. (孟子)

吉人은 爲善호대 惟日不足이어든 凶人은 爲不善호대 惟日不足이니라. (書經)

練習

一. 다음 글에 吐를 달고, 全文 뜻을 諺文을 섞거서 곳쳐 써라.

(가) 吾日三省吾身爲人謀而不忠乎

(나) 吉人爲善惟日不足

二. 다음 말을 漢字로 곳쳐 써라.

과인, 삼셩, 붕우, ᄌᆞ포, ᄌᆞ기, 례의, 길인, 흉인

〔 번 역 〕

"사마온공이 말하기를 나는 남보다 나을 것이 없거니와 다만 평생에 한 바가 아직 일찍이 부끄러워서 남에게 말할 수 없는 것이 없을 뿐이다 하였다."(소학)

"증자께서 말씀하시기를, 나는 하루에 세 가지를 반성하니, 다른 사람과 일을 꾀하되 진실되지 못한 것은 아닌가, 붕우와 사귀되 믿음이 없었던 것은 아닌가, 전한 것을 익히지 않은 것은 아닌가이다."(논어)

"맹자께서 말씀하시기를 자포(自暴)라는 것은 가히 더불어 말할 것이 못 되고, 자기(自棄)라는 것은 가히 더불어 하지 못할 바이니, 예의가 아니라고 말하는 것은 자포라고 일컫는 것이며, 내 몸이 의로 말미암아 인에 거처하지 못한다고 하는 것을 일컬어 자기라고 한다."(맹자)

"길인(吉人)은 선을 행하되 오직 날이 부족하다고 말하며, 흉인(凶人)은 불선을 행하되 오직 날이 부족하다고 말한다."(서경)

第三十二課 人蔘과 煙草[79)]

人蔘은 內地·支那·米國 等地에도 産出하나 朝鮮이 第一 著名한 中, 特히 開城 附近에서 産出하는 것이 가장 有名하오. 人蔘의 줄기와 입사귀는 겨울이 되면 말으나, 그 쑤리는 年年히 굵어져서, 적어도 六七年을 지난 後에 비로소 藥用으로 收穫하는 것이오. 人蔘은 그 製法을 딸어서 紅蔘과 白蔘의 二種이 잇소. 紅蔘은 水蔘을 쪄서 日光과 火熱로 乾燥케 하야 만든 것이고, 白蔘은 水蔘을 다만 日光에 말녀서 만든 것이오. 紅蔘은 갑시 빗싸고 白蔘은 比較的 싸나, 모다 形體가 크고 具備한 것이 조흔 것이오. 紅蔘의 製造는 總督府에 專屬하고, 大槪 支那에 輸出되오. 支那에서는 古來로 上下 一般이 人蔘은 萬病에 特效가 잇는 神草라 하야 愛用하오.

人蔘은 옛적부터 朝鮮에 産出하야 外國에까지 有名하더니 距今 十餘年 前에 人蔘에 一種의 病毒이 蔓延되여 一時 其業이 荒廢될 地境에 이르럿더니, 그 後에 朝鮮總督府에서 여러 가지 硏究를 하야 病害의 豫防法을 實行하고, 또 栽培의 改善을 圖謀한 結果로, 近來 다시 勃興되여, 大正 五年 中 紅蔘製造額이 六萬餘斤이고 그 價額이 二百六十餘萬圓에 達하얏소.

煙草는 高가 五六尺에 達하는 풀인대, 입사귀가 크고 느진 여름에 꼿치 픠오. 꼿치 픠기 前에 筍을 짜러 입사귀를 잘 자라게 하요. 입사귀는 밋헤서부터 츠례로 올니싸고. 이것을 말녀서 煙草를 만드오. 말니기를 잘못하면 조흔 煙草가 되지 못하오. 煙草는 사람의 精神을 興奮케 하는 作用이 잇스나, 너무 만히 먹으면 그 속에 包含된 니고진[80)]이라

---

79) 정정 권7 제9과 중요 물산 관련.

하는 一種의 毒性으로, 身體에 害毒을 밋치게 하는 일이 잇소. 特히 年少한 者에게는 그 害毒이 尤甚하니, 喫煙하는 일을 삼가지 아니하면 아니되오.

煙草는 朝鮮 重要 物産의 하나인대, 朝鮮 到處에 栽培치 아니하는 곳이 업스나, 京畿道 廣州·平安南道 成川·江原道 寧越 所産이 古來로 가장 有名하오.

朝鮮에서는 煙草를 栽培하는 者는 植한 株數를 쌀어서 耕作稅를 納하고, 煙草를 製造하는 者는 製造稅를 納하오. 煙草를 吸하는 者는 卽 此等의 稅金을 負擔하는 것이오.

煙草는 廣히 世界 各地에 栽培되여 名産地도 만흐나, 元來는 米國 熱帶地方의 原産이더니, 距今 約 四百年前에 西洋에 傳하야, 그 後 漸漸 廣布되여 今日과 갓치 盛하게 되엿소. 朝鮮에서는 煙草를 南草라 하오.

練習

一. 紅蔘과 白蔘은 各各 엇더케 製造하는 것이냐.

二. 煙草의 입사귀는, 엇더한 次序로 收穫하는 것이 가장 適當하냐.

三. 少年者가 煙草를 喫하는 것이 不可한 理由를 말하야라.

四. 朝鮮의 煙草 名産地를 말하야라.

五. 煙草가 今日과 갓치 世界에 廣布된 來歷을 말하야라.

---

80) 니고진: 니코틴.

第三十三課　漢文(文益漸囊取棉種)[81]

　朝鮮은 舊無木棉하야 只用麻紵繭絲爲布ㅣ러니 高麗末에 晋州人 文益漸이 嘗使支那라가 取木棉種하야 潛貯囊中하고 並製取子車繰絲車而來(병제취자거소사거이래)라. 人人이 競傳其法하니 未百年에 流布中外하야 上下所服이 大抵皆是오 轉貨居積이 盛行於世하야 比麻布倍蓰하야 其利益於人이 未有如此物者하니 後에 官이 賞益漸之功하야 錄用其子孫云이라. (謏聞鎖錄)

練習

一. 朝鮮의 木棉種이 들어온 來歷을 말하야라.

二. 다음 漢字의 색음과 音을 말하야라.

　　綿. 麻. 苧. 布. 服.

三. 다음 漢字를 比較하야 달은 것을 말하야라.

　　末 未,　晋 普,　抵 底,　比 此,　漸 斬.

［번 역］

　"조선은 본래 목면이 없어, 다만 삼과 저포 견사로 옷을 만들더니, 고려말에 진주 사람 문익점이 일찍이 중국에 사신으로 갔다가 목면 종자를 취하여 몰래 주머니 속에 넣어 가지고 왔다. 아울러 씨 뽑는 수레(取子車)와 실 잣는 수레(繰絲車, 소사거)를 만들었다. 사람들이 다투어 그 법을 전하니, 백 년이 못되어 중외에 유포되어 상하 모두 옷을 지으면 모두 그것이요, 돈으로 바꾸어 쌓다두는

---

81) 문익점 이야기는 고등소학독본(휘문의숙) 권2-36과 목면 등 여러 곳에 나옴.

일이 세상에 성행하여 마포에 비해 갑절이나 많아, 사람들에게 그 이익이 이와 같은 물건이 없었다. 후에 관에서 문익점의 공을 상찬하여 그 자손에게 녹을 주었다고 한다."(소문쇄록)

第三十四課　梟眼[82]

　人類와 밋 犬馬 等의 眼孔을 보면 白色 眼球 中에 黑色 圓形의 小球가 잇고 또 小球 中에 黑色 圓形의 最小球가 잇스니 이것을 瞳孔이라 하오.

　日光은 瞳孔으로 透入하나니 瞳孔이 强한 光線에 向하면 적어지고 弱한 光線을 對하면 커지오.

　暗黑흔 곳에 居홀 쎄는 瞳孔이 크고 日光 强射흐는 곳에 居홀 쎄는 적음을 볼지어다. 이것은 强흔 光線이 一時에 來射흔즉 眩暗ᄒ야 視力이 減ᄒ는 故로 自然히 적어져서 光線의 强射흠을 防禦흠이라. 日光이 極히 强흔즉 瞳孔이 아모리 적을지라도 오히려 能히 見物치 못ᄒ는 故로 我等은 不知不識間에 眼을 細케 ᄒ야써 日光의 透入흠을 밧지 안코져 ᄒ는도다. 이와 相反ᄒ야 室內 暗黑흔 곳에셔는 日光의 射力이 甚히 弱흔 故로 아모됴록 瞳孔이 甚大하야 强大흔 光線을 受容코져 ᄒ느니라. 日光의 射力이 最强흔 날에 卒然히 室內에 드러간즉 暫時 能히 見物치 못흠은 적어졋던 瞳孔이 急히 커지지 못ᄒ는 緣故오 少後에 如前히 明見흠은 瞳孔이 漸大ᄒ야 弱흔 光線을 聚集흠에 適當흔 所以니라. 또 暗室에셔 急히 出外흘 쎄에 瞳孔이 自眩ᄒ야 能히 見物치 못흠은 瞳孔이 過度히 커셔 强大흔 光線을 밧는 緣故ㅣ니라.

---

82) 정정판 권7 20과 효안. 표기법만 달라짐. 내용 동일.

梟를 見하는 者는 첫재, 그 眼孔의 過大함을 一驚할 터이고, 仔細히 察見하면 그 瞳孔의 甚大함도 알 터이오. 梟眼은 瞳孔이 甚大하야 晝間 에는 日光을 過受하는 고로 能히 物을 見치 못하고 夜間에 人類와 犬馬 等과 밋 其他 鳥類의 能히 見物치 못하는 時는 弱한 光線을 多受하야 비로소 物을 見하오.

練習

一. 强한 光線이 來射하면 瞳孔이 적어지는 理由를 말하야라.

二. 弱한 光線이 來射하면 瞳孔이 커지는 理由를 말하야라.

三. 日光이 强한 곳에서 急히 室內에 들면 暫時間은 能히 物을 見치 못하
는 理由를 말하야라.

四. 暗室에서 急히 出外하면 暫時間은 能히 物을 見치 못하는 理由를 말하
야라.

五. 梟가 夜間에 能히 物을 見하는 理由를 말하야라.

第三十五課　漢文(四端)

無惻隱之心이면 非人也ㅣ며 無羞惡之心이면 非人也ㅣ며 無辭讓之心 이면 非人也ㅣ며 無是非之心이면 非人也ㅣ니라. 惻隱之心은 仁之端也 ㅣ오 羞惡之心은 義之端也ㅣ오 辭讓之心은 禮之端也ㅣ오 是非之心은 智之端也ㅣ니라. 人之有是四端也ㅣ 猶其有四體也ㅣ니 有是四端而自謂 不能者는 自賊者也ㅣ니라. (孟子)

練習

一. 다음 □표 속에 漢字를 너어라.

　(가) □□之心 仁之端也ㅣ니라.

　(나) □□之心 義之端也ㅣ니라.

　(다) □□之心 禮之端也ㅣ니라.

　(라) □□之心 智之端也ㅣ니라.

二. 다음 말을 漢字로 곳치고, 그 뜻을 말하야라.

　인, 의, 례, 지.

【 번 역 】

　"측은지심이 없으면 사람이 아니며, 수오지심이 없으면 사람이 아니며, 사양지심이 없으면 사람이 아니며, 시비지심이 없으면 사람이 아니다. 측은지심은 인의 시작이며, 수오지심은 의의 시작이며, 사양지심은 예의 시작이며, 시비지심은 지의 시작이니, 사람은 모두 사단을 갖고 있음은 그들이 모두 사체(四體)를 갖고 있음과 같다. 이 사단(四端)이 있음으로써 스스로 불능이라고 말하는 것은 스스로를 도적하는 일이다."(맹자)

第三十六課　誠實

　誠實이라 함은 虛僞가 無한 心으로 善한 事를 行하는 것이니, 卽自己 正心의 命令을 隨하야 他人을 欺치 아니하며, 又 自己를 欺치 아니하는 것을 謂함이니라.

　誠實한 人은 其行動에 表裏가 無하며 明과 暗을 隨하야 行動을 二로 하는 事이 無하며, 안으로 省하야 小毫도 疚(구)한 바이 無한 故로 心이 恒常 和平하니라. 又 誠實로써 人을 交際하면, 人을 感動케 하며, 誠實로써 業務에 從事하면, 自然히 人에게 信用을 得하야, 家業이 興旺하나니라. 此와 反對로 誠實한 心이 無한 者는, 如何히 外樣을 飾하며, 言을 巧히 하더라도, 모다 虛禮 僞善이 되고, 맛참내는 世上 信用을 失하야, 家業의 繁榮을 圖謀키 不能케 되리라.

如斯히 誠實은 各種 善行의 根本이 되는 것이니, 君에게 忠하며, 親에게 孝하며, 兄弟에게 友하며, 朋友에게 信하고, 又 廣히 公衆의 利益을 圖謀하는 等事는, 모다 此美德으로부터 出하는 것이니라. 汝等은 自己가 行하여야 할 事는 如何한 細小한 事이던지, 誠實한 心으로 行하도록 注意하여야 할지니라.

練習

一. 誠實이라 하는 것은 엇더한 것이냐.

二. 誠實한 사람은 왜 心이 恒常 和平하냐.

三. 誠實한 마음이 업는 사람은 왜 世上 信用을 失하야 家業의 繁榮을 圖謀키 不能하냐.

四. 君·親·兄弟·朋友에 對하야 誠實한 것을, 달은 말로써 하랴면 各各 무엇이라고 하겟느냐.

第三十七課　漢文

誠者는 天之道也오 誠之者는 人之道也ㅣ니 誠者는 不勉而中하며 不思而得하야 從容中道하나니 聖人也ㅣ오 誠之者는 擇善而固執之者也ㅣ니라. (中庸)

誠者는 天之道也오 思誠者는 人之道ㅣ니라. 至誠而不動者ㅣ 未之有也ㅣ니 不誠이면 未有能動者也ㅣ니라. (孟子)

左傳에 宋人이 得玉獻司城子罕[83]한대 子罕이 弗愛어늘 獻者ㅣ 曰 玉은 人以爲貴故로 獻이니이다. 子罕이 曰 我以不食爲寶하고 爾以玉爲貴하니 若以與我ㅣ면 皆喪寶라. 不若人各有其寶也ㅣ니라. (蒙求)

練習

一. 子罕의 이약이를 하야라.

二. 다음 □표 속에 漢字를 넛코, 吐를 달어라.

　　(가) 誠者不□而中不□而得從容中□

　　(나) □□而不動者未之有也

　　(다) 不誠未有□□者也

三. 다음 漢字를 各其 너어서, 두 字식의 말을 지어라.

　　誠. 道. 玉. 寶.

[번 역]

"성실함은 하늘의 도이며 성실해지려고 함은 사람의 도이다. 성실한 사람은

---

83) 사성자한(司城子罕): 춘추시대 송나라의 현신 사성자한. 성은 악(樂)이고, 이름은 희(喜).

힘쓰지 않아도 딱 들어맞고 생각하지 않고도 파악할 수 있어서 차분하게 도에 맞으니 성인이다. 성실해지려고 하는 사람은 선한 것을 택해서 굳게 그것을 잡는 사람이다."(중용)

"성(誠)은 하늘의 도이고, 진실함을 추구하는 것은 사람의 도이다. 지극히 진실한데도 남을 감동시키지 못하는 경우는 없고, 진실하지 않은데도 남을 감동시키는 경우는 없다."(맹자)

"좌전에 송나라 사람이 옥을 얻어 사성 자한(子罕)에게 바치되, 자한이 좋아하지 않거늘, 바친 사람이 말하기를, 옥은 사람들이 귀하게 여기는 까닭에 바칩니다 하였다. 자한이 말하기를 나는 탐식하지 않음을 보배로 여기고 그대는 옥을 귀하게 여기니, 만약 이것을 나에게 주면 모두 보배를 잃게 된다. 그렇지 않으면 두 사람이 모두 각각 보배를 지니게 된다고 하였다."(몽구)

第三十八課　軍艦[84]

戰爭에 쓰는 船隻을 軍艦이라 稱하나니 古代의 軍艦은 木製에 지나지 못하얏스나 今世의 軍艦은 鋼鐵로 製造하나니라.

軍艦에는 戰鬪艦, 巡洋戰艦, 驅逐艦 等의 種類가 잇나니[85], 大砲를 多數히 備置하니라. 大砲의 最大한 者는 長이 六十尺이나 되나니, 如斯한 大砲의 發射하는 彈丸은 周圍가 四尺이오 重量은 一千五百餘斤이 넘나니라. 其中 戰鬪艦은 外部의 厚가 一尺으로부터 一尺 四五寸되는 甲鐵로 被覆하는 故로 普通의 彈丸으로써 攻擊할지라도 容易히 貫通치

---

[84] 정정판 권6 제1과 군함.

[85] 정정판에 비해 군함의 종류 추가, 무게 길이 증가(오십척–육십척, 삼척–사척).

안는지라. '軍艦은 海上의 城'이라 하는 말이 잇스나 今世의 軍艦은 昔時의 城壘보다 堅固하도다.

昔時의 城壘는 今世의 軍艦의 大砲로써 射擊하면 猝地에 破壞될지오 昔時의 城壘에셔 放射하는 小銃의 彈丸은 今世의 軍艦에 雨下할지라도 足히 顧慮할 바ㅣ 아니니라.

그쑨 아니라 城壘는 他處로 運移할 수 업스나 軍艦은 自由로 廻轉하야 所用을 任意로 하는도다.

巨大한 軍艦이 港口에 碇泊함을 望見하면 山岳이나 嶋嶼가 兀立(올립)함과 恰似하도다. 雖然이나 汽笛 一聲에 黑烟을 吐出하며 疾走할 쌔는 鷹鷲(응취)의 飛去함과 갓치 風潮를 不畏하는도다. 然則 昔時의 軍艦은 비록 千百隻이 잇슬지라도 能히 今世의 軍艦 一隻을 抗敵치 못할지라. 그러나 今世의 軍艦 一隻의 價額은 昔時의 軍艦 千百隻보다 倍蓰하니라.

以上에 述한 者 外에도 近來에는 潛水艇 等이 잇서서 더욱 軍事上의 發達이 되니라.86)

練習
一. 古代 軍艦과 今世 軍艦의 달은 것을 말하야라.
二. 軍艦에는 엇더한 種類가 잇느냐.
三. 軍艦의 大砲와 그 彈丸의 이약이를 하야라.
四. 다음 말을 漢字로 곳쳐 써라.

_____

86) 이 문장은 정정판에 없음. 추가 전 문장임.

강철,　전투함,　순양전함,　순양함,　구축함,　슈뢰뎡,　잠슈뎡,　탄환,
셩류,　뎡박

第三十九課　漢文(中江藤樹)

某州一士人이 經過藤樹之故里라가 欲弔其墳墓하야 問路農夫한대 農
夫ㅣ 卽舍耒耜(뢰사)하고 徑趨入屋하야 更著潔服出이어늘 士ㅣ 跟之行
하야 旣而至墓所에 農夫ㅣ 拜掃甚恭이라. 士ㅣ 甚訝之하야 因問曰 爾于
藤樹에 有何親故而敬禮乃爾오. 農夫ㅣ 曰 欽仰藤樹先生이 豈惟余哉ㅣ
리오. 闔邑이 皆然하야 父老ㅣ 每語其子弟曰 吾里ㅣ 父子有禮하고 兄弟
有恩하고 室無忿疾之聲하고 面有和煦(화후)之色者는 職由藤樹先生之
遺敎也라 하니, 此所以無一人不戴其恩也ㅣ니이다. 於是에 士ㅣ 變容曰
世稱爲近江聖人이러니 吾乃今而知其非虛讚也ㅣ라 하야 卽敬拜其墓하
고 厚謝農夫去하니라. (先哲叢談)

練習

一. 農夫가 한 선비를 藤樹의 墓에 引導할 째의 이약이를 하야라.

二. 農夫가 藤樹의 墓 前에 拜禮하고 그 선비가 「너는 藤樹와 무슨 關係가
　　잇느냐.」고 물을 째에 農夫는 무엇이라고 對答하얏느냐.

三. 本課의 이약이를 듯고, 感動된 것을 말하야라.

四. 다음 漢字를 各其 너어서, 두 字식의 말을 지어라.

　　里,　潔,　恭,　禮,　敎,　恩

五. 다음 □표 속에 漢字를 넛코, 吐를 달어라.

　　吾里父子有□兄弟有□ 室無□□之聲 面有□□之色者職由藤樹先生之

□□也

〔번 역〕

"어느 주의 한 선비가 나가에 도슈(中江藤樹)의 고향을 지나가다가, 그 분묘에 조문하고 싶어 농부에게 길을 묻건대, 농부가 즉시 뇌사(耒耜: 쟁기)를 버리고 성큼성큼 집으로 들어가더니 다시 깨끗한 옷을 갈아입고 나오거늘, 선비가 그 뒤를 따라가 이미 묘소에 이름에 농부가 청소를 하는데 매우 공손했다. 선비가 심히 이상하게 여겨 그 까닭을 묻기를, 너는 도슈와 무슨 관계가 있어 이처럼 예를 다하는가. 농부가 말하기를 도슈 선생을 흠앙하는 것이 어찌 나뿐이겠는가. 온 마을이 다 그러하여 노부가 매번 자제들에게 말하기를 우리 마을이 부자가 예의가 있고, 형제가 은애가 있고, 집안이 분노하는 목소리가 나지 않고, 온 면이 화후한 색이 있는 것은 도슈 선생의 가르침으로부터 말미암은 것이라고 하니, 이는 한 사람도 그 은혜를 공경하지 않는 사람이 없는 까닭이라고 하였다. 이에 선비는 얼굴 빛을 바꾸어 말하기를, 세칭 근강성인(近江聖人)이라 하더니 내가 이에 지금 그것을 알게된 것이 헛된 칭찬이 아니라 하여, 즉시 그 묘소에 경배하고 농부에게 후사한 뒤에 가버렸다."(선철총담)

第四十課 面

面制(大正六年 六月 制令 第一號)

第一條 面은 法令에 依하야 面에 屬ᄒ게 혼 事務를 處理홈
第二條 面의 事務ᄂᆞᆫ 面長이 此를 擔任홈

第三條 面에는 朝鮮總督이 定하는 바에 依하야 有給 又는 無給의 面吏
員을 置홈을 得홈. 面吏員은 郡守 又는 島司가 此를 任免홈. 面
吏員은 面長의 命을 承하야 事務에 從事홈
第四條 朝鮮總督은 面을 指定하고 面長의 諮問에 應케 하기 爲하야
相談役을 置홈을 得홈

(以下 省略)

面制 施行規則 (大正 六年 六月 朝鮮總督府令 第三十四號)

第一條 面은 別로히 規定이 有흔 것 外에 左의 事務를 處理홈을 得홈
一. 道路 橋梁 渡船 河川 堤防 灌漑 排水
二. 市場, 造林, 農事, 養蠶, 畜産 其他 産業의 改良 普及 及 害鳥蟲
驅除
三. 墓地, 火葬場, 屠場, 上水, 下水, 傳染病 豫防, 汚物의 處置
四. 消防, 水防
面은 特別흔 必要가 有흔 境遇에 在하야는 朝鮮總督의 認可를 受하
고 前項 各號 以外의 事務를 處理홈을 得홈
第二條 面에 面書記를 置하되 其定員은 道長官이 此를 定홈
面書記는 有給으로 홈
面長이 事故가 有흔 時는 上席 面書記가 其職務를 代理홈
第三條 郡守 又는 島司는 面書記 中으로 會計員을 命홈이 可홈. 但 特別흔
事情이 有흔 境遇에 在하야 道長官의 認可를 受흔 時는 此限에 不在홈
會計員은 出納 其他 會計 事務를 掌홈
第一項 但書의 境遇에 在하야는 本令 中 會計員에 關흔 規定은 面長
에게 此를 準用홈

第四條 町洞里에 區長을 置홈

特別흔 事情이 有흔 時는 郡守 又는 島司는 道長官의 認可를 受ᄒ고
二 以上의 町洞里에 一區長 又는 一 町洞里에 二 以上의 區長을 置홈을
得홈

區長은 無給으로 ᄒ며 其 町洞里 內에 住所를 有ᄒ는 者 中으로 此를
任홈

區長은 面의 事務로셔 町洞里에 關흔 것을 補助홈 (以下 省略)

練習

一. 本課는 法令文 一斑을 보인 것인 고로 「하」를 「ᄒ」라 하며, 「는」을
「ᄂ」이라 한 것과 갓치, 本書 中 用例와 달은 것이 잇스니, 그것을
注意하야라.

二. 面長의 아래에는 무슨 吏員이 잇스며, 무슨 事務를 보느냐.

三. 다음 말을 漢字로 곳쳐 써라.

(가) 면쟝, 군슈, 도ᄉ, 샹담역, 면셔긔, 회계원

(나) 교량, 도션, 뎨방, 관개비슈, 시쟝, 조림, 축산, 묘디, 화장쟝, 도쟝,
전염병예방, 쇼방

第四十一課　漢文(愛敬)

凡接人을 以愛敬爲道ㅣ니 愛是不惡人이라. 仁之發也오 敬是不慢人
이라 禮之實也ㅣ니라. 無愛則刻薄하고 無敬則侮慢하나니 故로 接人之
道는 溫和慈愛恭敬遜讓이 須並行而不偏하고 若夫愛敬之隆殺厚薄은 固
宜循其人之貴賤親疏나 然이나 雖至賤至疎라도 其接之之道는 不可不以

愛敬이니라. (初學須知)

練習

一. 다음 漢字를 比較하야 달은 것을 말하야라.

　　是 足, 薄 簿, 宜 宣, 須 項.

二. 다음 □표 속에 漢字를 넛코, 吐를 달어라.

　　(가) 愛是不□人□之發也 敬是不□人□之實也

　　(나) 無愛則□□無敬則□□

三. 다음 □표 속에 漢字를 너어라.

　　隆□厚□貴□親□

〔번 역〕

　"무릇 사람을 접대할 때에는 애경으로 하는 것이 도리이니 애(愛)는 곧 사람을 미워하지 않는 것이니, 인의 출발이며, 경(敬)은 사람을 무시하지 않는 것이니, 예를 실천하는 것이다. 무애는 곧 각박하고 무경은 곧 모멸과 자만하니 사람을 대하는 도리는 온화 자애 공경 손양으로 모름지기 아울러 행하되 치우치지 않아야 한다. 만약 애경(愛敬)의 풍성하고 후박함은 진실로 그 사람의 귀천과 친소에 따른 것이나 비록 천하고 먼 사람일지라도 접인의 도리는 불가불 애경으로써 해야 한다."(초학수지)

第四十二課　朝鮮의 森林

　　朝鮮 森林의 總面積은 約 一千六百萬 町步이니 全土의 七分之一 以上이라. 然이나 其大部分은 赭山 禿峯이오 或은 矮小한 松樹만 生한 處이니라.

　　然이나 至今도 오히려 陵 園 墓 禁山 封山 等處에는 少許의 森林이 不無하며 又 其外에 交通이 不便한 地方에는 鬱蒼한 天然林이 有하니라. 天然林 中에 廣大하고 良好한 것은 白頭山으로부터 西로 鴨綠江, 東으로 豆滿江의 流域에 在한 것이니, 卽 咸鏡南北道 及 平安北道의 三道에 跨在(과재)한 地域이라. 此地는 樹木이 茂盛하야 晝間에도 日光을 보기 어려운 處가 有하니라. 此處의 樹木은 大槪 針葉樹이오 濶葉樹도 若干 混在하니라. 針葉樹에는 紅松 杉松(삼송) 落葉松 赤栢松이 有하고, 濶葉樹에는 檀木이 多하니라. 此 五種은 世人이 鴨綠材의 五木이라 稱하나니, 此森林에서 出하는 木材 中에 重要한 것이니라.

　　朝鮮總督府에서는 營林廠*을 設하야 此森林을 伐採하야 筏로써 鴨綠江을 下하야 新義州에서 製材하야 廣히 朝鮮 內에 供給하나니라. 伐採한 地에는 곳 造林을 하는 故로 此森林은 永久히 盡함이 無할지니 實로 木材의 無盡藏이라 謂할지니라.

　　훌능한 森林은 苗木을 栽植하야 能히 造成함도 得하나니, 此를 人工造林이라 稱하나니라. 人工造林의 훌능한 것은 慶尙南道 釜山 西北 約 一里에 在한 高遠見(다가도미)의 水源涵養林이니 此處에는 堤堰이 有하야 釜山 水道의 水源이 되니라. 此附近의 山과 溪도 以前에는 다 草生地에 不過하야, 水分을 吸收하며 保持하는 힘이 甚弱할 쑨 아니라, 水分의 蒸發이 甚한 故로, 往往히 水源이 涸渴하야 釜山 居民의 給水에 多大한 困難이 有하얏나니라.

然한대 明治 三十八年 春에 水源을 涵養하기 爲하야, 此高遠見 流域에 各種 苗木 四萬餘 株를 栽植한 以來로 四箇年間 造林을 繼續하야 面積이 百五十町步에 達하니라. 其後 十年도 못되여 其地方에 適當한 黑松·赤陽·櫟·山櫻·栗·檜 等이 漸次 繁茂하야 高遠見 附近의 溪間에는 往昔화 顯殊하야 淸水가 四時에 滾滾不絕(곤곤부절)하야 今에는 釜山 水道의 多量한 水를 供給함에 裕足하다 하니, 此는 實로 森林의 效用을 確證할 것이니라. 自今으로 朝鮮에는 天然造林과 人工造林을 盛行함이 必要하니라.

練習
一. 朝鮮 林野의 面積은 全土에 對하야 얼마나 되느냐.
二. 朝鮮의 天然林의 이약이를 하야라.
三. 鴨綠江材의 五木이라 하는 것은 무엇무엇이냐.
四. 營林廠에서는 엇더한 일을 하느냐.
五, 高遠見의 人工造林에 아는 것을 말하야라.

第四十三課　漢文(山林)

木材를 皆取之於山林하야 建家屋하고 架橋梁하고 作舟車하며 以至 日用器具薪炭이 莫不皆然이오 不獨此也ㅣ라. 其利所旁及이 亦有甚大者하니 森林은 能平和氣候라. 故로 入林中이면 夏時常涼하고 冬時常暖하며 又能媒降雨養水源하나니 故로 樹林이 繁茂則降雨順하야 夏時少涸渴하고 如山中無森林이면 方夏時降雨에 流出土砂하야 洪水汎濫이라. 近時 各地에 多是害者는 濫伐林樹之所致也ㅣ니라. (重野安繹)

練習

一. 다음 □표 속에 漢字를 넛코, 吐를 달어라.

　(가) 建□□架□□作□□

　(나) 入林中夏時□□冬時□□

　(다) 能媒□□養□□

二. 다음 말을 漢字로 바더 써라.

　긔구신탄, 긔후, 번무, 고갈, 토사, 범람, 람벌

三. 다음 漢字를 比較하야, 달은 것을 말하야라.

　林 材, 炭 灰, 候 侯, 媒 煤, 伐 代.

〔번 역〕

　"목재를 모두 산림에서 취하여 가옥을 건축하고, 교량을 건설하며 수레와 배를 만들고 일용 기구와 땔감이 이로부터 하지 않음이 없으니, 오직 이뿐만이 아니다. 그 이익과 미치는 바가 매우 크니 삼림은 능히 평화의 기후라 할 것이다. 그러므로 수풀 속에 들어가면 여름에는 항상 서늘하고, 겨울에는 따듯하며, 또한 능히 강우를 매개하고 수원을 양성한다. 그러므로 수목이 번무하면 강우가 순조롭고 여름철 가뭄이 적다. 산중에 삼림이 없으면 여름 강우에 토사가 유출되고 홍수가 범람한다. 요즘 각 지방에 이와 같은 해가 많은 것은 임목을 남벌한 까닭이다."(重野安繹)

第四十四課　農家의 餘業[87]

農家에는 米麥豆綿 等을 耕作함을 爲主하는 者가 多하나, 그러나 此等 本業 外에 餘業으로 삼아 行하는 者가 잇소. 餘業은 本業의 餘力으로써 行하는 것인 故로 費用도 多치 아니하고, 勞力도 少하야 能히 할 뿐 아니라, 多한 利益을 生하고, 一家의 經濟를 助함이 多한 것이오. 今에 其種類를 大略 下에 述하오.

菜類는 朝鮮의 土地에 適하고 其種類도 多하며, 栽培도 容易하오. 特히 都會의 近處에서는 菜類를 만히 培養하야 城市에 往賣한즉 不少한 利益이 잇소.

果實도 桃栗棗梨 林檎 葡萄 等의 各種이 잇소. 그러나 太半은 天然的으로 成熟하기를 기다리고, 人工을 加 치 아니하오. 만일 良種을 擇하야, 培養하는 方法이 發達되면, 品質도 아름답고, 收益도 더할 터이오. 鷄는 飼養하기가 容易한대, 新鮮한 鷄卵을 得하며, 坯 이것을 賣하야 利益을 得할 뿐 아니라. 鷄糞은 肥料가 되오.

養蠶은 朝鮮 各地에 適合하야, 婦人의 手로 能히 營爲하는 故로, 農家의 正業을 妨害함이 업서서, 餘業으로는 甚히 適當하오. 다만 養蠶하는 者는 桑樹를 잘 栽培하야, 桑葉을 豊足히 得함에 注意하야 하오.

---

87) 정정 권7 제8과 농가의 여업(부업). 정업에 대립한 개념. 문체가 달라짐. [참고] 自開自落을 기드리고 人工을 不加ᄒᆞᄂᆞᆫ지라. 若良種을 擇ᄒᆞ야 培養ᄒᆞᄂᆞᆫ 方法이 發達ᄒᆞ면 品質도 아름다웁고 收益도 더홀지니라. 鷄를 飼養ᄒᆞ야 果園內에 放置ᄒᆞ면 果樹의 害蟲을 除ᄒᆞ고 坯 鷄糞은 果樹의 肥料가 되며 鷄肉 鷄卵은 食料品의 重要ᄒᆞᆫ 者이니라. 養蠶은 婦人의 손으로 能히 營爲ᄒᆞᄂᆞᆫ 故로 農家의 正業을 妨害홈이 업고 다만 氣候의 適不適을 善察치 아니ᄒᆞ면 徒勞無功홈이 잇도다. 朝鮮에셔 養蠶이 最盛홈은 平安道ㅣ니라. 牛馬ᄂᆞᆫ 農家의 必要ᄒᆞᆫ 動物인즉 飼養ᄒᆞᄂᆞᆫ 者ㅣ 甚多호도다. 山村의 牧草 豊盛ᄒᆞᆫ 곳에셔ᄂᆞᆫ 自家의 所用 外에 數三匹을 飼畜홀지라도 困難홈이 업고 沼澤과 川流 잇ᄂᆞᆫ 곳에셔ᄂᆞᆫ 家鴨과 川魚 等을 飼養홀지오 陰濕不用之地에ᄂᆞᆫ 家豚을 飼養홀지라. 然則 農家ᄂᆞᆫ 寸土尺地를 空棄치 말고 能히 利用ᄒᆞ야 兼業에 留心홈이 可ᄒᆞ니라.

牛馬는 農家의 必要한 動物인 故로 飼養하는 者가 甚多하니, 山村의 牧草가 豊盛한 處에서는, 自家의 所用 外에 數三匹을 飼畜할지라도, 困難함이 업소. 又 豚과 갓흔 것은, 엇더한 곳에던지, 能히 飼養함을 得하나니, 農家는 아모조록 餘力과 空地를 利用하는 것이 好하오. 또 農夫는 冬節이 閒暇한 故로, 그 째를 利用하야, 삭기를 쏘으고, 자리를 매고, 멱서리를 만드는 等事도, 가장 適當한 一種 餘業이오.

練習

一. 菜類를 餘業으로 栽培하면 엇더한 利益이 잇느냐.

二. 養雞를 餘業으로 하면, 엇더한 利益이 잇느냐.

三. 養蠶을 할 째에 注意치 아니치 못할 일을 말하야라.

四. 牛馬豚 等을 餘業으로 飼養함에는, 엇더케 하야야 하느냐.

五. 農家의 冬節 餘業은 엇더한 것이 適當하냐.

第四十五課 漢文

孟子ㅣ 勸梁惠王曰 不違農時면 穀不可勝食也ㅣ며 數罟를 不入洿池면 魚鼈을 不可勝食也ㅣ며 斧斤을 以時入山林이면 材木을 不可勝用也ㅣ니 穀與魚鼈을 不可勝食하며 材木을 不可勝用이면 是는 使民養生喪死에 無憾也ㅣ니 養生喪死에 無憾이 王道之始也ㅣ니라. (孟子)

四民은 異業而同道하야 其盡心焉一也ㅣ니 士以修治와 農以具養과 工以利器와 商以通貨ㅣ 各就其資之所近과 力之所及者而業焉하야 以求盡其心하야 其歸要ㅣ 在於益生人之道則一而已니라. (王陽明)

練習

一. 다음 □표 속에 漢字를 넛코, 吐를 달어라.

　　(가) □□不入洿池□□不可勝食也

　　(나) □□以時入山林□□材木不可勝用也

　　(다) 士以修□農以具□工以利□商以通□各就其□之所近□之所及者而業焉

二. 다음 漢字의 색음과 音을 말하야라.

　　罟, 池, 鼈, 斧, 盡, 修, 具, 力

[번 역]

　　"맹자께서 양혜왕을 권하여 말하기를, "농사철을 어기지 않고 농사를 지으면 (不違農時), 곡식이 많아 다 먹을 수 없게 될 것입니다. 촘촘한 그물을 웅덩이나 연못에 넣지 못하게 하면, 물고기와 자라가 많아 다 먹을 수 없게 될 것입니다. 때를 정하여 도끼를 들고 산림에 들어가지 않게 하면, 목재가 많아 다 쓸 수 없게 될 것입니다."라고 하였다.

　　사민은 업은 다를지라도 도리는 같아 그 진심으로 하는 것이 하나이니, 선비가 치도를 수양하는 것과 농부가 곡식을 기르는 것과 공인이 이기(利器)로써 하는 것과 상인이 통화(通貨)로써 하는 것은 각각 그 자질의 가까움을 취하여 힘써 미치는 바를 업으로 하여, 진심으로 구하는 것이다. 그리하여 그 요체는 삶에 이롭게 하여 사람의 도리를 하는 것은 같을 따름이다."(왕양명)

第四十六課 麻[88]

「麻中之蓬은 不扶而自直이라」하얏나니 麻莖의 貞直함은 可知할지로다. 麻莖은 中虛(중허)하고 細長하야 甚히 脆弱(취약)하나 그러나 包莖한 外皮는 가장 靭强하야 能히 麻莖을 保護하는 故로 如干 風雨에는 挫折치 아니하나니라.

麻皮는 外皮와 內皮가 잇나니 外皮를 버리고 內皮를 取하야 各般 所用에 供하는도다.

麻莖을 收穫함은 其下部의 葉이 凋落하고, 莖部가 淡褐色을 帶한 째가 最良하도다. 若或 其時期보다 早히 收穫한즉, 麻絲가 弱하고, 且 其時期보다 晩히 收穫하면, 太硬하야 共히 品質이 良好치 못하나니라.[89] 收穫한 麻莖은 葉을 除去하고, 莖의 兩端을 剪去한 後에 蒸出하야, 浸水하얏다가, 麻皮를 剝取(박취)하고, 刀子로 外皮를 括去하고 太陽에 曬乾(쇄건)한 者를 麻라 稱하나니라.

我等의 衣服에 쓰는 麻布는 麻絲로써 組織한 바이라. 麻布는 甚히 輕凉한 故로 夏節 衣服에 適當하도다. 淨潔(정한)한 麻衣는 보기만 하여도 淸凉함을 自覺하나니라.

咸鏡北道 吉州 明川, 慶尙北道 安東의 麻布는 古來로 有名하나, 近來는 咸鏡南北道, 江原道, 慶尙南北道 各地에서도 多히 産出하나니라.[90]

麻種은 壓搾取油하고 其 油槽는 肥料에 쓰며 剝皮한 白莖은 火藥의 原料로 쓰나니 麻의 全體가 다 必要한 物質이니라.

又 苧麻라 稱하는 것이 잇나니 이것은 本來 麻와 달은 植物이나 其內

---

88) 정정 권5 제20과 麻. 추가된 부분이 많음.
89) 추가된 문장임.
90) 추가된 문장임.

皮는 麻와 如히 用하되, 麻보담도 細美하고 光澤이 잇고, 多히 夏節
衣服의 原料 等이 되나니, 忠淸南道 韓山에서 産出하는 苧布는 古來로
有名하니라.[91]

練習

一. 麻莖의 形狀의 이약이를 하야라.

二. 麻皮의 이약이를 하야라.

三. 麻莖을 收穫하야 麻를 製하기까지의 이약이를 하야라.

四. 麻는 어듸서 만히 나느냐.

五. 苧麻의 이약이를 하야라.

第四十七課　漢文

兄弟者는 分形連氣之人也ㅣ니 方其幼也에 父母ㅣ 左提右挈하며 前
襟後裾하야 食則同案하며 衣則傳服하며 學則連業하며 遊則共方하니
雖有悖亂之人이라도 不能不相愛也ㅣ니라. (小學)

弟子職에 曰 先生施敎ㅣ어시든 弟子是則하야 溫恭自虛하야 所受是
極이니라. 見善從之하며 聞義則服하며 溫柔孝弟하야 毋驕悖力이니라.
志毋虛邪하며 行必正直하며 游居有常호대 必取有德이니라. 顔色整齊
하면 中心必式하나니 夙興夜寐하야 衣帶必飭(의대필칙)이니라. 朝益
暮習하야 小心翼翼이니 一此不懈ㅣ 是謂學則이니라. (小學)

---

91) 추가된 문장임.

練習

一. 다음 글의 뜻을 말하야라.

(가) 兄弟는 分形連氣之人也ㅣ라.

(나) 顔色整齊하면 中心必式하나니라.

二. 다음 □표 속에 漢字를 넛코, 吐를 달아라.

(가) 食則□□ 衣則□□ 學則□□ 遊則□□

(나) 見□從之 聞□則服

(다) 夙□夜□ 衣帶必□

三. 다음 말을 漢字로 바더 써라.

좌뎨우셜. 젼금후거. 패란지인. 온공자허, 온유효뎨. 쇼심익익.

【 번 역 】

"형제는 형체(形體)가 나뉘고 기운이 이어진 사람이다. 어렸을 때에는 부모가 왼쪽에서 끌어 주고(提) 오른쪽에서 도와 주었으며(挈) 앞으로 옷깃(襟)을 잡고 뒤에서 옷의 자락(裾)을 당기면서 먹을 때는 밥상을 함께하고 옷은 물림으로 입었으며 배울 때는 책을 이어 받고 놀 때는 방위(方位)를 함께 하였으니, 비록 이치를 어지럽히는 사람이 있더라도(悖亂之人) 사랑하지 않을 수 없다.

제자직에 이르기를, 선생이 가르침을 베풀어 주시거든, 제자가 이것을 본받아 온화하고 공손하며, 자기를 비우고 가르침을 받는 것을 극진하게 한다. 선을 보면 그것을 따르고, 의를 들으면 실천하며, 온화하고 유순하며, 효도하고 공손하여, 교만하게 힘을 믿지 말아야 한다. 뜻에 헛되고 간사함이 없어야 하며, 행동은 반드시 바르고 곧으며, 노닐고 거처함에 일정한 곳이 있어야 하며, 반드시 덕이 있는 사람에게 나아간다. 안색이 격식에 맞고 가지런하면, 마음이 반드시 경건하니, 일찍 일어나고 밤늦게 자며, 옷과 띠가 반드시 단정해야 한다. 아침

저녁으로 더욱 익혀 조그만 마음이라도 이롭게 할지니, 이를 게을리 하지 않는 것을 일컬어 학칙(學則)이라 한다."(소학)

第四十八課　勸業模範場[92]

朝鮮은 人口가 約 一千六百萬이니 其中 農業에 從事하는 者가 約 十分之八이오, 農産物이 甚多하야 朝鮮 總輸移出額의 四分之三이 되나니라. 如斯히 農業은 朝鮮 産業 中 最히 重要한 者인 故로 其 進步 改良을 圖함은 極히 緊要한 事이니라.[93]

勸業模範場은 朝鮮總督府에 屬하야 京畿道 水原에 在하니[94] 農業에 關한 調査·試驗을 行하며 農事의 模範을 示하야 農事의 改良 發達을 圖하나니라.

水原은 邱陵이 起伏하고, 田畓이 相連하며, 西湖의 水는 廣野의 田畓을 灌漑함에 裕足하고, 邱陵에 樹木을 種植하며, 田畓에 穀類와 菜蔬를 培養함에 極히 適宜할 쑨더러, 水禽과 魚族을 飼養함에 水가 잇고, 牛馬와 豚羊을 牧畜함에 草野가 잇서서, 農業에 最히 適當하니라. 此地는 鐵道 沿邊에 在하고, 또 朝鮮半島의 中央에 在한 故로, 觀覽者를 聚集함에 便利하니라.

勸業模範場의 所屬으로, 水原에 農林學校·蠶業試驗所 等이 잇고, 其 外에 木浦[全羅南道]에 棉作支場을 置하고 纛島(독도)[京畿道]와 德源[咸鏡南道]에 園藝支場을 置하고, 洗浦[江原道]에 牧羊支場을 置하고,

---

92) 정정 권8 제5과. 일부 내용 추가함.
93) 추가된 부분임.
94) 수정된 부분임.

蘭谷[江原道]에 牧場支場을 置하니라.

各道에 在한 種苗場은, 勸業模範場과 相異하야, 道에서 經營하는 者이니, 各道內 農産物의 改良 增殖 等에 從事하고, 又 各地 農業學校는, 農業上에 必要한 知識 機能을 敎授하야, 朝鮮 農業의 開發을 圖하나니라.

練習

一. 勸業模範場은 어듸 잇스며, 무슨 일을 하는 곳이냐.

二. 水原의 地勢를 이약이하야라.

三. 勸業模範場의 所屬으로, 엇더한 것이 잇느냐.

四. 種苗場이라 하는 것은 엇더한 것이냐.

五. 다음 글 속에 ○표 잇는 字를 漢字로 곳쳐라.[95]

　　구룽이 긔복하다. 뎐답을 관개한다.

　　곡류를 빙양한다. 슈금을 스양한다.

第四十九課　漢文

父母ㅣ 有過어시든 下氣怡色하야 柔聲以諫이니 諫若不入이어든 起敬起孝하야 說則復諫이니라. (禮記)

凡 子ㅣ 受父母之命에 必籍記而佩之하야 時省而速行之하고 事畢則返命焉이니라. 或所命이 有不能行者則和色柔聲하야 具是非利害而白之하야 待父母之許然後에 改之하고 若不許苟於事에 無大害者어든 亦當曲從이니 若以父母之命으로 爲非而直行己志하면 雖所執이 皆是라도

---

95) ○는 밑줄로 대체함.

猶爲不順之子ㅣ니 況未必是乎아. (小學)

練習

一. 다음 글에 吐를 달고, 그 뜻을 말하야라.

　　(가) 父母有過下氣怡色柔聲以諫

　　(나) 時省而速行之事畢則返命焉

　　(다) 苟於事無大害者亦當曲從

二. 다음 □표 속에 漢字를 넛코, 吐를 달어라.

　　(가) 凡子受父母之□必□□而佩之

　　(나) 或所命有不能□者則和□柔□具是□利□而白之

三. 다음 漢字의 색음과 音을 말하야라.

　　省, 白, 從, 執

[번 역]

　　부모가 허물이 있거든 기운을 낮추고 낯빛을 기쁘게 하며 음성을 부드럽게 해서 써 간할 것이니 간해서 만약 듣지 아니하거든 더욱 공경하고 더욱 효도하여 기뻐하시거든 다시 간하니라.

　　무릇 자식된 자는 부모의 명령을 받거든 반드시 치부책에 기록하고, 그것을 휴대하여 때때로 살펴보아서 속히 실행하고, 일이 끝나면 반드시 복명해야 할 것이다. 혹 부모의 명령한 일이 실행 할 수 없는 것이 있으면, 얼굴빛을 온화하게 하고 말소리를 부드럽게 하여 옳고 그르고 이롭고 해되는 점을 구체적으로 의견을 사뢰어 부모의 허락을 기다렸다가 허락을 받은 연후에 고치고, 만일 허락하지 않으실지라도 진실로 일에 큰 해가 없거든, 또한 마땅히 자신의 의사를 굽혀서 따라야 할 것이니, 만일 부모의 명령으로써 그르다고 하여 바로 자기의 뜻대로 실행한다면 비록 자기의 의견이 다 옳다고 하더라도 오히려 불손한 아들이 될 것이니, 하물며 아직 반드시 자신의 의견이 옳지 않을 경우에 있어서랴.

第五十課　俚諺

개쇼리 삼년 두어도 황모되지 못한다.
狗尾三碁(구미삼기)에 不成黃毛라
가마귀 날자 배 써러진다.
烏之方飛에 有隕其梨(유운기리)라
성내여 돌부리 차면 내 발부리 압흐다
發怒蹴石하면 我足是痛이라.
묏돗 잡으러 갓다가, 집돗 일헛다.
逐彼山豕라가 並失家치(*)라
아는 독긔에, 발등 씩혓다.
慣熟之斧에 乃傷足背
자라 보고 놀난 놈이, 솟쑥게 보고도 놀난다.
嚇于鼈者ㅣ 尙驚鼎蓋라.

練習
本課의 뜻을 말하야라.

第五十一課　書籍을 請借함96)

敬啓者 日前 拜晤 時에 仰議하온 바 仁川 實業學校에 入學하올 일은 兩親의 容許함을 엇사와 來四月에 入學試驗을 치루려 하옵고 只今부터 準備하옵는대 算術書가 一冊도 업사온즉 弟의 學力에 適當흔 줄로 諒察하시는 冊이 貴笥(귀사)에 잇삽거던 一部만 此趾에 惠投하심을 切仰切仰이옵나이다.   順頌

日安

年　月　日　弟 魚景龍 拜手

張陳良 仁兄 座下

回答書

敬覆者 仁川 實業學校에 入學하시기로 決心하심은 感祝無比이오며 敎囑하오신 算術書는 別로히 合當하온 것이 업사오나 弟의 手中에 잇는 바를 收集ㅎ야 四部를 送呈하오니 貴意에 適合하오면 幸甚이로소이다. 以若 吾兄의 學力으로 合格되기는 萬無疑慮이오나 凡事는 小心함이 緊要하오니 十分 用意하심을 切望하옵나이다. 仍頌

大安

年　月　日　弟 張陳良　拜復

魚景龍 仁兄 回鑑

練習

本課를 모방하야, 簡易農業學校 入學試驗 準備를 勸하는 편지와, 그 답장을 지어라.

---

96) 정정 권7 제10~11과.

第五十二課　漢文

一年之計는 莫如樹穀이오 十年之計는 莫如樹木이오 終身之計는 莫如樹人이니 一樹一穫者는 穀也오 一樹十穫者는 木也오 一樹百穫者는 人也ㅣ니라. (管子)

行其田野하야 視其耕芸하며 計其農事하면 飢飽之國을 可知也오 行其山澤하야 觀其桑麻하며 計其六畜하면 貧富之國을 可知也ㅣ니라. (管子)

民非穀이면 不食이오 穀非地면 不生이오 地非民이면 不動이오 民非作力이면 無以致財ㅣ니 故로 財之所生은 生於用力하고 用力之生은 生於勞身이니라. (管子)

練習

一. 다음 □표 속에 漢字를 넛코, 吐를 달어라.

　(가) 一年之計莫如樹□　十年之計莫如樹□　終身之計莫如樹□

　(나) 民非□不食　穀非□不生　地非□不動　民非□□無以致□

二. 다음 漢字를 各其 너어서, 두 字식의 말을 지어라.

　樹, 穫, 耕, 澤, 動, 財

三. 다음 말을 漢字로 바더써라.

　종신, 뎐야, 경운, 긔포, 산퇵, 상마, 용력, 로신

【번 역】

"일년의 계획은 곡식을 심는 것만 같지 못하고, 십년의 계획은 나무를 심는 것만 같지 못하며, 종신의 계획은 사람을 심는 것만 같지 못하다. 한 번 심어

한 번 수확하는 것은 곡식이며, 한 번 심어 열 번 수확하는 것은 나무이고, 한 번 심어 백 번 수확하는 것은 사람이다."(관자)

"전야에 나가 경작하고 김매는 것을 보며 농사를 살펴보면 굶주리는 나라인지 풍요로운 나라인지 가히 알 것이요, 산택에 가서 상마(桑麻)를 관찰하고 육축(六畜)을 헤아리면 나라의 빈부를 가히 알 수 있다."(관자)

"백성은 곡식이 아니면 먹지 아니하고, 곡식은 땅이 아니면 나지 않으며, 땅은 백성이 아니면 움직이지 아니하고, 백성은 힘써 하지 않으면 재물을 쌓을 수 없으니, 그러므로 재물이 생겨남은 힘써 함에 있고, 힘써 하는 것은 자신을 수고롭게 하는 데서 생겨난다."(관자)

第五十三課　瀧鶴臺의 妻

瀧鶴臺(다기가구다이)는 只今부터 約 一百五十年前의 有名한 儒者인대, 그 妻는 容貌가 自幼로 醜하야 長成하도록 장가드는 사람이 업섯소. 父母는 甚히 憫悶히 역여서, 만일 中媒가 잇스면, 비록 貧賤한 사람에게라도 싀집보내랴 하얏소. 그러나 이 女子는 놉히 自處하야 사람을 對하야 말하기를,

「나는 鶴臺 先生 갓흔 사람이 아니면 싀집가지 아니하겟다.」
한 故로 듯는 사람이 다, 그 女子의 바라는 것이 過分한 것을 嘲笑하얏소. 그러나 鶴臺가 이 말을 듯고,

「이 女子는 참 나를 아는 사람이다. 반다시 집을 잘 다스리로다.」
하고 맛참내 장가를 들엇소. 이 女子가 鶴臺에게 싀집을 온 後로는 家長을 잘 섬겨서 果然 內助의 功이 잇섯소.

어느 날, 이 女子가 소매 속에서 붉은 공을 써러트렷소. 鶴臺가 이것

을 보고 怪異히 역여 물은즉, 그 妻가 얼골이 붉어지며 말하기를,

「나는 미련하야 過失이 만습니다. 그런 故로 이 過失을 적게 하랴고, 붉은 공과 흰 공을 만들어서 소매 속에 너어 두엇다가 惡한 마음이 생기면 붉은 공에 실을 더 감고, 착한 마음이 나면 흰 공에 실을 더 감엇습니다. 처음에는 붉은 공만 漸漸 커지더니 지금은 두 개의 크기가 近似하게 되엿습니다. 그러나 이즉 흰 공이 붉은 공보다 커지지 아니한 것을 붓그러워합니다.」

하고 쏘 흰 공을 鶴臺에게 내여 보이엿소.

鶴臺의 妻와 갓흔 사람은 眞實로 女子의 本分을 잘 직히고, 쏘 自己가 善良한 習慣을 養成하기에 힘쓴 사람이라 하겟소.

練習

一. 瀧鶴臺(다기가구다이)의 妻의 父母는 왜 自己의 딸을 貧賤한 사람에게라도 싀집보내랴고 하얏느냐.

二. 鶴臺의 妻의 붉은 공과 흰 공의 이약이를 하야라.

三. 鶴臺의 妻의 이약이를 듯고, 感動된 것을 말하야라.

第五十四課　漢文

言行二者를 比較而量之면 言者常多而行者常少矣라. 且言之易하고 行之難하니 言豈可不愼乎ㅣ며 行豈可不勉乎아. 夫一言이 妄發이면 駟馬도 難追ㅣ니 可不愼乎아. (初學知要)

悔者는 有過失而自追咎之謂ㅣ니 是將趨善之機也ㅣ라. 人이 知過而有悔則可改過而遷善이라. 故로 人苟有過則不可無悔오 無悔則不能改過ㅣ

니라. 然이나 作事에 能愼于始하야 熟思審處則庶乎寡過ㅣ니 是所以無

行可悔也ㅣ라. 故로 人之言行을 能愼于始則無悔於終이니라. (初學知要)

練習

一. 다음 □표 속에 漢字를 넛코, 全文의 뜻을 말하야라.

(가) 言者常□而行者常□矣라.

(나) 夫一言이 妄發이면 □□도 難追ㅣ니라.

(다) 人이 知過而有□則可改□而遷□이라.

二. 다음 漢字를 各其 너어서, 두 字식의 말을 지어라.

言, 量, 愼, 馬, 悔, 過, 終

〔번 역〕

"언행 두 자를 비교하여 헤아리면, 말이라는 것은 항상 많고 행동하는 것은
항상 적다. 또 말은 하기가 쉽고 행동은 하기가 어려우니 말을 어찌 가히 신중하
지 않겠으며, 행동을 어찌 힘써 하지 않겠는가. 대저 한 마디를 망방하면 네
마리의 말도 따르기 어려우니 가히 신중하지 않을 수 있겠는가."(초학지요)

"후회라는 것은 과실이 있을 때 스스로 그 허물을 쫓는 것인, 이것은 장차
선을 따르는 기제이다. 사람이 허물을 알고 후회가 있다면 개과천선이 가능하다.
그러므로 사람은 진실로 허물이 있으면 후회하지 않으면 안 될 것이요, 후회가
없다면 개과하기 불가하다. 그러나 일을 꾀함에 시작에 신중하여 여러 번 생각하
는 것은 허물을 적게 하고자 하는 것이니, 행함에 후회가 없게 되는 까닭이다.
그러므로 사람의 언행은 능히 시작에서부터 신중하여야 곧 마침에 후회가 없게
된다."(초학지요)

第五十五課　納税

　吾等이 家를 維持하며 家를 興旺케 함에 不少한 經費를 要함과 如히, 國家가 國運의 隆昌을 圖謀하며 國民의 福利를 增進케 함에는 軍事 産業 教育 行政 等의 設備를 完全히 하야야 하나니, 其 設備를 完全히 하랴면 莫大한 經費를 要하나니라. 國民이 租税를 納하야 其施設에 必要한 經費를 分擔하는 것은 當然한 事일 뿐 아니라 重大한 義務라 謂할지니라.

　世上에는 或 自己 一個人의 利益만 爲主하야 或은 財産을 隱蔽하며 或은 虛僞한 手段을 用하야 課税를 免하랴 謀計하는 人도 有하나, 此는 實로 自己를 欺罔하고 國家를 欺罔하야 公務가 何인지 不知하는 極히 惡한 行爲라 謂할지니라.

　又 納税 期限을 守치 아니하야 遲滯하는 것도 不可한 事이니라. 一人의 滯納者로 因하야 官廳에서 虛費하는 時間과 勞力은 實로 不少한 것이니라. 一人으로 因하야 全社會에 貽憂하는 것은 國民된 本分을 完全히 守하는 者이 아니니라.

練習

一. 國民이 租税를 納하는 것은, 왜 當然한 일이며, 重大한 義務라 하느냐.

二. 課税를 免하랴 하는 것은, 왜 惡한 일이냐.

三. 納税의 期限을 遲滯하는 것은, 왜 惡한 일이냐.

第五十六課　漢文(管公忠愛)

管原道眞(슈가와라미지샤네)[97]ㅣ 歷事五朝나 尤爲宇多帝所親任하야 帝嘗好遊獵에 道眞ㅣ 諫止之하고 隨事獻替하야 多所匡救러니 後에 遭讒被配*筑紫(조참피배축자)하야 閉門不出하고 託文墨自遣하고 雖謫居無聊나 未嘗忘忠愛之意하야 一日에 懷往事賦詩曰

去年今夜侍清涼터니　秋思詩篇獨斷腸이라
恩賜御衣今在此하니　捧持每日拜餘香이라

聞者ㅣ 莫不感歎하더라. (皇朝史略)

【번 역】

　　"管原道眞(슈가와라 미치자네)가 5대 왕조를 섬겼으나 더욱이 우다 천황(宇多: 헤이안 전기의 천황)[98]의 친임을 받았다. 황제가 일찍이 유렵을 좋아하여

---

97) 管原道眞(스가와라노 미치자네, 145~903). 헤이안 시대 귀족이자 학자. 정치가. 한시인. 산기(參議) 스가와라노 고레요시(菅原是善)의 셋째 아들이다. 관위는 종2위 우대신(右大臣)이며, 사후 정1위 태정대신(太政大臣)에 추증되었다. 스가와라노 미치마사, 스가와라노 도신이라고도 한다. 충신으로 이름이 높았으며, 우다 천황에게 중용되어 간표의 치(寬平の治)라 불리는 정치적 안정기를 이끈 한 사람으로서, 다이고(醍醐)의 치세에서는 우대신까지 올랐다. 하지만 좌대신 후지와라노 도키히라(藤原時平)의 참소로 죄를 얻어 다자이곤노소치(大宰權帥)직으로 좌천되고 그곳에서 사망했다. 사후에 잇따라 발생한 천재지변으로 조정은 그가 원령이 되어 저주를 내린 것으로 인식하고, 덴만 덴진(天滿天神)으로 신앙의 대상으로 삼았다. 현재는 학문의 신으로서 받들어진다. (위키백과 참조)

98) 우다덴노(宇多 天皇): 헤이안(平安) 전기의 천황. 고고덴노(光孝天皇)의 일곱째 황자. 이름은 사다미(定省). 유가와라미지사네(菅原道真)를 등용하여 후지와라(藤原) 씨를 누르고 정치를 쇄신. 897년(寬平: 간보우 9) 양위 후에 간보우호우(寬平法皇かんぴょうほうおう)라고 칭하였다.

미치자네가 그것을 중단하도록 간청하였는데, 그에 따라 헌관(獻官)을 교체하여 잘못된 것을 바로잡음이 많았다. 후에 참소를 받아 츠쿠시노(筑紫)[99]에 유배를 가서 두문불출하고 문묵(文墨)에 의지하여 스스로 보내고, 비록 귀양지에서 무료하나 조금도 충애하는 뜻을 잊지 않아 하루는 지난 날을 추억하고 시를 지었다.

　　지난 해 오늘 밤에는 청량(淸凉)[100]을 기다리더니
　　가을을 생각하니 시편에 홀로 애를 끊는구나
　　은사 어의(恩賜御衣)가 이에 있으니
　　받들어 모시고 매일 남은 향을 조아린다

　　듣는 이들이 감동하지 않는 자가 없었다."(황조사략)

練習

一. 管原道眞는 엇더케, 宇多帝께 섬겻느냐.

二. 道眞가 筑紫에 귀양 갓슬 째에 엇더케 날을 보냇느냐.

三. 本課의 詩를 외여라.

---

99) 筑紫: [부록]에 "九州의 古稱이니 管原道眞의 貶謫處는 今의 福岡(후구오가)縣 太宰(다사이)府이니라."라고 설명하였음.

100) 淸凉: [부록]에 "淸凉殿의 略稱이니 皇居中의 宮殿의 一이니라."라고 설명하였음.

第五十七課　森村市左衛門 翁

森村翁(모리무라이지샤에몬)은 現今 우리나라 貿易業者 中에 가장 有名한 사람인대, 實業界를 爲하야 盡力한 功勞가 實로 적지 아니하오. 年前에 特히 男爵을 封하신 것도, 그 功勞를 襃揚하신 것이오.

翁의 先親은 極히 謹直한 사람이엿스나, 家勢가 甚히 貧困하얏슴으로 翁은 十三歲부터 某商店에 雇傭되엿소. 어느 쌔에는 낫에는 勞働者가 되고, 밤에는 길가에 적은 가가를 버려서 物件을 팔어서, 每日 그날을 살어가는대, 그 쌔에는 艱辛히 粥을 먹고, 쏘 飯饌도 김치 두어조각에 지나지 못하야, 그 情景이 참 可憐하얏소.

그 後에 翁은 熱心과 誠意로 여러 가지 職業에 從事하더니, 한번 海外의 事情을 듯고, 世界 大勢를 안 以後로는, 國家를 富裕케 하랴면, 商業을 興旺케 하야야 할 줄로 確信하고, 비로소 外國貿易業에 뜻을 두어서, 千辛萬苦를 격고, 맛참내 今日 地位를 엇게 되엿소.

翁은 처음에 製鹽業과 養蠶業을 經營하다가, 狼狽한 일이 잇섯스나, 그 일이 本來 私利를 取하랴 함이 아니오, 誠心誠意로 社會를 爲하야 盡力코저 한 것인 故로, 조곰도 落心치 안코, 쏘 社會의 同情을 어더서, 다시 事業을 經營함에 조곰도 困難함이 업섯소. 쏘 翁의 貿易 事業에 對하야, 여러 가지로 批評하는 사람도 잇스나, 翁은 恒常 「하날은 正直하게 일하는 사람을 決斷코 버리지 아니한다.」고 깁히 自信하고, 事業에 從事하얏소. 翁의 誠心誠意와 堅忍不拔하는 意志는 翁으로 하야금 今日과 갓치 成功케 한 두 가지 根本이라 하겟소.

아무던지, 돈을 실혀하는 사람이 업겟지마는, 翁은 自己 혼자만 富者가 되랴고 돈을 貯蓄하는 것이 아니라, 世上의 利益되는 事業을 經營하랴고 돈을 조화하는 것이오. 翁이 已往에 말하기를,

「世上에 一心精力으로 벌어서, 子孫에게 財産을 모아주는 사람도 잇스나, 그것이 千年 後에는, 엇더케 될는지 알 수 업다. 富라 하는 것은 決斷코 혼자 차지할 것이 아니다. 나는 海外貿易으로써 自己의 生命을 삼으니, 財産은 沒數히 國利民福을 爲하야 쓸 터이다.」

하얏소. 翁이 普通 富豪와 그 意思가 判異한 것을 보시오. 森村翁 갓흔 사람은 진실로, 實業家의 한 조흔 模範이 될 만한 사람이오.

練習

一. 森村市左衛門 翁은 무슨 功勞로 男爵이 되엿느냐.

二. 翁이 어려서 貧困한 쌔에 엇더한 일을 하얏느냐.

三. 翁이 事業에 狼狽한 쌔와, 世人이 自己 事業을 批評할 쌔에 翁은 엇더케 하얏느냐.

四. 翁은 무슨 目的으로 貯金을 하얏느냐.

五. 翁은 自己의 財産을 엇더케 쓰랴고 싱각하얏느냐.

第五十八課　漢文

言顧行하며 行顧言이니라. (中庸)

輕諾者ㅣ 必寡信이니라. (老子)

愼終如始則無敗事니라. (老子)

子ㅣ 曰 主忠信하며 毋友不如己者ㅣ오 過則勿憚改니라. (論語)

子ㅣ 曰 人而無信이면 不知其可也케라. 大車ㅣ 無輗하며 小車ㅣ 無軏(무월)이면 其何以行之哉리오. (論語)

有陰德이면 必有陽報하고 有隱行이면 必有昭名이니라. (淮南子)

智者는 愼行하야 以爲身福하고 愚者는 易行하야 以爲身災하나니 故로 君子는 言必可行也然後에 言之하며 行必可言也然後에 行之니라. (賈誼新書)

練習

一. 다음 글의 뜻을 말하야라.

(가) 言顧行하며 行顧言이니라.

(나) 輕諾者ㅣ 必寡信이니라.

二. 다음 □표 속에 漢字를 넛코, 吐를 달어라. 그리하고, 그것을 외여라.

(가) 過則勿□□

(나) 有陰□必有陽□

三. 다음 글을 諺文을 석거서 말로 곳쳐 쓰고, 그 뜻을 잘 싱각하야라.

(가) 智者는 愼行하야 以爲身福하고 愚者는 易行하야 以爲身災하나니라.

(나) 君子는 言必可行也然後에 言之하며 行必可言也然後에 行之니라.

〔번 역〕

"말을 하면 행동을 돌아보고 행하면 말을 돌아본다."(중용)

"가볍게 승낙하는 것은 믿음이 적으니라."(노자)

"일을 마칠 때 처음과 같이 신중하면 곧 잘못되는 일이 없다."(노자)

"공자께서 말씀하시기를, 충과 신으로 중심을 삼으며, 자기만 못한 자를 벗하지 아니하고, 허물이 있으면 고침에 꺼리지 않는다."(논어)

"공자께서 말씀하시기를, 사람이 신의가 없으면 그 가함을 알 수가 없다. 큰 수레에 쐐기(輗)가 없고, 작은 수레에 끌채(軏)가 없으면 어찌 가히 운행할 수 있으리오."(논어)

"음덕이 있으면 반드시 양으로 보답하고, 음행이 있으면 반드시 밝은 이름을 얻는다."(회남자)

"지자는 신중히 행함으로써 자신의 복이 되고, 어리석은 자는 쉽게 행함으로써 자신에게 재앙이 되나니 그러므로 군자는 말은 가히 행한 연후에 말하며, 행동은 가히 말을 한 연후에 행하니라."(가의신서)

附錄

第二課 漢文(寒夜脫御衣)

仁德帝. 第十六代 天皇이시니라. 어느 해에 天皇께읍서 高臺에 登하사 炊煙의 稀少함을 望見하읍시고, 五穀이 實치 아니하야, 百姓이 窮乏함을 洞燭하읍시고, 三年間 課役을 免除하읍시며, 又 크게 用度를 節約하시니라. 三年 後에, 다시 臺에 登하사, 炊煙의 盛興함을 見하읍시고, 百姓의 富饒하야짐을 洞燭하읍셔서, 깃거워 下敎하시기를 「百姓의 富흠은 卽 朕의 富함이라.」하시니라. 百姓들이 이 말삼을 듯자읍고, 惶感하야 租稅를 納하야 宮室을 造營코저 願한대, 許치 아니하시고, 三年 後에 비로소 課役하야, 宮室을 造營케 하읍심애, 庶民이 子來하야, 日이 못되여 成하니라.

第四課 漢文(野中兼山)

江戶. 東京의 古名稱이니라.
土佐. 內地의 四國에 有하니, 今에는 高知縣에 屬하니라.

第二十二課 漢文(雨森芳洲)

和歌. 我國 固有의 歌.
古今集. 卽今부터 一千年前, 當時 사람이 詠하던 和歌를 集한 書이니, 古今集은 古今和歌集의 略稱이니라.

第二十五課 朝鮮의 行政官廳

所屬官署. 朝鮮總督府 及 其 所屬官署는 左表와 如하니라.

(표 생략)

第二十六課 漢文

碧骨池. 全羅北道 金堤郡에 在하야 現今 碧骨堤라 稱하는 堤가 有하나니, 堤의 長은 三十町, 幅은 三十尺, 高는 十尺餘이니, 處處 廢絶하얏스나, 堤內는 全面이 耕地를 成하얏나니라.

訥堤. 全羅北道 井邑郡에 在하야 現今 蟹狀이라 稱하나니, 古阜 水利組合에서 使用하나니라.

黃登堤. 全羅北道 益山郡에 在하야, 其規模가 頗히 宏大하고, 現今腰橋堤라 稱하나니, 此湖는 周圍가 八里에 魚介와 水禽이 富多하고, 臨益水利組合에서 使用하나니라.

第二十九課 朝鮮의 産業 (一)

甜菜. 形은 蘿蔔과 似하고, 根에 糖分을 含하얏스니, 此로부터 砂糖을 製하나니라.

第三十課 朝鮮의 産業 (二)

九州八幡製鐵所. 八幡은 九州 福崗(후구오가)縣에 在하니, 其製鐵所

는 政府의 所管이오, 規模의 大함이 東洋에 第一이라.

第三十八課 軍艦

戰鬪艦. 戰艦의 通稱이니, 敵艦을 攻擊하고, 又는 敵艦의 來襲을 防禦함을 爲主하는 軍艦의 一種이니라.

巡洋艦. 敵狀의 偵察과 運送船 保護를 目的으로 하고, 戰鬪는 爲主치 아니하는 軍艦의 一種이니라.

巡洋戰艦. 戰鬪함과 巡洋艦의 任務를 兼하야 行하는 者이니라.

驅逐艦. 水雷艇을 驅逐 破壞하고, 쏘 水雷로써 軍艦을 攻擊하는 軍艦이니라.

潛水艇. 海中에 潛入하야, 水雷를 發射하야 써 敵艦을 攻擊하는 軍艦의 一種이니, 其形이 最小하니라.

第三十九課 漢文(中江藤樹)

近江聖人. 近江은 今의 滋賀縣에 屬한 國名이오 藤樹는 同地의 人이니, 此를 因하야 後世에 藤樹를 尊敬하야, 近江聖人이라 하나니라.

第四十課 面

制令. 朝鮮總督이 勅裁를 奉하야 法律과 同一한 效力을 有한 命令을 發하는 것을 制令이라 하나니라.

法令에 依하야 屬하게 흔 事務. 左記한 者를 指함이라.

(一) 國稅徵收領 施行規則에 依하야 面으로 하야금 某種類의 國稅를

徵收케 하고, 地方費 賦課金 徵集規則에 依하야, 地方費 賦課金의 徵收를 하게 하는 等, 又 印鑑證明規則에 依하야, 面에서 證明을 하는 等事.

(二) 面制 施行規則 第一條에 揭한 左記 事項.

一. 道路 橋梁 渡船 河川 堤防 灌漑 排水

二. 市場 造林 農事 養蠶 畜産 其他 産業의 改良 普及, 害鳥蟲 驅除.

三. 墓地 火葬場 屠場 上水 下水 傳染病 豫防, 汚物의 處置.

四. 消防, 水防.

島司. 島司는 全羅南道 濟州島 及 慶尙北道 鬱陵島에 置하니라.

相談役. 面長의 諮問한 事項에 對하야, 參考를 爲하야 意見을 述하는 者이라.

別로히 規定이 有흔 것. 本令 以外의 他 法令으로써 面에 屬하게 한 事務를 稱하는 것이니, 本課 附錄「法令에 依하야 面에 屬하게 한 事務」의 說明 中 (一)에 當한 事務를 指한 것이라.

特別흔 事情 (第三條). 特別한 事情이라는 것은 會員에 適當한 人物을 得하기 困難한 境遇, 又는 取扱 公金의 額이 少하야, 特히 會計員을 置함을 要치 아니하고, 面長이 此를 處理하기 得하는 等 境遇를 謂함이라. 如斯한 境遇에는 會計員의 處理할 事務는 面長이 親히 此를 處理할 者로 함이라.

特別흔 事情(第四條). 町洞里의 區域이 狹하고, 戶口가 少한 境遇에는 二 以上의 町洞里에 一人의 區長을 置하고, 又 此와 反對로 區域이 廣하고, 戶口가 多한 境遇에는 一町洞里에 二人 以上의 區長을 置함을 得함이라.

第四十二課 朝鮮의 森林

陵. 王 及 王妃의 葬地를 謂함이라.

園. 王世子 及 其他의 王族 等의 墓地를 謂함이라.

禁山. 樹木의 伐採를 禁한 山林이니라.

封山. 出入을 禁한 山林이니라.

針葉樹. 松杉과 如히 葉狀이 針과 似한 樹木을 謂함이라.

濶葉樹. 栗, 李와 如히 葉幅이 廣한 樹木을 謂함이라.

營林廠. 鴨綠江 及 豆滿江岸에 在한 森林의 保護 及 伐採 等에 關한 事務를 掌한 官署이니, 本廠을 新義州에 置하고, 支廠을 咸鏡南道 惠山鎭 及 平安北道 中江鎭의 二箇處에 設하고, 其他 數處에 出張所를 設하니라.

水道. 水의 供給이 不便한 地에 鐵管을 敷設하고, 河川의 上流地 等으로부터 水를 導하는 것을 謂함이라.

黑松. 검은 솔.

赤陽. 오리나무.

櫟. 참나무

栗. 밤나무

檜. 전나무

第五十六課 漢文(管公忠愛)

宇多帝. 第五十五代의 天皇이시니라.

筑紫. 九州의 古稱이니 管原道眞의 貶謫處는 今의 福岡(후구오가)縣 太宰(다샤이)府이니라.

淸凉. 淸凉殿의 略稱이니 皇居中의 宮殿의 一이니라.

〈판권〉

大正 七年　三月 二十三日 印刷
大正 七年 三月 二十五日 發行 (大正 八年 十二月 增刷)

朝鮮總督府

庶務夫　印刷所 印刷

보통학교 조선어급한문독본 권5

緒言

一. 本書는 普通學校 第五學年用 朝鮮語及漢文課 敎科書로 編纂한 者
   이라.

二. 本書의 各課는 生徒의 能力을 隨하야, 練習을 倂하야 二三 時間에
   敎授할 者이라.

三. 新出 漢字는 敎師의 敎授 及 生徒의 學習에 便利케 하기 爲하야
   上欄에 推記하고, 二字 以上이 結合하야 特殊한 熟語가 된 者는
   旣出한 漢字라도 亦 推記하니라.

四. 練習問題는 必要에 應하야 此를 補함도 可하니라.

五. 本書는 京城에서 行用하는 言語로 標準을 삼고, 諺文의 綴法은 本府
   에서 定한 바를 依하야, 純全한 朝鮮語에 對하야는 發音式을 採用

하야 쟈·댜를 자, 져·뎌를 저, 죠·됴를 조, 쥬·듀를 주, 챠·탸를
차, 쳐·텨를 처, 쵸·툐를 초, 츄·튜를 추, 샤를 사, 셔를 서, 쇼를
소, 슈를 수로 書하고, 中聲 ·는 使用치 아니하며, 又分明히 漢字로
成한 語音은 本來의 諺文으로 使用하니, 生徒로 하야금 恒常 此에
準據케 할지니라.

六. 本書 中 地名 物名 等에 長音·濁音을 表할 必要가 有한 境遇에는,
長音에는 諺文 左肩에 ·을 附하고, 濁音에는 右肩에 〃를 附하니라.

七. 本書 中 難解의 語句는 附錄에 簡單한 說明을 附하니라.

大正 九年 七月

朝鮮總督府

目錄

第一課　國旗

何國이던지, 其國에 定한 標의 旗가 有하니, 此를 國旗라 稱하나니라. 日章旗는 大日本帝國의 國旗이니, 朝日에 照暎하야 威勢가 特別함은, 正히 我國勢의 盛壯함을 表彰한 것이니라.

國家에 慶弔가 有한 時마다, 國民은 國旗를 揭하야 其情을 表하나니, 紀元節·天長節·其他 國家의 祝祭日을 當하야, 學校와 閭閻(여염)에 皆 國旗를 揭함은 國民이 其當日을 奉祝하며, 又 敬虔의 意를 致하는 所以이니라. 外國에 在한 日本 國民도 此等 祝祭日에는 國旗를 揭하나니라.

其國을 愛하는 者는 其國旗를 尊重하지 아니치 못할지니, 我等은 我國을 愛하는 故로, 日章旗를 尊重히 하나니라. 國民이 其 國旗를 尊重히 함은 勿論이어니와 外國의 國旗에 對하야도, 亦 敬意를 不失할지니라. 外國의 國旗를 侮辱함은 其國을 侮辱함과 同하니, 禮儀가 有한 國民의 可爲할 바이 아니니라.

練習

一. 國旗는 엇더한 境遇에 揭하느냐.

二. 自國의 國旗와 外國의 國旗에 對하야 吾人은 엇더한 注意를 하지 아니하면 못 쓰느냐.

第二課　漢文

子ㅣ 曰 非禮勿視하며 非禮勿聽하며 非禮勿言하며 非禮勿動이니라. (論語)

非禮之禮와 非義之義는 大人이 弗爲니라. (孟子)

凡人之所以爲人者는 禮義也ㅣ니 禮義之始는 在於正容體하며 齊顏色하며 順辭令이니라. (禮記)

有田不耕이면 倉廩이 虛하고 有書不敎ㅣ면 子孫이 愚하나니 倉廩虛兮여 歲月之乏하고 子孫愚兮여 禮義疎로다. 若惟不耕與不敎ㅣ면 是乃父兄之過歟ㄴ저. (白居易)

練習

一. 다음 □표 속에 漢字를 넛코, 吐를 달어라.

　(가) 禮義之始在於正□□ 齊□□順□□

　(나) 有田不耕□□□ 有書不敎□□□

二. 다음 漢字를 比較하야, 달은 것을 말하야라.

　勿 忽,　禮 體,　愚 遇,　與 歟.

[번 역]

　"공자께서 말씀하시기를, 예가 아니면 보지 말고, 예가 아니면 듣지 말며, 예가 아니면 말하지 말고, 예가 아니면 행하지 말라 하시니라."(논어)

　"예가 아닌 예와 의가 아닌 의로움은 대인은 행하지 않는다."(맹자)

　"무릇 사람이 사람이 된 까닭은 예의이니, 예의의 시작은 용체를 바르게 하는 데 있고, 안색을 가지런히 하는 데 있으며, 남에게 응대하는 데 순하게 하는 데 있다."(예기)

　"밭이 있으되 갈지 않으면 창고가 비고, 책이 있으되 가르치지 않으면 자손이 우매해진다. 창고가 비면 세월이 결핍하고, 자손이 우매하면 예의가 소략해진다. 만약 밭을 갈지 않고 가르치지 않는다면 그것은 부형의 잘못이다."(백거이)

第三課 禮儀

禮儀를 직힘은 人道의 썻썻함이라. 禮儀를 직히지 아니하면, 他人에게 賤待를 바들 쑨 아니라, 他人으로 하야금 不快한 마음을 가지게 함이니라. 그런즉 對人 接物에, 言語를 반다시 恭遜히 하며, 長者를 對할 쌔는, 特別히 敬意를 다할지니라. 他人의 압헤서, 欠伸을 하거나, 耳語를 하거나, 轉目을 함은 不可하니라. 他人에게 書札을 할 時는, 辭意를 恭遜히 하고, 他人의 書札을 바든 時, 答書를 要하거든, 片時라도 遲滯하지 말지니라. 쏘 他人의 書信과 밋 一般 文字를 許可업시는 決斷코 開見함이 不可하고, 他人의 書札 等屬을 쓸 쌔에 엿보는 것과, 他人의 談話를 엿듯는 것과, 他人의 집을 넘겨보는 것이, 非禮의 가장 甚한 者이니라. 禮儀는 마음과 外樣의 두 가지가 잇스니, 外樣으로만 하고, 마음에 참으로 恭敬하는 싱각이 업스면 禮儀라 하지 못할 것이오. 쏘 마음으로는 恭敬함을 다할지라도, 外樣에 보이지 아니하면, 禮儀에 合當치 못한지라. 그런즉 마음과 外樣 두 가지를 다 注意할지니라.

世上에 親狎함으로 因하야, 禮儀를 돌아보지 아니하는 者가 잇스나, 그것은 크게 不可한 일이니라. 假令 親한 사이라도, 그 親한 것을 밋고, 禮儀를 직히지 아니하면, 그 사괴임을 永久히 保全키 어려우니라. 晏平仲은 사람으로 더브러 사괴임에, 親할수록 오래 恭敬하는 故로, 孔子가 稱讚하야 갈오대, 「晏平仲은 善與人交로다 久而敬之오녀」라 하시니라.

練習

一. 엇더한 일을 하면, 禮儀에 合當치 못하냐. 그 實例를 들어 말하야라.

二. 禮儀는 마음과 外樣이 서로 合하야 하는 것을 說明하야라.

三. 晏平仲의 이약이를 하야라.

第四課　人事

新年

새해에 氣運이 엇더하시오.
新舊歲侍奉平安하시오.
모시고 換歲泰平히 하셧소.

除夕

모시고 過歲平安히 하시오.
隔歲顏面이올시다.

就任

卒業하신지, 얼마 안 되어, 벼슬을 하시니 侍下에 오작 깃부시겟습닛가.

父母還甲

春堂(萱堂) 壽辰이 되시니, 얼마나 깃부시오.

父母喪

喪事 말삼은, 무슨 말삼을 하오릿가.

病患이 계시다는 말삼은 들엇스나, 이처럼 喪事 나실 줄은 千萬 쑴밧기올시다.

初終凡節은 엇지 치르시고, 襄禮는 어느날로 擇日이 되셧습닛가.

叔姪·兄弟喪

重制 말삼은 무슨 말삼을 하오릿가.

父母病

湯節이 계시다 하더니, 요사이는 엇더하시오닛가.

醫師는 누구를 보이시며, 藥은 무슨 藥을 쓰십닛가.

身病

便치 못하시다 하더니 엇더하시오.

藥은 날마다 잡수시오.

아무조록 調攝하셔서 速히 快差하시오.

火災

그런 놀나울 데가 잇습닛가.

세간도 만히 태이신 模樣이올시다그려.

사람은 傷치 아니하셧스니 可謂 不幸中幸이올시다.

水災

올 갓흔 큰물은 近來 처음이올시다. 宅은 過히 傷한 데나 업습닛가.

練習
一. 本課를 反覆하야 練習하야라.
二. 다음 말을 漢字로 곳쳐 써라.
　환세, 과세, 춘당, 상수, 초종, 양례, 중제, 탕절, 됴섭

第五課　漢文

白眉. 稱人獨出衆者하야 謂白眉라 하나니, 蜀馬良의 字는 季常이니
眉有白毫ㅣ라. 兄弟五人이 竝有才名할새 時人이 語曰 馬氏五常에 白眉
ㅣ 最良이라 하니라.

難爲兄難爲弟. 稱人兄弟賢하야 曰 難爲兄難爲弟라 하니라. 世說에
漢陳元方子長文이 有英才하야 與季方子孝先으로 各論其父功德할새 爭
之不能決하야 諮於祖太邱하니 太邱ㅣ 曰 元方은 難爲其兄이오 季方은
難爲其弟라 하니라.

【 번 역 】

백미: 무리 가운데 홀로 출중한 자를 일컬어 백미라 한다. 촉나라 마량의 자는
　　　계상이니, 눈썹에 흰 털이 있었다. 형제 다섯 사람이 모두 재주로 이름이

있었는데 그 때 사람들이 말하기를 마씨 오형제 가운데 눈썹 흰 사람이 가장 뛰어나다고 하였다.

난위형난위제: 형제가 모두 현명하여 세상 사람들이 형이라 하기도 어렵고 아우라 하기도 어려움을 일컫는 말이다. 세설(世說)에 한나라 진원방(陳元方)의 아들 장문(長文)이 영특한 재주가 있어, 계방(季方)의 아들 효선과 함께,[101] 각기 그 부친의 공덕을 논할 때, 결론을 내지 못하여 할아버지 태구(太邱)께 자문을 구하니, 태구가 말하기를 원방은 그 형이라고 말하기도 어렵고, 계방은 그 아우라고 말하기도 어렵다고 하였다.

練習

一. 白眉라 하는 말의 뜻과 出處를 이약이하야라.

二. 難爲兄難爲弟라 하는 말의 뜻과 出處를 이약이하야라.

三. 다음 漢字를 너어서, 두 字식의 말을 지어라.

眉, 毫, 賢, 英, 德

第六課　四時景[102]

一. 東園에 花發하고
　　南陌(남맥)에 草綠하니
　　蜂蝶의 世界로다.

---

101) 세설(世說): 남조의 송(宋)나라 유의경이 쓴 『세설신어』. 진원방의 아들 장문과 진계방의 아들 효선은 사촌임.

102) 이 과에는 연습이 없음.

一時 繁華는 너의가 몬저

二. 江天에 雨歇하고

水邊에 沙白하니

鷗鷺(구로)의 生涯로다.

淸流沐浴은 우리와 갓치.

三. 風淸코 月白하니

羈窓(기창)의 鄕思로다.

長夜感懷는 古今이 일반.

四. 萬戶에 雪積한대

寒梅가 獨發하니

高士의 氣象이라.

千古雅操는 누구가 데일.

第七課　漢文(箕子朝鮮)

箕子 ㅣ 率五千人하고 入朝鮮할새 其詩書禮樂醫巫陰陽卜筮之流와 百工技藝 ㅣ 皆從而往焉이라. 旣至朝鮮에 言語不通이어늘 譯而知之하고 敎以詩書하야 使知禮樂之制와 父子君親之道와 五常之禮하며 敎以八條하야 崇信義篤儒術하야 以勿尙兵鬪하며 以德服强暴하니 隣國이 皆慕其義하야 而相親之하야 衣冠制度 ㅣ 無所不備하니 故로 曰 詩書禮樂之邦이오 仁義之國也 ㅣ 라. 而箕子 ㅣ 始之라 하니 豈不信哉아. (東國通鑑)

練習

一. 다음 말을 漢字로 곳쳐라.

시서례악, 빅공기예, 음양복셔

二. 다음 漢字를 比較하야 달은 것을 말하야라.

率 卒, 暴 慕, 技 枝.

[번 역]

"기자가 오천 명을 거느리고 조선에 들어오니 시서 예악 의무(醫巫) 음양복서(卜筮)의 종류와 백공 기예가 모두 따라 왔다. 이미 조선에 이르러 언어가 통하지 않으므로 번역하여 알게 하고, 시서를 가르쳐 예악의 제도를 알게 하며 부자와 군신의 친밀한 도리와 오상의 예절을 알게 하고, 팔조를 가르쳐 신의(信義)를 숭상하고 유술(儒術)을 돈독히 하여 병투(兵鬪)를 숭상하지 않게 하며, 덕으로 강포함을 복종케 하니, 이웃 나라가 모두 그 의로움을 사모하여 서로 친하고자 하였다. 의관 제도가 갖추어지지 않은 것이 없으니 그러므로 시서·예악의 나라라고 일컫고, 인의의 나라라고 한 것은 기자로부터 시작된 것이다. 어찌 믿지 아니하겠는가."(동국통감)

第八課　動物과 植物

動物이 植物의 입사귀와 쌀리와 열매를 먹고, 그것을 내여노하서, 植物의 滋養이 되는 것은, 여러분도 仔細히 알리다. 이 外에 사람이 밋처 싱각하지 못하는 일에, 動物과 植物이 서로 돕는 일이 잇소.

벌과 나븨가 熱心으로 솟츨 차저서, 날녀 단기는 것은 무슨 까닭으로 싱각하시오. 솟 속에는 단물이 잇는대, 그 물은 벌과 나븨가 第一 조화하는 食物이오. 벌과 나븨는 이 단물을 쌜어먹으랴고, 이 솟 저

곳츠로 날너단기는 것이오.

이러케 말하면, 여러분은 곳치 벌어지를 爲 하야 픠는 것으로 싱각하리다. 그러나, 벌어지는 곳츠로 맛잇는 食物을 밧는 딕신에 곳츨 爲하야 要緊한 일을 하는 것이오. 벌과 나븨의 머리와 발에 가는 털이 만히 잇는대, 熱心으로 물을 쌜어먹고 잇는 동안에, 곳체 잇는 가루가 그 털에 뭇소. 벌과 나븨는 그 가루를 不知中에 달은 곳츠로 가져가는 것이오. 그런 故로 벌어지는 곳츠로 맛잇는 물을 밧고, 곳츤 벌어지에게 가루를 가져가게 하야, 서로 돕는 것이오.

動物이 空氣를 들이마실 째는, 그 中에 잇는 酸素를 取하고, 炭酸瓦斯를 吐하는 것이오. 그 動物이 吐한 炭酸瓦斯는 植物에게 업지 못할 것이니, 植物이 이것을 吸收하오. 그 딕신에 植物이 내여 노흔 酸素는 動物에게 업지 못할 것이니, 動物이 이것을 吸收하오. 그러한즉, 動物은 植物에게 必要한 炭酸瓦斯를 供給하고, 植物은 動物에게 必要한 酸素를 供給하는 것인 故로, 動物과 植物은 서로 도아서, 生命을 保全한다 할 것이오.

動物과 植物은 얼는 보면, 아모 關係가 업는 듯하나, 仔細히 觀察하면, 우에 말한 바와 갓혼 作用을 하는 것을 알겟소.

練習

一. 벌과 나븨와 곳츤, 엇더케 하야, 서로 돕느냐.

二. 動物과 空氣를 呼吸하는 째에 植物과 그 사이에 생기는 關係를 이약이하라.

第九課　漢文(陰德)

孫叔敖ㅣ 爲嬰兒(영아)애 出遊而還하야 憂而不食이어늘 其母ㅣ 問其故한대 泣而對曰 今日에 吾見兩頭蛇라. 恐去死無日矣일가 하노이다. 母ㅣ 曰 今蛇安在오 曰吾聞호니 見兩頭蛇者는 死라 할새 吾恐他人又見하야 已埋之矣로소이다. 母ㅣ 曰 無憂하라. 汝不死하리라. 吾는 聞之호니 有陰德者는 天報以福이라 하더라. 及爲令尹에 未治而國人이 信之하니라.

練習

一. 孫叔敖의 이약이를 하야라.

二. 孫叔敖의 이약이를 듯고, 感動된 것을 말하야라.

〔 번 역 〕

손숙오가 어렸을 때 외출하여 돌아와 먹지 않고 근심하거늘, 그 어머니가 그 까닭을 묻는데 울며 대답하기를, 오늘 제가 양두사를 보았습니다. 죽어 남은 날이 없을까 두렵습니다 하였다. 그 어머니가 말하기를 지금 뱀은 어디에 있느냐 하니, 말하기를 제가 듣건대 양두사를 본 자는 죽는다 하므로, 다른 사람이 또 그 뱀을 볼까 두려워 묻어버렸습니다 하였다. 어머니께서 말씀하시기를 근심하지 말라. 너는 죽지 않을 것이다. 내가 듣건대 음덕이 있는 자는 하늘이 복으로 갚는다 하였느니라 하였다. 영윤(令尹)에 이르러 나라가 다스려지지 않음이 없고 나라 사람들이 그를 다 믿었다.

第十課　地球

　李種甲과 金大植과 崔元燮이라 하는 세 아해가 世界 形狀에 對하야 서로 自己의 意見이 올타고 論難하오.

　李種甲:「나는 이 世界가 平平하고, 끗치 네모진 줄로 안다.」
　金大植:「나는 平平하고, 그 끗치 둥근 줄로 역인다. 그리하고, 그 中에 놉흔 데도 잇고, 나즌 데도 잇는대, 놉흔 데는 陸地이오, 나즌 데는 바다로 안다.」
　崔元燮:「만일 너의들의 말과 갓치, 이 世界가 平平하고, 끗치 둥글던지, 네모졋다 하면, 사람이 거긔까지 가면 써러지지 안켓느냐.」
　李種甲:「아니다. 끗헤는 東西南北이 다 山이 잇스닛가, 써러질 念慮는 업다.」
　崔元燮:「그러치마는, 그 山을 넘어가면, 써러지지 아니하겟느냐. 너의들은 世界의 形狀이 平平하고, 그 끗치 둥글다 네모지다 하는 말을 뉘게 들엇느냐.」
　金大植:「아모에게도 들은 일이 업지마는, 나 혼자 그러케 싱각하얏다.」
　李種甲:「나도 아모에게도 들은 일이 업지마는, 그러케 싱각하얏다.」
　崔元燮:「自己 혼자만 싱각한 것으로는 안 된다. 世界 形狀에 對하야는 옛적부터 여러 가지로 말이 잇섯다. 옛적에는 有識하다는 學者라도, 다 너의들과 갓치 싱각하얏섯다. 그러치마는 지금 와서는, 이 世界가 공과 갓치 둥근 것인 줄을 明白히 알엇다. 그래서 이 世界를 地球라고 한다.」

　金大植과 李種甲은 世界 形狀이 공과 갓치 둥글다 하는 말을 듯고, 깜짝 놀나며, 조곰도 밋지 아니하얏소.

金大植: 「世界 形狀이 공과 갓흘 것 갓흐면, 世界 우에 잇는 물이 兩쪽으로 흘느겟다.」

李種甲: 「그러면 地球 밋헤 잇는 사람은, 다 것구로 섯느냐.」

崔元燮: 「아니다. 물도 兩쪽으로 흘느지 아니한다. 坐 사람도 것구로 서지 아니하얏다. 그러나 너의들이 仔細히 알도록, 그것을 說明하랴면, 여간 어렵지 아니하니, 暫間 그러케 알고 잇거라. 내가 지금 여긔서 地球의 둥근 證據를 이약이하마.

너의들은 海邊에서, 배가 왓다갓다 하는 것을 보앗느냐. 배가 이편으로 向하야 올 째에는, 돗대 끗부터 보이기 始作하다가 漸漸 갓가워질수록, 돗과 배가 보이지 아니하더냐. 坐 배가 저편으로 갈 째에는 漸漸 보이지 아니하야, 나종에는 돗과 돗대까지 업서지지 아니하더냐. 이것은 地球의 表面이 平平하지 아니한 證據다. 만일 地球의 表面이 平平할 것 갓흐면, 배와 돗과 돗대가, 보일 째에도 갓치 보이고, 보이지 아니할 째에도 一時에 보이지 아니할 것이다.

坐 우리가 여긔서 써나서 假令 西쪽으로만 쪽바로 작고 가면, 다시 여긔로 돌아오게 될 터이다. 이것도 地球가 둥근 證據다. 만일 地球가 너의들의 싱각하는 바와 갓치 平平한 것이면, 어느 쪽으로던지 쪽바로 작고 가면, 나종에는 끗츠로 써러지고 말 것이다.」

李種甲과 金大植은 崔元燮의 이약이를 듯고서야, 果然 地球가 둥근 줄을 알엇소.

練習

一. 地球의 둥근 證據를 이약이하라.

二. 「明白히」, 「仔細히」의 「히」를 너어서, 달은 말을 지어라.

第十一課　漢文(自虛)

自虛는 卽謙也ㅣ니 謙은 不止於接人이라. 又平日守身之要也ㅣ라. 故로 既見之修身類하니라. 且接人之間에 常以自虛下人으로 爲先이면 則聞過受諫하야 而進善得益이 不少하나니 凡與交朋으로 議論之際에 不須必要伸己而屈人也ㅣ니라. 苟要伸己而屈人이면 則非徒無益于己라. 又取怨謗之道也ㅣ니라. (初學知要)

練習

一. 다음 □표 속에 漢字를 넛코, 吐를 달어라.

　　(가) 以□□下人　　(나) □過□諫

　　(다) 伸□而屈□

二. 다음 글을 漢文으로 곳쳐라.

　　겸손은 사람을 접하는 데 긋칠 쑨 아니라, 쏘 평일 몸을 직히는 요이다.

【 번 역 】

"스스로를 비우는 것은 즉 겸손한 것이다. 겸(謙)은 사람을 대하는 데 그치지 않는 것이다. 또한 평일 몸을 지키는 요체이다. 그러므로 이미 그것을 수신류에서 보게 되니라. 또한 사람을 대하는 사이에 항상 스스로를 비움으로써 아랫사람을 대하는 것을 우선하면 즉 허물에 간하는 말을 들어 선에 나가게 되고 이익을 얻음이 적지 않다. 무릇 벗과 사귐으로써 의논할 때 모름직이 자신을 드러내고 타인을 굴복시키려 하지 않는다. 진실로 자신을 꼿꼿하게 하고 타인을 굴복시키고자 하면 자신을 따르는 무리가 없고 이익됨도 없다. 또한 원망과 비방을 사는 길이 될 것이다."(초학지요)

第十二課 나이진쎄-루

나이진쎄-루는 英國 大地主의 쌀인대, 距今 約百年前 사람이오. 어려서부터 人情이 만허서, 개나 고양이가 알는다던지, 닷친 쌔에는 藥으로 治療하야 주고, 쏘 恒常 貧寒한 집을 慰問하야, 不幸한 사람을 救助함으로 한 樂을 삼엇소.

나이진쎄-루가 三十四歲 되엿슬 째에, 구리미야103) 戰爭이라 하는 큰 戰爭이 낫섯소. 戰爭이 激烈하고, 쏘 怪疾과 赤痢가 大熾하야, 病兵과 負傷兵이 만히 생겻섯는대, 醫員과 病救援할 사람이 적어서, 大端히 困難하얏소. 나이진쎄-루가 이 말을 듯고, 비록 게집의 몸일지언정 나라를 爲하야 盡力할 쌔가 이 쌔라 하고, 同志의 婦人 三十四名을 다리고 戰地로 가서 病救援에 盡力하얏소.

戰爭이 긋난 後에 本國으로 돌아와서 英國女王으로부터 褒賞을 밧고, 쏘 여러 사람도 그 博愛心이 만흠을 歎服하얏소.

其後 瑞西國人 쑤난이 軍人 救護의 必要함을 알고, 赤十字社를 設置하게 됨은 나이진쎄-루의 初動에 感動된 바인 까닭이오.

練習

一. 나이진쎄-루는 어려서부터 엇더한 일을 하기로써 樂을 삼엇느냐.

二. 나이진쎄-루는 구리미야 戰爭 쌔에 엇더한 일을 하얏느냐.

三. 赤十字社는 엇지하야 設置되엿느냐.

---

103) 구리미야 전쟁: 크림 전쟁.

第十三課 漢文(金蓋仁之憐狗)

金蓋仁은 居寧縣人也ㅣ니 畜一狗甚憐일니 嘗一日出行할새 狗亦隨之
라가 蓋仁이 醉臥道周而睡할새 野燒將及이어늘 狗乃濡身于傍川하야
來往環繞하야 以潤著草茅하야 令絶火道라가 氣盡力斃라. 蓋仁이 旣醒
에 見狗迹하고 悲感하야 作歌寫哀하고 起墳以葬하고 植杖*誌之러니
杖이 成樹ㅣ라. 因名其地爲獒樹라 하니. (補閑集)

練習

一. 本課의 大綱 뜻을 이약이하야라.

二. 다음 漢字의 색음과 音을 말하야라.

　　狗, 犬, 獒, 野, *

三. 다음 □표 속에 漢字를 넛코, 吐를 달어라. 그리하고 그것을 다시
　　말로 곳쳐라.

　　野燒□及　　□絶火道

[번 역]

"김개인은 거녕현 사람이니 개 한 마리를 기르며 심히 아꼈다. 일찍이 하루는
출행할 때 개가 또한 따라 갔다가 김개인이 술에 취해 길에 누워 잠이 들으니,
들판이 불타 몸에 미칠 것이어늘, 개가 인근 하천에서 자신의 몸을 적셔 내옹하여
주위를 돌며 풀을 젖게 하여 불길을 멈추게 하고자 하다가 기진하여 쓰러졌다.
김개인이 깨어나 개의 자취를 보고 비감하여 노래를 지어 그를 슬퍼하고 묘를
만들어 장례하고 막대를 꽂아 비문을 지었더니, 막대가 나무가 되었다. 이로
인해 그 지방을 오수(獒樹)라고 한다."(보한집)

第十四課　書簡文의 作法104)

一. 封書

一. 用紙. 平常 往復의 書狀에는, 白色의 周紙105)를 用하나니라. 罫紙 (괘지)·半紙·洋紙 等을 用하는 것은 略式이니, 實用을 爲主하는 境遇 又는 公用文 等에만 用하나니라.

二. 餘白. 文의 始終과 上下와 行間은 適當한 間隔을 置할지니라.

三. 出書日. 出書日은 年號·月日을 明記함이 正式이나 略式의 境遇에 는 月日만 書함도 無妨하니라.

四. 署名. 自己의 姓名·稱呼를 月日 下에 書함이 普通이나, 受書人을 隨하야, 各種의 書式이 有하니라. 爲先 親族間에는 大槪

祖	孫名上書 (祖孫間)
從祖	從孫名上書 (從祖孫間)
父	子名上書 (父子間)
伯父	從子名上書 (叔姪間)
仲父	從子名上書 (叔姪間)
舍叔	從子名上書 (叔姪間)
兄	舍弟名上書 (兄弟間)
從兄頓106)	從弟名上書 (從兄弟間)
表叔頓107)	甥姪姓名上書 (舅甥間)

---

104) 이 과에는 연습이 없음. 다음 과는 서간문 예문에 해당함.

105) 주지(周紙): 두루마리.

106) 돈(頓)은 조아림, 이마가 땅에 닿을 듯 절함을 뜻함.

婦翁頓[108]　　外甥姓名上書（翁婿間）

內從字頓[109]　外從弟姓名上書（內外從間）

姨從字頓　　　姨弟姓名再拜（姨從兄弟間）

族從名拜　　　族弟[110](族姓)名再拜（族兄弟叔姪間）

戚從姓名拜戚弟(戚姓)姓名再拜　（戚兄弟[111]叔姪間）

　　와 如히 書 하고, 親族 以外의 尊長에게는「侍生姓名再拜」, 十五
　　歲 以上의 年長者에게는 記下姓名再拜, 十歲 以上의 年長者에게
　　는 小弟姓名二拜, 同輩에게는 弟姓名拜, 親密치 아니한 人에게는
　　生姓名拜라 書하나니라. 又 姓名·稱呼 下에 附하는 '頓', '再拜'
　　等語에는 上述한 外에 各各 境遇를 隨하야, '拜手', '拜呈', '拜啓',
　　'拜白', '頓拜', '頓首', '頓白', '謹拜', '謹頓', '謹白', '叉手' 等語가
　　有하고, 特히 答書에는 '拜復', '拜謝', '謝上', '頓復', '頓謝', '謹復'
　　等의 語를 用함이 有하니라.

　　五. 受書人名. 親族間의 受書人名은 自來 習慣으로 말하면 文의 初頭
　　에 記하나니, 其中 尊長에게는 名을 書함이 無하고,

　　　　祖父主前上書　　從祖父主前上書
　　　　父主前上書　　　伯父主前上書

---

107) 표숙(表叔): 외삼촌.

108) 부옹(婦翁): 사위에 대한 장인의 지칭.

109) 내종(內從): 고모의 아들이나 딸.

110) 족제(族弟): 동성동본인 사람 중에서 유복친 이외의 아우뻘이 되는 사람.

111) 척형제(戚兄弟): 성이 다른 형제.

仲父主前上書　　叔父主前上書

兄主前上書　　　從兄主前上書

라 書하고, 祖父·父가 孫子에게 對하야는 '名見'이라 '見'字를 書
하나니라. 又 他人에게 對하야는 近來에는 文의 終結 月日 署名
의 次에 ** 又는 姓名과 爵·職業·尊稱을 記함이 多하니라.

(例文)　　　　　　　　(例文)

　姓名　　　　　　　　　姓名

李男爵 閣下　　　　金鐘*殿

六. 尊稱. 親族의 尊長에 對하야 '主*'의 語를 用하고, 前述한 바와
　　如하나, 尊稱을 月日 署名의 次에 着하는 境遇에는 '殿'을 用하고,
　　學校·官廳·銀行·會社·商店 等의 團體에 對하야는 '御中'을 用하
　　나니라.

七. 附書. 月日·署名의 次에 書한 '殿'의 側에는 '侍史', '執事' 等의
　　語를 用함이 有하니라.

八. 封套
　　(가) 無紋白色의 것을 用함이 禮이니라.
　　(나) 受信人의 住所·姓名은 楷書 或은 半草書로써 明瞭히 書하고
　　　 '親殿', '至急' 等의 附書는 尊稱의 左邊에 書할지니라. 又 郵票는
　　　 上部左肩에 貼附(첩부)함이 可하니라.

(봉투 예시 생략)

(다) 後面의 文字도 全面과 同樣으로 明瞭히 書함은 無論이어니와, 出書日을 書하는 境遇에는 姓名의 左邊 上部에 附記하나니라. 又 封緘辭는 普通 '謹封', '謹', '封', '緘' 等의 字를 書하고, 公用의 書狀에는 印章을 捺함이 常例이니라.

二. 葉書

葉書에는 普通葉書·往復葉書·封緘葉書 及 繪畵葉書 等의 種類가 有하니라. 凡葉書는 略式으로 用하는 것인 故로, 身分이 高한 人에게나, 又는 謹嚴한 書信에는 使用치 아니하나니라. 特히 繪畵葉書는 訃音·弔狀 等에는 用치 못하나니라. 其他 葉書를 書함에는 坐起 事項에 注意함이 可하니라.

一. 普通葉書에 在하야는 表面에는 住所·姓名만 記할지니라.
二. 記事는 아모조록 簡單히 하고, 字形은 大히도 말고, 小히도 말고, 適宜히 書할지니라. 又 出書日은 本文의 末尾에 書함이 普通이니라.
三. 一般에 關한 注意
 一. 用筆은 毛筆로써 正式을 삼고, 葉書에는 境遇를 隨하야, 或 鐵筆을 用함도 無妨하니라. 鉛筆로 書함은 他人에게 禮를 缺할 쁜 아니라 配達夫에게 苦惱를 貽하는 事이 多한 故로, 아모조록 此를 避함이 可하니라.
 二. 總히 書體는 解키 易하도록 精히 書하고, 受書人의 姓名 等은 尤히 注意를 加할지니라.
 三. 受書人의 指하는 辭 又 '貴', '尊', '令', '賢' 等의 敬語는 一二字

間隔을 置하거나, 或 別行에 書하고, 又 '不備禮', '不備上', '不備謝' 等의 語는 行頭에 書함이 不好하니라.

四. 受書人 及 自己의 稱呼는 親疏의 關係를 因하야 甚히 複雜한지라. 嚴正 格別한 用法이 有한즉, 又此를 十分 注意함이 可하니라.

第十五課　水害 中 問候

叔父主前　上書

伏不審 요사이 潦炎(요염)에 氣體候康旺하옵시고, 大小諸節이 一安하옵신지, 伏慕且祝이오며, 從子는 渾家無頉(혼가무이)하오니, 多幸이옵나이다. 어제 新聞을 보온즉, 今番 雨水가 南中에 尤甚하와 田畓의 農物이 全혀 狼狽되옵고, 家屋과 人畜이 沈沒漂流되와, 慘酷한 光景이 數三十年 以來에 처음 잇는 일이라 하오니, 놀납사오며, 그곳은 他處보다 地形이 高燥하옵고, 쏘 溪川이 隔遠하오니 이러한 酷患은 업슬 듯하오나, 多少의 損害는 不無하올 듯하와, 亦是 下情에 굼굼 憧憧하옵나이다. 不備上白

日　月　　　　　　　　　從子　寅承 上書

練習

本課를 모방하야 '旱災問候' 편지를 지어라.

第十六課　漢文(朴赫居世)

新羅始祖의 姓은 朴氏오 諱는 赫居世ㅣ니 前漢 孝宣帝 五鳳 元年 甲子 四月 丙辰에 卽位하야 號는 居西干이라 하니, 時年이 十三이라. 國號를 徐那伐이라 하다. 先是에 民이 分居山谷之間하야 爲六村하니 是爲辰韓六部ㅣ라. 高墟村長 蘇伐公이 望楊山麓 蘿井傍林間에 有馬ㅣ 跪而嘶(궤이시)하고 則往觀之하니 忽不見馬하고 只有大卵이어늘 剖之하니 有嬰兒ㅣ 出焉이라. 則收而養之러니 及年十餘歲에 岐嶷然夙成이라. 六部人이 以其生神異로 推尊之하야 至是에 立爲君焉하니 辰人이 謂瓠爲朴일새 以初大卵如瓠ㅣ라. 故로 以朴爲姓하니라. (三國史記)

練習

一. 本課의 大綱 뜻을 이약이하야라.

二. 다음 漢字를 比較하야, 달은 것을 말하야라.

　楊 陽 揚, 危 跪, 斯 嘶, 推 堆.

[번 역]

"신라 시조의 성은 박씨요, 휘는 혁거세니, 전한 효선제 오봉원년 갑자 사월 병진에 즉위하여 호는 거서간이라 하였으니 이때 나이는 십삼세이다. 국호를 서나벌(徐那伐)이라 하였다. 이보다 앞서 백성들이 산곡 사이에 나누어 살며 육촌이 되었으니, 이는 진한 육부가 되었다. 고허촌장 소벌공(蘇伐公)이 양산 기슭을 바라보다가 나정(蘿井) 옆 수풀 사이에 한 말이 꿇어앉아 울거늘 즉시 가서 보니, 홀연 말을 보이지 않고 다만 큰 알이 있어 그것을 쪼개보니, 영아가 나타났다. 즉 이를 거두어 기르니 나이 십세에 기의(岐嶷)하고 숙성하여 육부

사람들이 그 탄생이 신이함으로 그를 추존하여, 이에 임금을 삼았다. 진 사람들이 표주박을 박이라 일컬으니 이는 처음 큰 알이 표주박 같기 때문이다. 그러므로 박으로 성을 삼았다."(삼국사기)

第十七課 害蟲 及 益蟲112)

蝶蛾 等이 原野 草花 間에 飛去飛來함을 보면 그 美麗함이 足히 愛翫할 만하나, 그 變生하기 前의 幼蟲은 形容도 醜惡하고, 農作物에 莫大한 害를 씻치는 者도 만흐니라. 一切 穀物·菜蔬·果樹 等을 侵蝕하야, 그 發育을 海하는 蟲類를 害蟲이라 하나니, 害蟲 中에는 그 體形이 甚히 微少한 者도 잇스나, 그러나 一時에 만히 發生할 째는 農作物을 遍害하야 荒年이 되는 일도 잇나니라. 害蟲은 그 種類가 가장 만흐니, 次에 그 尤甚한 者를 摘記하노라.

螟蟲은 形體이 甚小하고 背上에 褐色線이 잇나니라. 稻莖의 內部에 蝕入하나니 稻莖의 萎黃함은 螟蟲의 害이니라. 此害가 最甚할 째는 十의 七八이 減損하나니라. 螟蟲은 五月頃에 淡褐色의 蛾가 되어, 秧葉에 産卵하나니라. 故로 秧田에 飛集하는 蛾를 捕捉하고, 蛾卵을 除去하야, 그 害를 豫防할지니라. 또 螟蟲의 害를 바든 稻莖은 根上에서부터 刈取하야 燒火함이 可하니라.

夜盜蟲은 初에 綠色이오 後에는 褐色으로 變하나니, 晝間은 根底에

---

112) 정정 권8 제14~15과를 합하여 편성함.

潛伏하얏다가, 日暮 後에 出來하야, 嫩葉(눈엽)을 蝕盡하나니라. 此蟲이 多數히 發生한즉, 數日間에 農作物이 綠色을 全失하나니, 夜盜蟲이 生한 田畓에는 深一尺 廣五寸의 溝洫(구혁)을 掘開하고 蟲을 그 中에 搖落하야 沒死케 함이 조흐니라.

黑金龜子는 黑色의 甲蟲이라. 晝間은 土中에 隱伏하얏다가, 夜中에 出來하야 農作物을 蝕盡하나니, 一夜間에 梨·栗 等의 樹葉을 盡蝕하야, 一葉의 餘存도 업는 일이 잇나니, 此를 除去하랴면, 樹下에 受蟲器를 置하고, 薄暮에 蟲이 來集하거든 樹枝를 拂搖하야, 落下케 할지니라.

菜螟蛉은 綠色이오 背上에 短毛가 掩蔽하얏나니라. 菜葉을 剝蝕하고, 葉柄만 남기나니, 采田에 此蟲이 生하거든, 除蟲菊의 곳츠로써 만든 驅蟲藥을 和水하야 注灑(주쇄)함이 最良法이니라.

蚜蟲은 果樹·菜蔬 等의 穉葉을 剝蝕하나니, 그 害가 莫甚하니라. 蚜蟲을 除코저 하면, 驅蟲藥과 洗濯石鹼(석감)을 和水하야 注灑홀지니라.

上述한 蟲類는 害蟲에 關한 것이나, 蟲類에는 害蟲을 殺하야 農作物의 受害를 減하야 我等에게 利益이 되게 하는 者도 잇나니, 此等의 蟲類를 益蟲이라 하나니라.

益蟲에는 害蟲을 捕食하는 者도 잇고, 쏘 害蟲의 卵上에 다시 産卵하야 害蟲의 卵을 消滅케 하는 者도 잇나니라. 益蟲 中에 가장 害蟲을 多殺하는 者는 斑蝥(반모)·瓢蟲·草蜻蛉·寄生蜂 等이니라.

斑蝥의 幼蟲은 土中에 穿穴棲息하야, 各種의 蟲類를 捕食하야, 穴中

에서 食하고, 成蟲이 되면 敏捷히 諸蟲을 捕獲하나니, 夏日에 道路에 徘徊하다가, 사람을 보면 前面으로 數尺식 飛去하는 美麗한 蟲이 곳 斑蝥이니라.

瓢蟲은 半球狀으로 된 美麗한 小蟲이라. 全體 黃色에 黑點이 잇는 者도 잇고, 黑色에 赤點이 잇는 者도 잇나니, 蚜蟲을 捕食함으로써 爲主하나니라.

草蜻蛉은 蜻蛉의 一種이라. 體形은 小하고 體色은 綠하며, 光澤이 잇나니라. 能히 蚜蟲 所集處에 産卵하나니, 幼蟲은 蝨(슬)과 갓흐나 稍大하고, 蚜蟲을 捕하야, 그 津液을 盡吸하나니라.

寄生蜂은 大槪 螟蛉類에 寄生하야, 그 肉을 食하고, 羽化하면 小蜂이 되나니라.

此等 益蟲은 害蟲의 七割 五分을 殺하나니, 萬若 益蟲이 업스면, 害蟲은 더욱 繁殖하야 每年에 農作物에 加害함이 莫大할지라. 然則 我等은 害蟲과 益蟲을 區別하야, 益蟲을 保護하고 害蟲을 除滅함이 可하니라.

練習

一. 害蟲이라 하는 것은 무슨 짓을 하는 蟲이냐.

二. 螟蟲·夜盜蟲·黑金龜子·菜螟蛉·蚜蟲에 對하야 이약이하야라.

三. 益蟲이라 하는 것은 무슨 짓을 하는 蟲이냐.

四. 斑蝥·瓢蟲·草蜻蛉·寄生蜂에 對하야 이약이하야라.

第十八課　漢文(水利)

利莫大於水利하니 生民之命은 懸於衣食하고 衣食은 繫乎水旱이라.
天之所爲는 民不能奈何ㅣ나 其在人力은 猶有可致之道ㅣ라. 夫有雨澤之
水하며 有井泉之水하며 有川溪之水하니 雨澤時溢을 恨不能儲以待也ㅣ
며 井泉恒瀦(정천항저)를 恨不能挈而上也(한불능설이상야)ㅣ며 川澤
流下를 恨不能決而分也ㅣ로다. 苟使無用之物로 歸之有用이면 斯民이
豈有飢寒之患哉리오. 國初에 築堤儲水하야 今遺址ㅣ 處處皆有ㅣ나 而
湮塞廢壞하야 不復修治하야 悉爲豪民墾畝(실위호민간무)하고 如金堤
之碧骨堤는 刱自新羅訖解王時하야 後에 重修之하야 分爲五渠하야 漑
田萬頃하니 柳磻溪馨遠이 云若堅修碧骨等 數三堤면 則蘆嶺以外는 無
凶歉矣리라 하더니 今時則都廢而不擧하니 國貧民竭이 不亦宜乎아. (星
湖僿說)

練習

一. 다음 □표 속에 漢字를 넛코, 吐를 달어라.

　(가) 生民之命 懸於□□ 衣食繫乎□□

　(나) 苟使□□之物歸之□□ 斯民豈有□□之患哉

二. 다음 말을 漢字로 곳치고, 그 뜻을 말하야라.

　슈리, 슈한, 우틱, 졍쳔, 긔한, 흉겸

三. 碧骨堤는 後世에는 本文과 갓치 荒廢하얏스나, 至今은 修治되여, 水利
　의 便함이 多大하니, 너의들 사는 地方에도 그와 갓흔 堤堰이 잇느냐.

[번 역]

"이로움은 수리에서 더한 것이 없으니, 생민의 목숨은 의식에 달렸고, 의식은 수한(水旱)과 관계된다. 하늘이 하는 바를 백성이 어찌하겠는가마는 그 사람의 힘은 가히 해야 할 도리가 있다. 대저 우택(雨澤)의 물이 있고, 정천(井泉)의 물이 있으며, 하천과 시내의 물이 있으니, 비가 와서 넘칠 때 이를 저장하여 기다리지 못함이 한스러우며, 우물과 샘물을 항상 고이게 하여 이를 위로 이끌게 하지 못함을 한스러워 하며, 하천이 아래로 흘러감에 이를 막고 나누게 하지 못함이 한스럽도다. 진실로 무용지물로 하여금 유용하게 하면 그 백성들이 어찌 기한(飢寒)의 근심이 있겠는가. 국초에 제방과 저수지를 만들어 지금 그 유적지가 곳곳에 있으나 막히고 무너져 다시 수리하지 않아, 모두 호민(豪民)이 밭갈이하는 데만 쓰이고, 김제의 벽골제는 신라 흘해왕(訖解王) 때 만들어져 후에 중수하여 다섯 도랑을 나누어 만경(萬頃)에 물을 대더니, 반계 유형원이 이르기를, 만약 벽골 등 수삼 개의 제방을 견고하게 수리하면 노령 이외에는 흉년이 없을 것이라고 하더니, 지금은 모두 폐허가 되어 다시 수리하지 않으니, 나라가 가난하고 백성이 굶주리는 것이 어찌 당연하지 않겠는가."(성호사설)

第十九課 光과 音

雷聲이 나기 조곰 前에 空中에서 閃閃한 光을 發함을 見하나니, 此光을 電이라 稱하나니라. 雷聲은 電光과 一時에 나는 것이나, 其音響이 電光보다 後에 들님은, 音의 速度가 光의 速度보다 遲緩한 故이니라.

쏘 사람이 銃을 放함을 遠處에서 見하면, 煙氣가 몬저 보이고, 한참 지난 後에야 音響이 들니나니, 이도 쏘한 電光을 見한 後에 雷聲을

聽함과 同一한 理由에 基因함이니라.

電光이 보임과 雷聲이 들니는 사이가 長하면, 音響이 弱小하고, 그 사이가 短하면, 音響이 强大하나니, 그 强大함은 雷聲이 近한 處에서 나는 故이니라. 雷聲이 近한 處에서 나면 音響이 귀에 到達하는 時間도 短한 故로 音과 光이 거의 同時가 되나니라. 쏘 雷聲을 듯고도 電光을 見치 못하며, 電光을 보고도 雷聲을 듯지 못하는 일이 잇나니, 이는 다만 그 光이 雲霧에 遮隔되거나 距離가 遠隔하여 音響이 人의 귀에 到達치 아니함이니라.

練習

一. 電光이 보인 後에 雷聲이 들님은 무슨 理致이냐.

二. 電光이 보인 後, 雷聲 들니기까지의 그 時間이 長하고 短함을 쌀어서, 音響이 엇더케 變하느냐.

三. 雷聲은 들니나 電光은 보이지 안코, 電光은 보이나 雷聲은 들니지 아니함은 무슨 理致이냐.

第二十課　漢文

子ㅣ 曰 我非生而知之者ㅣ라. 好古敏以求之者也ㅣ로라. (論語)

子夏ㅣ 曰 賢賢호대 易色하며 事父母호대 能竭其力하며 事君호대 能致其身하며 與朋友交호대 言而有信이면 雖曰未學이라도 吾必謂之學矣라 하리라. (論語)

孔子ㅣ 曰 君子ㅣ 有九思하니 視思明하며 聽思聰하며 色思溫하며 貌思恭하며 言思忠하며 事思敬하며 疑思問하며 忿思難하며 見得思義

니라. (論語)

練習

一. 다음 □표 속에 漢字를 넛코, 吐를 달어라.

    (가) 事□□能竭□□ 事□能致□□ 與□□交言而有□

    (나) 視思□聽思□色思□貌思□言思□事思□疑思□忿思□見得思□

二. 다음 漢字를 너어서, 두 字식의 말을 지어라.

    敏, 賢, 信, 聰, 恭

〔 번 역 〕

"공자께서 말씀하시기를 나는 생이지지자가 아니다. 옛것을 좋아하고 민첩하게 구하는 자이로다 하셨다."(논어)

"자하가 말하기를, 아내의 어짊을 좋아하고 용모를 가볍게 여기며, 부모를 섬기되 자기의 힘을 다하며, 임금을 섬기되 자기 몸을 바치며, 친구와 더불어 사귈 때 말에 믿음이 있으면 비록 배우지 못하였다고 하더라도 나는 반드시 그 사람을 배웠다고 말할 것이라 하였다."(논어)

"공자께서 말씀하기기를, 군자는 생각해야 할 아홉 가지가 있다. 보는 것은 밝게 볼 것을 생각하고, 듣는 것은 총명하게 들을 것을 생각하고, 기색은 온화하게 할 것을 생각하고, 용모는 공손할 것을 생각하고, 말은 충실할 것을 생각하고, 일하는 것은 경건하게 할 것을 생각하고, 의심이 나면 물어볼 것을 생각하고, 화가 나면 어렵게 될 것을 생각하고, 이득을 보게 되면 의로운 것인지를 생각하라고 하셨다."(논어)

第二十一課　眞正한 勇者

爭鬪를 嗜好함은 血氣之勇이니 君子의 貴히 역이는 바이 아니라. 諸子는 藺相如와 廉頗의 事蹟을 아는가. 廉頗가 藺相如의 下位에 居함을 憤怒하야 機會를 어드면 辱하고저 하니, 藺相如가 그 말을 듯고, 相逢하기를 不肯하니라. 藺相如가 廉頗의 畏忌함이 아니라 藺相如의 싱각에는 當時에 趙는 弱小한 나라이오 秦은 强大한 나라이되 秦이 敢히 趙國을 來攻치 못함은, 나와 廉頗가 잇슴이라. 이제 우리 二人이 相爭하야, 서로 反目하면, 趙國은 滅亡하리라 함이러라. 廉頗의 無禮한 擧動을 보고, 藺相如인들 엇지 마음에 快히 역엿스리오마는 國家를 爲하야, 一己의 私憤을 抑制함이러라. 廉頗도 이 말을 듯고, 크게 붓그러워하야, 藺相如를 訪問하고, 謝罪하얏다 하니, 藺相如와 갓흔 사람은 眞正한 勇者이로다.

世間에 往往히 膂力(여력=완력)의 過人함을 밋고, 瞋目揚臂(진목양비)하며 高聲大語를 罵詈(매리)하야 勇者로 自居하는 者이 잇스나, 이는 田夫野人의 行動이오 士君子의 行할 바이 아니니라.

江河를 건너는 대는 船隻이 아니면 不可하고, 豺狼을 잡는대는, 銃彈이 아니면 不可하나니, 그러나 나는 勇者이라, 船隻을 焉用이며, 銃彈을 何要오 하는 者이 잇스면, 이는 勇者이 아니오 愚者이라 할지로다. 孔子도 暴虎憑河하야 死而無悔者는 吾不與也[113] ㅣ라 하시니라. 무슨 일이던지 順序와 方法이 必有하리니, 일에 臨하거든 深思遠慮하야 最善한 方法을 擇하야 成功하기를 期必하는 사람을 眞正한 勇者이라 하

---

[113] 暴虎憑河하야 死而無悔者는 吾不與也: 맨손으로 사나운 범을 잡고 맨몸으로 황하를 건너 죽어도 후회가 없다 하는 사람을 나는 함께 하지 않는다. (『논어』 술이)

나니라.

一. 藺相如와 廉頗의 事蹟을 이약이하야라.

二. 藺相如와 廉頗의 이약이를 듯고, 感動된 것을 말하야라.

三. 暴虎憑河라는 말은 엇더한 뜻이냐.

第二十二課　漢文

君子之交는 淡若水하고 小人之交는 甘若醴하니, 君子는 淡而親하고,
小人은 甘而絶이니라. (莊子)

君子는 交絶에 不出惡聲이니라. (史記)

程伊川이 曰 近世淺薄하야 以相歡狎(이상환압)으로 爲相與하며 以
無圭角(이무규각)으로 爲相歡愛하나니 如此者ㅣ 安能久리오. 若要久
ㅣ댄 須是恭敬이니라. (小學)

君子는 不盡人之歡하며 不竭人之忠하야 以全交也ㅣ니라. (禮記)

練習

一. 다음 □표 속에 漢字를 넛코, 吐를 달어라.

(가) 君子之交淡若□ 小人之交甘若□

(나) 君子不盡人之□ 不竭人之□以全□也

二. 다음 漢字를 比較하야, 달은 것을 말하야라.

淡 談, 若 苦, 淺 錢, 狎 押.

三. 다음 말을 漢字로 곳치고, 그 뜻을 말하야라.

천박, 환압, 규각, 환이

【번 역】

"군자의 사귐은 물과 같이 맑고, 소인의 사귐은 단술과 같이 달다. 군자는 맑고 친밀하며 소인은 달으나 이어지지 않는다."(장자)

"군자는 사귐이 그치나 나쁜 말이 나지 않는다."(사기)

"정이천이 말하기를, 요즘은 천박해져서 서로 즐기며 함부로 대하는 것을 뜻이 맞는다고 하고, 둥글둥글 모나지 않는 것을 좋아하여 아끼는 것으로 생각한다. 이 같은 것이 어찌 능히 오래가겠는가. 만약 오래고자 하면 모름지기 공경해야 한다."(소학)

"군자는 남이 해 주는 즐거움을 다하지 않으며, 다른 사람의 충심을 다 받아쓰지 않음으로써 전체의 사귐을 삼는다."(예기)

第二十三課　婢僕

貞童의 집에 女婢 二人과 男僕 一人이 잇는대, 貞童의 父母는 極히 慈愛心이 만흔 사람인 故로 婢僕 三人을 慈愛하야, 子息과 갓치 역이는지라. 婢僕도 쏘한 忠誠으로 主人을 爲하야 主人의 집을 自己의 집과 갓치 싱각하더라. 其中에 年長한 女婢는 貞童이 나기 前부터 집에 잇서서 自少로 貞童을 愛護하야 自己의 所生과 갓치 하더라.

婢僕의 이 衣服은 다 貞童의 母親이 준 것이다. 貞童의 父親은 學問이 잇는자리 하니 밤이면 時時로 婢僕을 모아 文字를 敎授하고, 쏘 時時로 有益한 言語로 訓導하더라. 婢僕도 熱心으로 배우는 故로 孝經 修身書

等도 能히 通達하는지라. 貞童이 學校에 入學함으로부터 三人의 婢僕은 貞童이 工夫를 잘하야, 敎師에게 稱讚 바듬을 깃붜하야 學校에 갓다오면 반다시 무엇을 學習하셧나뇨 하고 뭇더라. 大槪 婢僕은 貧賤한 집에서 生長하야 學問도 工夫치 못하며, 쏘 財産이 업슴으로써 獨立하야 農商 等을 經營치 못하는도다. 이런 사람도 富饒한 집에 生長하야, 幼穉한 째로부터 學校에 가서, 學問을 工夫하얏더면, 能히 優等될 사람도 잇슬지로다.

우리들도 財産이 업고, 學問이 업스면, 사람의 婢僕이 될 일도 잇스리로다. 이것을 싱각하면, 婢僕이 賤한 것이 아니라, 可憐한 者이로다. 이것을 싱각하지 아니하고, 婢僕을 賤待함은 가장 穩當치 아니한 일이니라.

練習
一. 貞童의 母親은 婢僕에 對하야 엇더한 일을 하얏느냐.
二. 貞童의 父親은 婢僕에 對하야, 엇더한 일을 하얏느냐.
三. 婢僕 等은 貞童을 엇더케 愛護하얏느냐.
四. 무릇 婢僕은 엇더케 待遇함이 可하냐.

第二十四課　漢文(昔脫解)

新羅 脫解 尼師今이 立하니 時年이 六十二라. 姓은 昔이오 妃는 阿孝夫人이니 脫解는 本多婆那國 所生也ㅣ라. 其國이 在倭國東北 一千里하니 初에 其國王이 娶女國王女爲妻하야 有娠七年에 乃生大卵하니 往曰 人而生卵은 不祥也ㅣ라. 宜棄之라 하니, 女ㅣ 不忍하야 以帛裹卵하고

並寶物置於櫝中하야 浮於海하야 任其所往이러니 初至金官國海邊하니 金官人이 怪之不取하고 又至辰韓阿珍浦口하니 是는 始祖赫居世在位三十九年也ㅣ라. 時에 海邊老母ㅣ 以繩으로 引繫海岸하고 開櫝見之하니 有一小兒ㅣ 在焉이라. 其母ㅣ 取養之러니 及壯에 身長이 九尺이오 風神이 秀郞하고 智識이 過人이어늘 或이 曰 此兒는 不知姓氏라. 初櫝來時에 有一鵲이 飛鳴而隨之하니 宜省鵲字하야 以音爲氏하고 又解韞櫝而出(우해온독이출)하니 宜名脫解라 하다. 脫解ㅣ 始以漁釣爲業하야 供養其母하고 專精學問이러니 至南解王五年에 聞其賢하고 以其女妻之라가 至七年에 登庸爲大輔하야 委以政事러니 儒理王事後에 爲新羅往하니라. (三國史記)

練習

一. 本課의 大綱 쯧을 이약이하야라.

二. 다음 漢字의 색음과 音을 말하야라.

　　卵, 櫝, 繩, 鵲, 引, 隨

三. 本課 外에 內地와 朝鮮間에 關係 잇는 歷史上 이약이를 알거든 그것을 이약이하야라.

〔번 역〕

"신라 탈해 이사금이 섰으니, 이때 나이는 육십이세이다. 성은 석(昔)이요, 왕비는 아효부인(阿孝夫人)이니, 탈해는 본래 다파나국(多婆那國) 소생이다. 그 나라는 왜국 동북 일천 리에 있으니 처음에 그 나라 왕이 국왕의 딸을 취하여 처로 삼았는데, 임신 칠년에 드디어 큰 알을 낳았다. 왕이 말하기를 사람이 알을 낳는 것은 상서롭지 못한 일이라 하여, 마땅히 버리라 하니, 딸이 참지 못하고

비단으로 알을 쌓아 보물과 함께 독 속에 넣어 바다에 띄워 보냈다. 그 가는
바에 따라 처음에는 금관국(金官國) 해변에 이르렀는데, 금관 사람이 이상하게
여겨 취하지 않고, 또 진한 아진포구(阿珍浦口)에 이르니, 이때는 시조 혁거세
재위 37년이다. 이때 해변의 노모가 밧줄로 그것을 해안으로 끌어 독을 열어보
니, 한 어린아이가 있었다. 그 노모가 아이를 취하여 기르더니 장성함에 미처
신장이 구척이요, 풍신이 우수하고 뚜렷하며 지식이 다른 사람보다 뛰어났다.
혹이 말하기를 이 아이는 성씨를 알지 못한다. 처음 궤가 도착했을 때 까치
한 마리가 날아와 울고 그를 따르니 마땅히 작(鵲)이라는 글자를 살펴 그 음으로
써 성씨를 삼고,[114] 또 독을 풀어헤쳐 나왔으니 마땅히 이름을 탈해(脱解)라
하였다. 탈해는 처음 고기를 잡고 낚시를 업으로 삼아 그 노모를 공양하고, 학문
에 정진하더니 남해왕 5년에 이르러 그 현명함을 듣고 (남해왕이) 그 딸을 처로
삼게 했다. 7년에 이르러 등용하여 대보(大輔)로 삼고 정사를 맡기더니 유리왕이
죽은 뒤 신라왕이 되었다."(삼국사기)

第二十五課　會社[115]

良明이 街路를 往來하다가, 某某 會社라 하는 懸板을 屢次 보앗더라.
一夜에 그 父親을 侍坐하야 談話하다가,

良明: 處處에셔 某某 會社라 懸板한 큰 商店과 갓흔 것이 잇스니 會社
　　라 하는 것은 엇더한 것이오닛가.

---

114) 昔과 鵲을 같은 음으로 봄.
115) 정정판 권8 제11과. '·' 표기가 달라지고, 團을 圓으로 바꿈.

父: 會社라 하는 것은 衆人이 資本을 釀出(거출)하야 商業을 經營하는
한 團體니라.

良明: 人人이 各各 商業을 經營치 안코 衆人이 資本을 釀合흠은 何故이
닛가.

父: 些少한 資本으로 될 만한 商業은 一人의 獨力으로 足히 經營할지나
多數한 資本金을 要하는 商業은 一二人으로는 能히 行치 못하는지
라. 如此한 째에는 衆人이 合力하야 多數한 資本金을 鳩聚(구치)하
나니라. 故로 會社의 經營하는 商業은 必也에 大商業이니라. 多大
한 財産을 가진 商人은 一人으로도 會社보담 큰 商業을 經營하는
者ㅣ 不少하니라.

良明: 然則 會社에서 엇는 利益은 如何한 方法으로 分配하나닛가.

父: 그것은 最初에 辦出한 바 資本金額을 應하야 配當하는지라. 假令
四人이 合力하야 十萬圓의 資本金으로써 會社를 刱設하얏다가 一
萬圓의 利益을 어든 境遇에 만일 四人이 二萬五千圓식 各出하얏스
면 各各 二千五百圓의 配當을 바들 것이오, 만일 甲은 四萬圓 乙은
三萬圓 丙은 二萬圓 丁은 一萬圓을 各出하얏스면 그 配當은 四千圓
三千圓 二千圓 一千圓의 堦等이 잇나니라.

練習

一. 衆人이 資本을 釀合하야 商業을 經營함은 무슨 까닭이냐.

二. 會社에서 어든 利益은 엇더한 方法으로 分配하느냐.

三. 다음 말을 漢字로 바더 써라.

　회샤, ᄌ본, 갹츌, 경영, 구취, 지산, 판츌, 창셜.

第二十六課　漢文

子ㅣ 曰 富與貴ㅣ 是人之所欲也ㅣ나 不以其道로 得之어든 不處也하며 貧與賤이 是人之所惡也ㅣ나 不以其道로 得之라도 不去也ㅣ니라. 君子ㅣ 去仁이면 惡乎成名이리오. 君子ㅣ 無終食之間을 違仁이니 造次에 必於是하며 顚沛에 必於是니라. (論語)

子貢이 曰 貧而無諂하며 富而無驕하면 何如하니잇고. 子ㅣ 曰 可也ㅣ나 未若貧而樂하며 富而好禮者也ㅣ니라. (論語)

練習

一. 다음 □표 속에 漢字를 넛코, 吐를 달어라.

　　(가) 富與貴是人之所□也

　　(나) 貧與賤是人之所□也

　　(다) 貧而無□富而無□

二. 다음 글을 漢文으로 곳쳐라.

　　(가) 군ㅈㅣ 인을 버리면 엇지 일음을 일우리오.

　　(나) 가난하고 질거우며 부ㅈ롭고 례를 조화하는 ㅈ만 갓지 못하니라.

[번 역]

"공자께서 말씀하시기를 부와 귀는 사람이 모두 원하는 바이나 그 바른 도리로서 얻은 것이 아니면 누리지 말며, 빈과 천은 사람이 모두 싫어하는 바이나 그 도리로 얻은 것이 아닐지라도 버리지 말 것이다. 군자가 인을 버리면 어찌 이름을 이루리오. 군자는 밥먹기를 마치는 사이라도 인을 어김이 없을지니, 조차간에도 이로 말미암으며, 전패(顚沛: 넘어지고 자빠지는 사이)에도 반드시 이로

부터 해야 한다."(논어)

"자공이 말하기를 빈이무첨(貧而無諂: 가난하지만 아첨하지 않음)하고 부이
무교(富而無驕: 부유하지만 교만하지 않음)하면 어떻습니까. 공자께서 말씀하시
기를 가하다. 그러나 가난하며 즐기고, 부유하며 예를 좋아하는 것만 같지 못하다
하셨다."(논어)

第二十七課　物의 價

安昌植: 鐵과 銅은 大端히 要緊한 것인대, 갑시 싸고 金과 銀은 그러케
　　　　要緊치 아니한대, 갑시 비싼 것은 무슨 까닭이오.

朴世陽: 鐵과 銅은 만히 잇고, 金과 銀은 만치 아니한 까닭이오. 쌀과
　　　　나무 갓흔 것은 鐵과 銅보다도 더 要緊한대, 더 싼 것은 鐵과
　　　　銅보다도 만히 잇는 까닭이오.
　　　　이 世上에 空氣와 물처럼 要緊한 것이 업소. 만일 空氣와 물이
　　　　업게 되면, 우리들은 살어 잇슬 수 업소. 特히 空氣가 업게
　　　　되면 半時間도 못 지내여서 죽겟소. 그러나 아모도 돈을 내여
　　　　서 空氣를 사는 사람은 업소. 그런 故로 암만 要緊하더라도,
　　　　만히 잇서서 사지 아니하야도 關係치 아니한 것은 모다 갑시
　　　　업는 것을 알겟소. 물도 任意로 어들 수 잇는 데서는 살 必要가
　　　　업스나, 아조 업는 데서와 적은 데서는 갑시 잇소. 假令 말하
　　　　면, 사람이 만히 사는 洞里와 山上 갓흔 데는, 돈을 내여 물을
　　　　사는 일도 잇슬 터이오.

安昌植: 그러면 비단 갓흔 것은 每尺에 三四圓하는 것도 잇고, 또 五六
　　　　拾錢밧게 아니하는 것이 잇스니, 이것은 무슨 緣故이오.

朴世陽: 비싼 物件은 만들 째에 수고가 만히 들엇고, 싼 物件은 수고가
조금 든 것이오 무엇이던지 수고가 만히 드는 것은 만히 만들
지 못하는 故로 비싸고, 수고가 적게 드는 것은 만히 만들
수 잇는 故로 갑시 싼 것이오.

練習

一. 웨 金과 銀의 갑시 鐵과 銅의 갑보다 비싸냐.

二. 空氣는 人生에 가장 緊要한 것이나, 갑시 업슴은 무슨 까닭이냐.

三. 물은 엇더한 境遇에 갑시 업고, 엇더한 境遇에 갑시 잇느냐.

四. 한 種類의 비단 갓흔 것도 싼 것이 잇고, 비싼 것이 잇슴은 무슨 까닭
이냐.

第二十八課　漢文(忠益說)

把耒而耕者는 農夫之忠益於邦國也ㅣ오 製造貨物者는 工人之忠益於
邦國也ㅣ오 運物行遠者는 商賈之忠益於邦國也ㅣ오 操練備非常者는 步
卒之忠益於邦國也ㅣ오 至公無私하야 興利除害者는 居官者之忠益於邦
國也ㅣ라. 蓋人은 不問貴賤하고 苟能免講其職事ㅣ면 則心廣體胖하야
浩然之氣ㅣ 生矣라. 而其利益이 必及於他人하며 加於邦國하나니 不獨
能安一家而已也어니와 若夫暖衣飽食하야 無所事事ㅣ면 則終日昏昏하
야 嗜欲橫生하나니 不獨不能忠益於他人이라. 一生之間에 徒耗損他人
所力作之粒米布疋也ㅣ니 故로 懶惰之人은 成何用乎리오. (中村正直)

練習

一. 다음 말을 漢字로 곳치고, 그 쯧을 말하야라.

　　지공무스.　심광톄반.　난의포식

二. 다음 글을 漢文으로 곳쳐라.

　　홀로 능히 타인에게 츙익하지 못할 샨 아니라, 일싱사이에 한갓 타인

　　의 력작한 바 립미와 포필을 모손할지라.

三. 다음 漢字의 색음과 音을 말하야라.

　　廣, 浩, 暖, 昏

〔번 역〕

　　"쟁기를 잡고 밭을 가는 것은 농부가 나라에 충익(忠益)하는 것이며, 물화를 제조하는 것은 공인이 나라에 충익하는 것이요, 물건을 먼 곳에 운반하는 것은 상고(商賈)가 나라에 충익하는 것이며, 조련하여 비상 시를 대비하는 것은 보졸이 나라에 충익하는 것이며, 공공에 이르러 개인을 돌보지 않고 이로움을 흥하게 하며 해를 제거하는 것은 관직에 있는 사람이 나라에 충익하는 것이다. 모든 사람은 귀천을 불문하고 진실로 그 맡은 바 일에 힘쓰면 곧 마음이 활달하고 몸이 건강하여 호연지기가 생긴다. 그리고 그 이로움이 반드시 타인에게 미치며 나라에 보탬이 되니 홀로 일가를 편안하게 하는 것이 아닐 따름이어니와 만약 따뜻한 옷과 배불리 먹고 일을 하지 않으면 곧 하루가 어두어질 때 눕기를 좋아하게 되니, 홀로 타인에게 충익할 수 없을 뿐만 아니라, 일생에 헛되이 타인이 힘써 만든 곡식과 옷감을 없앨 뿐이다. 그러므로 나타한 사람이 무엇을 이룰 수 있겠는가."(中村正直)

第二十九課 晬辰[116]을 賀하는 書

　　敬覆者 晬辰에 屬敎를 밧자오니, 感謝不已이오며, 大抵 身體가 康健하와, 此日을 累逢함은, 人間의 第一 幸福이온대, 하물며 吾兄은 兩親이 俱慶이시고, 兄弟가 無故하와, 如此한 劬勞(구로)의 日을 當하야 能히 斑爛(반란)의 舞를 供하시오니, 이것은 實로 사람사람의 健羨(건선)할 바이옵나이다. 雜魚 一級과 軟鷄 五首를 奉上하와, 爲先 祝意를 表하옵고, 明日에 躬進하와 擧盃面賀코저 하옵나이다. 不備拜上

日 月　弟 李源國 拜

練習

本課를 모방하야 還甲을 賀하는 書를 지어라.

第三十課　漢文(金閼智)

　　新羅 脫解往 九年 春三月에 王이 夜聞金城西始林樹間에 有鷄鳴聲하고 遲明遣瓠公視之하니 有金色小櫝이 掛樹枝하고 白鷄ㅣ 鳴於其下어늘 瓠公이 還告하니 王이 使人으로 取瓢開之한대 有小男兒ㅣ 在其中하야 姿容이 奇偉어늘 上이 喜謂左右曰 此豈非天이 遺我以令胤乎아. 乃收養之러니 及長에 聰明多智略이라. 乃名閼智하고 以其出於金櫝으로 姓金氏하고 改始林名鷄林이라가 因以爲國號하니라. (三國史記)

---

116) 수신(晬辰): 생신을 공대하여 쓰는 말.

練習

一. 本課의 大綱 쯧을 이약이하야라.

二. 다음 漢字를 比較하야, 그 달은 것을 말하야라.

　　脫 說,　嗚 鳴,　聰 總.

[번 역]

　"신라 탈해왕 9년 봄 삼월에 왕이 밤에 금성 서쪽 시림(始林) 사이에서 닭울음 소리가 있어 듣고, 날이 밝으매 호공(瓠公)을 보내어 보게 하니, 금색 작은 독이 하나 있어 나뭇가지에 걸려 있고, 흰 닭이 그 아래에서 울거늘, 호공이 돌아와 고하니, 왕이 사인(使人)으로 하여금 그 표주박을 취하여 열게 한 대, 작은 남아 가 그 속에 있어, 자태와 용모가 기이하고 위엄이 있었다. 임금이 기뻐하여 좌우 에게 말하기를 이 어찌 하늘이 내게 보내 자식을 삼으라는 것이 아니겠는가 하고, 그를 거두어 기르니, 성장함에 총명하고 지략이 많았다. 이에 알지(閼智)라 고 이름하고, 금독(金櫝)으로부터 나왔으므로 김씨로 성을 삼고, 시림을 계림으 로 고쳤다가 이로 인해 국호(國號)를 삼았다."(삼국사기)

第三十一課　一家和睦

　家內가 和睦하면, 他人도 快樂하게 아나니, 萬一 그러치 안코, 家內 가 不和不睦하면, 듯는 사람도 不快한 싱각이 잇나니라.

　예로부터 不和한 家族은 昌盛한 일이 업고, 和睦한 家族은 衰한 일이 업도다. 家內에는 父母도 잇스며, 兄弟도 잇스며, 姉妹도 잇나니, 父母 는 子息을 사랑하며, 子息은 父母를 尊敬함이 사람의 道理이오, 姉兄은

妹弟를 사랑하며, 妹弟는 姊兄을 恭敬함이 坯한 사람의 道理이니라.
父母가 되어, 子息을 사랑치 아니하며, 子息이 되어, 父母를 尊敬치
아니하고, 姊兄이 되어, 妹弟를 사랑치 아니하며, 妹弟가 되어, 姊兄을
恭敬치 아니함은, 禽獸만 갓지 못하니라. 各各 自己의 마음대로 하야
하는 데서, 不和한 일이 생겨서, 드대여 서로 反目하게 되나니, 自己의
쯧대로 하야 하는 마음을 抑制하야, 서로 容恕하면, 家內가 恒常 和睦
하야, 반다시 不和한 일이 생기지 아니할지니라.

옛적에 어느 사람이 家內에 百人의 家族이 同居하는대, 한번도 喧爭
한 일이 업고, 집이 漸漸 興旺하야, 和氣가 滿室함애, 이웃 사람들이
模倣하야, 一群이 다 和目하게 되엿다 하니, 이는 可히 본바들 만한
일이로다.

練習
一. 家內에 잇서서 父子·兄弟·姊妹間의 道理를 엇더케 하야야 쓰느냐.
二. 自己의 마음대로만 하면, 家內는 엇더케 되어 가느냐.
三. 다음 말을 漢字로 바더 써라.
　　화목, 쾌락, 휜징, 챵셩, 존경, 용셔, 흥왕.

第三十二課　漢文

事孰爲大오 事親이 爲大하니라. 守孰爲大오 守身이 爲大하니라. 不
失其身而能事其親者를 吾聞之矣오 失其身而能事其親者를 吾未之聞也
ㅣ로라. (孟子)
曾子ㅣ 養曾晳하실새 必有酒肉하더시니 將徹할새 必請所與하며 問

有餘어든 必日有하더시다. 曾晳이 死커늘 曾元이 養曾子할새 必有酒肉하더니 將徹할새 不請所與하며 問有餘어시든 日亡矣라 하니, 將以復進也ㅣ라. 此는 所謂養口體者也ㅣ니 若曾子則可謂養志也ㅣ니라. 事親이 若曾子者ㅣ 可也ㅣ니라. (孟子)

練習

一. 本課에 잇는 曾子의 이약이를 하야라.

二. 다음 □표 속에 漢字를 넛코, 吐를 달어라.

　　(가) □其身而能□其親者吾未之□也

　　(나) 此所謂養□□者也 若曾子則可謂養□也.

三. 다음 말을 너어서, 두 字식의 말을 지어라.

　　事, 守, 養

〔번 역〕

　"무엇을 섬기는 것이 큰가. 사친(事親)이 크니라. 무엇을 지키는 것이 큰가. 자신을 지키는 것이 크니라. 자신을 잃지 않고 그 어버이를 능히 섬기지 못하는 자를 나는 들어 보았으나, 자신을 잃고 그 어버이를 능히 섬기는 자를 나는 지금까지 들어 본 일이 없다."(맹자)

　증자가 증석(曾晳)117)을 봉양할 때, 반드시 술과 고기가 있었다. 장차 물리려 할 때, 반드시 줄 곳(누구에게 줄지)을 청했고, 남은 것이 있는지 물으면, 반드시 있다고 말했다. 증석이 죽고, 증원(曾元)118)이 증자를 봉양할 때, 반드시 술과

---

117) 증석: 증자의 아버지.

118) 증원: 증자의 아들.

고기가 있었다. 장차 치울 때, 줄 곳을 청하지 않았다. 남은 것이 있는가 물으면, 없다고 말했다. 장차 그것으로 다시 올린 것이다. 이것은 이른바 몸을 봉양하는 것이다. 증자 같은 사람은 뜻을 봉양했다고 말할 수 있다. 사친(事親)이 증자와 같으면 옳은 것이다.

第三十三課　戒喩談

一. 狼과 鶴

狼이 목에 큰 쌔가 걸녀서, 애를 쓰며, 달은 즘생의 얼골만 보면, 厚히 謝禮를 할 터이니, 쌔여달나고, 이리저리로 울면서 請하러 단겻소. 鶴이 그 謝禮에 慾心이 나서 말하기를,

「謝禮만 할 것 갓흐면, 쌔여주마.」

하고, 단단히 言約을 한 뒤에, 주둥이로 그 쌔를 쌔여주고, 이제 謝禮를 하라고 재촉한즉, 狼은 猝地에 凌蔑하는 態度로 말하기를,

「못생긴 소리 말어라. 네가 그갓치 남의 恩惠를 몰을 줄은 몰낫다. 네가 내 입에 목을 들여 밀엇슬 쌔에, 내가 쏵 물엇더면 엇지 할 번하얏느냐. 그리한 것을 容恕하야 준 것은, 너에게 큰 萬幸이다. 그러한대, 네가 謝禮이니 무엇이니 하는 것은 너무 쌘쌘한 놈의 짓이다.」

하며 威脅하는 故로 鶴은 엇지할 수 업시, 쓸데업는 수고만 하고 가버렷소.

二. 老婆와 家婢

어느 老婆가 게집 下人 몃츨 부리는대, 每日 첫닭이 울면, 어서 일어
나라고, 야단을 하는 故로 게집 下人이 內心에 싱각하기를, 엇지하면,
아침에 늣도록 잘 수가 잇슬가 하고, 여러 가지로 相議한 끚헤 畢竟
닭이 잇는 까닭으로 우리가 일즉 일어나게 되는 것인즉, 닭만 죽여버
리면, 쌔우지 아니하리라 하고, 몰내 닭을 죽여버렷소. 其後에 老婆는
쌔를 몰으게 된 까닭으로, 아즉 첫닭 울 쌔가 되기 前부터, 어서 일어나
라고 쌔우는 故로 前보다 더 괴로움을 바덧다 하오. (伊蘇普物語)[119]

練習
一. 狼과 鶴의 이약이를 하야라.
二. 狼과 鶴의 이약이 속에는, 엇더한 戒喩가 包含되엿느냐.
三. 老婆와 家婢의 이약이를 하야라.
四. 老婆와 家婢의 이약이 속에는 엇더한 戒喩가 包含되엿느냐.

---

119) 伊蘇普物語: 이솝 이약기.

第三十四課　漢文(猿説)

猿之演劇也[120]에 衣冠焉하야 而爲士大夫하며 裙帶焉하야 而爲婦女하며 且立且坐하며 且周旋且進退하야 擧古忠臣烈婦之情狀하야 ──依倣할새 視之에 儼然人也라가 而或이 擲一菓于其前이면 則飜然自失하고 故態頓發하야 側衣冠하며 曳裙帶하야 匍匐往食之호대 雖觀者ㅣ 嗤笑(치소)하나 弗自知也하나니 嗚呼ㅣ라 猿이 自飾而爲人이라가 見菓而爲猿하니 唯一菓에 而人猿이 判焉이로다. 然이나 今學君子于聲音笑貌라가 而其節이 變于斗升之利者는 是亦斗升而君子小人이 判焉이니 與猿何異리오. (齋藤馨[121])

練習

一. 다음 □표 속에 漢字를 넛코, 吐를 달어라.

(가) 或擲□□于其前 則飜然□□ 故態□□

(나) 嗚呼猿□□而爲人 見□而爲猿 唯一菓而□□判焉

二. 다음 글을 漢文으로 곳쳐라.

(가) 비록 보는 즈ㅣ 치쇼하나, 스스로 아지 못하나니라.

(나) 원숭이로 더부러 무엇이 달으리오.

---

120) 원숭이 연극: 원숭이 분장을 하고 시행하는 연극. 이 장르는 코모히데요시 이후 유명한 장르가 된 것으로 보이나, 그 기원은 근대 이전으로 추정됨. 〈참고〉 원숭이 연극론은 연극평론가 코모히데요시(鴻英良)가 스스로 체험한 것을 포착하여 근현대 연극의 정신사를 되돌아보면서, 근대적 '지(지(知)'의 전복을 도모하는 실험적 강의이다(猿の演劇論」は、演劇評論家の鴻英良氏が自らの体験のなかで捉えた近現代演劇の精神史を振り返りつつ、近代的な「知」の転覆を図る実験的な講義である). (구글검색: https://thetheatretheoryof theapes.tumblr.com/about)

121) 사이토 가루오(齋藤馨, 1815~1852): 사이토 치쿠도(齋藤竹堂). 일본의 유학자, 역사가, 시인. 『번사』, 『번조실록』, 『독사췌의』, 『죽당문집』 등이 있음.

"원숭이 연극에 의관으로 사대부가 되고, 옷자락을 여며(裾帶) 부녀가 되며 또한 서고 안기도 하며 주선하거나 진퇴하여 옛날 충신 열부의 상황을 하나하나 모방할 때, 그것을 보면 엄연히 사람이나 혹 어떤 사람이 그 앞에 과자 하나를 던져주면 곧 뒤집어 자신의 모습을 잃고, 그 모습을 조아려 의관 곁에 옷자락을 끌어다가 배를 대고 기어가 그것을 먹으니 비록 보는 사람이 비웃으나 스스로를 알지 못한다. 아, 원숭이가 스스로 치장하여 사람이 되었다가 과자를 보면 원숭이가 되니, 오직 과자 하나에 사람과 원숭이가 구별된다. 지금 군자의 말소리를 배우다가 우스운 모습은 그 행실이 되나 말의 이익에 따라 변하니, 이 또한 되나 말이 군자와 소인을 구별하는 것이니, 어찌 원숭이와 다르리오."(사이토가 오루)

第三十五課　손의 動作

붓잡고, 줍고, 쥐고, 가지고, 던지고 하는 것이 다 손이 하는 일이오. 만일 손이 업게 되면, 얼마나 不便하겟소. 숟가락도 잡을 수 업고, 허리씌도 맬 수 업겟소. 쏘 가려운 데를 긁을 수도 업고, 압흔 데를 만질 수도 업겟소. 木手가 집을 짓는 것과, 미장이가 壁을 발으는 것과, 사공이 배를 젓는 것과, 農夫가 田畓을 가는 것이 다 손으로 하는 것이오. 各色 機械가 잇서도, 그것을 놀니는 것은 亦是 손이오.

무슨 일을 하던지, 손이 根本이오. 밧분 째에 손이 不足하다 하는 것은, 일하는 사람이 적다하는 말이오.

집이던지 나라던지 손을 잘 놀니는 사람이 만흘수록 더 興하고,

팔장만 끼고 잇는 사람이 만흘수록 더 衰하오.

붓 한 자루로 아름다운 그림을 그리고, 끌 한 개로 보기 조흔 彫刻을 하야, 사람의 稱讚을 밧는 것도, 손의 動作이오. 암만 조흔 樂器가 잇더라도, 손이 업게 되면, 즈미 잇는 소리를 낼 수가 업슬 것이오.

원숭이는 손과 갓치 일을 하는 것이 네 개가 잇지마는, 사람과 갓치 여러 가지 物件을 만들지 못하는 것은, 知識이 업는 까닭이오. 손을 놀녀도, 知識이 업스면 아모데도 쓸 데 업소.

練習

一. 만일 손이 업스면, 吾人은 엇더한 不便이 잇겟느냐.

二. 손을 놀니는 사람의 만코 적음을 인하야, 집과 나라는 엇더케 되어 가느냐.

三. 다음 글 中에 —를 그은 곳에 適當한 말을 너어라.

(가) 木手가 집을 ＿＿＿＿＿.

(나) 미장이가 壁을 ＿＿＿＿＿.

(다) 사공이 배를 ＿＿＿＿＿.

(라) 農夫가 田畓을 ＿＿＿＿＿.

第三十六課　漢文(高倉天皇)

帝性이 仁孝하니 受學淸原賴業(기요하라요리나리)하고 才操英發하니라. 初帝幼時에 有獻楓樹者하니 帝極愛之하야 命藤原信成(후지와라노부나리)守之러니 一日에 仕丁이 將飮酒할새 剪枝爲薪하야 以煖酒어늘 信成(노부나리)가 見而大驚하야 收仕丁하야 將寘之罪할새 會에 帝

使信成로 上其樹하니 信成가 具秦其狀하고 叩頭請罪한대 帝ㅣ 從容曰
唐詩에 有云 林間煖酒紅葉이라 하니 誰敎仕丁하야 作此風流오 하고
無復所問하니라. (皇朝史略)

練習

一. 本課의 大綱을 이약이하야라.

二. 다음 □표 속에 漢字를 너어라.

　(가) 才操□□

　(나) 林間煖酒□□□

三. 다음 말을 漢字로 곳쳐라.

　풍슈, ㅅ뎡, 고두, 풍류

[번 역]

　"황제의 성품이 인효하니, 기요하라요리나리(淸原賴業)로부터 공부하고,
재조가 영발(英發)하였다. 처음 황제가 어렸을 때 단풍나무를 바친 자가 있었는
데, 황제가 그것을 극히 아껴 후지와라노부나리(藤原信成)로 하여금 지키게 하였
더니, 하루는 사정(仕丁)이 장차 술을 마실 때 그 가지를 잘라 땔감으로 삼아
술을 데우고자 하거늘, 노부나리가 그것을 보고 크게 놀라 그 일꾼을 거두어
장차 죄를 물으려 하니, 그에 황제가 노부나리로 하여금 그 나무 위에 오르게
하였다. 노부나리가 그 상태를 아뢰고 머리를 조아려 죄를 청하니, 황제가 얼굴을
부드럽게 하며 말하기를, 당나라 시에 수풀 사이에서 홍엽을 태워 술을 데운다
하였다 하니라. 누가 일꾼을 가르쳐 이와 같은 풍류를 만들 수 있겠는가 하고,
다시 그 일을 묻지 않았다."(황조사략)

第三十七課　節制

　身體의 健康은 萬事의 根本이라. 身體가 健康치 못하면, 아모리 知德이 잇슬지라도, 事業을 成功치 못할지라. 身體의 健康을 保全코저하면 飮食을 節制함이 가장 緊要하도다. 口腹의 欲心을 制御하고, 飮食을 節操 잇게 함을 節制라 云하나니라. 후린구린[122]은 十二德 中에 節制를 第一로 역엿스며, 節制 다음의 緊要한 것은 運動이니라.

　옛적에 한 富人이 잇는대, 每日 아모 일도 하지 안코, 珍羞盛饌으로 縱慾飽食하더니, 身體가 漸漸 肥胖하야, 畢也에 苦痛을 不堪하게 되엿더라. 醫師가 節食 運動함을 忠告하나, 一向聽從치 아니하더라. 千里遠方에 良醫 잇슴을 듯고, 書札을 보내여, 治療를 請하얏더니, 醫師는 그 사람의 書札을 보고, 節食과 運動의 不足함을 알고, 卽時 答書하되, 「이는 腹中에 怪惡한 蟲이 發生함이니, 親히 와서 治療를 바드라. 馬車를 타면, 病勢가 漸重하리니, 반다시 徒步로 오라.」 하얏더라.

　그 사람이 醫師의 말을 信聽하고, 發程하얏스나, 처음날에는 겨우 二三十里를 行하야, 旅館에 投宿하얏더니, 日數가 더하는 대로, 身體의 肥胖함이 漸減하고, 精神이 爽快하야, 醫師의 집에 到達할 째에는 病勢가 거진 快差하더라. 醫師가 이것을 보고 웃으며 갈오대, 「貴下의 腹中에 잇는 惡蟲이, 旅行 中에 節食과 運動을 因하야 죽엇도다.」 하니, 그 사람이 비로소 醫師의 말을 째닷고, 醫師의 忠告를 聽從하야, 飮食을 節制하고, 每日 運動을 不怠하얏더니, 身體가 至極히 健康하야, 八十 享壽를 하얏다 하더라.

　이 말을 들을진대, 節食과 運動이 如何히 必要한 줄을 알지로다.

---

122) 후란구린: 프랭클린.

다만 室內에서 起臥하야, 運動도 하지 안코, 飲食만 貪하는 者는, 自己 身體의 所重함을 아지 못하는 사람이라. 口腹의 慾心을 抑制치 못함은, 甚히 卑賤할 쑨 아니라, 身體의 健康을 害하야, 人臣人子人弟人婦의 本分을 能히 다하지 못하면, 不德의 罪를 免치 못할지라.

練習

一. 節制라 함은, 엇더케 하는 것이냐.

二. 醫師가 肥胖하야 苦痛을 不堪하는 富人에게 對하야 무슨 緣故로 「반다시 徒步로 오라.」고 하얏느냐.

三. 이 富人의 身體는 醫師의 忠告를 들은 後에, 엇더케 變하얏느냐.

四. 口腹의 慾心을 抑制치 못하는 사람은, 엇더케 되어 가겟느냐.

第三十八課　漢文(食力無已時)

西國에 有一農夫하니 平生에 力耕稼하더라. 自云累萬金호대 不示其所藏也러니, 疾革에 諸子ㅣ 環跪乞言한대 農이 曰 余嘗窖於田畝(여상교어전무)하니 深廣이 各數千尺이라. 我死矣어든 兒輩ㅣ 取之하야 勿爲他人有也하라 하고 言終에 歿커늘 諸子ㅣ 爭往하야 鋤犁交遍하니 千畝之地를 發掘而盡호대 遂不知其所在라. 而耕耘有效하야 稼穡繁茂하야 其收穫이 過平日하니 諸子ㅣ 乃悟曰 田畝之藏이 果是矣라 하니 語에 曰 可自食其力이어니와 不可坐食其金이로다. 食力은 無已時하고 食金은 當有盡이라 하니라. (譚海)

練習

一. 本課의 大綱 뜻을 이약이하야라.

二. 本課의 이약이를 듯고, 感動된 것을 이약이하야라.

三. 다음 漢字를 比較하야, 달은 것을 말하야라.

　　稼 嫁, 沒 歿, 穡 墻.

【번 역】

서양 어느 나라에 한 농부가 있어, 평생 밭갈이를 하였다. 스스로 이르기를 만금을 쌓았다고 하였으나 감춘 곳을 보여주지 않았다. 병이 듦에 여러 아들들이 꿇어앉아 애걸하되, 농부가 말하기를 내가 일찍이 밭두덩이에 움을 파고 묻었으니 깊이와 넓이가 각각 수천 척이나 된다. 내가 죽거든 너희들은 그것을 취하여 다른 사람이 갖지 못하게 하라 하고, 말을 마치매 죽었다. 여러 아들들이 다투어 가서 호미와 쟁기를 들고 이리저리 파니, 천 두렁의 땅을 모두 발굴하였으나, 그 소재지를 알지 못했다. 그러나 밭을 가는 데 효과가 있어 농사가 번무하여 그 수확이 평일보다 나으니, 여러 아들들이 이에 깨우쳐 말하기를, 밭두덩이에 묻었다 하더니 과연 그렇다 하였다. 어에 이르기를 가히 그 힘에 따라 스스로 먹을 수 있거니와 앉아서 그 금을 먹을 수는 없다. 식력(食力)은 그 때가 없으나 식금(食金)은 마땅히 다함이 있다고 하였다.

第三十九課　他人의 名譽

한 少年이 至今 久居하던 故鄕을 써나랴 하는도다. 그 사람이 무슨 緣故로 故鄕을 써나지 아니치 못하게 되엿나요.

그 사람의 祖先이 代代로 이 마을에 居住하고, 그 사람도 쏘한 이 마을에서 生長하얏스나, 幼時로부터 남을 誹謗하며, 사람의 過失을 摘發하야, 名譽를 損傷케 함을 조화하는 故로, 一洞이 모다 뮈워하더라.

隣近에 李應善이라 하는 商業家가 잇는대, 爲人이 正直하야, 一人도 毁言하는 사람이 업더라. 그러나 應善의 祖父가 旣往에 不正한 秤錘로써 銀을 賣買한 일로, 罰을 當한 일이 잇섯더니, 그 少年이 恒常 이 일을 들어 말하야, 應善을 辱하더라.

쏘 同里에 張九容이라 하는 農夫가 잇는대 不幸히 中年에 他債를 勘報치 못한 까닭으로, 一時 破産을 當하얏스나, 그 後에 商業에 勤勉하야, 다시 家産이 富饒함으로, 以前의 負債를 다 淸帳하니, 사람마다 九容을 稱讚치 아니하는 사람이 업스되, 그 少年은 至今도 오히려 破産하던 째의 일을 말하야, 九容을 嘲笑하더라.

그 少年이 若此히 남을 不美한 일을 摘發하며, 쏘 虛無한 말을 做出하야, 사람의 名譽를 傷케 하는 일이 만흐니, 누가 그 사람과 交遊하기를 즐겨하리오. 人心을 크게 일허, 이 마을에서 살 수 업게 된 故로, 드대여 故鄕을 써나게 되엿더라.

他人의 일을 좃치 안케 말하면, 畢竟은 남에게 뮈움을 밧고, 自己도 亦是 좃치 아니한 말을 듯나니라.

사람의 名譽는 生命 財産보담도 所重한지라. 名譽를 爲하야, 生命을 앗기지 아니하는 사람도 잇나니, 自己의 名譽를 重히 역임과 갓치, 남의 名譽도 重히 역여, 決斷코 損傷치 말지니라. 내가 남의 名譽를 重히 역이면, 남이 쏘한 내 名譽를 重히 역이고, 내가 남의 名譽를 헐면, 남이 쏘한 내 名譽를 허나니, 「出乎爾者ㅣ 反乎爾라.」 하는 옛말을 銘心할지니라.

一. 이 少年은 엇지하야, 李應善을 辱하얏느냐.

二. 이 少年은 엇지하야, 張九容을 嘲笑하얏느냐.

三. 이 少年은 엇지하야, 남에게 뮈움을 밧고 自己의 故鄕을 써나가게 되엿느냐.

四.「出乎爾者] 反乎爾라.」함은 엇더한 쯧이냐.

第四十課　漢文(異次頓)

新羅 法興王이 欲興佛敎할새 群臣이 不信하야 喋喋騰口舌(첩첩등구설)하니 王이 難之러니 近臣異次頓이 奏曰 請斬小臣하야 以定衆議하소서. 王曰 本欲興道어니 而殺不辜(이살불고)는 非也] 라. 答曰 若道之得行이면 臣雖死나 無憾이니이다. 王이 於是에 召群臣問之한대 僉曰 今見僧徒] 童頭異服으로 議論奇詭하니 而非常道] 라. 今若縱之면 恐有後悔일가 하노니 臣等이 雖得重罪나 不敢奉詔] 니이다. 異次頓이 獨曰 今群臣之言이 非也] 라. 夫有非常之人 然後에 有非常之事하나니 今聞佛敎淵奧하니 恐不可不信이라 하노이다. 王曰 衆人之言이 牢不可破어늘 汝獨異言하니 不能兩徒이로다 하고 遂下吏將誅之할새 異次頓이 臨死曰 我는 爲法就刑하노니 佛若有神이면 吾死에 必有異事하리라. 及斬之에 血從斷處湧하야 色白如乳하니 衆이 怪之하야 不復非毁佛事하더라. (三國史記)

練習

一. 本課의 大綱 쯧을 이약이하야라.

二. 다음 □표 속에 漢字를 넛코, 吐를 달어라.

(가) 喋喋騰□□

(나) 殺□□非也

(다) 議論□□而非常道

三. 다음 글을 漢文으로 곳쳐라.

이제 만일 노흐면 두리건대, 후회가 잇슬가 하노이다.

[번 역]

"신라 법흥왕이 불교를 중흥하고자 하므로, 군신이 믿지 않아 시끄럽게 떠드니, 왕이 어렵게 여겼다. 근신 이차돈이 아뢰어 말하기를, 청컨대 소신을 참하여 무릇 의론을 평정하소서 하였다. 왕이 말하기를, 본래 도를 흥하게 하고자 한 것으로 목숨을 희생하는 것은 잘못이라 하였다. 답하여 말하기를, 만약 도를 얻어 행하면 신이 비록 죽으나 후회가 없을 것이이다 하였다. 왕이 이에 군신을 모아 묻건대, 많은 사람들이 말하기를 지금 보니, 승도(僧徒)들이 동두이복(童頭異服)·의론기궤(議論奇詭)하니 이는 일상의 도가 아니라, 이제 만일 놓으면 후회가 있을 것입니다 하니, 신등이 비록 중죄를 얻으나 그 조칙을 받들지 못하겠습니다 하였다. 이차돈이 홀로 말하기를 지금 군신의 말이 잘못된 것입니다. 대저 일상이 아닌 사람이 있은 여후에 일상이 아닌 일이 있을 것이니, 지금 불교의 연원과 오묘함을 들으니 믿지 안을 수 없을까 두려워 합니다 하였다. 왕이 무릇 사람들의 말이 진실로 깨트리기 어렵다 하거늘 너는 홀로 다른 말을 하니 두 무리가 함께 하기 어렵겠다 하고, 드디어 아래 관리로 하여금 장차 죽이려 할 때, 이차돈이 죽음에 이르러 말하기를, 나는 법을 위해 형을 받고자 하니 부처가 만약 신이함이 있다면, 내가 죽음에 반드시 기이한 일이 있을 것이다 하였다. 목을 침에 이르러 끊어진 곳에서 피가 솟아올라 색이 흰 우유와 같으니 무리가

이상하게 여겨 다시는 불사(佛事)를 비방하지 않았다."(삼국사기)

第四十一課　寒中探節

拜啓 요사이 猝寒은 可謂 近年에 初有이온대 每樣 如是한 째에 사람들이 失攝을 因하야 受病하는 者이 多하오니, 伏惟 兄體가 萬護하오시고, 宅內 諸節이 一安하오시니잇가. 季氏 兄은 旅館에서 이 寒節을 當하야 凡百이 더욱 困難하실 듯하오니, 竝立區區瞻祝이옵나이다.　弟는 省率이 如前이오나, 寒威를 畏하와, 敢히 出門치 못하옵고, 다만 날마다 二三 同志로 더부러 擁爐竝坐하야, 前日에 讀習한 冊子를 討論하오니, 亦是 古人의 일운 바 三餘工夫의 一助가 될가 하옵나이다.

署探寒中安節不備上.

月　日　弟 金光洙 拜

練習

本課를 모방하야 署中探節의 편지를 지어라.

第四十二課　紙幣와 爲替

昔時에는 貨幣가 업섯슴으로, 사람이 무엇을 사고저 할 째는 달은 物件을 가지고 가서, 自己의 要求하는 物品과 相換하얏소. 假令 甲은 소금을 만히 가지고, 乙은 쌀을 만히 가지고 잇스면, 甲은 乙에게 소금을 가지고 가서, 쌀과 相換하얏소.

萬若 쌀과 고곰의 時價가 相同할 것 갓흐면, 쌀 한 되와 소곰 한 되와 交換하오. 然이나 쌀의 時價가 소곰의 二倍가 되면, 쌀 한 되와 소곰 두 되의 比例로 交換하게 되오. 이와 갓치 物品과 物品을 交換하얏는 故로, 무슨 物品을 사고저 하면, 그 物品을 만히 가진 사람을 搜探하야야 하오. 쏘 搜探하더라도, 이편에서 販賣코저 하는 物品이 저 편에 不必要하면, 交換하지 못하오.

然故로 昔時에는 甚히 不便하얏스나, 貨幣가 난 後에는, 매우 便利케 되엿소. 그것은 物品을 交換하지 아니하고, 곳 貨幣로 사는 까닭이오.

然이나 貨幣는 무거워서, 가지고 단기기에는 매우 不便하더니, 其後에 紙幣가 생겨서, 가지고 단기기에도 甚히 便利케 되엿소.

貨幣와 紙幣는 便利하나, 遠處에 가지고 가거나 附送함에는 中路에서 被奪하거나 閭失(서실)하는 일이 잇소. 쏘 紙幣는 가벼우나, 만히 잇스면, 쏘한 큰 짐이 되오.

이 不便함을 免하기 爲하야 爲替라 하는 것이 생겻스니, 爲替로 하면, 現金을 다루지 아니하고, 만흔 돈을 어듸로던지 보낼 수가 잇소. 이와 갓치 萬事가 漸漸 便利하야 가오.

練習

一. 옛적에 貨幣가 업슬 째에는, 엇더케 하야 物品을 삿느냐.

二. 物品과 物品으로 交換하던 째에는, 엇더한 不便이 잇섯느냐.

三. 貨幣가 난 째에, 엇더한 까닭으로, 그것이 便利한 줄을 알엇느냐.

四. 爲替는 엇더한 데에, 貨幣 又는 紙幣보담도 便利하냐.

第四十三課　漢文

子ㅣ 曰 知之者ㅣ 不如好之者오 好之者ㅣ 不如樂之者ㅣ니라. (論語)

子ㅣ 曰 古之學者는 爲己러니 今之學者는 爲人이로다. (論語)

子ㅣ 曰 吾ㅣ 十有五而志于學하고 三十而立하고 四十而不惑하고 五十而知天命하고 六十而耳順하고 七十而從心所欲하야 不踰矩호라. (論語)

練習

一. 다음 □표 속에 漢字를 넛코, 吐를 달어라.

　　(가) 知之者不如□之者 好之者不如□之者

　　(나) 從□所欲不踰□

二. 다음 말의 뜻을 말하야라.

　　志學年,　立年, 不惑年, 知命年, 耳順年.

〔 번 역 〕

"공자께서 말씀하시기를, 아는 것은 좋아하는 것만 같지 못하고, 좋아하는 것은 즐기는 것만 같지 못하니라 하셨다."(논어)

"공자께서 말씀하시기를, 옛날의 학자는 자기 자신을 위해 하더니, 지금의 학자는 다른 사람에게 보이기 위해서 한다 하셨다."(논어)

"공자께서 말씀하시기를, 나는 15세에 학에 뜻을 두고, 30에 뜻을 세웠으며, 사십에 불혹하고, 오십에 천명을 알며, 육십에 귀가 순해졌고, 칠십에 마음이 하고자 하는 바를 따라 하더라도 법도를 넘지 않았다고 하였다."(논어)

第四十四課　師의 恩[123]

一. 철업고 어린 東西不辨 우리들
　　힘써 가르치신 우리의 先生님
　　이즐쏘냐, 그 恩惠
　　아침이나. 저녁이나.

二. 知識 넓히고, 才能 道德 닥기는
　　누구 힘인지, 同伴들아, 아느냐.
　　올타, 우리 先生님.
　　口傳心授, 이 아닌가.

三. 이 못 낫키는, 父母님의 恩惠오.
　　이 몸 닥기는 先生님의 恩惠라.
　　이즐소냐, 先生님.
　　父母님과 一般이라.

四. 놉고 坐 깁흔 先生님의 큰 恩惠
　　엇지 이즈며, 어느 째나 갑홀가.
　　우리 몸을 세우고,
　　우리 일음 날녀서.

---

123) 이 과에는 연습이 없음.

第四十五課　漢文(德曼)

　　新羅 眞平王*이 薨(홍)하고 無嗣하니 國人이 以長女德曼이 寬仁明敏
으로 立爲主하다. 初에 唐帝ㅣ 賜牧丹花圖 幷花子하니 眞平王이 以示德
曼한대 德曼이 曰 此花는 必無香氣로다. 王이 笑曰 爾ㅣ 何以知之오.
對曰 此花ㅣ 絶艶하고 而畵無蜂蝶하니 是必無香이니이다. 種其子하니
果如其言이라. 其先識이 如此하더라. (東國通鑑)

練習
一. 本課의 大綱 뜻을 이약이하야라.
二. 다음 말을 漢字로 곳쳐 써라.
　　관인, 명민, 목단, 향긔, 봉뎝
三. 다음 漢字의 색음과 음을 말하야라.
　　立, 賜, 示, 笑, 絶

第四十六課　淡水와 鹹水[124]

孝順: 河水와 井水 等은 淡하고 海水만 鹹함은 무슨 까닭이오닛가.
父: 河水와 井水 等은 鹽分이 업고, 海水는 鹽分이 잇는 까닭이니라.
孝順: 何故로 河水와 井水 等은 鹽分이 업고, 海水만 鹽分이 잇사오며,
　　쏘 海水에 잇는 鹽分은 어듸서 생긴 것이오닛가.
父: 大海는 陸地의 低陷한 곳에 물이 고인 것이라. 萬一 물이 업스면,

---

124) 정정 권7 제3과.

海中도 또한 우리의 住居하는 陸地와 달음이 업다. 그 最高處는 山과 丘陵이오 稍低한 곳은 原野이라. 海水에 잇는 鹽分은 元是 海中의 山과 陸地의 山에 잇섯스나, 許久한 歲月에 물에 溶解된 것이니라.

孝順: 海中의 山에 잇던 鹽分이 海水에 溶解됨은 解得하얏습니다. 그러나 陸地의 山에 잇던 鹽分은 엇지하야 海水로 들어갑닛가.

父: 비가 올 쌔에 山谷에서 流下하는 물이 溪水도 되고 河水도 되어 大海로 들어가는대, 그 동안에 鹽分을 조곰식 溶解하야, 大海로 보내나니라. 이와 갓치 幾千萬年間에 海水는 至今과 갓치 鹽分이 만히 잇서서, 그 맛이 鹹하게 되엿나니라.

孝順: 그러면 河水에도 鹽分이 잇습닛가.

父: 그러하다. 鹽分 잇는 山에서 流出하는 河水에는 鹽分이 잇나니라.

孝順: 河水에도 鹽分이 잇슬 것 갓흐면, 亦是 鹹한 맛이 잇슬 터인대 淡함은 무슨 까닭이오닛가.

父: 河水에 잇는 鹽分은 分量이 極히 적은 까닭으로, 사람이 能히 맛을 아지 못하는 것이니라.

練習

一. 海水에 잇는 鹽分은 어듸서 생기느냐.

二. 陸地의 山에 잇는 鹽分은 엇더케 하야 海水 中으로 들어가느냐.

三. 河水에도 鹽分이 잇스나, 淡함은 무슨 까닭이냐.

第四十七課　漢文

積善之家에 必有餘慶하고 積不善之家에 必有餘殃이니라. (易經)

千杖 之提ㅣ 以螻蟻之穴而潰니라. (韓非子)

智는 如目也ㅣ 能見百步之外호대 而不能自見其睫하니 故로 知之難은 不在見人이오 在自見이라. 故로 曰 自見之謂明이니라. (韓非子)

事未有不始於微而成於著하니 聖人之慮는 遠故로 能謹其微而治之하고 衆人之識은 近故로 待其著而後에 救之하나니 治其微하면 則用力寡而功多하고 救其著하면 則竭力而不能及也ㅣ니라. (司馬溫公)

練習

一. 다음 □표 속에 漢字를 넛코 吐를 달어라.

(가) 積善之家 必有□□ 積不善之家 必有□□

(나) 治其微 則□□寡而□多 救其著則□□而不能及也

二. 다음 글을 漢文으로 곳쳐라.

(가) 일이 적은 데 시작하고, 나타난 데 일우지 아니함이 잇지 아니하니라.

(나) 중인의 아는 것은 갓가운 고로 그 타나남을 기다린 후에 구하나니라.

〔 번 역 〕

"선을 쌓은 집안에 반드시 경사가 넘치고, 불선을 쌓은 집안에 반드시 재앙이 넘친다."(역경)

"천 길이 되는 제방이 반드시 땅강아지와 개미의 굴로써 무너진다."(한비자)

"지식은 눈과 같으니 능히 백보의 밖을 볼 수 있으나 자신의 눈썹을 볼 수 없는 까닭에, 지혜의 어려움은 다른 사람을 보지 못하는 데 있는 것이 아니라, 스스로를 보지 못하는 데 있는 것이다. 그러므로 스스로를 보는 것을 명(明)이라 한다."(한비자)

"일은 작은 데서 시작하여 그것을 드러내지 않음이 없으니, 성인이 염려하는 바는 원대한 까닭에 능히 그 미세함을 삼가 다스리고, 무릇 사람들의 지식은 가까운 데 있는 까닭에 드러난 바를 기다려 그것을 구하고자 하니, 미세함을 다스리면 힘은 적게 쓰나 이룬 바는 많고, 드러난 것만 구하면 힘을 다하더라도 그에 미치지 못한다."(사마온공)

第四十八課　種子의 選擇[125]

大抵 植物은 그 種子의 好否를 因하야 發育이 懸殊하니라. 土地를 深耕하고 肥料를 多施할지라도 種子가 不好하면 結實이 良好치 못하고 收穫이 僅少할지라. 故로 農業을 經營하는 者는 好種을 選擇함이 可하니라.

豆 禾 麥 粟 等 穀類는 播種할 쌔에 取擇하나니 豆類는 粒粒히 檢察하야 病傷者를 拔去할지나 禾 麥 黍 粟 等 갓치 輕小한 것은 鹽水 中에 너은즉 完全한 者는 沈下하고 病傷한 者는 浮上하는 故로 그 好否를 分類키 容易하니라. 此 法으로써 選擇한 種子는 다시 淸水에 너어 鹽分을 洗出할지니라. 蘿蔔 蕪菁 等의 種子는 發育이 最良한 者를 擇하야 取種하얏다가 翌年에 耕種함이 可하니라.

---

125) 정정 권8 제9과.

林檎 桃梨 等의 果樹는 接木하는 法을 쓰나니, 接木이라 하는 것은 他木의 傍枝를 折取하야, 原査에 接함이니, 假令 至今 此處에 林檎木 一株가 잇는대, 그 果實이 良好치 아니하면, 該木의 全體를 伐去하고, 原査만 남긴 後에 結實이 優良한 他木의 傍枝를 原査에 接付함이니라. 또 如何한 植物이던지, 他處에서 好種을 求來하야 栽植할지니, 이것도 亦是 擇種하는 一法이라. 古昔에는 交通이 不便함으로써 農夫는 다만 自己의 住居하는 地方에 잇는 者를 培養할 뿐이오, 他處에 好種이 잇슬지라도 求키 不能하니라. 그러나 近來는 交通이 크게 發達하야, 遠方의 일이라도, 알기 容易하게 된 故로 各處에서 好種을 求來하야, 農産物의 改良이 盛行하나니라.

練習

一. 豆 禾 麥 粟 等 穀類 種子의 好否를 選擇함에는 엇더한 方法으로써 하느냐.

二. 接木의 方法을 말하야라.

三. 近來 交通이 크게 發達된 結果, 엇더한 種子 選擇法이 行함에 일을엇느냐.

第四十九課　漢文

老而無妻曰 鰥이오 老而無夫曰寡오 老而無子曰獨이오 幼而無父曰孤 ㅣ니 此四者는 天下之窮民而無告者어늘 文王이 發政施仁하사대 必先斯四者하시니라. (孟子)

衆人은 居富에 多忘貧하나니 須節儉而無奢侈하며 居貴에 多忘故舊

하나니 須存恤而不疎하며 歲長에 多忘父母하나니 須終身思慕하며 病愈에 多忘愼하나니 須常思病苦時니 凡自修者는 當以忘初로 爲誡니라. (愼思錄)

練習

一. 鰥寡孤獨이라 하는 것은 엇더한 것이냐. 漢文으로 써라.

二. 다음 □표 속에 漢字를 넛코, 吐를 달어라.

    (가) 文王發□施□必先斯四者

    (나) 居貴多忘□□須□□而不疎

〔번 역〕

"늙어서 아내가 없는 것을 일컬어 환(鰥)이요, 늙어서 지아비가 없는 것을 일컬어 과(寡)라 하고, 늙어서 자식이 없는 것은 독(獨)이요, 어려서 부모가 없는 것을 고(孤)라 하니, 이 네 가지는 천하의 궁민으로 알릴 바가 없거늘, 문왕이 정치를 하여 인을 베푸시데 반드시 이 네 가지를 먼저 하셨다."(맹자)

"무릇 사람들은 부함에 가난함을 잊는 경우가 많으니 비록 절검하나 사치가 없으며, 고귀함에 옛 친구를 잊는 경우가 많으니, 비록 가련하나 소홀하지 않으며, 나이가 듦에 부모를 잊는 경우가 많으니 비록 종신하나 사모하며 병이 깊어짐에 삼감을 잊는 경우가 많으니 모름직이 병들어 아플 때를 생각한다. 무릇 스스로 배우는 자는 마땅히 처음을 다하는 것을 교훈으로 삼아야 한다."(신사록)

第五十課　無益한 勞心[126]

　　二人이 旅客이 잇는대 同船하야 遠方에 旅行할새, 一人은 甚히 性燥하고, 坐 怯이 만흔 故로 憤怒함과 恐懼함과 憂慮함이 太過하야, 부즐업시 勞心하는 사람이라. 船體가 動搖하면 船夫의 行船術이 拙하다 하야 怒叱하고, 風浪이 少起하면, 覆船될가 恐怯하며, 日氣가 清明치 못하면, 배가 暗礁에 牴觸할가 憂愁하야, 自朝達夕에 安心할 餘隙이 업고, 맛참내 飲食을 全廢하니, 數日 동안에 形容이 甚히 瘦瘠하더라. 一人은 度量이 寬弘하고 膽略이 잇는 故로 容易히 憤怒하지 아니하며, 恐懼하지 아니하며, 憂慮하지 아니하고, 泰然하야 勞心焦思함이 적더라. 이러함으로 船體가 動搖하던지 風浪이 洶湧하던지, 日氣가 陰沈하던지, 少不動念하고, 每日 寢食이 如常하야 顏色이 조곰도 無減하더라.

　　二週 後에 該船이 無事히 目的地에 到着하야, 乘客이 다 下陸하얏더라. 其間에 晝宵(주소)로 勞心하던 者이 무엇이 有益하뇨. 무슨 일이던지 人力으로 能爲치 못할 바는 오작 天運에 任置하고 安心함이 君子의 行할 바이니라. 無益한 일에 心神을 虛費하야 勞苦를 自收함은 庸愚의 至極함이니라.

練習

一. 性燥하고 怯이 만흔 一人의 旅客은 旅行 中에 朝夕으로 엇더케 애를 썻느냐.

二. 度量이 寬弘하고 膽略이 잇는 一人의 旅客은 旅行 中에 엇더케 날을 보내엿느냐.

---

126) 정정 권6 제4과.

三. 다음 말을 漢字로 곳쳐라.

　분노, 우려, 동요, 공겁, 암쵸, 슈척, 도량, 관홍, 담략, 허비

第五十一課　漢文(高句麗 及 新羅 太學)

　高句麗 小獸林王 時에 立太學하야 敎子弟하고 新羅 眞德女王] 置大舍하니 大舍는 乃國學之官也] 라. 金春秋] 如唐詣國學하야 視釋尊而還하니 東國이 始知有釋尊之禮하니라. 神文王時에 立國學하야 置卿一人以掌之하고 擢薛聰高秩하니 聰은 博學하야 能以方言으로 解九經義訓導하고 聖德王時에 太監守忠이 回自唐하야 上文宣王十哲七十二弟子畫像하니 命置太學하니라. (文獻撮錄)

練習

　一. 高句麗의 太學은 어느 째에 設立되엿느냐.

　二. 新羅의 大舍는 어느 째에 設立되엿느냐.

　三. 新羅釋尊의 禮는 어느 째부터 시작되엿느냐.

　四. 다음 □표 속에 漢字를 넛코, 吐를 달어라.

　　(가) 擢薛聰高秩 聰□□能以方言解□□義訓導

　　(나) 太監守忠 回自□ 上文宣王□哲□□□弟子畫像

[번 역]

　"고구려 소수림왕 때 태학을 설립하여 제자를 가르치고, 신라 진덕여왕이 대사(大舍)를 설치하니 대사는 국학의 관직이다. 김춘추가 당의 국학에 나아가

석존을 보고 돌아오니 동국이 석존의 예가 있음을 안 시작이다. 신문왕 때 국학을 설립하여 대신 한 사람을 두어 장악하게 하고 설총을 택하여 지위를 높이니, 설총은 박학하여 능히 방언(신라말)으로 구경을 풀이하고 뜻을 가르쳤다. 성덕왕 때 태감 수충(守忠)이 당으로부터 돌아와 문선왕 십철 72제자의 화상을 바치니 태학을 설립하라 명하셨다."(문헌촬록)

第五十二課　俚諺

기와쌍 하나 앗기다가 대들보 썩인다.
　由惜一瓦하야 朽摧大梁이라.
쓱 뒤에 분 물이 뒤굼치로 흘은다.
　灌頂之水는 必流于趾라.
손톱에 가시든 줄은 알아도, 염통에 쉬 스는 줄 몰은다.
　爪芒能知나 心蛆罔覺(심저망각)이라.
종로에서 쌤 맞고 한강 가서 눈 흘긴다.
　頰批鐘路하고 眼睨漢江(협비종로 안예한강)이라.
새벽 달 보자고 초저녁부터 나 안는다.
　爲覯曉月하야 自昏出坐(위구효월 자혼출좌)ㅣ라.

練習
本課의 뜻을 말하야라.

第五十三課　公私의 區別

唐時에 張鎭國이라 하는 사람이 舒州 都督이 되엿는대, 舒州는 그 故鄕이라. 赴任한 後에 親戚과 故舊를 招待하야 盛宴을 開設하고, 談笑 歡飮하기를 布衣쌔와 如히 하더라. 宴畢에 特別히 告하야 갈오대,

「내가 今日에 故人과 歡飮하게 된 것은, 實로 깃부나, 明日부터는 舒州 都督으로 諸君을 對하리라.」

하고 厥後에는 族戚과 親友라도 犯法하는 者이 잇스면 秋毫도 容貸치 아니하더라.

晋文公이 其臣 咎犯에게 西河守 될 만한 者를 물은대, 咎犯이 虞子羔 (우자고)를 薦擧하다. 虞子羔는 咎犯의 怨讐인 故로, 文公이 怪히 역여, 咎犯다려 뭇되,

「虞子羔는 卿의 怨讐가 아니냐.」

한대, 咎犯이 對答하야 갈오대,

「王이 西河守될 만한 者를 下詢하시기로 그 適任者를 薦擧할 짜름이 로소이다. 臣과 虞子羔의 일은 全혀 私事이니이다.」

하니라.

무릇 官職에 居한 者이 가장 審愼할 바는, 公私의 區別을 分明케 함에 잇나니라. 人情은 往往 親疏를 因하야 厚薄이 不均하고 愛憎을 因하야 襃貶의 不公함이 有하니, 榮貴한 몸으로써 族戚 故舊를 不忘하 고, 또 親愛를 因하야 公私의 區別을 紊亂케 하지 아니함은, 張鎭國과 如히 할지니라.

親疏를 因하야 厚薄을 偏施치 아니함은 居官者의 遵守할 바이니,

國家를 爲하야 讐賊을 不拘하고 推擧함을 咎犯과 如히 함은, 實로 忠實 寬弘한 君子의 事이로다.

練習

一. 張鎭國의 이약이를 하야라.

二. 張鎭國의 이약이를 듯고, 感動된 것을 말하야라.

三. 咎犯의 이약이를 하야라.

四. 咎犯의 이약이를 듯고, 感動된 것을 말하야라.

五. 다음 말을 漢字로 바더 써라.

　　친척, 고구, 천거, 원슈, 친소, 후박, 이증, 포폄

第五十四課　漢文

信者는 接人以實之謂ㅣ니 是는 接人之本이라. 人若無信이면 便言行 이 皆虛妄이니 所謂不誠無物也ㅣ라. 必有信而後에 可與人接이니 夫接 人에 固以愛敬爲道ㅣ나 然이나 不出乎信實不欺면 則其所溫顔恭貌ㅣ 徒爲虛飾이니 何足以爲愛敬哉리오. (初學知要)

練習

一. 다음 □표 속에 漢字를 넛코, 吐를 달어라.

　　(가) 人若無□　便言行皆□□

　　(나) 必有□而後可□人接

二. 다음 말을 漢字로 곳쳐라.

　　허망, 이경, 신실, 온안, 공모, 허식

〔번 역〕

"믿음이라는 것은 사람을 대할 때 진실한 것을 일컫는 것이니, 이는 사람을 대하는 근본이다. 사람이 만약 신의가 없으면 언행을 편히 해도 모두 허망한 것이니 소위 불성이면 무물(無物)이다. 반드시 신의가 있은 후 가히 사람을 대할 수 있으니, 대저 사람을 대함에 진실로 애경(愛敬)으로써 하는 것이 도리이나 그러나 신실하고 속이지 않음으로부터 나오지 않으면 곧 얼굴빛을 부드럽게 하고 공경하는 용모가 있을지라도 모두 허식(虛飾)이니 가히 애경(愛敬)으로써 한다고 하겠는가."(초학지요)

第五十五課　元과 日本

蒙古라 하는 種族이 잇스니, 支那 北部에서 일어나서, 四方을 征伐하고, 一大國이 되어, 宋*을 滅한 後에 國號를 元이라 稱하니라. 高麗도 屢次 元의 侵掠을 밧다가, 맛참내 元의 節制를 바드니라.

元이 日本도 倂呑코저 하야, 高麗로 하야금 戰船을 製造하고, 軍需를 準備케 하니라. 軍備를 完成한 後, 兩國 兵이 合勢하야, 日本의 壹岐 對馬를 侵伐할새, 맛참 風雨가 大作하야 戰船을 沈破하고, 兵卒의 死傷이 甚多하니라.

元이 大怒하야, 大兵을 發하야 日本을 滅하고저 할새, 元과 高麗의 精兵 四萬과 戰船 九百隻이 馬山浦에서 出發하니라. 또 別隊로 兵卒 十萬과 戰船 三千五百隻은 支那로부터 日本으로 直向하니, 兩軍의 總

合 十四萬名과 戰船 四千四百 隻이 九州의 北岸을 急攻하는지라. 其時에 日本은 戰船이라 稱할 것이 殆無하나 將卒이 勇敢하야 能히 防守하야, 十四萬 大兵이 一人도 上陸함을 不得하더니, 맛참 暴雨이 又起하야 元의 戰船이 太半이나 沈沒하니, 日本 將士가 乘勢하야 掩擊하니 兩國 軍兵의 生還한 者이 無幾하니라.

練習

一. 다음 漢字를 比較하야 달은 것을 말하야라.

宋 榮, 適 敵, 殆 治

二. 다음 말을 漢字로 바더 써라.

몽고, 고려, 침략, 군슈, 전선, 용감, 폭풍, 엄격

第五十六課　漢文(文武王)

新羅 文武王이 立하니 諱는 法敏이니 太宗王之元子ㅣ라. 母 金氏 文明王后는 金庾信*之妹也ㅣ니 其姉ㅣ 夢登西兄山頂하야 坐旋流徧國內하고 覺에 與季言夢하니 季ㅣ 戲曰 予願買兄此夢하노라 하고, 因與錦裙爲直이러니 後數日에 庾信이 與春秋公으로 蹴鞠이라가 因踐落春秋衣紐어늘 庾信이 曰 吾家ㅣ 幸近하니 請往綴紐하노라. 因與俱往宅하야 使其妹來縫이러니 後에 春秋ㅣ 娶而生男하니 是爲法敏이라. (三國史記)

練習

一. 本課의 大綱 쯤을 이약이하야라.

二. 다음 漢字를 比較하야 달은 것을 말하야라.

諱 偉, 頂 項 頃, 季 李.

三. 다음 글을 漢文으로 곳쳐라.

(가) 계ㅣ 희롱하야 갈오대 내가 형의 이 꿈을 사기를 원하노라.

(나) 유신이 갈오대, 우리 집이 다힝히 갓가우니 가서 단추를 쉬여매기를 청하노라.

〔번 역〕

"신라 문무왕이 즉위하니 휘는 법민으로 태종왕의 원자이다. 어머니 김씨 문명왕후는 김유신의 누이이니 그 언니가 서형산 꼭대기에 올라 두루 앉아 국내를 돌아보는 꿈을 꾸었는데, 깨어나 동생에게 꿈을 이야기하니 동생이 기뻐하며 희롱하여 말하기를, 내가 형의 그 꿈을 사고 싶노라 하고, 이로 인해 비단 치마를 주었다. 며칠 후 유신이 춘추공과 함께 축국을 하다가 춘추공의 옷 단추를 밟았는데 유신이 말하기를 우리 집이 다행히 가까우니, 가서 단추를 꿰매는 것이 좋겠다 하였다. 함께 집으로 가서 그 누이에게 옷을 꿰매게 하더니 후에 춘추가 그를 아내로 맞아 남아를 얻으니 그가 법민이다."(삼국사기)

附録

普通學校 朝鮮語及漢文讀本 卷五終

附錄

第三課 禮儀

晏平仲. 晏은 姓이오 名은 嬰이오 平仲은 그 字이라. 世人이 尊稱하야 晏子라 云하나니, 節儉力行으로써 齊國에서 見重하니라. 卽今부터 二千四百餘年前 사람이니라.

第五課 漢文

馬良. 卽今부터 約一千七百年前 蜀國 사람이니라.
陳長文·陳孝文. 卽今부터 約 一千七百年前 漢國사람이니라.

第七課 漢文(箕子朝鮮)

箕子. 卽今부터 三千餘年前 周武王時에 朝鮮에 封하야 往이 되니라.

第九課 漢文(陰德)

孫叔敖. 周定往時 距今 二千五百餘年 前 사람이니라.

第十二課 나이진쎄-루

구리미야 戰爭. 卽今부터 六十餘年前 露西亞와 土耳其·英吉利·佛蘭西·사루찌니야 聯邦軍 間에 起한 戰爭이니라.

瑞西國. 歐羅巴洲의 中部에 在한 國名이니라.

赤十字社. 戰時에 生하는 病傷者를 敵과 我의 區別이 無히 救護함으로써 目的을 하는 慈善社團이니 同條約은 即今부터 五十餘年前에 쑤난의 主唱을 因하야 처음으로 瑞西에서 締結되니라. 我國에서는 明治十年에 博愛社라 하는 것이 創立되여, 同一한 事業에 從事하다가 同二十年에 此를 日本赤十字社라 改稱하야, 萬國赤十字社와 聯絡을 成하게 되니라. 爾後 我國 赤十字社는 非常히 進步 達達되여, 日淸戰役·日露戰役 及 最近의 世界戰役 等 時에 偉大한 成績을 擧하니라.

第十三課 漢文(金蓋仁之憐狗)

居寧縣. 卽今 全羅北道 南原郡內에 在하얏던 行政上의 一區劃이니라.

第十四課 書簡文의 作法

弟姓名拜. 同輩에게 對하야는 「弟姓名拜」라 書하는 外에 「庚弟姓名拜」, 「損弟姓名拜」, 「小弟姓名拜」라 하는 等이 有하고, 特히 同窓生에 對하야는 「硯弟姓名拜」, 隣友에 對하야는 「隣弟姓名拜」라 書하나니라.

上書. 祖父·從祖父·伯父·仲父 等에 對하야는 「上書」라 하는 外에 「上白是」라 書함도 有하니라.

受書人 及 自己의 稱呼. 稱呼는 親疏의 關係를 因하야 云云. 그 大暑을 表示하건대 次와 如하니라.

(3장 분량의 호칭 생략)

第十六課 漢文(朴赫居世)

前漢 宣帝 五鳳元年. 卽今부터 一千九百七十七年前이니라.

居西干. 新羅時의 古語이니 國王이라 하는 義이니라.

六村. 閼川 楊山村, 突山 高墟村, 觜山 珍支村, 茂山 大樹村, 金山 加利村, 明活山 高耶村을 謂함이라. 皆 卽今 慶尙北道 慶州郡邑內 附近에 散在한 古地名이니라.

陽山. 卽今 慶尙北道 慶州郡 邑外南 月城 附近에 在한 山名이니라.

第十八課 漢文(水利)

金堤之碧骨堤. 金堤郡은 全羅北道에 在하니라. 碧骨堤는 新羅時代에 創設된 것이니 그 後에 荒廢하얏다가, 今日에는 修治되여 附近에 多大한 灌漑의 便利를 與하나니라. 또 碧骨堤에 關하야는 本書 卷四 第二十六課 及 그 附錄을 參照하라.

柳磻溪馨遠. 柳는 姓이오 磻溪는 號이오 馨遠은 名이라. 卽今부터 約 二百五十年前 사람이니라.

蘆嶺. 小白山脈 中의 一峯이니, 全羅北道 地境에 在하니라.

第二十一課 眞正한 勇者

藺相如. 卽今부터 二千二百餘年前 春秋戰國時代에 趙國의 武臣이니라.

廉頗. 藺相如와 同時代에 趙國의 名將이니라.

第二十四課 漢文(昔脱解)

脱解尼師今. 卽今부터 一千八百六十餘年前, 新羅 第四代의 王이라. 尼師今은 新羅의 古語이니 國王이라 하는 義이니라.

多婆那國. 內地에 在한 一地方의 名이니라.

金官國. 卽今 慶尙南道 金海 附近에 在하얏던 國名이니라.

辰韓 阿珍浦口. 卽今 慶尙北道 慶州郡 東海岸 地方에 在하얏다 云하나니라.

南海王. 卽今부터 一千九百十餘年前 新羅 第二代의 王이니라.

儒理王. 卽今부터 一千八百九十餘年前 新羅 第三代의 王이니라.

第三十課 漢文(金閼智)

金城. 卽今 慶尙北道 慶州郡邑 南方에 그 舊址가 有하니라.

瓠公. 新羅 脱解王 時代 사람이니라. 또 本課에 關하야는 普通學校 國語讀本 卷四 第二十二課 卵から生れた王을 參照하라.

第三十二課 漢文

曾子. 曾은 姓이오 名은 參이오 曾子는 그 尊稱이니라.

曾晢. 名은 點이니 曾子의 父이니라.

曾元. 曾子의 子이니라.

第三十六課 漢文(高倉天皇)

高倉天皇. 第八十代의 天皇이시니라.

淸原賴業. 卽今부터 七百五十餘年前 사람이니라.

第三十七課 節制

후란구린. 卽今부터 百五十年前 時代에 米國의 有名한 政治家이라.
二十四五歲 時에 스스로 身을 修코저 하야 節制·淸潔·勤勞·沈默·確志·
誠實·溫和·謙遜·順序·節儉·寧靜·公義의 十二德을 立하야 日夜로 此를
實行하기를 期必하니라.

第四十課 漢文(異次頓)

法興王. 卽今부터 一千四百餘年前 新羅 第二十三代의 王이니라.

第四十五課 漢文(德曼)

眞平王. 卽今부터 一千三百餘年前 新羅 第二十六代의 王이니라.

第五十一課 漢文(高句麗 及 新羅 太學)

小獸林王. 卽今부터 一千五百四十餘年前 高句麗 第十七代의 王이니라.
眞德女王. 卽今부터 一千二百七十餘年前 新羅 第二十八代의 王이라.,
金春秋. 卽今부터 一千二百六十餘年前 新羅 사람이니 後에 王位에
卽한지라. 新羅 第二十九代 武烈王이 此이니라.
神文王. 卽今부터 一千二百三十餘年前 新羅 第三十一代의 王이니라.

薛聰. 新羅 神文王 時代 사람이니 吏讀는 此人의 創製한 것이라 傳來하나니라.

聖德王. 卽今부터 一千二百十餘年 前 新羅 第三十三代의 王이니라.

文宣王. 孔子의 追尊號이니라.

十哲. 孔子 門下의 賢智者 顏淵, 閔子騫 以下 七十人의 高弟子를 稱함이니라.

第五十三課 公私의 區別

張鎭國. 卽今부터 約一千二百餘年前 사람이니라.

晋文公. 卽今부터 二千五百七十餘年前 사람이니라.

第五十五課 元과 日本

蒙古. 支那 北部에 居住하는 種族이니라.

宋. 支那를 統一한 國의 名이니, 卽今부터 六百四十餘年前에 元에게 滅함이 되엿나니라.

壹岐·對馬. 朝鮮半島와 九州 사이에 在한 島이라. 長崎縣에 屬하니라.

第五十六課 漢文(文武王)

文武王. 距今 一千二百五十餘年前 新羅 第三十代의 王이니라.

金庾信. 新羅의 名臣이니라.

西兄山. 卽今 慶尙北道 慶州郡內에 在한 山名이니라.

春秋公. 金春秋를 謂함이라. 本卷 第五十一課 及 그 附錄을 參照하라.

〈판권〉

大正九年 七月 二十九日 印刷

大正九年 八月 一日 發行   (大正十一年 四月 三日 增刷)

朝鮮總督府

庶務部 印刷所 印刷

보통학교 조선어급한문독본 권6

緒言

一. 本書는 普通學校 第六學年用 朝鮮語及漢文課 敎科書로 編纂한 者
이라.

二. 本書의 各課는 生徒의 能力을 隨하야, 練習을 併하야 二三 時間에
敎授할 者이라.

三. 新出 漢字는 敎師의 敎授 及 生徒의 學習에 便利케 하기 爲하야
上欄에 推記하고, 二字 以上이 結合하야 特殊한 熟語가 된 者는
旣出한 漢字라도 亦 推記하니라.

四. 練習問題는 必要에 應하야 此를 補함도 可하니라.

五. 本書는 京城에서 行用하는 言語로 標準을 삼고, 諺文의 綴法은 本府
에서 定한 바를 依하야, 純全한 朝鮮語에 對하야는 發音式을 採用

하야 쟈·댜를 자, 져·뎌를 저, 죠·됴를 조, 쥬·듀를 주, 챠·탸를 차, 쳐·텨를 처, 쵸·툐를 초, 츄·튜를 추, 샤를 사, 셔를 서, 쇼를 소, 슈를 수로 書하고, 中聲 ·는 使用치 아니하며, 又分明히 漢字로 成한 語音은 本來의 諺文으로 使用하니, 生徒로 하야금 恒常 此에 準據케 할지니라.

六. 本書 中 地名 物名 等에 長音' 濁音을 表할 必要가 有한 境遇에는, 長音에는 諺文 左肩에 ·을 附하고, 濁音에는 右肩에 ″를 附하니라.

七. 本書 中 難解의 語句는 附錄에 簡單한 說明을 附하니라.

大正 十年 三月　朝鮮總督府

目錄

附錄

第一課 孔子와 孟子[127]

東洋의 大聖人 孔子의 名은 丘이오, 字는 仲尼이니, 距今 二千四百七十餘年前에 魯國 昌平이라 하는 쌍에 誕生하시다. 魯는 朝鮮 黃海道와 相對한 山東省의 一部分에 位置하얏던 國名이니라. 孔子는 幼時로부터 聰明하사, 學問을 조화하시고, 三十歲에는, 學問과 道德이 一世에 卓越하신지라. 그 高名을 듯고, 四方으로부터 와서, 弟子된 者ㅣ 三千人에 達하니라. 孔子는 修身 齊家 治國 平天下의 道를 다 仁의 一字로 本領을 삼으셧나니라. 壯年에 天下에 周遊하사, 諸侯를 敎導코저 하셧스나, 그 道를 行하는 者ㅣ 업슴으로, 맛참내 魯國에 還歸하사, 專에 弟子를 敎育하시며, 仁義道德을 論述하사, 天下萬世에 垂敎하시다. 孔子는 七十三歲에 沒하시다. 沒하신 後에, 門 弟子가 그 立言하신 바를 編纂하사, 一書를 作하얏스니, 我等의 誦讀하는 바 論語가 곳 이 것이라. 孔子가 沒하신 지 百年 後에, 大賢 孟子가 나시다. 孟子의 名은 軻이오, 字는 子輿이니, 魯國의 南隣되는 鄒라 하는 小國에 誕生하시다. 幼時로부터 賢母의 敎養을 바더, 學識이 大進하시니라.

孟子는 孔子의 道統을 傳承하사, 世敎의 衰頹함을 扶植하시다. 孟子도 쏘한 孔子와 갓치 諸國에 周遊하셧스나, 그 道를 行치 못하시고, 退歸하야 弟子로 더부러 難議問答하야 一書를 著作하시니, 後世에 其書를 孟子라 稱하야, 論語와 갓치 永遠히 東洋에 道德의 模範이 되다. 孔子·孟子의 敎를 儒敎라 하나니라.

---

127) 정정 권6 제7과 관련됨.

練習

一. 孔子의 事跡을 簡單히 이약이하야라.

二. 論語는 엇더한 것인지 말하야라.

三. 孟子의 事跡을 이약이하야라.

第二課　漢文(甘藷取種)

對馬島 中에 有草根可食者하니 名曰甘藷 ㅣ라. 或謂 孝子麻 ㅣ라 하니 島之方音에 爲古貴爲麻 ㅣ라. 其形이 或如山藥하며 或如菁根하며 如瓜如芋하야 不一其狀하니 其味 ㅣ 此山藥而堅有眞氣하고 或似半煨栗味하니 生可食하며 炙烹에 亦可食하며 作餠和飯에 而無不可하니 可謂救荒之好材料也 ㅣ라. 此物이 自南京으로 流入日本하야 陸地諸島에 多有之하고 而對馬島에 尤盛云이라. 昨年에 初到此島하야 求得數斗하야 出送釜山鎭하야 使之取種하고 今於回路에 又此求得하야 將授於萊州校吏輩할새 行中諸人이 亦有得去者하니 果能皆生하야 廣布於我國하야 與文綿之爲면 則豈不大助於東民耶아. (趙曄 海遊日氣)

練習

一. 本課의 大綱 뜻을 이약이하야라.

二. 다음 말을 漢字로 곳쳐 써라.

　　감져, 산약, 쳥근

【번 역】

"대마도 가운데 풀 뿌리로 가히 먹을 만한 것이 있으니, 이름이 감저(甘藷)이다. 혹은 효자마(孝子麻)라고도 하니 섬의 방언에 고귀한 것을 마(爲古貴爲麻: 고코이모 = 고구마)라고 한다. 그 모양이 산약(山藥)과 같고, 청근(菁根)과도 같으며, 오이나 저(芋)와도 같으니, 형상이 하나같지 않으나 그 맛은 산약이 굳어 참된 맛과 같고, 혹은 반은 외율(煨栗: 밤나무 일종)과 비슷하니 날것으로도 먹을 수 있고, 굽거나 삶아도 먹을 수 있고, 떡을 만들거나 밥과 함께 지어도 안 될 것이 없으므로 가히 구황(救荒)에 좋은 재료라고 할 만하다. 이것이 남경으로부터 일본에 유입하여 육지 여러 섬에 많이 존재하고, 대마도에서 특히 성행했다. 작년 이 섬에 도착하여 몇 개를 구해 부산진(釜山鎭)에 보내어 취종(取種)하도록 하고, 이번에 돌아오는 길에 또 구하여 장차 동래 교리들에게 주고자 하니 행중 여러 사람들이 또한 얻어 가고자 하였다. 그 결과 모두 살아나서 우리나라에 널리 퍼지게 하여 문면(문익점의 목화)과 같이 하면 어찌 우리 백성들에게 큰 도움이 되지 않겠는가."(조엄, 『해유일기』)

第三課　敬師

上杉(우에수기)應山은 距今 約 百年前의 人이니 賢明한 名譽가 出衆하니라. 일즉 細井(호소이)平洲를 師事하야 學을 受하고, 政治上 事도 恒常 議論하더라.

某年에 平洲가 應山의 招聘을 受하야 米澤(요네사와)에 往하니라. 此時에 應山이 親히 城外 一里許에 出迎하더니, 平洲의 來함을 見하고, 大喜하야「先生님 安寧하십시오.」하고 恭遜히 敬禮한 後에 休憩하기

爲하야 近處 山寺에 往할새 三町餘의 坂路를 等함에 平洲보다 一步도 先行함이 無하고, 且 平洲가 或 躓蹉(지차)할가 念慮하야 極盡 扶護하야 本堂에 到着한 後에, 自己가 階上에 先登하야 恭遜히 平洲를 引導하야 定座케 하고, 欸曲(관곡)히 應待하니라.

應山은 位高한 人이나, 師弟의 禮를 守함이 如斯한지라. 平洲도 自己를 恭敬함이 甚厚함에 感激하야 其意를 書簡에 記하야 人에게 示하얏다 하더라. 大凡 禮儀를 守함은 何人을 對하야던지 必要한 事이나 特히 師에게는 더욱 言語와 舉動을 審愼하야 敬意를 失치 아니하도록 注意할지라.

練習

一. 上杉應山이 細井平洲를 스승으로 招聘할 새의 이약이를 하야라.

二. 上杉應山의 이약이를 듯고, 感動된 것을 말하야라.

第四課　漢文

子夏ㅣ 曰 小人之過也는 必敎이니라. (論語)

人恒過然後에 能改하나니라. (孟子)

古之君子는 過則改之러니 今之君子過則順之로다. (孟子)

改過호대 不吝이니라. (書經)

朱子ㅣ 曰 遷善을 當如風之速하고 改過를 當如雷之猛이니라. (朱子)

練習

一. 다음 □표 속에 漢字를 넛코 吐를 달어라.

(가) □之君子過則□之 □之君子過則□之

(나) 遷善當如□□□ 改過當如□□□

二. 다음 漢字를 各其 너어서 두 字식의 말을 지어라.

　　過, 改, 順, 善

[번 역]

"자하께서 말씀하시기를, 소인의 허물은 반드시 가르쳐야 한다고 하였다."
(논어)

"사람은 항상 잘못한 연후에 능히 고쳐야 하느니라."(맹자)

"옛날의 군자는 허물이 있으면 고치더니, 지금의 군자는 허물이 있어도 그를
따른다."(맹자)

"허물을 고치되 인색하지 않아야 한다."(서경)

"주자께서 말씀하시기를, 천선(遷善)을 당연히 바람처럼 빨리 하고, 개과를
당연히 벼락처럼 맹렬하게 해야 한다 하셨다."(주자)

第五課　春朝128)

一. 지새는 달 그림자　놀빗헤 살아지네.
　　종달새 우는 소리　四野에 써울은다.
　　이제야 조흔 아침　村家의 밧분 모양
　　소 쯧기는 아해며　마당 쓰는 늙은이

---

128) 이 과에는 연습이 없음.

二. 定치 못한 봄바람　나븨 꿈을 쌔이네.
　　玲瓏한 새벽이슬　芳草에 물으녹아
　　이제야 조흔 時節　山家의 밧분 모양
　　나물캐는 少婦며　나무하는 樵夫들
三. 도다오는 붉은 날　곳 속에 빗춰 잇네.
　　細柳의 아침 연긔　溪邊에 둘넛도다
　　이제야 조흔 봄빗　農家의 밧분 모양
　　밧가는 上坪이며　씨샏리는 下坪田

第六課　白兎(一)

어느 섬에 흰 톡기 하나이 잇는대 바다 저편에 가랴고 궁리를 하얏소. 하로는 海邊에 나아가서 본즉 鰐魚가 잇소. 톡기가 鰐魚를 對하야 말하기를,

「네 동모와 내 동모가 어느 편이 만흔지 한번 比較하야 보자.」

하얏소. 鰐魚의 對答하는 말이,

「그것 滋味잇겟다.」

하고, 곳 동모를 만히 다리고 왓소.

톡기는 이것을 보고,

「올치, 네 동모는 매우 만코나. 우리 편이 적을는지도 몰으겟다. 너의들의 잔등이 우으로 가면서, 세여볼 터이니 바다 저편까지 벌녀 보아라.」

하얏소.

鰐魚는 톡기의 말대로 벌녀 업드렷소. 톡기는 하나 둘 셋 하고, 세변

서 건너가다가, 마조막 한걸음에 언덕에 올너가게 되엿슬 재에,

　「너의들 나에게 잘 속엇다. 내가 여긔까지 오고 십허서 그리한 것이다.」

하면서 우섯소. 鰐魚는 그 말을 듯고 大怒하야, 맨 갓헤 잇던 鰐魚가 톡기의 털을 몬창 다 뽑아 버렷소.

　練習

　一. 白兎는 무슨 말로 鰐魚를 속여서 저편 언덕에 건너갓느냐.
　二. 鰐魚는 속은 後에 白兎를 엇더케 하얏느냐.

第七課　白兎(二)

　톡기는 압허서 견듸다 못하야 海邊에 서서 울고 잇섯소. 맛참 여러 神人이 그리로 지나가시다가,

　「너 웨 우느냐.」

하고 물으섯소. 톡기가 仔細한 曲折을 말한즉,

　「그러면, 바닷물에 沐浴을 하고, 들어 누어 잇거라.」

　톡기가 그 말삼대로 하얏더니 몸이. (***)과 갓치 되엿소. 톡기는 깃붜서 大國主命 에게 致謝하러 가서,

　「德澤으로 몸이 이와 갓치 快 하얏습니다. 後日에 丁寧코 여러 형님들보다 장한 량반이 되시오리다.」

하고 말하얏소.

　其後 大國主命는 톡기의 말과 갓치, 果然 장한 량반이 되섯소.

一. 白兔가 울고 잇는 것을 보고, 여러 神人이 무엇이라고 가르쳐 주셧느냐.

二. 大國主命가 그 톡기에게 엇더한 말을 가르쳐 주셧느냐.

三. 白兔는 大國主命의 가르치신 대로 하얏더니 몸이 엇더케 되엿느냐.

四. 大國主命는 그 後에 엇더한 량반이 되셧느냐.

第八課　漢文(耽羅開國)129)

高麗史 古記에 云 厥初에 無人物하더니 三神人이 從地涌出하니 今鎭山北麓에 有穴曰毛興이니 是其地也ㅣ라. 長曰 良乙那ㅣ오 次曰 高乙那ㅣ오 三曰 夫乙那ㅣ니 三人이 遊獵荒僻하야 皮衣肉食이러니 一日에 見紫泥封木函이 浮至東海濱하고 就而開之하니 內有石函하고 有一紅帶紫衣使者ㅣ 隨來ㅣ라. 開函에 有靑衣處女三及諸駒犢五穀種이어늘 乃曰 我是日本國使也ㅣ라. 吾王이 生此三女하고 云西海中岳에 降神子三人하야 將欲開國而無配匹일새 於是에 命臣侍三女而來니 宜作配하야 以成大業하라 하고 使者ㅣ 忽乘雲而去어늘 三人이 以歲次로 分娶之하고 就泉甘地肥處하야 射矢卜地하야 始播五穀하며 且牧駒犢하니 日就富庶하니라. (耽羅志)

練習

一. 本課의 大綱 쯧을 이약이하야라.

二. 다음 말을 漢字로 곳쳐 써라.

---

129) 탐라지를 확인해야 할 듯: 양 고 부 세 신인의 배필이 일본국 왕녀임을 강조함.

피육육식, 홍덕ᄌ의, 일취부셔

[번 역]

고려사 고기에 이르기를 처음에는 사람이 없더니, 삼신인이 땅으로부터 솟아나 지금 진산(鎭山) 북쪽 산기슭에 한 구멍이 있어 이름하기를 모흥(毛興)이라고 하는 곳이 곧 그곳이다. 큰 신인은 양을나(良乙那)요, 다음은 고을라(高乙那), 셋째는 부을나(夫乙那)이니 세 사람이 황벽한 곳에 유렵하여 가죽옷을 입고 육식을 하더니, 하루는 자색 진흙으로 봉한 목함이 떠서 동해 바닷가에 이르니, 그것을 열어보았는데, 그 안에 석함(石函)이 있고, 붉은 띠에 자색 옷을 입은 사자(使者)가 따라왔다. 함을 여니 청의(靑衣)를 입은 처녀 세 사람과 여러 망아지 송아지 오곡의 종자가 있거늘, 이에 말하기를 나는 본래 일본국의 사자이다. 우리 왕이 이 세 딸을 낳아 서해 중악(中岳)에 신의 아들 세 사람이 내려와 장차 개국하고자 하되 배필이 없을 것이니, 이에 신에게 명하여 세 딸을 모시고 왔으니, 마땅히 배필로 맞이하여 대업을 성취하라 하고, 사자가 홀연히 구름을 타고 사라졌다. 세 사람(양, 고, 부)이 연차로 배필로 맞이하고 샘물이 단 곳과 비옥한 땅을 택하여 활을 쏘고 땅에 엎드려 오곡을 파종하며 또한 망아지와 송아지를 기르니 날로 부유해졌다. (탐라지)

第九課　범과 어린 아해[130]

한 老人이 아해들을 만히 모아 안치고, ᄌ미 잇는 이약이를 하얏소.

---

130) 주제의식이 모호함.

老人「엇던 夫婦 두 사람이 어린아해 하나를 다리고 寂寞한 山中에 旅行하는대, 人家가 업서서, 나무 밋헤서 자는 일도 각금 잇섯다. 어느 날 그 夫婦가 큰 나무 밋헤서 자다가 밤중에 안해가 눈을 써 본즉, 어린아해가 어듸로 갓는지 보이지 아니한다.

쌈작 놀나서 男便을 일으켜서 갓치 四面으로 차저보앗다. 그 째 맛참 달은 잇섯스나 큰 나무가 鬱密하야, 먼 데가 보이지 아니한다.

그 째 건너편 캄캄한 곳에, 무엇이 희씃희씃한 것이 잇는 故로 仔細히 삷혀본즉, 범 한 마리가 어린아해를 얼느고 잇다.

男便이 그것을 보고, 곳 銃으로 범을 노하 죽이랴고 하닛가, 안해가 慌忙히 挽留하되,

「만일 아해를 죽이면, 엇더케 하느냐.」

고 하얏다. 그러나 男便은 그 말을 듯지 안코, 걱정말라 하고, 銃을 노혼즉, 큰 소리가 나며, 범이 그 자리에서 죽엇다.

둘이 달음박질하야 가서 본즉, 어린아해는 빙긋빙긋 웃고 잇다. 어린아해는 범이 무서운 줄을 몰낫던 것이다.」

아해들이 老人의 이약이를 熱心으로 듯고 잇다가, 老人다려 물엇소.

兒孩「그 어린아해는 그 後에 엇더케 되엿습닛가.」
老人「잘 나라서 지금도 살어 잇단다.」
兒孩「지금은 어듸 잇습닛가.」
老人「여긔 잇다.」

아해들이 異常히 역여 방안을 돌나보아도, 아모도 달은 사람이 업스닛가 아해들은 다시 老人을 처다보면서 물엇소.

兒孩「그러면 老人이 그 어린아해엿습니다 그려.」

老人「올타. 그럿타.」

하면서 썰썰 우섯소.

練習

一. 夫婦가 어린아해를 다리고 山中에 旅行할 새에 어느날 밤에 그 어린
아해가 엇더케 되엿느냐.

二. 男便이 銃으로 범을 노혼 새에 범과 어린아해는 엇더케 되엿느냐.

三. 이 이약이를 듯고 나종에 아해들은 웨 우섯느냐.

第十課　漢文

子―曰 人能弘道 | 오 非道弘人이니라. (論語)

子―曰 志於道하며 據於德하며 依於仁하며 游於藝니라. (論語)

樊遲―問仁한대 子 | 曰 居處恭하며 執事敬하며 與人忠을 雖之夷狄
이라도 不可棄也 | 니라. (論語)

積土成山이면 風雨 | 興焉하고 積水成淵이면 蛟龍이 生焉하고 積善
成德이면 而神明이 自得하야 聖志이 循焉이니라. (荀子)

君子는 位尊而志恭하고 心小而道大하고 所聽視者 | 近而所聞見者 |
遠이니라. (荀子)

孟子 | 曰 身不行道 | 면 不行於妻子 | 오 使人不以道 | 면 不能行於妻
子 | 니라. (孟子)

練習

一. 다음 □표 속에 漢字를 넛코, 吐를 달어라.

   (가) 志於□據於□依於□游於□

   (나) 積□成□風雨興焉 積□成□蛟龍生焉

   (다) 君子位□而志□心□而道□

二. 다음 漢字를 比較하야 달은 것을 말하야라.

   非 悲, 執 熱, 狄 秋, 興 與.

[번 역]

"공자께서 말씀하시기를, 사람이 능히 도를 넓힐 수 있는 것이며, 도가 사람을 넓힐 수 있는 것은 아니다 하셨다."(논어)

"공자께서 말씀하기를, 도에 뜻을 두고 덕에 근거하며 인에 의하고, 예에 놀이 한다 하셨다."(논어)

"번지(樊遲)가 인에 대해 묻건대, 공자께서 말씀하시기를 거처에 공손하고 일을 맡음에 정중하며, 사람과 더불어 진실됨은 비록 오랑캐일지라도 버릴 수가 없느니라 하셨다."(논어)

"흙을 쌓아 산을 이루면 비바람이 흥하고, 물을 가두어 연못을 이루면 교룡이 생겨나고, 선을 쌓아 덕을 이루면 신명(神明)이 저절로 얻어져 성스러운 뜻이 순환하느니라."(순자)

"군자는 지위가 높아도 공손하고, 마음이 작아도 도는 크고, 듣고 살피는 것은 가까운 데서 하여도 들리는 것을 듣고 바라보는 것은 멀리까지 한다."(순자)131)

"맹자께서 말씀하시기를, 내가 도를 행하지 않으면, 처자에게도 행해지지 않

---

131) 순자 제2권 3편 불구편(不苟篇). 집밖으로 나가지 않고도 천하를 다스린다.

고, 남을 부리는 것에 도로써 하지 않으면, 처자에게도 행해질 수 없다 하셨다."
(맹자)132)

第十一課　新鮮한 空氣133)

아침에 일즉이 門外에 行步하면 바람이 졸음을 깨워서 心神이 爽快한 것은 新鮮한 空氣를 呼吸하는 所以이니라. 萬一 空氣가 업스면 我等은 瞬息間이라도 生活키 不能할지니라.

사람이 空氣 中에 生活하는 것이 魚族이 水中에 生活함과 갓하서, 고기가 물 밧게 나면 살지 못할 것이오, 사람이 空氣를 離하면 呼吸 動作을 不得할지라. 사람이 水中에 싸져 죽는 것은, 물이 肺에 들어가서 空氣를 呼吸치 못하는 所以이니라.

물에 淸水와 濁水가 잇는 것과 갓치 空氣에도 淸潔한 空氣와 汚濊(오예)한 空氣가 잇서서 淸潔한 것은 衛生上에 有益하고, 汚濊한 것은 有害한지라. 多數한 사람이 會集한 狹室 中에 들어가면 惡臭가 잇고, 居無何에 頭痛이 나는 것은 空氣가 汚濁한 證據이라. 그런 故로 空中에 空氣 流通을 善良케 하고, 朝夕으로 洒掃(쇄소)를 精히 하며, 時時로 窓戶를 開放하야 新鮮한 空氣를 注入할지니라.

練習

一. 아츰에 일즉이 門外에 行步하면 心神이 爽快한 것은 무슨 까닭이냐.

---

132) 맹자 진심장 하편. 신불행도(身不行道).
133) 정정 권4 제15과.

二. 사람이 水中에 빠져 죽는 것은 무슨 까닭이냐.

三. 多數한 사람이 會集한 狹室中에 들어가면 惡臭가 잇고 頭痛이 나는
   것은 무슨 까닭이냐.

第十二課　漢文(濟州柑子)

申維翰이 使于日本하야 與雨森芳洲로 食柑할새 問日 此物이 我國南
方海邑에 亦或有之하고 濟州則所産이 甚多하야 逐年納貢이나 而其味
ㅣ 皆不如貴國之柑하니 柑亦有美種否아. 芳洲ㅣ 日 美惡이 各隨土宜니
寧有種乎리오. 昔年에 有貴國船隻이 漂到於*藍島者하야 其人與物은
已盡沈沒하고 而獨於破船餘板中에 得柑子一籠하고 籠上에 有文書하니
卽濟州牧使所貢이라. 島中人이 以爲他國物而貴之하야 取植其子하야
樹成에 而名日濟州柑이라 하니 今所謂濟州柑者는 味甘而品好하야 與
此無別云하니 蓋濟州之柑은 自來有名하야 而李朝에 使牧使로 進貢하
야 頒賜館學儒生하야 而分其味하고 仍設科取士하니 名日黃柑製也ㅣ니
라. (據申維翰 海遊錄)

練習

一. 黃柑製의 이약이를 하야라.

二. 다음 말을 漢字로 곳쳐 써라
   납공, 목수, 션척

[번 역]

"신유한이 일본 사신으로 가서 아메노모리 호슈(雨森芳洲)와 더불어 감자를 먹을 때, 묻기를 이 물건은 우리나라 남방 해읍에 간혹 있고, 제주에서 생산되는 것이 많아 매년 납공을 하나 그 맛이 대개 귀국의 감자와 같지 않으니, 감자에도 또한 좋은 종자가 있지 않습니까. 호슈가 말하기를 좋고 나쁨은 각각 토양에 따른 것이니 어찌 종자이겠습니까. 예년에 귀국의 배 한 척이 남도(藍島)에 표착하여 사람과 물건은 이미 모두 침몰하고, 다만 파선한 갑판에 감자 한 상자를 얻으니, 상자 위에 문서가 있는데 즉 '제주 목사 소공'이라 하였다. 섬 사람들이 타국 물건을 귀하게 여겨 그 종자를 심어 자라게 하고 이름하여 제주감이라 하니, 지금 소위 제주감이라는 것은 맛이 달고 품질이 좋아 비교할 데가 없으니, 대개 제주감은 예로부터 유명하여 이조(李朝)에서 목사로 하여금 진공하게 하여 관학 유생들에게 하사하여 그 맛을 보게 하고, 과를 설치하여 취재하니 이른바 황감제(黃柑製)가 그것이다."(신유한의 해유록에 근거함)

第十三課　山上眺望[134]

우리들은 오늘 처음 이 山에 올나왔도다. 山上에서 멀니 바라보면 森林과 村落과 山川이 다 一齊히 보이는도다. 가장 갓가이 보이는 곳은 우리가 每日 노는 森林이라. 一字形으로 길게 透迤(투이)한 것은 村으로 가는 道傍에 列立한 長林이오, 그 越邊에 보이는 一面의 草家 집웅은 우리가 居生하는 家屋이로다. 已熱한 누른 벼와 未熟한 푸른 벼는

---

134) 정정 권2 제20과.

阡陌(천맥)에 茂盛한 풀과 相間하야 花紋席을 편 것과 恰似하고, 사람과 牛馬의 往來하는 것은 개암이가 움작이는 貌樣과 갓도다.

村前에 흘으는 내는 岸底로 隱流하다가 다시 森林 中으로부터 流出하야 구븨구븨 흘너서 終末에는 海中으로 流入하는도다. 海面은 遙遠하야, 물결도 보이지 안코, 波濤聲도 들니지 안는도다. 다만 水鳥갓치 적고 희고 海上에 쓴 것은 漁船의 布帆이로다.

後面을 본즉, 山과 山이 重疊하고, 또 右便을 본즉 廣濶한 平野로다. 平野의 越邊에 멀니 구름 貌樣으로 보이는 것도 또한 山이로다.

練習

一. 山上에서 멀니 보이는 森林의 貌樣을 말하야라.

二. 누르고 푸른 벼와 阡陌의 풀이 相間하야 잇는 貌樣을 말하야라.

三. 사람과 말의 往來하는 貌樣을 말하야라.

四. 海面의 모양을 말하야라.

第十四課　漢文

子ㅣ 曰 德之不修와 學之不講과 聞義不能徙하며 不善不能改ㅣ 是吾憂也ㅣ니라. (論語)

子ㅣ 曰 學如不及이오 猶恐失之니라. (論語)

子夏ㅣ 曰 日知其所亡하며 月無忘其所能이면 可謂好學也已니라. (論語)

子ㅣ 曰 由아. 誨女知之乎ㄴ저. 知之爲知之 不知爲不知ㅣ 是知也ㅣ니라. (論語)

子ㅣ 曰 溫故而知新이면 可以爲師矣니라. (論語)

博學之하며 審問之하며 愼思之하며 明辯之하며 篤行之니라. (中庸)

練習

一. 다음 □표 속에 漢字를 넛코, 吐를 달어라.

(가) 聞義不能□ 不善不能□

(나) 博□之 審□問 愼□之 明□之 篤□之

二. 다음을 漢文으로 곳쳐 써라.

날로 그 업는 바를 알며, 달로 그 能하는 바를 잇지 아니한다.

三. 溫故而知新의 뜻을 말하야라.

〔번 역〕

"공자께서 말씀하시기를 덕을 닦지 않는 것과 배움을 강구하지 않는 것과 의를 듣고 실천하지 않으며 불선을 고치지 않는 것이 내가 근심하는 바이다."(논어)

"공자께서 말씀하시기를 배움이 미치지 못함과 같이 그것을 잃는 것을 두려워한다 하시니라."(논어)

"자하가 말하기를 날로 그 없는 바를 알고 달로 그 능한 바를 잊지 않으면 가히 학문을 좋아한다 하리로다."(논어)

"공자께서 말씀하시기를 유아, 너에게 안다는 것을 가르쳐 줄까. 아는 것을 안다고 하고, 알지 못하는 것을 알지 못한다 하는 것이 그것이 아는 것이다."(논어)

"공자께서 말씀하시기를 온고이지신이면 가히 스승으로 삼을 만하다."(논어)

"널리 배우고 자세 물으며 신중히 생각하고 밝게 분별하며 돈독히 행해야 한다."(중용)

第十五課　汽車窓[135]

　壽童은 처음으로 汽車를 탓소. 汽車가 나는 것 갓치 走行하는 故로, 壽童은 滋味 잇게 싱각하야 窓外를 觀望하얏소.

　山林과 家屋은, 다 後面으로 날너가는 것 갓흐며, 田野에서 勞働하는 사람과 道路의 行人과 車馬 等이 멀니 압헤 보이더니, 어느 겨를에 後面에 잇소.

　汽車 밋헤서 瞥眼間 큰 소리가 들니더니, 汽車가 鐵橋를 건너가오. 다리 아래에는 깁흔 江이 잇서, 물이 만히 흘으고, 물이 업는 沙場에는 漂白物을 曝晒(폭쇄)하며, 사람은 水中에서 배를 타고 閑暇히 고기를 낙그며, 소는 水邊에서 돌아단기면서, 풀을 쓰더 먹으오.

　越邊에 적은 市街가 보이더니, 벌서 汽車가 그 市街 停車場에 到着하얏소. 停車場에는 겨우 數名의 乘客이 잇는대, 한 老人은 그 엽헤서 長竹을 물고 졸고 안젓소.

　조곰 잇다가 汽笛 소리가 나더니, 汽車는 캄캄한 窟 속으로 들어가오. 우를 본즉 車內에 燈火를 달엇고, 사람들은 兩便의 窓을 急히 닷치오. 壽童은 아모 것도 볼 수가 업서서, 무슨 일이 잇는가 싱각하얏더니, 汽車가 다시 光明한 곳으로 나와서, 右便에 廣濶한 바다가 보이오. 卽今 지나온 窟 속은 山을 鑿通한 隊道라 하는 것이요.

練習

　一. 汽車의 速히 走行하는 貌樣을 말하야라.

　二. 汽車가 鐵橋를 건너갈 쌔의 이약이를 하야라.

---

135) 정정 권3 제19과.

三. 汽車가 停車場에 到着한 째의 이약이를 하야라.

四. 汽車가 窟 속을 지나갈 째의 이약이를 하야라.

第十六課　漢文(日記)

凡人이 每日所作之事를 當書於一小簿以記之하야 作日記면 有三益하니 能查檢往日所作之事ㅣ 一益也ㅣ오 藉此練習記事之文이 二益也ㅣ오 如有不可告人之事ㅣ 爲日記中所不可寫者ㅣ면 則戒之不可爲니 藉此以檢束身心이 三益也ㅣ라. 但人之寫日記者ㅣ 往往間斷하야 始雖勤而繼則惰하고 終則廢而不爲寫矣나니 是爲無恒이라. 詩云靡不有初ㅣ나 鮮克有終이라 하니 戒之戒之어다.

練習

一. 日記하는 것이 三益이 잇슴을 말하야라.

二. 다음 글에 吐를 달고, 그 뜻을 말하야라.

靡不有初鮮克有終

三. 다음 漢字의 색음과 音을 말하야라.

簿, 寫, 間, 繼.

〔 번 역 〕

무릇 사람들이 매일 일어난 일을 작은 책자에 기록하여 일기를 쓰면 세 가지 이익이 있다. 능히 지난 일에 했던 일을 살피는 것이 첫째 이익이요, 이로써 기사문(記事文)을 연습하는 것이 둘째 이익이며, 다른 사람에게 알릴 수 없는 일과 같은 것을 일기 속에 기록하지 않으면 곧 경계하는 일이 불가할 것이니, 몸과 마음을 검속(檢束)함이 셋째 이익이다. 다만 사람들이 일기를 쓰는 것은 자주 중단되어 시작은 부지런하나 계속하는 것을 게을리 하고, 마침내 그만두어 쓰지 않으니 이는 항상됨이 없는 것이다. 시에 이르기를 처음부터 착하지 않은 사람은 없지만, 끝까지 잘하는 것은 드물다 하니, 경계하고 경계할지어다.

第十七課　陸地와 海洋136)

地球의 表面의 高處는 陸地가 되고 底處는 海洋이 되엿스니 海洋의 廣은 陸地의 三倍나 되오.

陸地의 最大한 者 四個가 잇스니 亞米利加와 亞弗利加와 大洋洲와 我等의 住居하는 大陸이오. 我等의 居住하는 大陸의 東方을 亞細亞라 하고, 그 西方을 歐羅巴라 하는대, 亞細亞의 面積은 全世界의 三分之一이나 되오.137)

日本 支那는 亞細亞에 잇고, 英吉利와 佛蘭西와 獨逸과 露西亞는 歐羅巴에 잇소. 亞弗利加도 古昔에는 亞細亞와 相連하얏섯스나 그 最狹한 地狹을 掘開하야 運河를 만든 故로 今日에는 分離하야 싸로히 一個 大陸이 되엿소.

亞米利加는 南亞米利加, 北亞米利加가 잇서서, 그 中間은 狹隘한 地峽이더니, 近年에 그 地峽을 鑿通하야 運河를 만든 故로, 亞米利加도 쏘한 二個의 大陸이 되엿소. 亞米利加合衆國은 北亞米利加에 잇소.138)

---

136) 정정 권8 제18과.
137) 이 부분에서는 구라파 다음에 아세아를 설명하던 것을 아세아를 먼저 설명함.
138) 지협과 운하에 대한 설명이 바뀜.

亞細亞와 歐羅巴와 亞弗利加와 北亞米利加와 南亞米利加와 大洋洲를 六大洲라 稱하오.

海洋은 亞細亞와 大洋洲와 亞米利加의 中間에 잇는 것을 太平洋이라 하고, 歐羅巴와 亞弗利加와 亞米利加의 中間에 잇는 것은 大西洋이라 稱하고, 또 印度의 南方에 잇는 것을 印度洋이라 稱하는대, 太平洋이 最廣하고 印度洋이 最狹하오.

北極의 海洋을 北極洋이라 稱하고, 南極의 海洋을 南極洋이라 稱하는대, 北極洋과 南極洋은 極寒하야 四時에 氷雪이 融解치 아니하는 故로 船舶도 通치 못하고, 實地를 往見한 者도 稀少하오.

練習

一. 海洋과 陸地의 廣을 比較하야 말하야라.

二. 六大洲는 무엇무엇이냐.

三. 亞細亞, 歐羅巴, 北亞米利加 各洲에는 엇더한 有名한 나라가 잇느냐.

四. 太平洋, 大西洋, 印度洋, 北氷洋, 南氷洋은 어듸 잇느냐.

第十八課　漢文(薛女守信)

薛氏는 民家女子也ㅣ라. 雖寒門單族이나 而顔色이 端正하고 志行이 修整이러니 眞平王時에 其父ㅣ 番當防秋할새 女ㅣ 以父衰病으로 不忍 遠別하고 又恨女身이 不得侍行하야 徒自愁悶이러니 有少年嘉實이 聞 之하고 願以身代한대 父ㅣ 不勝喜幸하야 欲以女子로 奉箕箒(봉기추) 하니 嘉實이 再拜謝之하고 退而請期한대 薛氏ㅣ 曰 婚姻은 人之大倫이 라. 不可以倉卒이니 旣以心許어니 有死無易하리니 願君赴防하야 交代

而歸然後에 卜日成禮하노라 하고, 乃取鏡分半與之云 此는 所以爲信이
니 後日에 當合之하리라. 嘉實이 遂辭而行이러니 會에 國有故하야 淹
六年未還하니 父ㅣ 欲使女子로 歸于他한대 薛氏ㅣ 守嘉實之約하고 不
從父命하니 父ㅣ 欲强之하야 潛約婚於里人한대 薛氏ㅣ 固拒하고 密圖
遁去而未果ㅣ러니 於是에 嘉實이 交代而來하니 形骸枯槁하며 衣裳襤
褸하야 室人이 不知하고 謂爲別人이어늘 嘉實이 直前하야 以破鏡投之
하니 薛氏ㅣ 得之하고 不勝悲喜하야 遂約日相會하야 與之偕老하니라.
(據 三國史記)

練習

一. 本課의 이약이를 듯고, 感動된 것을 말하야라.

二. 다음 漢字를 比較하야 달은 것을 말하야라.

　　防 妨, 徒 徙, 密 蜜, 襤 濫.

三. 다음 말을 漢字로 곳쳐라.

　　안싁단정, 지힝슈졍, 형히고고.

[번 역]

"설씨는 민가의 여자이다. 비록 한문(寒門)하고 친족이 없으나 안색이 단정하
고 지행(志行)이 바르더니, 진평왕 때 그 아버지가 북쪽 오랑캐를 막는 번을
당하매, 딸이 아버지가 쇠약하고 병으로 멀리 이별하기 어렵고 또 자신이 여자의
몸이므로 대신 그 일을 맡기 어려워 헛되이 홀로 근심과 번민을 하였다. 한
소년 가실(嘉實)이 있어 그 말을 듣고, 원컨대 자신이 대신하고자 한다 하니,
아버지가 기쁨을 이기지 못해 그 딸로 기추(箕箒)를 받들게 하고저 하니, 가실이
재배하고 감사히 여겼다. 물러나 약속을 청한대 설씨가 말하기를, 혼인은 사람의

큰 윤리라, 가히 갑자기 하기 어려우니 마음을 이미 허락했으므로 죽어도 바꿀
수 없도다. 원컨대 그대가 방수에 임하여 교대하여 돌아온 연후에 날을 잡아
성례하고자 한다 하고, 이에 거울을 깨뜨려 반을 주면서 말하기를, 믿음으로
삼고자 함이니 후일 마땅히 합칠 것이다 하였다. 가실이 드디어 작별하고 떠나더
니 그 때 나라에 유고가 있어 6년이 지나도록 돌아오지 못하니, 아버지가 그
딸로 하여금 다른 사람에게 보내고자 하였다. 설씨가 가실의 약속을 지키고 아버
지의 명을 따르지 않더니 아버지는 강제로 동리 사람과 몰래 혼약하였다. 설씨가
진실로 거절하고 몰래 도망하고자 했으나 어쩔 수 없더니 이에 가실이 교대한
후 돌아왔다. 형해(形骸)가 마른 나무 같고, 의상이 남루하여 집안사람들이 알지
못하고 다른 사람으로 여기거늘, 가실이 그 앞에 나아가 깨진 거울을 던지니
설씨가 그것을 듣고 슬픔과 기쁨을 이기지 못하여 드디어 약속한 날을 잡아
서로 만나 더불어 해로하였다."(삼국사기에 근거함)

第十九課 　 飛行機와 　 飛行船·氣球

　文明이 進步되기 以前에는 사람들이 天地間의 自然力을 그대로 等棄
하야 두엇소. 그러나 卽今은 水力을 應用하야 電氣를 發하며, 或은 石
炭과 石油를 使用하야 汽車와 汽船을 行하는 等 自然의 力을 利用하는
일이 만케 되엿소. 더욱 最近에는 海水中에 潛水艇을 走行하며, 空中에
飛行機와 飛行船 等을 飛行하게 되엿소. 文明의 힘은 진실로 偉大한
것이오. 飛行機는 鳥의 空中을 飛翔하는 것을 보고 硏究하야 낸 것이
오. 最初에는 構造가 極히 幼稚하야 飛揚이 低近하고 또 危險함이 多하
더니, 其後에 硏究를 더하고 더한 結果로, 今日에는 機械가 精巧하야,
空中에 高翔하고, 또 長距離를 無難히 飛行하게 되엿소. 저 空中에 높히

써서 잇는 飛行機를 보오. 或 高하며 或 低하며, 或 橫轉하며, 或 逆轉하
는 貌樣은 大鳥가 空中을 제것으로 알고, 任意 飛揚함과 恰似하오. 地上
의 사람들은 다 놀내여 精神을 일코, 처다보고 잇소. 飛行船은 其形이
細長한 甘藷갓고, 氣球는 球의 形 갓흐니, 緊牢한 大囊中에 空氣보담도
輕한 瓦斯를 充入하야써, 遠方에 飛行하거나, 또는 空中에 놉히 飛揚하
는 것이오. 飛行機의 輕快히 上空에 飛翔하며, 飛行船의 中天에 浮行하
야, 地上을 睥睨(비예)하는 形狀은 참 勇壯스럽고, 또 畏慄할 만하오.

　飛行機와 飛行船은 近世에 至하야 非常히 發達되여, 最近의 世界戰爭
에서 偉大한 效力을 顯著한 것은 사람마다 熟知하는 바어니와, 現今에
는 單히 戰爭時에만 아니라, 平時에도 海陸 交通의 機關에 廣히 應用코
저 하야, 各國이 다 熱心으로 硏究하오.

練習

一. 飛行機의 이약이를 하야라.

二. 飛行船의 이약이를 하야라.

三, 氣球의 이약이를 하야라.

四. 飛行機, 飛行船은 엇더한 데에 쓰느냐.

第二十課　漢文

子ㅣ 曰 放於利而行이면 多怨이니라. (論語)

子以四敎하시니 文行忠信이니라. (論語)

子ㅣ 曰 性相近也ㅣ나 習相遠也ㅣ니라. (論語)

孟子ㅣ 曰 道在爾而求諸遠하며 事在易而求諸難하나니 人人이 親其

親하며 長其長이면 而天下ㅣ 平하리라. (孟子)

道雖邇나 不行이면 不至오 事雖小이나 不爲면 不成이니라. (孟子)

不聞이 不若聞之오 聞之ㅣ 不若見之오 見之ㅣ 不若知之오 知之ㅣ 不若行之니 學至於行之而止矣니라. (荀子)

練習

一. 다음 □표 속에 漢字를 넛코, 吐를 달어라.

　(가) 道在□而求諸□ 事在□而求諸□

　(나) 道雖邇不□不至 事雖小不□不成

二. 다음 漢字의 색음과 音을 말하야라.

　遠, 近, 難, 易.

〔번 역〕

"공자께서 말씀하시기를, 이익에 근거하여 행하면 원망이 많다 하셨다.

공자께서는 네 가지로써 가르쳤으니, 문행충신이 그것이다.

공자께서 말씀하시기를, 사람의 성품은 서로 비슷하나 습성은 서로 다르다 하셨다."(논어)

"맹자께서 말씀하시기를, 도는 가까운 곳에 있는데 먼 데서 그것을 구하고, 일은 쉬운 곳에 있는데 어려운 데서 그것을 구한다. 사람마다 자기 어버이를 친하게 하고, 자기 어른을 어른으로 섬기면 천하가 평안하다 하셨다."(맹자)[139]

"도는 비록 가까우나 행하지 않으면 이르지 못하고, 일은 비록 가까우나 하지 않으면 이루지 못한다."(맹자)

---

139) 맹자 이루 상(離婁上).

"듣지 않는 것은 듣는 것만 같지 못하고, 듣는 것은 보는 것만 같지 못하며, 보는 것은 아는 것만 같지 못하고, 아는 것은 행하는 것만 같지 못하니, 배움은 그것을 행함에 이르러 그치는 것이다."(순자)

第二十一課　旱熱中에 寄하는 書140)

拜啓 今年은 可謂 近來에 罕有한 旱熱이라. 杲杲(고고)한 烘日(홍일)과 赫赫한 炎天은 實로 金을 流하고 石을 鑠(삭)하야 原野에 靑草가 殆無하고, 田畓에 五穀이 盡焦하오니, 如是히 幾日을 繼續하야, 甘霈(감패)가 不降하오면, 將來에 無秋는 姑捨하고, 目下의 受病이 是易하오니, 豈不可慮이오며 豈不可畏이오잇가. 歸鄕도 大同之患은 難免이올 듯하오나, 特히 樹木이 多하고, 溪川이 近하야, 他處에 比하오면, 惜乾의 虞가 稍히 少할 듯하오니, 健羨하는 바옵나이다. 此時에 侍奉若何141)하오신지, 아모조록 倍前加意하오소서. 自愛保重하심을 千萬企祝하옵나이다. 不備禮.

年　月　日　柳永秀

李英植 座下

答書

拜復 五日 不雨則無麥하고, 十日不雨則無禾라 하니, 近日旱魃은 無麥無禾가 已久라. 況炎熱이 日熾하야 天은 火傘을 成하고, 地는 烘爐(홍

---

140) 이 과에는 연습이 없음.

141) 시봉약하(侍奉若何): 받들어 어떠하오신지.

로)와 如하니, 此實人穀이 俱痒(구양)할 時라. 瞻想이 倍常터니, 承審辰下[142]에 起居保重하시고 閣覃[143] 安康하오시니, 大賀且慰이오이다. 弟는 事育이 顯警은 無하오나, 居鄕十餘年에 처음으로 五六反步의 田畓을 作農하얏삽더니, 意外에 如此한 大無를 當하와 秋收의 望이 無하오니, 可歎이옵나이다. 惠訊(혜신)을 先施하오서, 感荷不已옵나이다. 不備回鑒.

年 月 日 李英植
柳永秀 座下

第二十二課 水와 人體

우리들은, 하로도 물을 먹지 아니하는 날이 업소. 設或 純全한 물은 먹지 아니하야도, 물이 석긴 것이나, 물을 석거서 만든 것을 먹소.

더운 물, 차, 토쟝국, 맑은 쟝국 갓흔 것은 勿論이고, 술과 초와 간쟝이나, 밥과 쎡과 菓子도, 다 물이 업스면, 만들지 못하오. 果實에도 물이 잇고, 菜蔬에도 물이 잇소.

우리들은 아침마다 낫을 씻고, 養齒를 하오. 또 時時로 沐浴을 하오. 時時로 沐浴을 하지 아니하면, 몸이 더럽고, 몸이 더러우면 病이 나기 쉽소. 冷水浴과 海水浴은 皮膚를 强하게 하고, 또 身體를 强健하게 하며, 心神을 爽快하게 하오.

이와 갓치 물은 우리들의 生活함에 가장 緊重한 것이니, 萬若 이것

---

142) 승심신하(承審辰下): 심신을 받음에. 심신(審訊)은 자세히 살펴 물음.
143) 합담(閣覃): 상대방의 식구를 총칭하는 말. 寶覃·大度·覃節·閤節·寶閤.

이 업스면 到底히 生命을 保全할 수 업소. 그러나 물을 만히 먹던지, 찬물속에 오래 들어 잇던지 하면, 大害가 되오. 쏘 더러운 물이나, 오래된 물을 먹으면 무서운 病이 드는 일도 잇는 故로, 極히 操心하야야 하오.

練習

一. 飮食物에 물이 석겨 잇는 것을 말하야라.

二. 沐浴은 몸에 엇더한 利가 잇느냐.

三. 冷水浴, 海水浴은 몸에 엇더한 利가 잇느냐.

四. 엇더케 하면, 물이 사람 몸에 害가 되느냐.

第二十三課　漢文

道也者는 不可須臾離也 l 니 可離면 非道也 l 라. 是故로 君子는 戒愼乎其所不睹하며 恐懼乎其所不聞이니라. 莫見乎隱이며 莫顯乎微니 故로 君子는 愼其獨也 l 니라. (中庸)

子 l 曰 不患人之不己知오 患其不能也 l 니라. (論語)

君子는 行德하야 以全其身하고 小人은 行貪하야 以亡其身이니라. (論語)

練習

一. 다음 □표 속에 漢字를 넛코, 吐를 달어라.

　　君子行□德以□其身 小人行□以□其身

二. 다음 漢字를 各其 너어서 두 字식의 말을 지어라.

隱, 顯, 微, 德

三. 다음 말을 漢字로 곳쳐 써라.

슈유, 계신, 공구.

【 번 역 】

"도라는 것은 잠시도 떠날 수 없는 것이니, 떠남이 가하면 도가 아니다. 그러므로 군자는 그 보이지 않는 곳을 삼가며, 들리지 않는 것을 두려워한다. 숨음보다 잘 보이는 것은 없고, 미미한 것보다 잘 드러나는 것이 없다. 그러므로 군자는 홀로 있을 때 삼간다."(중용)

"공자께서 말씀하시기를, 다른 사람이 나를 알아주지 않음을 걱정하지 말고, 그렇게 하지 못함을 걱정하라 하시니라."(논어)

"군자는 덕을 행하여 그 몸을 다하고, 소인은 이익을 탐하여 그 몸을 망친다."
(논어)

第二十四課　保安林

薪, 炭, 材木 等이 森林에서 産出함은 世人이 共知하는 바이라. 然이나 森林의 利益은 다만 이것뿐이 아니니라.

森林의 樹木은 그 가지가 서로 連接하야, 비가 一時에 쌍에 써러짐을 防止하고, 쏘 地上의 水分을 一時에 蒸發치 못하게 하나니라. 쏘 落葉과 잇기와 그믈갓치 퍼진 쑤리는, 海綿과 恰似히 地上에 써러진 물을 먹음엇다가, 조곰식 천천히 흘느게 하나니라. 그런 故로 萬若 森林을 濫伐하면, 數時間 暴雨에도 忽然히 洪水가 나고, 數日 旱魃에도, 河水가

全히 枯渴함에 일으나니라.

森林은 能히 暴雨를 막으며, 그 힘을 減殺함으로, 土砂가 附近 田畓에 飛散하야, 그 土地를 荒蕪케 하는 일이 만흐니라.

大抵 魚類는 어둔 곳을 즐겨하야, 樹蔭이 잇는 水中에 만히 모임으로, 森林은 또 漁業에도 多大한 利益이 잇나니라. 海岸이나 江岸의 森林을 採伐한 緣故로, 漁業의 利를 일허버린 地方이 또한 不少하니라.

其他 森林은 氣候를 穩和케 하며, 土砂의 流出을 防遮하며, 名勝地에 風景을 增益하나니, 其效力의 多大함은, 이로 말하기 어렵도다.

森林의 效用이 이갓치 顯著함으로, 近年 一定한 森林에 對하야, 其樹木을 一時에 採伐함을 禁止하나니, 若是히 保護하는 森林을 保安林이라 하나니라.

練習

一. 落葉과 잇기와 가는 샢리는 水旱을 防禦함에 엇더한 效力이 잇느냐.

二. 森林이 업스면 暴風이 부는 쌔에 田畓이 엇더케 되는 일이 잇느냐.

三. 森林과 漁業의 關係를 말하야라.

四. 保安林이라 하는 것은 엇더한 것이냐.

第二十五課　漢文

刻舟求劍: 楚人이 有涉江者ㅣ러니 其劍이 自舟中으로 墮於水어늘 遂契其舟曰 是ㅣ 吾劍之所從墮ㅣ라 하고 舟止에 從其所契者하야 入水求之하니 舟已行矣오 而劍不行이러라. 求劍若此ㅣ면 不亦惑乎아. (呂氏春秋)

矛盾之說: 楚人이 有鬻盾與矛하야 譽之曰 吾盾之堅은 莫能陷也ㅣ라 하고, 又譽其矛曰 吾矛之利는 於物에 無不陷也ㅣ라 하야늘, 或이 曰 以子之矛로 陷子之盾이면 如何오 한대, 其人이 弗能應也ㅣ러라. (韓非子)

守株待兎: 宋人이 有耕田者ㅣ러니 田中有株ㅣ라. 兎走觸株하야 折頸而死어늘 因釋其耒而守株하야 冀復得兎ㅣ라가 兎不可得이라. 而身이 爲宋國笑하니라. (韓非子)

練習

一. 刻舟求劍과 矛盾之說과 守株待兎의 뜻을 簡單히 말하야라.

二. 다음 말을 漢文으로 곳쳐서, 吐를 달어라.

　　(가) 칼 求하기를 이갓치 하면, 쏘한 惑됨이 아니냐.

　　(나) 내 창의 利함은 物件에 陷치 아니하는 것이 업다.

　　(다) 톡기를 可히 엇지 못한지라. 몸이 宋나라의 우슴이 되니라.

[번 역]

"각주구검(刻舟求劍): 초나라 사람으로 강을 건너는 자가 있더니, 그 칼을 배에서 물로 떨어뜨렸거늘, 그 배에 새기고 말하기를, 이곳이 내가 칼을 떨어뜨린 곳이라 하고, 배가 멈춤에 그 새긴 곳을 따라 물에 들어가 찾고자 하였다. 배는 이미 지나가고 칼을 움직이지 않았는데, 칼을 구하는 것이 이와 같다면, 어찌 미혹되지 않겠는가."(여씨춘추)

"모순지설: 초나라 사람이 방패와 창을 팔면서 자랑하여 말하기를, 나의 방패는 뚫을 수 있는 것이 없다고 하고, 또 그 창을 자랑하여 말하기를, 나의 창의 날카로움은 물건에 뚫지 못할 것이 없다 하거늘, 어떤 사람이 말하되 그대의 창으로 그대의 방패를 뚫으면 어찌 됩니까 하니, 그 사람이 응답하지 못했다."(한

비자)

"수주대토: 송나라 사람이 밭을 가는 사람이 있더니, 밭 가운데 그루터기가 있었다. 토끼가 달려와 그루터기에 부딪쳐 목이 부러져 죽거늘, 이로 인해 쟁기를 풀어놓고 그루터기를 지키며 다시 토끼 얻기를 바랐다. 토끼는 다시 얻을 수 없고 그 몸은 송나라 사람의 웃음거리가 되었다."(한비자)

第二十六課　約束144)

順明이와 福童이는 매우 誼가 조혼 동모이라. 順明이가 조혼 畵帖을 가젓는대, 福童이가 順明이의 집에 가서 畵帖을 보고, 甚히 조화하야, 母親과 妹氏에게 보이고저 하야, 暫間 빌어갓다가, 明日 午前에 반다시 도로 가져오기로 約束하니라. 그날 밤에 母親과 妹氏가 그 畵帖을 보고, 매우 깃붜하더라. 잇흔날 大雨가 오는대, 福童이가 그 畵帖을 갓다 주랴 하니, 妹氏가 挽留하야 갈오대,

「大雨가 오고, 또 道路가 매우 사나온지라. 조곰 기다리면, 비가 굿칠 듯하니, 午後에 갓다 주는 것이 엇더하뇨.」

하거늘, 福童이가 갈오대,

「午前으로 約束한지라. 아모리 비가 올지라도, 내 身體는 조희가 아닌즉, 저저 찌어질 念慮는 업다.」

하고, 우스면서, 맛참내 갓다 주니라.

母親이 그 말을 듯고, 크게 깃붜하야 갈오대,

「約束을 직힘은 眞實로 착한 일이라. 사람이 한 번 約束한 일은,

---

144) 초등소학독본 권5 제17과 약속(태창과 정길).

決斷코 어긔지 아니할지니, 너 갓혼 사람은, 남에게 信用을 어더, 반다시 立身하리라.」

하더라.

練習

一. 福童이는 웨, 順明이의 畫帖을 빌어 왓느냐.

二. 잇혼날 大雨를 不係하고 福童이가 順明이의 집에 畫帖을 갓다 주랴 갈 째에, 妹氏는 福童이에게 무엇이라고 말하얏느냐.

三. 그 째에 福童이는 妹氏에게 무엇이라고 對答하얏느냐.

四. 福童이가 約束을 직히고, 順明이에게 畫帖을 갓다 주랴 갈 째에, 福童이의 母親은 福童이다려 무엇이라고 말하얏느냐.

第二十七課　漢文(訓民正音)

李朝 世宗 二十八年에 王이 以爲諸國이 各製文字하야 以記其國之方言호대 獨我國이 無之라 하시고 遂親製正音二十八字하야 開局禁中하야 命鄭麟趾, 申叔舟, 成三問, 崔恒 等하야 詳加解釋하고 名曰訓民正音이라 하니, 正音은 卽 諺文也ㅣ라. 蓋倣古篆하야 分爲初中終聲하니 字雖簡易나 轉換無窮하야 諸語音의 文字所不能記者를 悉通無礙라. 明朝翰林學士 黃瓚이 時謫遼東일새 命三問等하야 見瓚質問音韻하니 凡往來遼東이 十三度ㅣ라.

```
正音 二十八字

ㄱ ㅋ ㆁ ㄷ ㅌ ㄴ ㅂ ㅍ ㅁ ㅈ ㅊ ㅅ ㆆ ㅎ ㅇ ㅿ
· ㅡ ㅣ ㅗ ㅏ ㅜ ㅓ ㅛ ㅑ ㅠ ㅕ
```

教曰 國之語音이 異乎支那[145])하야 與文字로 不相流通이라. 故로 愚民이 有所欲言이나 而終不得伸其情者ㅣ 多矣라. 予ㅣ 爲此憫然하야 新製二十八字하야 欲使人人易習하며 便於日用耳로라. (文獻撮錄)

練習

一. 諺文의 撰定된 來歷을 말하야라.

二. 다음 □표 속에 漢字를 넛코, 吐를 달어라.

    (가) 字雖□□ 轉換□□

    (나) 愚民有所欲□ 而終不得伸其□者多矣

[번 역]

이조 세종 28년에 왕이 모든 나라가 각각 문자를 만들어 그 나라의 방언(말)을 기록하되, 오직 우리나라는 그것이 없다 하시고, 드디어 친히 정음 28자를 만드셔서 궁중 안에서 쓰게 하시고, 정인지, 신숙주, 성삼문, 최항 등에게 명하여 상세히 해석하게 하고, 이름하여 훈민정음이라고 하셨다. 정음은 즉 언문이다. 대개 고전(古篆)을 모방하여 초중종성을 나누니 글자는 비록 간이하나 전환하여 끝이 없어, 모든 어음을 문자로 기록하지 못할 것이 없고 모두 통달하여 막힘이

---

145) 원문의 中國을 支那로 고침.

없다.

명나라 한림학사 황찬(黃瓚)이 요동에 귀양을 오므로, 성삼문 등에게 명하여 황찬을 만나고 음운(音韻)을 질문하게 하니, 무릇 요동에 왕래한 것이 열세 번이나 되었다. 교지를 내려 말하기를 나라의 어음이 중국과 달라 문자와 서로 통하지 않는다. 그러므로 어리석은 백성이 말하고자 하는 바가 있어도 마침내 그 뜻을 펴지 못하는 자가 많다. 내가 이를 가엾게 여겨 새로 스물여덟 자를 만들어 사람마다 쉽게 익혀 편하게 사용하게 할 따름이다 하셨다. (문헌촬록)

第二十八課　自己의 物과 他人의 物

이 아해는 복송아 세 개를 가졋소. 이 아해가 田園에 복송아가 濃熟한 것을 보고, 다섯 개를 싸서, 두 개는 먹고, 세 개는 母親에게 들이랴 하고, 가지고 집으로 돌아왓소. 이것을 들이면 母親도 매우 깃붜할 줄로 싱각한 것이오.

母親이 복송아 가진 것을 보고, 물어 갈오대,

「이것이 누구에게 어덧느냐.」

한즉, 아해가 對答하되,

「이것은 어든 것이 아니라, 길가의 밧헤서 싼 것이올시다.」

하얏소. 母親이 이 말을 듯고, 놀나 갈오대,

「그러면 그것은 不美한 일이다. 남의 것을 主人 몰으게 取함은 곳, 盜賊의 行爲이다. 速히 가서 田主에게 주고 謝罪하는 것이 올흐니라. 뉘 밧힌지, 나와 갓치 가자.」

하고 急히 그 밧헤 가서 主人을 차저 깁피 謝過하얏소.

他人의 物과 自己의 物을 分別하야, 부대 남의 物件은 秋毫만치라도 가지지 말고, 또 말 업시 쓰지 말며, 남의 物件을 빌어다가 쓸 째에는, 操心하야 쓰고, 또 路上에 써러진 物件이라도, 그 主人을 차저주는 것이 올코, 萬一 主人이 分明치 아니한 物件이거든, 父母에게던지 敎師에게 밧치는 것이 올소.

練習

一. 이 아해는 무슨 싱각으로, 아모 말 업시, 남의 복숭아를 짜서 母親에게 들엿느냐.

二. 母親은 이 아해의 한 일을 보고, 무엇이라고 말하얏느냐.

三. 他人의 物件을 빌어다가 쓸 째에는 엇더케 하야야 하느냐.

四. 路上에 써러진 物件은 엇더케 하야야 하느냐.

第二十九課　漢文(西伯仁人也)

虞芮之君(우예지군)146)이 相與爭田하야 久而不平하야 乃相謂曰 西伯은 仁人也ㅣ라. 盍往質焉이리오 하고, 乃相與朝周하야 入其境하니 則耕者ㅣ 讓畔하고 行者ㅣ 讓路하며 入其邑하니 男女ㅣ 異路하고 斑白이 不提挈하며 入其朝하니 士ㅣ 讓爲大夫하고 大夫ㅣ 讓爲卿이어늘 二國之君이 感而相謂曰 我等은 小人이라 不可以履君子之庭이라 하고 乃相讓하야 以其所爭田으로 爲閒田而退하니라. (小學)

---

146) 『시경』 대아(大雅) 문왕지십(文王之什) 제3편 9장. 우예(虞芮)는 우나라와 예나라.

練習

一. 本課의 大綱 뜻을 말하야라.

二. 다음 말을 漢文으로 곳쳐라.

　경쟈양반,　　힝쟈양로

三. 다음 漢字를 比較하야, 달은 것을 말하야라.

　盡 盍,　讓 壤,　伯 泊,　履 復.

〔 번 역 〕

　　우와 예의 임금이 서로 더불어 밭을 다투어서 오래도록 화평하지 못하다가 이에 서로 더불어 주나라에 조회를 하는데 그 국경에 들어가니 밭가는 자가 밭두둑을 양보하고, 길을 다니는 자가 길을 양보하며, 그 읍에 들어가니 남녀가 길을 달리하고, 반백(오십세 이상의 사람)이 짐을 끌고 다니지 아니하며, 그 조정에 들어가니 사가 대부에게 양보하고, 대부는 경에게 양보하거늘, 두 나라의 인군이 감동되어 서로 일러 가로대 우리들은 소인이라. 가히 써 군자의 국경을 밟지 못한다 하고 이에 그 다투던 밭을 서로 사양하여 한가로운 밭을 만들고 물러나니라. (소학)

第三十課　勇氣 잇는 兒孩(一)

　　어느 學校에 正善이와 虎男이라 하는 兒孩 둘이 잇는대, 虎男이는 性情이 惡한 兒孩는 아니나, 걸핏하면 달은 사람을 嘲笑하기를 조화하는 못된 버릇이 잇서서, 恒常 무슨 일이 잇기만 기다리고 잇섯소.

　　正善이는 新入生인대, 동모가 적엇소. 어느날 아침에 虎男이는 正善

이가 소를 몰고 가는 것을 보고, 동모다려 말하기를,

「이애, 우리 저 싀골쪽이를 한 번 놀녀주자. 이애 싀골놈아. 牛乳갑시 얼마냐. 소에게 무엇을 먹이느냐. 이애 너의들 서울 時體 모양을 보랴거든, 저 구두를 보아라.」

하얏소.

正善이는 들은 톄도 하지 안코, 빙글빙글 우스면서, 소를 牧場으로 몰아들여 보낸 후에 學校에 가고, 午後에 下學한 뒤에는, 쏘 소를 쓸어 내여, 집으로 쓸고 갓소. 이러케 하기를 二三週日하얏소. 이 學校 生徒는 大槪 富者집 子息인 故로 虎男이와 갓치 正善이의 하는 일을 賤하게 역엿소. 하로는 虎男이가 외양간 냄새가 난다고 하며, 正善이가 엽헤 와 안지 못하게 하고, 왼갓 말로 嘲弄하얏소. 正善이는 天性이 溫良하야, 이런 여러 가지 嘲弄을 다 참고, 外面에 조곰도 怒하는 빗츨 들어내지 아니하얏소. 어느 새 虎男이가 正善을 對하야,

「이애, 너의 아버지가 너를 이 다음에 牛乳장사를 식힐 터이라더냐.」

하고 물으닛가, 正善이는,

「그러코 말고.」

이러케 對答을 한즉, 虎男이는,

「이애, 그러면 牛乳瓶을 씻은 뒤에, 물을 남겨 두지 말어라.」

하고 嘲笑하닛가, 듯고 잇던 달은 生徒들도, 다 쌀쌀 우섯소. 그러나 正善이는 조곰도 態度를 變치 안코 對答하기를,

「그런 念慮는 하지 말어라. 내가 牛乳 장사를 하면, 되기도 잘 되고, 쏘 조흔 牛乳를 갓다 줄 터이다.」

하얏소.

練習

一. 虎男이는 性質이 엇더한 兒孩냐.

二. 虎男이가 正善이에게 對하야 嘲笑할 째에, 正善이는 엇더케 하얏느냐.

第三十一課　勇氣 잇는 兒孩(二)

그 後 數日이 지난 後에 學校에 展覽會가 開催되엿는대, 正善이와 虎男이 두 兒孩는 學術 優等으로 列席한 紳士淑女 압혜서, 校長에게 賞與를 바덧소. 그 째 쏘 校長은, 오날 이 자리에서 特異한 行爲를 한 少年에게 對하야 授與할 賞牌 하나이 잇다 하면서, 다음과 갓치 이약이를 하얏소.

「그러케 오래된 일도 아니오. 어느날 兒孩들이 길에서 연을 날니고 놀고 잇는대, 襤褸한 衣服을 입은 兒孩 하나이 말을 타고, 물방아간으로 가는 길에, 맛참 거긔를 지낫소. 그 째에 말이 연을 보고 놀나서 쒸는 바람에, 탓던 兒孩는 길 가온대 써러져서 負傷하야, 二三週間 病床에 누어 잇게 되엿소. 그 負傷한 兒孩는 소 한 匹을 가지고, 牛乳를 팔어서 살님을 하야 가는 한 苟且한 寡婦의 孫子인대, 年滿하고, 筋力이 업는 이 老婆는 다만 하나로 알던 自己 孫子가 病들어 누어 잇슴으로, 困難이 莫甚하얏소. 그 兒孩가 말쎄 써러질 째에 當場 보고 잇던 兒孩들은, 다 問病하러 갈 싱각이 업섯는대, 그 중 한 兒孩가 대단히 가엽게 역여서, 老婆의 집에 가서, 소의 것추도 하야 주고, 쏘 自己가 신갑스로 母親에게 바든 돈을 藥갑스로, 老婆를 주랴고 한즉, 老婆는 長靴 한 켤에를 내여 노흐면서, 이 長靴는 前에 우리 孫子를 사 준 것인대, 지금은 신지 못하니, 본 갑스로 사 갓스면, 그런 先光이 업겟다

한즉, 그 兒孩는 그것을 사서 지금까지 신고 잇는대, 그것이 恒常 동모들의 嘲弄거리가 되엿소. 그러나 그 兒孩는, 그런 것을 조곰도 掛念치 아니하고, 自己는 正當한 일을 하는 것으로 確信하고 勇敢하게, 그 長靴를 신고, 每日 소를 끌고 단겻소. 또 그 兒孩는 일부러 自己의 仁慈한 行爲를 여러 사람에게 보이랴고도 하지 안코, 또 正當한 事業에 對하야, 嘲笑하는 사람과 말할 必要도 업다 하야, 自己가 소를 몰고 단기는 理由도 說明하랴고 하지 아니하얏소. 이런 事情이 偶然히 어적게 學校 先生의 귀에 들어와서, 學校에서 仔細히 알게 되엿소. 여러분. 이 兒孩의 이런 行爲는 진실로 特異한 行爲가 아니요.」

이 째에 正善이는 急히 漆板 뒤로 몸을 숨기랴고 하얏소. 校長은,
「正善아. 숨지 말어라. 너는 달은 사람이 嘲笑하는 것을 조곰도 掛念치 아니하얏다. 너는 지금 이 褒賞을 바더야 한다. 숨지 말고 어서 이리 나와서, 그 貴한 얼골을 보이여라.」

正善이가 얼골에 붉은 빗츨 씌고 나오니, 生徒들은 그 行爲에 對하야 異口同聲으로 稱讚하고, 來賓 中에 婦人들은 交椅에서 일어나서, 손슈건을 휘둘으고, 老人들은 拍手하면서, 不知中 落淚하는 사람도 잇소. 그 째 正善이의 발에 신고 잇는 더러운 長靴는, 머리 우에 쓰는 帝王의 冠보담도 더 榮貴스럽게 보이엿소. 그러하고 賞牌는 滿場이 喝采하는 中에 그 兒孩에게 授與되엿소. 이 째에 虎男이는, 오날까지 自己가 行한 惡한 行爲를 眞心으로 붓그러워 하야 式後에 눈물을 머금고, 正善이에게 가서, 已往 잘못한 것을 謝過한즉, 正善이는 조곰도 介意치 안코,
「그만 일에 謝過가 다 무엇이냐. 우리 여럿이 저 건넌 山으로 散步나 가자.」
하고, 三三五五로 作伴하야, 愉快히 숨풀 속으로 들어갓소.

一. 學校에 展覽會가 되엿슬 째에, 校長이 무슨 이약이를 하얏느냐. 簡單
   히 그 大綱을 말하야라.

二. 正善이가 漆板 뒤에 숨으랴 할 째에, 校長은 正善이다려 무엇이라고
   말하얏느냐.

三. 正善이가 漆板 뒤에서 나온 째에, 來賓中 婦人과 老人들은 엇더케
   하얏느냐.

四. 虎男이가 自己의 罪를 謝過하러 正善이에게 간 째에 正善이는 무엇이
   라고 말하얏느냐.

第三十二課　漢文

子ㅣ 曰 弟子ㅣ 入則孝하고 出則弟하며 謹而信하며 汎愛衆호대 而親
仁이니 行有餘力이어든 則以學文이니라. (論語)

子ㅣ 曰 黙而識之하며 學而不厭하며 誨人不倦이 何有於我哉오. (論語)

子貢이 問曰 孔文子를 何以謂之文也ㅣ닛고, 子ㅣ 曰 敏而好學하며
不恥下問이라. 是以謂之文也ㅣ니라. (論語)

人이 有鷄犬이 放則知求之호대 有放心而不知求하나니 學問之道는
無他ㅣ라. 求其放心而已矣니라. (孟子)

練習

一. 다음 □표 속에 漢字를 넛코, 吐를 달어라.

   (가) 弟子入則□ 出則□ 謹而信汎□衆

   (나) 學問之道無他求其□□而已矣

二. 다음 말을 漢字로 곳쳐 써라.

득이지지. 학이불염. 민이호학.

[번 역]

"공자께서 말씀하시기를, 제자(弟子)는 들면 효도하고, 나면 공손하며, 삼가고 믿음 있게 하며, 무릇 사람들을 사랑하되 인에 가까이 하니, 행하고 남은 힘이 있거든 글을 배울지니라 하셨다."(논어)

"공자께서 말씀하시기를 조용히 그것을 알며, 배움에 싫어하지 않으며, 다른 사람을 가르침에 게으르지 않음이 어찌 내게 있으리오 하셨다."(논어)

"자공이 공문자147)에 대해 묻건대, 어찌하여 문(文)이라고 시호하였습니까 한 대, 공자께서 말씀하시기를, 민첩하면서도 배우기를 좋아하고, 아랫사람에게 묻기를 부끄럽게 생각하지 않으니, 이런 까닭으로 문이라 한 것이다 하셨다." (논어)

"사람이 닭과 개가 있어 놓여나면 그것을 잡아야 함을 알되, 마음을 놓치면 그것을 구해야 함을 알지 못하니, 학문의 도리는 다름이 아니다. 놓여난 마음을 구하는 것일 따름이다."(맹자)

---

147) 공문자: 성은 공, 이름은 어. 위나라 대부이며 시호는 문(文).

第三十三課　順序[148]

如何한 物件이던지 順序로 되는 것이니라. 우리들의 먹는 밥은 엇더케 하야 되엿는지 싱각하야 볼지로다.

벼를 落種한 後에 移秧하야 雜草를 除하며 風災와 蟲災를 念慮하다가 成熟한 後 收穫하며 租로 玄米를 作하고 玄米로 白米를 舂精하야 飯을 炊하나니 그 次序가 엇더ᄒᄂ뇨.

ᄯᅩ 접시에 담긴 生鮮은 낙시로 잡으며 그믈로도 잡앗도다. 이것을 맛잇게 하는 鹽과 醬도 製造한 手功이 엇더케 만히 들엇나뇨.

衣服을 製作함에도 ᄯᅩ한 그와 갓도다. 봄에 綿花의 種子를 심엇다가 가을에 收取하야 機械로 去核한 後 綿絲를 繅出(소출)하야 各樣으로 染色하야 織造 裁縫하나니 毛織과 絹紗와 麻布 等도 이와 갓흐니라.

家屋을 建築함에는 몬저 基地를 定하고 그 地面을 堅固히 修築하고 山에서 材木을 斫伐(작벌)하야 建築하나니 木手 泥匠 石手 等이 한 집을 造成하기까지에 幾多한 手功이 들엇는지 싱각하나뇨.

事를 成함에는 順序가 잇고 物件을 製作함에는 手功을 要하나니 無論 무엇이던지 다 이러하니라.

練習

一. 우리가 먹는 밥은 엇더한 次序로 되엿느냐.

二. 生鮮이 음식이 되여, 접시에 담기기까지에는. 엇더한 次序를 것첫느냐.

三. 衣服이 되기까지의 次序를 말하야라.

四. 家屋이 되기까지의 次序를 말하야라.

---

148) 정정 권3 제13과.

第三十四課　漢文

子ㅣ 曰 當仁이면 不讓於師ㅣ니라. (論語)

子ㅣ 曰 民之於仁也에 甚於水火하니 水火는 吾見蹈而死者矣어니와 未見蹈仁而死者케라. (論語)

孟子ㅣ 曰 仁之勝不仁也ㅣ 猶水勝火하니 今之爲仁者는 猶以一杯水로 救一車薪之火也ㅣ니 不熄則謂之水不勝火ㅣ라 하나니 此ㅣ 又與於不仁之甚者也ㅣ니라. 亦終必亡而已矣니라. (孟子)

孟子ㅣ 曰 五穀者는 種之美者ㅣ나 苟爲不熟이면 不如荑稗니 夫仁도 亦在乎熟之而已矣니라. (孟子)

練習

一. 다음 □표 속에 漢字를 넛코, 吐를 달어라.

　(가) 子曰當□不讓於□

　(나) 仁之勝□□也猶水勝火

二. 다음 漢字를 各其 너어서, 두 字식의 말을 지어라.

　薪, 穀, 種.

【번 역】

"공자께서 말씀하시기를, 마땅히 인은 스승에게도 양보하지 않는다 하셨다." (논어)

"공자께서 말씀하시기를, 백성이 인을 대하는 것은, 물과 불보다 깊다. 물과 불은 내가 밟고서 죽는 것을 보았지만, 인을 밟고서 죽는 것은 보지 못했다 하셨다."(논어)

"맹자께서 말씀하시기를, 인(仁)이 불인(不仁)을 이기는 것은 물이 불을 이기는 것과 같다. 지금 인을 행하는 사람이 한 잔의 물로 한 수레의 나무의 불을 끄려는 것과 같고, 꺼지지 않으면 그것을 물이 불을 이기지 못했다고 하니, 이것은 또 불인을 돕는 것이 심한 것이다 하셨다."(맹자)

"맹자께서 말씀하시기를, 오곡이라는 것은 종자 가운데 아름다운 것이나 진실로 익지 않으면 이패(夷稗: 피를 벰)와 같으니, 대저 인도 또한 그 익음에 있을 따름이다 하셨다."(맹자)

第三十五課　分業

한 匣 석냥이 갑은 적으나, 여러 사람의 손으로 製造하얏고, 그 材料는 나무와 조희와 藥의 여러 가지가 들엇소.

山에서 나무를 버히는 사람과, 그 나무를 運搬하는 사람과, 나무를 켜는 사람이, 다 各各이며, 쏘 켠 나무를 다시 일궈서, 얇게 하는 사람과 잘게 하는 사람도 다 달으오.

잘게 쏘갠 나무로 석냥가지를 만들고, 얇게 일군 나무로 석냥 匣을 만드는 것도, 다 달은 사람이오. 쏘 석냥 긋헤 藥을 뭇치는 것과, 匣에 조희를 붓치는 것과. 그 조희 우에 藥을 발으는 것도 모다 한 사람이 하는 것이 아니오.

그런즉 한 匣 석냥일지라도, 다 만들기까지는, 여러 사람의 수고가 들엇슬 쑨 아니라, 석냥에 뭇치는 藥과, 匣에 붓치는 조희를 만들기에도 몇 十名의 수고가 들엇는지 몰으오.

쏘 석냥을 製造함에는 器具도 必要하고, 家屋도 建築하야야 할 것이오. 그런즉 그 器具와 家屋을 製作하는 사람까지 합하면, 한 匣의 석냥을 製造함에 實로 여러 百名의 수고가 든 것을 알겟소.

이와 갓치, 物件 한 個를 製造함에, 여러 사람의 손을 것쳐 하는 것을 分業이라 하오. 近時에는 무슨 物件이던지, 모다 分業으로 製造하게 되엇소. 만일 석냥 한 匣을 製造함에 나무를 버히는 일로부터 藥을 만드는 일까지 다 한 사람의 손으로 하게 되면, 時間만 虛費할 뿐 아니라, 조흔 物件을 製造하기도 어렵소. 그러나 分業으로 하면, 時間도 虛費되지 안코, 쏘 各其 所長을 짤어 自己의 嫺熟(한숙)한 일만 하는고로 物件도 精密하오.

練習

一. 석냥은 무엇무엇으로 되느냐.

二. 한 匣의 석냥이라도 數百名의 손을 것쳐야 되는 까닭을 말하야라.

三. 分業으로 하야 物件을 製造하면 무슨 利益이 잇느냐.

第三十六課　漢文(申叔舟)

公이 俱通日本 漢蒙 女眞 等語ㅣ라. 時或不假舌人[149]호대 亦自達意하더라. 後에 公이 手翻諸譯語以進하니 舌人이 賴以通曉하야 不假師授하니라. 公이 南使日本하며 北征野人할새 所歷山川要害를 靡不記錄作圖하고 又記日本官制風俗大臣族系 諸島君長族系强弱以進이러니 王이 仍命幷我國八道地理及諸國作圖한대 公이 作海東諸國記以進하니 王이 覽之嘉賞하야 賞賚優厚하니라. (燃藜室記述)

---

149) 설인(舌人): 통역원. 사역원에 속한 관리를 통틀어 말함.

練習

一. 申叔舟는 엇더하게 여러 나라 말을 알엇는지 말하야라.

二. 申叔舟는 엇더하게 日本 事情을 알엇는지 말하야라.

三. 다음 말을 漢字로 곳쳐 써라.

　몽고, 녀진, 야인, 히동제국긔.

[번 역]

　"공은 일본 중국 몽고 여진 등의 언어에 통달하였다. 시혹 통역을 할 겨를이
없을 때에는 스스로 뜻을 통하였다. 후에 공이 손수 여러 언어를 번역하여 바치
니, 설인(舌人: 사역원 관리들)이 스승으로부터 배울 겨를이 없을 때 그것에
의지하여 밝게 통한다고 하였다. 공이 남으로 일본의 사신을 가고, 북으로 야인을
정벌할 때 산천 요해(山川要害)의 지난 바를 기록하여 그림으로 그리지 않음이
없고, 또 일본의 관제, 풍속, 대신 족계, 여러 섬의 군장 족계와 강약을 기록하여
바치니, 왕이 이에 명하여 우리나라 팔도 지리와 여러 나라의 지도를 만들게
하였다. 공이 이에 『해동제국기(海東諸國記)』를 지어 바치니, 왕이 매우 잘 됨을
보고 후하게 상을 내렸다."(연려실기술)

第三十七課　愛親150)

　옛날 어느 山村에 산양군 한 사람이 잇서서, 겨울에 山中에 들어가
산양할새, 아무 것도 잡지 못하고, 空還하다가 偶然히 한 곳을 본즉,

---

150) 정정 권2 제26과 '엽부와 원숭이'. 내용은 동일하나 문체와 설명 방식이 많이 달라짐.

큰 나무 아래에 큰 원숭이 한 마리가 잇소. 산양군이 깃버하야 卽時 銃으로 노하서, 自己 집에 가지고 왓소. 이믜 날이 저믄 故로, 來日에 가죽을 벗기랴 하는대, 或 얼가 念慮하야, 火爐 우에 달어두고, 寢室에 들엇소. 밤이 깁흔 後에 잠이 깨여 눈을 써 본즉, 火爐의 불빗치 或 보잇다 或 아니 보이엿다 하오. 甚히 怪異히 역여 仔細히 삷혀보니, 적은 원숭이 서너 마리가 큰 원숭이의 엽헤 붓허 안저서, 火爐에 손을 쐬여, 番次例로 傷한 곳을 덥게 하고 잇소. 산양군은 生覺하되,

「이것은 원숭이의 색기가, 그 어미의 잡혀 죽음을 슮허하야 回生케 하고저 하야, 이갓치 看護함이라.」

하고 불상한 情을 禁치 못하얏다 하오.

練習

一. 산양군이 어듸서 원숭이를 잡어왓느냐.

二. 산양군은 웨 그날 밤에 그 원숭이를 火爐 우에 달어 두엇느냐.

三, 밤이 깁허서, 火爐가에 무슨 일이 생겻느냐.

四. 本課의 이약이를 듯고, 感動된 것을 말하야라.

第三十八課　漢文

冠義[151] ㅣ 曰 凡人之所以爲人者는 禮義也ㅣ니 禮義之始는 在於正容體하며 齊顔色하며 順辭令하니 容體正하며 顔色齊하며 辭令順而後에 禮義備하고 以正君臣하며 親父子하며 和長幼하나니 君臣正하며 父子

---

151) 관의(冠義): 『예기(禮記)』의 편명.

親하며 長幼和而後에 禮義立이니라. (初學知要)

人性之中에 有道德之至貴至樂者而存焉하니 君子는 知之라. 故로 尊之樂之오 小人은 不知之라 故로 害德失道하야 而不能尊之樂之하고 唯貪利縱慾而已나니 學者ㅣ 苟能知尊德樂道면 則不知手之舞之하며 足之蹈之152)니 何以須臾不樂而長戚戚153)乎리오. 是以로 君子는 知之爲貴니라. (初學知要)

練習

一. 다음 □표 속에 漢字를 넛코, 吐를 달어라.

   (가) 君臣□父子□長幼□而後□□立

   (나) 凡人之所以爲人者□□也

二. 다음 말을 漢字로 곳쳐 써라.

   용톄, 안식, 스령, 탐리

[번 역]

"관의(寇義는 冠義의 誤字)에서 말하되, 무릇 사람이 사람다운 것은 예의가 있기 때문이다. 예의의 시작은 용모를 바로잡고, 안색을 가지런히 하며, 사령을 순조롭게 함에 있다. 용모가 바르고, 안색이 가지런하고, 사령이 순조롭게 된 뒤에 예의가 구비되니, 이로써 군신을 바로잡고, 부자를 친하게 하고, 장유를 화목하게 한다. 군신이 바로잡히고, 부자가 친하고, 장유가 화목해진 뒤에 예의

---

152) 수지무지(手之舞之)하며 족지도지(足之蹈之)함: 손이 춤추고 발로 뛰어다님. 곧 몹시 기뻐함. '수족무도'에서 '무도'(춤)라는 말이 나왔다고 함.

153) 장척척(長戚戚): 『논어』의 "君子坦蕩蕩, 小人長戚戚(군자는 평탄하고 소인은 늘 근심한다.)"에서 '탕탕'은 '너그러움', '척척'은 걱정과 근심이 많음을 뜻함.

가 확립되는 것이라 하였다."(초학지요)

　"사람의 성품 가운데 도덕이 가장 귀하고 가장 즐거움이 있으니, 군자는 그것을 안다. 그러므로 그것을 존귀히 여기고 즐기나 소인은 그것을 알지 못하므로 덕을 해치고 도를 잃어 존중하고 즐길 수 없으며 이익을 탐하여 욕심대로 할 뿐이니, 학자가 진실로 덕을 존중하고 도를 즐길 수 있으면 곧 손이 춤추고 발로 밟는 기쁨을 알지 못하니, 어찌 잠시라도 즐기지 아니하며 근심하지 않을 수 있겠는가. 이로써 군자는 (존덕낙도가) 귀함을 안다."(초학지요)

第三十九課　俚諺

아니 되는 놈의 일은, 잣바져도 코가 깨진다.
　　窮人之事는　沛亦破鼻

손톱에 든 가시는 알어도, 염통에 쉬 스는 줄 몰은다.
　　爪芒能知나　心蛆罔覺(심저망각)이라.

한 잔 술에 눈물 난다.
　　由酒一盞하야　或淚厥眼이라.

말 만흔 집안에 쟝이 쓰다.
　　多言之家에　醬味云苦ㅣ라.

도적을 뒤로 잡지, 압흐로 잡을가.
　　盜以後捉이오　不可前捉이라.

第四十課 雁154)

　기럭이가 行列을 지어 飛行하는 것을 보시오. 기럭이는 甚히 치운 쌍에 棲息치 안코 쏘 甚히 더운 곳에도 棲息치 아니하오.

　여름이 지나고,155) 漸漸 生涼이 되면, 치운 地方로부터 飛來하얏다가 翌年 봄이 지나고 여름이 되어 오면, 다시 지운 地方으로 向하야 飛去하오.

　기럭이는 오고 갈 째에 반다시 整齊히 行列을 짓소. 萬一 整齊한 行列을 짓지 안코 各各 마음대로 飛行하면, 雲霧가 가득히 낀 째에던지, 大風이 어지러히 부는 째에던지, 深谷과 高山을 넘어갈 째에 서로 分離되여 길을 일허버리고 方向을 알지 못할 것이오.

　보시오. 맨 몬저 進行하는 기럭이는 恒常 그 行列을 써나셔 압흐로 나아가오. 그것은 一行 全體의 先導가 되여서 여러 기럭이를 引導하야 方向을 指示하는 것이오.

　밤에 기럭기럭 울면셔 中天에 飛去하는 새는 곳 기럭이오. 月色이 밝어서 山川의 方向을 알기 조흔 째에 雁群의 往來가 가장 만소.

　기럭이는 무슨 일을 爲하야 우는가. 그것은 서로 軍號를 맛초어서, 行列을 써나 길을 일허버리지 안케 함이오. 注意가 周密한 것이 참 놀납소.

練習

　一. 기럭이는, 氣候가 엇더한 곳에 棲息하느냐.

___

154) 정정 권4 제9과.

155) 정정판에서는 '夏節이 지나고'.

二. 기럭이는 웨, 整齊히 行列을 지어서 나느냐.

三. 기럭이가 進行할 쌔에 한 마리가, 맨 몬저 날아가는 것은 무슨 까닭
이냐.

四. 기럭이가 進行할 쌔에, 기록기록 우는 것은 무슨 까닭이냐.

第四十一課　漢文

子ㅣ 曰 君子는 周而不比[156]하고 小人은 比而不周ㅣ니라. (論語)

子ㅣ 曰 君子는 泰而不驕하고 小人은 驕而不泰니라. (論語)

子ㅣ 曰 君子는 上達하고 小人은 下達이니라. (論語)

孔子ㅣ 曰 君子ㅣ 有三畏하니 畏天命하며 畏大人하며 畏聖人之言이
니라. 小人은 不知天命而不畏也ㅣ라. 狎大人하며 侮聖人之言이니라.
(論語)

練習

一. 다음 □표 속에 漢字를 넛코, 吐를 달어라. 그리하고 그 쯧을 말하야라.

(가) 君子周而不□ 小人比而不□

(나) 君子泰而不□ 小人驕而不□

(다) 君子□達 小人□達

二. 다음 漢字의 색음과 음을 말하야라.

周, 泰, 畏, 侮.

---

156) 주(周)는 보편적인 것, 비(比)는 견주는 것. 주이불비는 개인적 이익을 넘어 두루 개방된
것, 비이불주는 끼리끼리 모여 겨루는 것을 말함.

［번 역 ］

"공자께서 말씀하시기를, 군자는 두루 사랑하고 편당하지 않으며, 소인은 편당하고 두루 사랑하지 않는다 하셨다."(논어)

"공자께서 말씀하시기를, 군자는 태연하나 교만하지 아니하고, 소인은 교만하나 태평하지 않다 하셨다."(논어)

"공자께서 말씀하시기를, 군자는 상달(上達: 위로 통달)하고, 소인은 하달(下達)한다 하셨다."(논어)

"공자께서 말씀하시기를, 군자는 세 가지 두려움이 있으니, 천명을 두려워하며, 대인을 두려워하며, 성인의 말씀을 두려워 한다. 소인은 천명을 알지 못하므로 두려워하지 않으므로, 대인을 업신여기며, 성인의 말씀을 깔보게 된다 하셨다."(논어)

第四十二課　材木[157]

樹木을 斫伐(작벌)하야 家屋을 建築하고 器具를 造作함에 쓰는 것을 材木이라 하나니라. 朝鮮에서는 家屋을 建築하는대 松木을 만히 쓰는 故로 기동과 들보와 도리와 섯가래가, 다 松木이니라. 器具 等을 만드는 材木에는 그 種類가 許多한 中에 槐木 樫木[158] 等은 가장 堅强한 나무인 故로, 독긔와 광이 等의 자로[159]는 大槪 樫木으로 만들고 梧桐은 가장 가벼운 나무인 故로, 籠과 櫃 等屬을 만드는 대 쓰나니라.

---

157) 정정 권4 제11과.
158) 樫木(견목): 떡갈나무.
159) 자로: 자루.

樺榴는 材木 中에 가장 價高한 것이 故로, 上等 器具를 만드는 대 쓰나니, 그 質과 色이 甚히 美麗하니라.

鐵道의 枕木은 흔히 栗木을 쓰나니 堅强하야 容易히 朽敗치 아니하는 所以이오 電信柱는 흔히 杉木을 쓰나니 杉木은 內地에서 가장 만히 産出하고, 朝鮮에는 稀少하니라.

練習

一. 松木은 무엇을 만드는 데에 쓰느냐.

二. 도긔와 광이의 자루는 大槪 무슨 나무로 하느냐.

三. 梧桐과 樺榴는 무엇을 만드는 데에 쓰느냐.

四. 栗木과 杉木은 무엇을 만드는 데에 쓰느냐.

第四十三課　漢文(怨天)

人之所資以生者에 衣食이 爲大하니 衣生於桑麻하고 食生於五穀하고 桑麻五穀은 成於雨露하고 雨露는 成於天地하나니 一絲一粒이 果何從而生哉아. 頑氓(완맹)은 不識하야 乍潦則怨天하며 暫乾則詈地(잠건즉이지)하야 謂天必欲殲人이라 하나니 天豈不欲栽養之哉리오. 氣數ㅣ 或有不免也ㄹ새라. 比之君之於臣에 貴寵其身하며 祿養其口라가 一言或失이면 怨詈隨之하고 父母之於子에 生育恩愛라가 而撫養不時면 則切切然歸咎하나니 詩에 曰 忘我大德하고 思我所怨이라 하니 其是之謂歟ㄴ저. (星湖僿說)

練習

一. 다음 □표 속에 漢字를 넛코, 吐를 달어라.

  (가) 人之所資以□者衣食爲□

  (나) 頑眠不識乍□則怨□暫乾則詈□

二. 다음 글을 漢文으로 곳쳐라.

  (가) 한 실과 한 쌀알이 果然 어듸로조차 나느냐.

  (나) 하날이 엇지 심으로 길으고저 하지 아느리오.

三. 다음 말을 漢字로 곳쳐 써라.

  상마, 오곡, 싱육, 무양.

〔 번 역 〕

"사람이 살아가는 데 필요한 것은 의식이 가장 크니, 옷은 상마(桑麻)에서 나오고, 식은 오곡에서 나오며, 상마와 오곡은 우로(雨露)에서 이루어지고, 우로는 천지(天地)로부터 만들어지니, 실 하나와 쌀알 하나도 과연 무엇을 좇아 만들어지는가. 완맹(頑眠)은 이를 알지 못해, 잠깐 큰 비가 오면 하늘을 원망하고, 잠깐 건조하면 땅을 모욕하여 반드시 하늘이 우리를 죽이리라 하니, 어찌 하늘이 재배하고 기르고자 하지 아니하겠는가. 기운과 운수가 혹은 면하지 못함이리라. 비교하건대 신하에 대한 임금의 총애가 그 몸에 귀히 미치고 녹봉으로 그 식구를 봉양하다가 한 마디 실언하면 그것을 원망하고 꾸짖으며, 자식에 대해 부모가 은애로써 낳고 기르다가 양육하지 아니한 때면 곧 절절히 그 허물로 돌리나니, 시에 이르기를 나의 큰 덕을 잊고, 나의 원망만 생각한다 하니, 그것이 이를 이름인저."(성호사설)

第四十四課　火災

이 洞里를 보시오. 四五日前에 火災가 잇서서, 집이 만히 탓소. 집이 타서 住接할 데가 업시 된 사람이 만소. 치워서 떨면서, 길에 서서 잇는 사람은, 모다 집이 업게 된 사람이오. 이러케 치운 쌔에 집이 업스니, 苦生이 오작하겟소.

집이 업서젓슬 쑨이 아니라, 糧食으로 두엇던 쌀과 보리가다 타 버려서, 먹을 것도 업소. 寢具가 업서져서 잘 수도 업소. 그러하더라도 목숨을 保全한 사람은. 오히려 僥倖하나, 타서 죽은 사람이 不少하다 하오.

여러분은 웨 이런 큰 火災가 난 줄로 싱각하시오. 火災는 변변치 아니한 적은 불에서 나는 일이 만흔 것이오.

이 洞里에서는, 처음에 兒孩 둘이 석냥을 가지고 놀앗소. 그 석냥불 이 풀에 단겨서, 이러케 큰 불이 된 것이오. 兒孩가 大驚하야 急히 불을 쓰랴 하나, 불이 漸漸 커져서, 쓰지 못하얏소. 洞里 사람들이 놀나 서, 달녀와서, 쓰랴고 하나 바람이 몹시 불어서, 불이 더욱 커젓소. 그리하야, 집이 이러케 만히 탄 것이오.

적은 석냥불에서 이갓혼 큰 火災가 낫스니, 엇지 두려운 일이 아니오.

練習

一. 火災에 집을 타인 사람들은 엇더케 苦生을 하고 잇느냐.

二. 이 火災는 엇더케 하야 일어낫느냐.

三. 이 火災는 엇더케 하야 크게 되기 前에 쓰지 못하얏느냐.

第四十五課　漢文(畫工良秀)

昔日에 畫工良秀ㅣ 善畫佛像이러니 一日에 隣家ㅣ 忽失火하야 延及
其家어늘 秀ㅣ 不顧家財器物하고 倉皇迸出門外하니 人皆以爲驚怖失措
置러니 秀ㅣ 觀火嘉歎者ㅣ 久之라가 乃顚首揮手하며 左右瞻視하야 歡
喜160)踊躍而不已어늘 見者ㅣ 驚怪하야 以爲狂한대 秀ㅣ 曰 吾自幼至今
에 繪不動尊像이 不知其幾千百幅이나 然이나 當其畫火焰에 筆澁氣裎
(필삽기치)하야 卒不能如意러니 今我ㅣ 忽得畫法하니 不自知手之舞之
하며 足之蹈之耳로다. 我豈不愛資財리오마는 義不能以彼而易此耳로
라. 世傳其畫하야 以爲至寶하더라. (伊藤維禎161))

練習

一. 本課의 大綱 쯧을 이약이하야라.

二. 다음 □표 속에 漢字를 넛코, 吐를 달어라.

　　(가) 隣家忽失□延□其家

　　(나) 秀觀□嘉歎者□之

三. 다음 漢字를 比較하야, 달은 것을 말하야라.

　　畫 晝, 措 借, 瞻 蟾.

四. 다음 말을 漢字로 곳쳐 써라.

　　불샹, 환희, 창황, 용약.

---

160) 문맥상 환희(歡喜)의 오식.

161) 이토진사이(伊藤維禎. 1617~1705). 호는 인재(仁齋). 일본 중세의 유학자. 『동자문』, 『어
　　맹고의(語孟古義)』, 『어맹자의(語孟字義)』를 지음.

[번 역]

"옛날 화공 양수(良秀)는 불상을 잘 그렸는데, 하루는 이웃집에 갑자기 불이
나서 그의 집까지 미치거늘, 양수가 가재와 기물을 돌아보지 않고 갑자기 문
밖으로 나아가니, 사람들이 모두 두려워하고 그 조치에 놀랐다. 양수가 불을
보고 즐겁게 탄식하는 것이 오래되더니 이에 머리를 흔들고 손을 휘저으며 좌우
를 돌아보고 탄식하며 뛰기를 그치지 않거늘, 보는 사람이 놀라고 괴이하게 여
겨 미쳤다고 하니, 양수가 말하기를, '내가 어려서부터 지금까지 그림을 그리되
존귀한 상에 감동하지 않은 것이 몇 천백의 폭이나 되는지 알지 못하나, 그
그림이 화염에 붓이 거칠고 기운이 풀려 갑자기 뜻대로 할 수 없었다. 지금
내가 문득 화법을 깨치니 스스로 손이 춤추고 발이 멈추지 않을 따름이다. 내가
어찌 자재(資財)를 아끼지 않으리오마는 뜻대로 되지 않고 저것으로써 이를 바
꿀 따름이다.' 하였다. 세상에 그 그림이 전해져 지극히 보배가 되었다."(이토
진사이)

第四十六課　畫夜[162]

太陽은 아침에 東에서 나와서, 西으로 들어 가고, 밤사이에 地球의
뒤를 돌아서, 西에서 東으로 가는 것과 갓치 보이나, 그러나 실상은
太陽이 地球의 周圍를 도는 것이 아니라, 地球가 太陽의 周圍를 도는
것이니라.[163]

---

162) 정정 권2 제15과 주야. 정서적인 내용이 사라지고, 과학적 설명으로 대신함.
163) "밤사이에 地球의 뒤를 돌아서, 西에서 東으로 가는 것과 갓치 보이나, 그러나 실상은
　　 太陽이 地球의 周圍를 도는 것이 아니라, 地球가 太陽의 周圍를 도는 것이니라."를 추가함.

보통학교 조선어급한문독본 권6　455

地球는 太陽의 周圍를 廻轉하면서, 또 自體가 廻轉하나니, 地球에 晝夜의 分別이 생기는 것은, 이 地球의 自轉을 因함이니라. 玆에 蠟燭과 地球儀를 持來하야 蠟燭에 點火하야 地球儀와 조곰 離置하고, 地球儀를 돌니면 地球儀의 半面은 어둡고 半面은 밝을 것이오. 또 地球儀가 도는 대로, 어둔 곳은 漸漸 밝어지고, 밝은 곳은 漸漸 어두어지나니라.

譬컨대, 太陽은 蠟燭과 한가지오. 地球는 地球儀와 한가지니라. 太陽은 恒常 地球의 半面을 빗취는 고로 地球는 恒常 半面은 밝고 半面은 어두우니, 그 밝은 곳은 낮이오, 어둔 곳은 밤이니라.[164]

地球儀는 적은 고로, 瞬息間에 一次 自轉하나, 地球는 대단히 큰 고로, 一次 自轉함에 二十四時間을 要하나니, 卽 太陽을 正面으로 向한 곳이 一次 自轉하야 다시 正面이 되는 사이가, 二十四 時間 假量이니라. 地球가 一自轉하는 사이를 一晝夜라 稱하나니라.

練習
一. 地球에 晝夜가 생기는 까닭을, 地球儀와 蠟燭의 例로써 說明하야라.
二. 地球가 一次 自轉함에는 몃 時間이 걸니느냐.

---

164) 납촉과 지구의로 지구의 자전을 설명하고, 태양과 지구의 관계를 상세히 부연함. (추가된 내용.)

第四十七課　漢文(晏子之御)

晏子165) ㅣ 爲齊相하야 出할새 其御之妻ㅣ 從門間而闚其夫하니 其夫
ㅣ 爲相御하야 擁大蓋하며 策駟馬(책사마)하고 意氣揚揚하야 甚自得
也어늘 旣而歸에 其妻ㅣ 請去하니 夫問其故한대 妻ㅣ 曰 晏子는 長不滿
六尺이로대 身相齊國하고 名顯諸侯ㅣ라. 今者에 妾觀其出하니 志念深
矣하야 常有以自下者어늘 今子長八尺으로 乃爲人僕御ㅣ라. 然이나 子
之意ㅣ 自以爲足하니 妾이 是以求去也ㅣ로라. 其後에 夫自抑損이러니
晏子ㅣ 怪而問之한대 御以實對어늘 晏子ㅣ 薦以爲大夫하다. (史記)

練習

一. 本課의 大綱 뜻을 이약이하야라.

二. 다음 □표 속에 漢字를 넛코, 吐를 달어라.

　(가) 晏子長不滿□□身□齊國

　(나) 今子長□□乃爲人□□

三. 다음 말을 漢字로 곳치고, 그 뜻을 말하야라.

　ᄉ마, ᄌ득, 억손.

[번 역]

"안자가 제나라 재상이 되어 외출할 때, 그 말을 모는 사람의 처가 문 밖으로
그 남편의 모습을 엿보니, 그 지아비가 재상을 위해 수레의 큰 덮개를 씌우고
네 마리가 끄는 말을 몰며 의기양양하여 스스로 만족함이 심하거늘, 그가 돌아왔

---

165) 안자(晏子): 안영(晏嬰), 자는 평중으로 제나라 영공, 장공, 경공을 섬기며 절약과 검소에
　　힘써 백성들이 귀중하게 여겼음.

을 때 그 아내가 이혼하여 떠나기를 청하였다. 그 지아비가 까닭을 물으니 처가 말하기를, 안자는 6척이 안 되는 사람인데 제나라 재상이 되어 이름을 제후들에게 날렸습니다. 지금 첩이 그 외출하는 모습을 보니 뜻이 깊어 항상 자신을 낮춤이 있었습니다. 지금 그대는 8척으로 다른 사람의 말몰이꾼이 되었습니다. 그러나 그대의 뜻이 스스로 만족하니, 첩이 이로써 돌아가고자 하는 것입니다 하였다. 그 후에 지아비가 스스로 마음을 누르더니 안자가 괴상히 여겨 묻건대, 말몰이꾼이 사실로 대답하니, 안자가 그를 천거하여 대부로 삼았다."(사기)

第四十八課　小話三篇

一. 旅人과 熊

甲乙 두 사람의 旅人이, 길에서 만일 危急한 境遇를 當하거든, 서로 救援하자고 相約하고, 同行하는대, 瞥眼間 길가 숲속에서 곰 한 마리가 나와서, 이 두 사람을 向하야 씌여왓소. 그런대 甲은 元來 몸이 가볍고, 敏捷한 고로, 곳 나무 우로 올너갓스나, 乙은 自己 혼자 곰과 싸홀 수도 업스닛가, 곳 그 자리에 잣바져서, 숨도 쉬지 안코, 죽은 듯이 잇더니, 조곰 잇다가, 곰이 갓가이 와서, 냄새를 맛허보고, 정말 屍體로 알고, 그대로 지나갓소. 조곰 잇다, 甲이 나무에서 나려와서, 빙글빙글 우스면서,

「여보게, 자네 귀에 곰이 입을 대고 잇다 갓스니, 그 새 무엇이라고 말을 하던가.」

하고 물으닛가, 乙이,

「응, 곰이 자네를 대단히 겁쟁이라고 하데. 그리하고, 입으로만 번

번하게 말을 하고, 정말 친구의 危急한 境遇에는, 친구를 내여버려두고, 달어나는 사람은, 조곰도 信用하지 말라고 일너주고 가데.」

二. 馬와 驢

나귀 하나이 무거운 짐을 실고, 비척비척하고 걸어가는대, 말 한 匹이 조흔 안장을 지고, 달녀오다가, 나귀를 보고,

「이애, 걸닌다. 빗켜라. 어름어름하면, 발로 차 죽여버리겟다.」

하고, 훌쌕렷소. 그러나, 나귀는 잠잣고, 길을 빗켜 주엇소.

그 後에, 그 말은 어느 戰爭에 나갓다가, 重傷하야, 病身이 되어, 農家에 팔녀가서, 每日 일을 하얏소.

하로는, 그 말이 걸음을 실고, 더벅더벅 오는 것을 나귀가 보고,

「저 말이 언제던가, 나를 훌쌕리던 놈이지.」

하고 그 겻흐로 가서,

「이애, 요전처럼 쏩내랴거든, 쏩내여 보아라. 나는 元來 賤한 몸이지마는 아즉 한번도 걸음을 실어본 일은 업다.」

하얏소.

三. 鹿의 自矜

사름 하나이 못가로 물을 먹으러 왓다가, 맑은 물에 빗쵸는 自己貌樣을 보고, 혼자말로,

「이 내 쏠을 보아라. 참 머리 裝飾으로는 더할 수 업다. 그러나 이 말너 쌔진 가는 다리가 참 보기 실타.」

하고, 自歎하고 잇슬 째에, 瞥眼間 어듸서 산양군과 산양개 소리가

나닛가, 사슴이 깜작 놀나 금방 흉보던 다리로, 걸음아 나를 살녀라 하고 숩속으로 뛰여 들어갓소. 그 째에 自矜하던 쌜이 도로혀 怨讎가 되어, 이 쪽 저 쪽 나뭇가지에 걸녀, 꼼작도 못하고, 산양개에게 물녀 죽엇소.

練習

一. 旅客과 곰의 이약이를 하야라.

二. 말과 나귀의 이약이를 하야라.

三. 自矜한 사슴의 이약이를 하야라.

第四十九課　漢文

朝三暮四: 宋有狙公者ㅣ 愛狙하야 養之成群하니 能解狙之意하고 狙亦得公之心이라. 將限其食할새 先誑之曰 與若茅호대 朝三而暮四하리니 足乎아. 衆狙ㅣ 皆起而怒어늘 俄而오 曰 與若茅호대 朝四而暮三하리니 足乎아. 衆狙ㅣ 皆伏而喜하더라. (列子)

多岐亡羊: 揚子之隣人이 亡羊에 旣率其黨하고 又請揚子之竪追之어늘 揚子ㅣ 曰 嘻라 亡一羊에 何追者之衆고. 隣人이 曰 多岐路일새로라. 旣反에 問獲羊乎아. 曰亡之矣로라. 曰奚亡之오. 曰岐路之中에 又有岐焉호니 君不知所之라. 所以反也ㅣ로라. (列子)

練習

一. 朝三暮四의 뜻을 말하고, 또 그 故事를 이약이하야라.

二. 多岐亡羊의 뜻을 말하고, 또 그 故事를 이약이하야라.

三. 다음 漢字를 比較하야, 달은 것을 말하야라.

暮 募, 狙 祖, 奚 溪.

[번역]

"조삼모사: 송나라에 원숭이를 기르는 사람이 원숭이를 사랑하여 기름에 무리를 이루었더니, 능히 원숭이의 뜻을 이해하고 원숭이도 또한 그 사람의 마음을 이해했다. 장차 먹을 것을 제한할 때 먼저 속여 말하기를, 너희들에게 모(茅)를 주되 아침에 세 개를 주고 저녁에 네 개를 주면 만족하느냐 하니, 무릇 원숭이들이 모두 일어나 성내거늘 갑자기 말하기를, 모를 주되 아침에 네 개 저녁에 세 개를 주면 만족하느냐 하니, 무릇 원숭이들이 모두 엎드려 기뻐하였다."(열자)

"다기망양(多岐亡羊): 양자(揚子)의 이웃 사람이 양을 잃음에 그 무리를 이끌고 양자의 하인들까지 청하여 쫓고자 하였다. 양자가 말하기를 아, 양을 잃음에 어찌 이 무리들이 다 쫓으려 하는가. 이웃 사람이 말하기를 길이 여러 갈래이기 때문이라 하였다. 그들이 돌아옴에 양을 찾았느냐 하니, 없습니다 하였다. 어찌 없는가 하니, 말하기를 갈래 길 가운데 또 갈래가 있으니 그 간 곳을 알지 못하겠습니다. 그렇기에 돌아왔습니다 하였다."(열자)

第五十課　論難과 爭鬪

犬猫 等은 自己의 일만 싱각하고, 남의 일은 싱각지 아니 하나니라. 然故로 조고마한 고기를 보더라도, 곳 爭鬪를 시작하나니라. 사람도 學問이 업고, 卑劣한 者는, 自己의 일만 싱각하고, 他人의 일을 싱각하지 아니하는 故로, 爭鬪하는 일이 만흐니라.

學問이 잇고, 高尙한 사람은, 自己의 일만 싱각하지 아니하고, 서로 謙讓하는 故로, 爭鬪하는 等事가 드므니라. 낫츨 붉혀 가지고, 눈을 부릅쓰고, 입을 쎄죽히 하고, 침을 튀게 하며, 言語하는 것은, 實로 보기에 穩當치 아니하니라. 孔子께서 말삼하시되,「己所不欲을 勿施於人하라.」하섯나니, 이 말삼과 갓치 行하면, 爭鬪가 일어날 理가 萬無하리로다.

사람의 마음은, 그 顔面이 各異함과 갓치, 다 달으니라. 마음이 달으면 意思도 달으고, 意思가 달음을 因하야, 論難이 생기나니, 論難과 爭鬪는 本來 判異한 것이니라. 論難함은 無妨하나, 爭鬪함은 不可하니라.

練習

一. 爭鬪는 무슨 싸닭으로 생기느냐.

二.「己所不欲을 勿施於人하라.」의 뜻을 말하야라.

三. 다음 말을 漢字로 써라.

　　견묘, 징투, 학문, 비럴, 겸양, 온당, 안면, 의스.

第五十一課　漢文(李退溪)

先生의 諱는 滉이니 退溪는 其號也ㅣ라. 天姿ㅣ 重厚하고 德器ㅣ 宏深하고 踐履篤實하야 以至大成이라. 撰理學錄하고 註解四書三經하고 詩與文을 專學朱子하고 長於文而書法이 亦甚健勁이라. 士林이 重之如泰山北斗ㅣ러라. 嘗以豊基郡守로 解綬歸來할새 吏民이 遮道涕泣하며 行李蕭然하야 惟載書數馬而已러라. 寢疾에 謂子曰死後에 毋用禮葬하며 且勿建碑하고 只題小石曰退陶晩隱眞城李氏之墓ㅣ 足矣라 하고, 正

席而絶하니 壽七十이라. 嶺南人이 多薰陶德性일새 世稱此地하야 謂之
鄒魯鄕이라 하나니 實圃隱後一人也ㅣ니라.

練習

一. 本課의 大綱 뜻을 이약이하야라.

二. 다음 말을 漢字로 곳쳐 써라.
　　텬ᄌ즁후, 덕긔굉심, 태산븍두.

〔번 역〕

　선생의 이름은 황이니, 퇴계는 그 호이다. 천품이 중후하고 덕성이 크고 깊으
며 실천하는 바가 독실하여 대성에 이르렀다. 이학(理學) 관련 책을 찬술하고
사서삼경을 주해하며 시문을 오로지 주자에 배우고 문과 서법을 잘함이 또한
매우 건실하고 튼튼했으므로, 사림이 그를 태산북두로 여겼다. 일찍이 풍기 군수
로 임기를 채우고 돌아올 때 관리와 백성들이 길을 막고 우니 여행길이 소연하여
오직 책만 실은 말만 여러 필이었다. 침질(寢疾)에 자식들에게 말하기를, 예장(禮
葬)을 하지 말며, 또한 비석을 세우지 말고, 다만 작은 돌에 '퇴도만은 진성이씨지
묘(退陶晩隱眞城李氏之墓)라 쓰면 족하다 하시고, 바르게 앉아 숨을 거두시니
수명 70세였다. 영남 사람들이 덕성에 감화하여 세칭 이 땅을 일컬어 추로(鄒魯)
의 고향이라고 하였으니, 실로 포은 이후의 한 사람이다.

第五十二課　寬大

宋時에 呂蒙正은 極히 寬大한 사람이라. 他人에게 無禮함을 바들지라도, 조곰도 介意치 아니하더라. 처음에 參知政事가 되어, 入朝할새 簾內에 一朝士가 倨坐하야 呂氏를 가르치며, 「如此竪子도 亦是參政乎아.」 하고, 嘲笑하는지라.

呂氏는 聽而不聞하고 過去하는지라.166) 同列에 잇던 諸人이 그 朝士의 無禮함을 憤히 역여, 그 官位와 姓名을 探索하야, 詰責코저 하니, 呂氏가 挽止하다. 退朝한 後에도 同列에 잇는 諸人이 오히려 詰問치 아니함을 後悔하거늘, 呂蒙正이 갈오대,

「한 번 그 姓名을 알면, 終身토록 잇지 못할지니, 차라리 아지 못하는 것이 좃코, 또 그 姓名을 探索하야 詰責한들, 무엇에 有益하리오.」 하니, 이 말을 人人相傳하야, 그 寬大함을 敬服하더라.

古人의 말에, 「怒하는 사람은 易與호대, 怒하지 안는 사람이 可恐이라.」 하얏스니, 果然이로다. 度量이 寬大하야 容易히 怒하지 안는 사람을 對하면, 自然 畏敬할 싱각이 나는도다. 路上에서 肩臂가 相摩할지라도, 忽然히 怒氣가 滿面하야 사람을 大聲叱咤(대성질타)함은 賤丈夫의 行爲인즉, 君子의 甚히 붓그러워 하는 바이니라. 他人이 或時 自己를 對하야 無禮한 言行이 잇슬지라도, 徐徐히 그 所以然을 窮究한즉, 一時 无妄之過에 나옴이 만토다. 婢僕 等이 그 主人에게 服事함에 戰戰兢兢하야, 猶恐失之하거늘, 細瑣한 일에도 怒하야, 叱責하는 사람이 잇는지라. 이는 自己의 威嚴을 損傷하야 他人의 輕侮를 自招함이니라.

子貢이 孔子께 뭇자오대, 「一言이 可히 終身토록 行할 者ㅣ 잇나닛

---

166) 過去하다: 지나가다.

가.」孔子ㅣ 갈오사대「恕」라 하셧스니, 能히 容恕하니 怒함이 稀少하
니라.

練習
一. 呂蒙正의 이약이를 하야라.
二.「怒하는 사람은 易與호대, 怒하지 안는 사람이 可恐이라.」의 쯧을
    말하야라.
三. 婢僕은 엇더케 부려야 하느냐.

第五十三課　漢文(梁上君子)

後漢 陳寔의 字는 仲弓이니 少作縣吏하야 爲都亭刺佐에 有志好學하
야 坐立誦讀한대 縣令이 奇之하야 聽受業太學이러니 後에 除太丘長하
야 修德淸靜하니 百姓이 以安이라. 時에 歲況하야 有盜ㅣ 夜入其室하
야 止於梁上이어늘 寔이 陰見之하고 呼子孫正色訓之曰 夫人은 不可不
自勉이니 不善之人이 未必本惡이라. 習以性成하야 遂至於此ㅣ니 梁上
君子ㅣ 是矣라 한 대, 盜ㅣ 大驚하야 自投於地하야 稽顙歸罪(계상귀죄)
어늘 寔이 曰 視君狀貌하니 不似惡人이라. 當由貧困이로다 하고, 令遺
絹二匹하니 自是로 一縣에 無復盜竊이러라. (後漢書)

練習
一. 本課의 大綱 쯧을 이약이하야라.
二. 다음 □표 속에 漢字를 넛코, 吐를 달어라.
    (가) 歲□有盜夜入其□

(나) 不善之人未必本□習以□成

三. 다음 말을 漢字로 곳쳐 써라.

　　량샹군ㅈ, 슈덕쳥졍, 계샹귀죄.

〔 번 역 〕

　　"후한 진식(陳寔)의 자는 중궁이니, 어렸을 때 현의 관리가 되어 도정자좌(都
亭刺佐)가 됨에 뜻을 두고 학문을 좋아하여 앉으나 서나 송독(誦讀)하니, 현령이
이를 기이하게 여겨 태학에서 수업할 것을 허락하였다. 후에 태구현의 장 벼슬에
올랐는데, 덕을 쌓아 인품이 맑고 깨끗하여 백성들이 편안하였다. 그 때 흉년이
들어 도둑이 밤에 그 집에 들어와 대들보 위에 숨었다. 진식이 몰래 그것을
보고 자식과 손자를 불러 정색하고 훈계하여 말하기를, 무릇 사람이란 스스로
힘쓰지 않으면 안 된다. 착하지 않은 사람도 본래 악한 것은 아니다. 성품으로
습관이 되어 드디어 이것에까지 이르게 된다. 양산군자도 이와 같으니라 하였다.
도둑이 크게 놀라 스스로 땅에 뛰에 내려와 이마를 조아리고 죄를 청하니, 진식이
말하기를, 그대는 형상을 보니 악한 사람 같지 않다. 마땅히 깊이 자기를 이기어
착한 사람으로 돌아가야 한다. 그러나 이 일은 빈곤함으로 말미암은 것이다 하고,
비단 두 필을 주었다. 이로부터 한 고을에 다시 도둑질이 없었다."(후한서)

第五十四課　講話會와 請邀文[167]

　拜啓 前日부터 朝鮮에 渡來하야, 各地方의 商業을 視察 硏究하던 山田 高等商業學校 敎授가 數三日間 當地에 來留하는 機會를 乘하야, 有志者의 周旋으로써, 來十日 午後 六時부터 當地 普通學校에서 特히 朝鮮 商業에 關하야 一場의 講演을 得聽케 되온 바, 同 敎授는 最近에 歐米 諸國의 商業을 視察하고, 歸朝한 新進의 學者이라. 그 講話는 반다시 有益한 點이 多할 줄로 認하오니, 相値되는 事이 無하시거든, 아무조록 有志家를 多數 勸誘하야 作伴 參聽하심을 望함

月　日　　鄭秉穆

朴應先 座下

　　答狀

　惠書는 拜讀하온 바, 來十日에 普通學校에서 山田 敎授의 講話會를 開催함에 對하야 일부러 招請하오시니, 感謝感謝하오며 朝鮮에는 自來로 商業에 關한 知識이 不足함으로써, 充分히 發達치 못한지라. 此際에 其學 專門家의 講話를 聽함은, 大히 參考의 益이 有할 줄로 思하오니, 其日에 아무조록 多數의 人員을 動得하야, 參會코저 하옵나이다.

月　日　　朴應先

鄭秉穆　座下

---

167) 이 과에는 연습이 없음.

第五十五課　吾人의 衣服[168)

　吾人의 衣服은 大槪 綿布나 紬緞이나, 麻布나, 毛織이니, 其 材料는 모다 農夫의 手로부터 된 것이니라.

　昔에는 農夫가 스스로, 絲를 製하며, 布를 織하야, 衣服을 製着하더니, 近來에는 此事가 漸次 減少하니라.

　今에는 農夫가 綿과 繭을 商人에게 賣却하고, 商人은 此를 買集하야, 更히 工業家에게 賣却하니라. 工業家는 機械를 使用하야, 此等 材料로써 布木과 紬緞 等을 織造하야, 此를 更히 商人에게 賣却하고, 商人은 此를 廣히 世人에게 放賣하나니라.

　是故로 農夫는 自己의 手로써 製作한 材料를 賣却한 後에 美麗히 織組된 것을 更히 商人으로부터 購買하나니, 此는 異常한 듯하나, 如此히 함이 反히 便利하니라.

　農夫가 스스로 絲를 製하야, 布木과 紬緞 等을 織하면, 時間을 多費할 쑨 아니라, 美麗한 衣服을 得하기 難하니라. 故로 如此히 함보담 材料를 販賣하고, 그 製絲와 織組하는 手功을 他事에 應用하면, 도로혀 美麗한 衣服을 得하기 易하니라.

---

168) 정정 권3 제7과 의복이 있으나 내용은 큰 차이가 있음. 현채(1909)의 『신찬초등소학』 권2, 제28~29과에도 '의복'이 있으나 내용상 차이가 많음. 정정판과 현채 교과서에서는 의복이 만들어지기까지의 과정, 조선의 의복을 강조한 데 비해, 이 과에서는 재료를 생산하는 농부와 의복을 만드는 공업가, 상인의 역할을 강조함. [정정판 내용] 禽類는 羽毛가 잇고 獸類는 毛皮가 잇스나 사름의 몸에는 羽毛도 업고 毛皮도 업는 故로 衣服을 입어 寒暑를 防禦ᄒᆞᄂᆞ니 衣服은 任意로 脫着ᄒᆞᄂᆞᆫ 故로 羽毛와 毛皮보다 도로혀 便利ᄒᆞᆯ도다. 夏節盛暑에는 麻布 等으로 織造ᄒᆞ야 衣服을 짓고 冬節嚴寒에는 木綿 等으로 織造ᄒᆞ야 衣服을 짓ᄂᆞ니라. 裌衣(겹의)가 더울 찌는 單衣를 입고 單衣가 치울 찌는 裌衣를 입고 또 極寒홀 찌는 着綿ᄒᆞ야 입ᄂᆞ니 最寒ᄒᆞᆫ 곳에는 獸類의 毛皮를 衣服으로 입ᄂᆞ니라. 우리나라에셔는 木綿과 絹絲와 麻絲로 織造ᄒᆞᆫ 衣服을 多用ᄒᆞᄂᆞ니 麻布는 浮輕ᄒᆞ고 셔늘ᄒᆞ며 木綿은 價廉ᄒᆞ나 무거웁고 緞紬는 輕暖ᄒᆞ나 價高ᄒᆞ니라.

如此히 吾人의 衣服은 農夫가 材料를 田地에 耕作하는 時로부터 美好히 되기까지에 多大한 勞心과 手功을 入한 것인 故로, 비록 一尺의 紬布라도 疎忽히 함은 不可하니라.

練習

一. 布木과 紬緞이 商人의 손에서 放賣되기까지에는 엇더한 次序를 것첫느냐.

二. 農夫가 스스로 絲를 製하며, 布木과 紬緞을 織하면 엇더한 不利益이 잇느냐.

第五十六課 漢文(富山宜名)

一日에 仰視富士山하니 屹然中天하야 高不知其幾千丈矣라. 形如芙蓉出水하니 宜其以芙蓉峯得名者也ㅣ라. 半腰以上이 四時長白일새 謂之雪色者는 證之於白頭山之積雪不消하고 謂之土色者는 證之於金剛山之苔衣石莓也하야 自古로 互相爭難하나니 適見亂風過山에 雪花紛飛하야 乍止乍起하니 到此에 尤可驗其白雪之無疑也ㅣ라. 山形이 磅礴重厚하야 宜其富山爲名하고 亦當爲日本第一鎭山ㅣ로다. (趙曦 海遊日記)

練習

一. 다음 □표 속에 漢字를 넛코, 吐를 달어라.

(가) 屹然□□ 高不知其□□□矣

(나) 適見□□過山□□紛飛

二. 다음 말을 漢字로 곳쳐 써라.

격셜불쇼, 틔의셕믹, 방박중후.

[번 역]

"하루는 후지산을 바라보니 하늘에 높이 떠 있어 그 높이가 몇 천 장이나 되는지 알 수 없었다. 모습이 부용(芙蓉)이 솟아오르는 것과 같으니 마땅히 부용봉(芙蓉峯)이라는 이름을 얻을 것이다. 반 허리 이상은 사시가 늘 하얀데 눈빛이라고 일컫는 것은 백두산에 쌓인 눈이 녹지 않는 것을 증명하고, 흙빛이라고 일컫는 것은 금강산의 태의석매(苔衣石苺)를 증거하여 예로부터 서로 우열을 다투기 어려우니, 가서 봄에 바람이 산을 지나면 눈꽃이 흩날려 잠깐 멈추고 잠깐 일어나니, 이 땅에 가히 백설이 의심될 바 없음을 증험한다. 산의 모습이 방박(磅礴)하고 중후하여 마땅히 부산(富山, 후지산)이라 이름하고, 또한 마땅히 일본 제일의 진산(鎭山)이 되었다."(조엄 해유일기)

第五十七課 人은 萬物의 長

庭園의 草木을 見하라. 草木은 我等 人類와 共히 此世界의 成長하는 者이나 我等과 如히 自由로 動作하지 못하나니라. 又 水中에 游泳하는 魚蝦와 地上에 匍匐하는 昆蟲을 見하라. 此等 動物은 能히 動作하고 感覺하나 我等과 如히 事物을 思量하며, 事業을 作爲치 못하고, 鳥獸에 至하야는, 知力의 稍進한 바이 有하나, 我等의 有한 言語가 無하고, 又 進步된 知識도 有치 못하나니라.

諸子여. 我等은 良心이 有하니, 良心은 善惡을 分辨하야, 善한 事는 行하고, 惡한 事는 行치 말라 命令하나니, 萬若 惡한 事를 行한 時는

心縮할 것이오, 善한 事를 行한 時는 愉快할지라. 此良心은 唯獨 人類에게 有하고, 禽獸草木에는 無한 바이니, 此가 即 人類가 萬物의 長된 所以이니라.

諸子는 蟻의 巢를 見하얏슬지로다. 蟻는 群을 成하야 生活하는 者이니라. 又 諸子는 蜜蜂을 知하나뇨. 蜜蜂도 亦是 群을 作하야 棲息하는 者이니라. 此外의 動物에도 群을 成하야 生活하는 者가 不少하나, 彼等은 다만 自然의 性質로 不知不識間에 群居하는 者이니라. 然이나 人類가 共同生活을 하는 時는 各其 共同生活하는 道理를 辨知하야 人을 爲하야 善을 行하고, 又 善을 行함은 人의 本務됨을 辨知하나니, 此亦 人類가 萬物보다 優勝한 所以이니라.

諸子여. 萬物의 長으로 生한 者는, 또한 萬物보다 優勝한 行爲가 有하야야 할지니, 此가 無하면 人生의 本意가 無하니라. 然한즉 智를 十分 琢磨하야 其光輝를 發揚케 하고, 又 德行을 勉勵하야, 其效力을 表顯케 할지니라. 大凡 人은 此世에 生하야 多數한 他人으로 더부러 共同生活하는 者인즉, 自力의 所及하는 대로, 世上을 爲하야 盡力함이 可하니, 此가 即 人의 人된 道이니라.

練習

一. 人이 草木 蟲魚 鳥獸와 달은 까닭을 말하야라.

二. 良心이라 하는 것은, 我等에게 엇더한 命令을 하느냐.

三. 動物의 群을 成하야 棲息하는 것과, 人의 共同하야 生活하는 것이, 其間에 엇더한 差別이 잇느냐.

四. 萬物의 長되는 人은 엇더한 行爲를 하야야 하느냐.

第五十八課　漢文(李栗谷)

先生의 諱는 珥니 李는 姓이오 栗谷은 號也ㅣ라. 將誕之할새 母申氏
ㅣ 夢黑龍이러니 生而天姿ㅣ 英明하야 學語에 便知文字하고 登科에
連魁三場하고 正色立朝하야 晝則終夕在公하며 夜則不解衣帶하고 採摭
經史要說(채척경사요설)하야 著聖學輯要하고 歸海州하야 作學規 及
擊蒙要訣하야 以訓諸生하며 設社倉儲穀하야 以救士民之難食者하며 倣
呂氏鄕約하야 以勵鄕俗하다. 一日에 家人이 夢黑龍이 自寢房으로 飛躍
登天이러니 翌朝에 卒커늘 朝野ㅣ 無不號痛相弔하니 年四十九ㅣ라. 實
千載之眞儒ㅣ오 經濟之大才也ㅣ니라.

練習

一. 本課의 大綱 쯧을 이약이하야라.

二. 다음 □표 속에 漢字를 넛코, 吐를 달어라.

　(가) 天姿□□ 學語□知文字 登科□□三場

　(나) 晝則□□在公 夜則不解□□

三. 다음 말을 漢字로 곳쳐 써라.

　성학즙요, 격몽요결, 려시향약.

【 번 역 】

선생의 휘는 이(珥)니, 이(李)는 성이요, 율곡은 호이다. 태어날 때 어머니
신씨가 흑룡 꿈을 꾸었더니 태어나면서 하늘이 내린 자태가 영명하여 말을 배움
에 문자를 알고, 과거를 치름에 삼장(三場)의 으뜸이 되었으며, 얼굴 빛을 바르게
하고 새벽에 일어나 낮은 밤이 될 때까지 공무를 보며 밤에는 의대(衣帶)를 풀지

않고 경사(經史)의 주요한 말을 모아 성학집요(聖學輯要)를 지었다. 해주에 돌아와 학규(學規)와 격몽요결(擊蒙要訣)을 지어 이로써 여러 생도를 가르치고, 사창(社倉)을 설립하여 곡식을 저축함으로써 사민으로 먹지 못하는 자들을 구제하고, 여씨향약을 모방하여 향리의 풍속을 면려하였다. 하루는 집안 사람들이 흑룡 꿈을 꾸되 침방(寢房)으로부터 하늘로 날아 올라가니, 다음날 아침 돌아가시거늘, 조야 모두 부르짖고 아파하지 않음이 없이 서로 조문하니, 나이 49세였다. 실로 천년의 진실된 유학자이며 세상을 구제한 큰 재사였다.

第五十九課 隣人은 四寸

예로부터 이웃 四寸이라 하는 말이 잇도다. 近隣의 사람은 諸般事에 서로 扶助함이 만흠을 일음이니, 急한 疾病이 잇는 째와, 盜難과 火災를 當한 째에 第一 盡力함도 이웃사람이오, 또 이런 일이 잇슬 째샌 아니라, 每日 서로 言語하며 往來하며, 서로 즐거워 함도 이웃사람이로다. 萬一 우리집이 사람의 居住치 아니하는 山中과 曠野에 홀로 잇스면, 그 寂寞함이 엇더하리오.

그러한즉, 우리는 이웃사람과 親睦하며 諸般 事爲에 아무조록, 서로 扶助함이 可하도다. 妄佞되히 詬辱하거나 細瑣한 일로써 不和케 함이 不可하도다. 또 隣家의 墻壁을 傷하며, 草木을 썩그며, 果實을 싸서 이웃사람에게 責望을 當함이 不可하도다.

練習

一. 이웃 四寸이라 함은 엇더한 쯧이냐.

二. 다음 말을 漢字로 곳쳐 써라.

격막, 친목, 후욕, 셰솨, 불화, 쟝벽.

第六十課　漢文

子ㅣ 曰 其身이 正이면 不令而行하고 其身이 不正이면 雖令不從이니라. (論語)

子ㅣ 曰 可與言而不與之言이면 失人이오 不可與言而與之言이면 失言이니 知者는 不失人하며 亦不失言이니라. (論語)

孔子ㅣ 曰 侍於君子에 有三愆하니 言未及之而言을 謂之躁ㅣ오 言及之而不言을 謂之隱이오 未見顏色而言을 謂之瞽ㅣ니라. (論語)

子ㅣ 曰 有德者는 必有言이어니와 有言者는 不必有德이니라. 仁者는 必有勇이어니와 勇者는 不必有仁이니라. (論語)

練習

一. 다음 □표 속에 漢字를 넛코, 吐를 달어라.

　(가) 可□言而不與之言失□ 不可□言而與之言失□

　(나) 言未□之而言謂之□ 言及之而不□謂之□

二. 다음 글을 漢文으로 곳쳐라.

　그 몸이 正하면 令치 아니하야도 行하고, 그 몸이 正치 아니하면, 비록 令하야도 좃지 아니하니라.

三. 다음 漢字를 各其 너어서, 두 字식의 말을 지어라.

　令, 侍, 言, 顏.

"공자께서 말씀하시기를, 그 자신이 바르면 영을 내리지 않아도 행해지고, 그 자신이 바르지 않으면, 비록 영을 내려도 행해지지 않는다 하셨다."(논어)

"공자께서 말씀하시기를, 더불어 말할 만한데 말하지 않으면 사람을 잃고, 더불어 말할 만하지 않는데 더불어 말하면, 실언하는 것이니, 지자는 사람을 잃지 않으며 또한 실언을 하지 않는다."(논어)

"공자께서 말씀하시기를, 군자를 모시는 데 세 가지 허물이 있으니, 말씀이 미치지 않았는데 말을 하면 조급하다 일컬으며, 말씀이 미쳤는데 말하지 않는다면 숨김이라 일컫고, 안색을 보지 않고 말하는 것은 눈 먼 것이라 일컫는다 하셨다."(논어)

"공자께서 말씀하시기를, 덕은 반드시 그에 대한 말이 있으나, 말에 반드시 덕이 있는 것은 아니다. 인은 반드시 용기가 있으나 용기는 반드시 인이 있는 것은 아니다 하셨다."(논어)

第六十一課　植松[169]

一. 언덕 우에 솔을 심어　　十年 培養 다 자랏네.
　 곳은 것은 材木되고　　　굽은 것은 火木되니
　 材木 火木 저 等分이　　저 되기에 달녓도다.

二. 사람 本性 착하건만　　學 不學에 달녓나니

---

169) 이 과에는 연습이 없음.

잘 배우면 賢人되고   안 배우면 愚氓이라

賢人 愚氓 저 等分을   싱각하소 靑年 學徒

第六十二課　銀行

崔有大가 銀行에 돈을 맛기러 왓소.

崔有大:「돈을 맛기러 왓습니다.」

爲替係:「네, 그것은 저리로 가지고 가시오. 여긔서는 爲替만 맛허 봅니다.」

崔有大:「預金을 여긔서 맛허 보십닛가.」

貸附係:「그것은 여긔가 아니올시다. 여긔는 貸附係올시다. 이 다음 구녕에서 셋재로 預金係라고 써 붓친 데가 잇스니, 그리로 가십시오.」

崔有大:「돈을 조곰 밧기겟습니다.」

預金係:「그럿습닛가. 얼마오닛가.」

崔有大:「一百二拾圓이올시다. 엇더케 맛깁닛가.」

預金係:「預金에는 定期預金과 當座預金의 두 가지가 잇습니다. 定期預金으로 하면 半年이나 一年으로 期限을 定하고 맛기는 것인대, 限이 되기 前에는, 차즐 수 업습니다. 當座預金으로 하면, 別로히 期限을 定치 안코 맛기는 것이닛가, 所用이 될 쌔는 언제던지 차즐 수 잇습니다. 어느 것으로 하시랴닛가.」

崔有大:「그러면 當座預金으로 하는 것이 便利하겟습니다, 그려.」

預金係:「그럿습니다. 그것이 便利합니다.」

崔有大: 「그러면 當座預金으로 하야 주시오.」

預金係: 「그러나, 利子는 定期預金이 난 故로, 速히 所用이 되시지 아니할 것 갓흐면, 定期預金으로 하는 것이 利가 됩니다.」

崔有大: 「이 돈은 六箇月 동안은 所用되지 아니하는 것이니, 그러면 定期預金으로 하겟습니다.」

預金係: 「그러면, 이 조희에 金額과 住所·姓名을 쓰십시오. 그리하고, 그 돈은 이 엽 支拂係라고 써 붓친 데 가지고 가서 내십시오.」

崔有大는 支拂係로 돈을 가지고 가서 내엿소. 支拂係에서는 적은 領收證을 주면서,

「이 조희를 預金係로 갓다 주십시오.」

하얏소. 崔大有가 그 領收證을 預金係에 갓다 준 즉, 預金係에서는 큰 帳簿에 記入하고, 다시 預金證書를 하야 주엇소. 崔大有는 銀行 事務가 낫낫치 分業이 되어 잇는 것을 알엇소.

練習

一. 定期預金이라 하는 것은 엇더한 것이냐.

二. 當座預金이라 하는 것은 엇더한 것이냐.

三. 崔大有가 定期預金으로 돈을 맛길 쌔에 銀行에서는 엇더한 節次를 하얏느냐.

四. 다음 말을 漢字로 바더 써라.

은힝, 위톄, 예금, 금익, 듸부계, 지불계, 령수증.

第六十三課 漢文(茶)

夫 茶는 內地 各處에 無不產出이오 而特靜岡縣 臺灣之產이 最有名焉
하니 實爲我國輸出農産之主要物也ㅣ라. 朝鮮則新羅興德王三年에 朝貢
於唐할새 奉使大廉이 持來茶種하야 王이 使植於智異山하니 自善德王
時로 雖已有茶ㅣ나 至於此時에 始爲盛焉하고 高麗時에 國人이 頗喜飮
茶ㅣ나 然이나 土產之茶ㅣ 其品不良하야 以支那茶로 爲貴하니 商賈ㅣ
多通販하고 李朝成宗初에 咸陽郡守 金宗直이 得叢於嚴川寺北竹林中하
야 開園種植하니 不過數年에 甚爲蕃盛이라. 作詩以志喜하고 後復無聞
焉하야 只於三南山中에 往往見其樹하니 蓋茶之繁不繁은 不無土地氣候
之所關이며 而亦在乎獎勵種植之如何也ㅣ로다.

練習

一. 茶種을 支那로부터 取來한 것을 이약이하야라.

二. 朝鮮에서 茶의 產出한 것을 이약이하야라.

三. 다음 말을 漢字로 곳쳐 써라.

　　슈츌, 번셩, 긔후.

[번 역]

대저 차는 내지(일본) 각 지방에서 산출되지 않는 곳이 없다. 특히 시즈오카
(靜岡) 현과 대만의 산물이 가장 유명하니, 실로 우리나라 농산물 수출품 가운데
주요 물품이다. 조선은 신라 흥덕왕 3년에 당나라에 조공을 바칠 때, 봉사 대렴
(奉使大廉)이 차의 씨앗을 가져와 왕이 지리산에 심도록 하니, 선덕왕 때로부터
비록 차가 있으나 이때에 이르러 성행하게 되었다. 고려 때에는 나라 사람들이

차를 즐겼으나 토산의 차는 그 품질이 좋지 않아 중국 차를 귀하게 여기니 상인들이 많이 판매하고, 이조 성종 초에 함양군수 김종직이 엄천사 북쪽 죽림 가운데 수풀을 만들어 정원에 나무를 심으니, 불과 수년에 매우 번성하였다. 시를 지어 그 뜻을 즐겼으나 다시 그러한 말이 들리지 않았는데, 다만 삼남 산중에 왕왕 그 나무를 볼 수 있으니, 차의 번식과 번식하지 않음은 토지, 기후와는 상관이 없으며, 이에 또한 나무를 심기를 장려함에 달려 있다.

第六十四課　儉約

德川光圀(도구가와미루구니)는 地閥이 高貴한 사람이라. 그러나 恒常 儉約을 崇尚하야 衣服에 質素를 爲主하며, 飮食도 奢侈치 아니하고, 또 常時에 무엇을 記錄함에, 大槪 休紙의 後面을 利用하얏다 하니라.

그러나 그 집에 使用하는 下婢 等이 조희를 濫用하는 行習이 잇는지라. 光圀가 이것을 矯正코저 하야, 嚴冬에 某村 溪川 엽헤 잇는 製紙場으로 下婢를 보내여 製紙하는 婦女의 勤勞하는 貌樣을 가서 보게 하얏더라. 下婢 等이 歸來하야 製紙하는 婦女가 水中에서 勤勞하는 貌樣을 詳告하는지라. 於是에 光圀는 下婢輩를 對하야,

「비록 白紙 一張이라도 容易히 생김이 아니오, 製紙하는 婦女가 辛苦하야 만든 것인즉, 無益히 浪費치 말라.」

하고 訓諭하더라. 婢輩는 이 말에 깁히 깨달어서, 其後로는 조희를 濫用하지 아니하얏다 하나니라.

光圀는 이와 갓치 儉約을 崇尚하얏스나, 財物을 쓸 데에는 조곰도 吝惜치 아니하고, 貧寒한 者에게는 金銀 米穀을 補助하더라. 儉約을 崇尚함은 善美한 일이나, 吝嗇함은 不可하니라. 儉約이라 함은 何物을

勿論하고 浪費치 아니함이오, 吝嗇이라 함은 必要한 境遇에도 앗기고 쓰지 아니함이니, 諸子는 이 區別을 分辨하야, 儉約을 직힐지어다.

練習

一. 德川光圀는 平素에 엇더케 儉約하얏느냐.

二. 光圀는 婢의 조희를 濫用하는 習慣을 矯正하랴고 엇더케 하얏느냐.

三. 儉約과 吝嗇은 엇더케 달으냐.

第六十五課　漢文

與善人居할새 如入芝蘭之室하야 久而不聞其香이오 卽與之化矣며 與不善人居할새 如入鮑魚之肆하야 久而不聞其臭오 亦與之化矣나니 丹之所藏者赤하고 漆之所藏者黑이라. 是以로 君子는 必愼其所處者焉이니라. (孔子家語)

君子取友之道ㅣ 有交際之義하니 百金買宅하고 千金買隣이라 하니, 謂隣之不可不擇也ㅣ라. 況於友乎아. 然이나 水深而魚聚하고 樹茂而鳥來하나니 君子求友之道ㅣ 亦在修德於己耳라. 德修於己면 則良友ㅣ 自至하나니 故로 曰 德不孤ㅣ라 必有隣이라 하니라. (藤森大雅[170])

練習

一. 다음 □표 속에 漢字를 넛코, 吐를 달어라.

　　(가) 丹之所藏者□ 漆之所藏者□

---

170) 후지모리 고우안(藤森大雅, 1799~1862). 바쿠 말기 고노번사.

(나) 水深而魚□ 樹茂而鳥□

二. 德不孤ㅣ라 必有隣이라의 뜻을 말하야라.

三. 다음 말을 漢字로 곳쳐 써라.

　　지란지실, 포어지사.

【번 역】

　"선한 사람과 더불어 살면 지초와 난초가 있는 방 안에 든 것과 같아, 오래되면 그 냄새를 맡지 못하나, 그 향기와 더불어 동화되고, 선하지 못한 사람과 더불어 거처하면 생선가게에 들어간 것과 같아 오래되면 그 악취를 맡지 못하나 그 냄새와 더불어 동화되니, 붉은 단자를 지니면 붉어지고, 검은 칠을 지니면 검어진다. 그러므로 군자는 반드시 벗을 삼가야 한다."(공자가어)

　"군자가 벗을 취하는 도리에는 교제의 의미가 있으니, 백금으로는 집을 사고 천금으로는 이웃을 산다 하므로 이는 이웃을 가리지 않으면 안 됨을 일컫는 것인데 하물며 벗이겠는가. 그러나 물이 깊으면 고기가 모여들고 나무가 무성하면 새가 돌아오니 군자가 벗을 구하는 도리 또한 자신의 덕을 닦는 데 있을 따름이다. 자신의 덕을 닦으면 즉 좋은 벗이 절로 이를 것이니, 그러므로 말하기를 덕은 외롭지 않다, 반드시 이웃이 있다고 하였다."(후지모리 고우안)

普通學校 朝鮮語及漢文讀本 卷六 終

附錄

第二課 漢文(甘藷取種)

古貴爲痲. 甘藷를 對馬島의 方音에는 孝行藷(こうこういも, 本文에는 孝子痲)라 하나니 古貴爲痲는 孝行藷의 轉訛인 듯하니라.

文綿之爲. 文益漸이 支那로부터 木綿種을 持來한 事를 謂함이니라. 本書 卷四 第三十三課를 參照하라.

趙曬 海遊日記. 李朝 英祖 三十九年부터 同四十年까지 朝鮮使節이 日本에 使한 時에, 正使 趙曬의 記한 日記이니라.

第三課 敬師

米澤. 山形縣에 在한 都會이니라.

第八課 漢文(耽羅開國)

耽羅. 今의 全羅南道 濟州島를 謂함이니라.

第十二課 漢文(濟州柑子)

雨森芳洲. 卽今부터 約 一百七十年 前의 사람이니, 朝鮮의 事情을 通曉하니라. 本書 卷四 第二十二課를 參照하라.

藍島. 山口縣에 屬한 一小島이니 下關의 西方 海中에 在하니라.

申維翰 海遊錄. 李朝 肅宗 四十五年부터 同四十六年까지 朝鮮使節이

日本에 使한 時에, 製述官 申維翰의 記한 日記이니라.

第十八課 漢文(薛女守信)

眞平王. 卽今부터 一千三百四十年前 新羅 第二十六代의 王이니라.

第二十七課 漢文(訓民正音)

世宗. 李朝 第四代의 王이니라.
古篆. 古代 漢字의 體이니라.

第三十六課 漢文(申叔舟)

女眞語. 高麗時代부터 李朝 初까지 滿洲 地方에 占據하던 女眞族의
言語이니라.
野人. 女眞族의 別稱이니라.

第四十五課 漢文(畫工良秀)

不動尊. 佛像의 一種이니 背에 火焰을 負하야, 寧惡한 容貌를 持한
것이니라.

第五十一課 漢文(李退溪)

朱子. 朱熹를 謂함이니, 卽今부터 七百二十餘年前 支那 南宋의 有名

한 儒者이니라.

　豊基郡. 今의 慶尙北道 榮州郡에 屬한 郡名이니라.

　圃隱. 高麗末의 名臣 鄭夢周의 號이니라.

第五十八課 漢文(李栗谷)

　呂氏鄕約. 藍田(今의 支那 陝西省에 在한 縣名)의 呂氏 兄弟 四人이
惡을 去하고 善을 勸하기 爲하야 鄕人과 共히 結한 規約이니라.

第六十三課 漢文(茶)

　興德王. 即今부터 一千九十餘年 前 新羅 第四十二代의 王이니라.

　善德王. 即今부터 一千二百八十餘年前 新羅 第二十七代의 女王이니
라. 本書 卷五 第四十五課에 有한 德曼은 王의 即位 前의 名이니라.

　成宗. 李朝 第九代의 王이니라.

　咸陽. 慶尙南道에 在한 郡名이니라.

　金宗直. 李朝 成宗時代의 名臣이니라.

　嚴川寺. 慶尙南道 咸陽郡內에 在한 寺의 名이니라.

第六十四課 儉約

　德川光圀. 即今부터 二百二十餘年前 今의 茨城縣 水戶의 藩主이니
才가 文武를 兼하고 有益한 書도 著述하나니라.

〈판권〉

大正十年 三月 二十三日 印刷
大正十年 三月 二十五日 發行

朝鮮總督府

庶務部 印刷所 印刷

보통학교 조선어급한문독본 과별 분석표

번호	책명	권수	과	분야	단원명	요소	주제	내용	성격1	성격2	문종1	문종2	출전	비고1	비고2
1	보통조한	卷二	1	조선어	植木	텍스트	식목의 필요성	신무천황제에 식목을 하는 것의 가치를 역설	교훈	교훈	논설	논설			
2	보통조한	卷二	2	한문	漢文	텍스트	식목의 가치	신무천황제	식민 (식목)	실업	논설	논설			
3	보통조한	卷二	3	조선어	鳥類	텍스트	새의 종류와 특징		실업	실업	설명	설명			
4	보통조한	卷二	4	한문	漢文	고사	예기, 사문유취	예의가 없으면 금수와 다르지 않음. 맹상군의 고사	교훈	교훈	고사	서사			예기, 사문유취
5	보통조한	卷二	5	조선어	여러 가지 꽃	텍스트	꽃의 종류와 특징, 감상		자연 (실용)	실업	설명	설명			
6	보통조한	卷二	6	한문	櫻花 及 芝蘭	텍스트	벚꽃과 국화 (벚꽃은 아국 본토로 세계 제일)	공자가어 일부 인용	자연 (식민)	교훈	설명	설명		식민	공자가어
7	보통조한	卷二	7	조선어	桃花	텍스트	복숭아꽃 그림과 특징	복숭아의 이로움	교훈 (실용)	교훈	설명	설명	보통 권3 제2/ 정정 권3 제2과		보통 권3 제2/ 정정 권3 제2과
8	보통조한	卷二	8	한문	漢文	고사	공융의 고사	분수를 지킴	교훈 (분수)	교훈	고사	서사			사기, 문선
9	보통조한	卷二	9	조선어	花遊에 請邀 (청요)	텍스트	꽃구경을 청하는 글	청하는 글과 답하는 글	자연	문명	편지	편지			
10	보통조한	卷二	10	조선어	春雨	텍스트	봄비가 오고 보리밭 일을 할 수 있음		자연 (실용)	실업	설명	설명			
11	보통조한	卷二	11	한문	漢文	격언	스승을 섬김	선생을 모시는 방법	교훈	교훈	격언	격언			소학
12	보통조한	卷二	12	조선어	연화	텍스트	연꽃 감상	화중 군자. 일찍 피는 꽃	자연 (교훈)	교훈	설명	설명			
13	보통조한	卷二	13	한문	漢文 (孔子 及 孟子)	텍스트	공자와 맹자 소개	공자와 맹자의 덕행	교훈	교훈	설명	설명			
14	보통조한	卷二	14	조선어	연과 팽이의 노래	시	연과 팽이의 노래	울너라 연아 연아/ 활신활신 울너라	생활	생활	시	시가			
15	보통조한	卷二	15	한문	漢文	자료	논어와 맹자에서 초록한 문장	恕, 惡	교훈	교훈	격언	격언			논어, 맹자

번호	책명	권수	과	분야	단원명	요소	주제	내용	성격1	성격2	문종1	문종2	출전	비고1	비고2
16	보통조한	卷二	16	조선어	俚諺	자료	속담	속담을 한문과 대조함	교훈	교훈	격언	격언			
17	보통조한	卷二	17	조선어	大日本帝國	텍스트	일본 제국 소개	일본제국의 지리, 위용	식민	식민	설명	설명		황민	
18	보통조한	卷二	18	한문	漢文(富士山 及 金剛山)	텍스트	아국 제일 명산 (후지산)과 조선 제일 명산 (금강산)	후지산과 금강 산의 아름다움	지리 (식민)	지리	설명	설명		황민	
19	보통조한	卷二	19	조선어	夏節 衛生	텍스트	여름철 위생 문제	위생 주의, 조선 사람들의 위생, 전염병	문명 (위생)	문명	논설	논설			
20	보통조한	卷二	20	한문	漢文	텍스트	여름철 위생 문제	일하고, 배불리 먹지 말고, 때를 가려 공부함	문명 (위생)	문명	논설	논설			
21	보통조한	卷二	21	조선어	驟雨의 歌	시	비가 오고 무지 개 뜨는 상황	소나기와 무지 개	정서	정서	묘사	묘사			
22	보통조한	卷二	22	조선어	病者 慰問	텍스트	위문 편지와 답장	감기로 결석하 는 사람에게 위 문 편지 및 답장	생활	생활	편지	편지	정정판 권2 제4~5과		정정판 권2 제4~5과
23	보통조한	卷二	23	한문	漢文	자료	효와 예	소학의 효와 예	교훈 (순종)	교훈	격언	격언			소학
24	보통조한	卷二	24	조선어	혹잇는 老人(1)	텍스트	혹부리 영감 설화	괴수 도깨비가 노인의 혹을 떼 어감	교훈 (욕심)	교훈	우화	서사			
25	보통조한	卷二	25	조선어	혹잇는 老人(2)	텍스트	혹부리 영감 설화	동리 노인이 욕 심을 내어 혹을 떼러 갔다가 혹 을 붙임	교훈 (욕심)	교훈	우화	서사			
26	보통조한	卷二	26	한문	漢文(秋冷)	텍스트	자식을 사랑하 는 어머니	구월 자녀의 의 복을 짓는 어머 니의 마음	교훈 (자애)	교훈	서사	서사			
27	보통조한	卷二	27	조선어	太郎과 奇男	텍스트	태랑과 기남의 학교생활	일본인과 조선 인 학생의 친분	식민 (동화)	식민	서사	서사		식민	
28	보통조한	卷二	28	한문	漢文	자료	교우	붕우의 도리, 익 자삼우 손자삼 우, 근묵자흑	교훈	교훈	격언	격언			맹자, 논어
29	보통조한	卷二	29	조선어	運動會	텍스트	운동회의 모습	운동회에서 부 정한 행위를 하 지 않음, 경주, 양인삼각, 일인 일각	교훈 (정직)	교훈	설명	설명	보통학도 권 4 제8과/ 정정본 권4 제8과		보통학도 권4 제 8/ 정정본 권4 제 8과
30	보통조한	卷二	30	한문	漢文	텍스트	가을 계절과 운 동, 신체 단련	물이 끊이지 않 음, 건강을 유지 하는 방법	생활	생활	설명	설명			
31	보통조한	卷二	31	조선어	빨내	텍스트	의복을 깨끗이 할 것	빨래하는 일의 어려움, 두루마 기를 벗고 운동 할 것	위생	위생	설명	설명			
32	보통조한	卷二	32	한문	漢文	텍스트	연못과 호수	연못과 호수의 특징, 호숫가 밭 은 수확이 풍요	실업	실업	설명	설명			
33	보통조한	卷二	33	조선어	朝鮮地方의 地 勢	텍스트	조선의 지리적 인 특징	압록강은 일본 의 가장 큰 강 산 맥과 주요 산 항 구.	지리 (식민)	지리	설명	설명		식민	

번호	책명	권수	과	분야	단원명	요소	주제	내용	성격1	성격2	문종1	문종2	출전	비고1	비고2
34	보통조한	卷二	34	조선어	我鄕	텍스트	군청, 학교, 경찰서, 우편국	군수와 경찰서장, 순사의 역할	식민	식민	설명	설명		식민	
35	보통조한	卷二	35	한문	漢文	자료	공경	弟, 不弟, 부사, 형사, 건수	교훈(복종)	교훈	격언	격언			맹자, 소학
36	보통조한	卷二	36	조선어	他人의 惡事	텍스트	다른 사람의 잘못을 고하기보다 자신의 선행을 쌓아야 함	고자질을 하지 말 것	교훈	교훈	서사	서사	보통학교 국어 권5		보통학교 국어 권5
37	보통조한	卷二	37	한문	漢文	자료	허물	허물을 고쳐야 함	교훈	교훈	격언	격언			논어
38	보통조한	卷二	38	조선어	정직지리 (정직의 이로움)	텍스트	한 시골 상인의 정직한 계산	신용	교훈	교훈	서사	서사	보통국어 권3 제21과		보통국어 권3 제21과
39	보통조한	卷二	39	한문	漢文	텍스트	사민의 책무	직분, 경제	교훈(직분)	교훈	격언	격언			한서, 맹자
40	보통조한	卷二	40	조선어	海濱	텍스트	바닷가의 배 세척과 아이들의 모습	기선, 어부	정서	정서	시가	시가	보통국어 권3 14		보통국어 권3 제14
41	보통조한	卷二	41	조선어	蚌鷸之爭 (조개와 황새)	텍스트	조개와 황새의 싸움	어부지리	교훈	교훈	우화	서사	보통국어 권3 제15		보통국어 권3 제15
42	보통조한	卷二	42	한문	漢文(筆及墨)	텍스트	필묵의 용도	붓과 먹을 만든 원리와 글씨를 편하게 씀	학업	학업	설명	설명			
43	보통조한	卷二	43	조선어	有事探問	텍스트	일이 있을 때 편지	평양에 다녀올 때 부탁할 일이 있으면 편지로 알려줄 것	생활	생활	편지	편지			
44	보통조한	卷二	44	한문	漢文	자료	배움, 선	생이지지, 상품의 사람(선)	교훈	교훈	격언	격언			논어, 소학
45	보통조한	卷二	45	조선어	경성	텍스트	경성-조선총독부	경성의 모습, 관청, 총독부, 군사령부 용산, 철도	지리	지리	설명	설명	보통4 제15, 정정4 제14	식민	보통4 제15, 정정4 제14
46	보통조한	卷二	46	조선어	我家(1)	텍스트	우리집의 모습	우리집 식구, 가축, 생활	생활	생활	설명	설명	보통 권2 제10, 정정2 제10		보통 권2 제10, 정정2 제10
47	보통조한	卷二	47	조선어	我家(2)	텍스트	근면 부자	근실히 농사를 지으면 군색치 않고 부자가 될 것	교훈(식민)	교훈	설명	설명	보통2 제11, 정정2 제11		보통2 제11, 정정2 제11
48	보통조한	卷二	48	한문	漢文	텍스트	신무천황 이후 일본국	일본 기원(신무천황)=황국사 주입	식민(역사)	역사	설명	설명		황민	
49	보통조한	卷二	49	조선어	我家의 家畜	텍스트	말과 소의 힘	근로, 노동	실업(근로)	실업	설명	설명			
50	보통조한	卷二	50	한문	漢文	텍스트	눈사람, 아침 풍경	눈사람과 아침 풍경	정서	정서	묘사	묘사			
51	보통조한	卷二	51	조선어	禁酒	텍스트	담배와 술을 끊은 목수 이야기	금주, 저축, 진합태산	교훈	교훈	서사적 논설	서사	정정7권 제18과		정정7권 제18과
52	보통조한	卷二	52	한문	漢文	자료	배움의 자세	백문이불여일견, 형설지공 등	교훈	교훈	격언	격언			한서, 논어, 전서
53	보통조한	卷二	53	조선어	俚諺	자료	속담	속담과 한문 격언(우이독경, 아니 땐 굴뚝에 연기날까 등)	교훈	교훈	격언	격언			

번호	책명	권수	과	분야	단원명	요소	주제	내용	성격1	성격2	문종1	문종2	출전	비고1	비고2
54	보통조한	卷二	54	한문	漢文	자료	군자	군자의 행실	교훈(군자)	교훈	격언	격언			소학, 논어
55	보통조한	卷二	55	조선어	玉姬의 慈善	텍스트	옥희가 신문을 보고 여원을 도움	신문에 여원이 아버지를 여의고 어머니 병구완을 하면서 학교에 가지 못하는 기사를 보고 옥희와 그 모친이 도움	교훈	교훈	서사	서사	정정판 권3 제19과		정정판 권3 제3과
56	보통조한	卷二	56	한문	漢文(孝)	자료	효와 관련된 격언	소학의 효 관련 격언	교훈(孝)	교훈	격언	격언			소학
57	보통조한	卷二	57	조선어	海	텍스트	바다의 동식물	정정판 '해저' 문구만 수정	지리	지리	설명	설명	정정판권3 제6과		정정판 권3 제6과
58	보통조한	卷二	58	한문	記誦	텍스트	독서의 방법	기억하고 암송하는 독서법(原文 貝原益軒「慎思錄」	교훈	교훈	설명	설명	정정판권7 제1과 독서법관련/신사록		정정판권7 제1과 독서법관련 신사록
59	보통조한	卷二	59	조선어	遺失物의 拾得	텍스트	유실물 습득 시 경찰서에 맡겨야 함	유실물, 경찰서, 학교, 선생님, 정직	교훈	교훈	논설	논설			
60	보통조한	卷二	60	한문	中江藤樹(나가에도슈)	텍스트	일본 근강(오미) 사람인 나가에도슈의 학식과 덕행	나가에도슈의 정직함	교훈(정직)	교훈	서사(일본)	서사		식민	선철총담
61	보통조한	卷三	1	조선어	今上天皇陛下와 皇后陛下	텍스트	일본천황(대정)과 황후, 군국역사은, 진충갈력	황국신민을 위한 천황 황후 즉위, 성품	황민	식민	설명	설명		황민	
62	보통조한	卷三	2	한문	漢文	자료	효	사친, 효도	교훈(孝)	교훈	격언	격언			소학, 맹자, 한세외전
63	보통조한	卷三	3	조선어	井蛙의 所見	텍스트	우물 안 개구리	정저지와(한자를 한글로 바꾼 부분이 많음)	교훈	교훈	우화	서사	정정판 제7 제19과		정정판 제7 제19과
64	보통조한	卷三	4	한문	漢文	텍스트	구자득지(久自得之)	배움의 자세(주회 권학가)	교훈	교훈	격언	격언			소학, 주회
65	보통조한	卷三	5	조선어	新井白石(아라이하루세키)	텍스트	학업을 부지런히 함	아라이하루세키의 학업과 부지런함(1711년 신묘통신사와 필담을 나눈 일본 에도시대 학자)	교훈(근면)	교훈	설명	설명		일본전기	
66	보통조한	卷三	6	한문	漢文	자료	절차탁마, 청출어람	인내, 학업	교훈	교훈	격언	격언			예기, 순자
67	보통조한	卷三	7	조선어	금강석	자료	배움의 자세	근면	교훈	교훈	격언	격언	정정 권8 제16과		정정 권8 제16과
68	보통조한	卷三	8	조선어	蠶	텍스트	누에의 일생	한자 중심 텍스트에서 한글 번역형 텍스트로 변화	실업	실업	설명	설명	정정 권5 제12과		정정 권5 제12과
69	보통조한	卷三	9	한문	詔勸農蠶	텍스트	츠바키 천황의 권 농잠	농업과 잠업	식민(실업)	실업	설명	설명		황민	대일본사
70	보통조한	卷三	10	조선어	勞働	텍스트	노동의 가치	노동의 귀함, 건강, 습관	실업	실업	논설	논설			

번호	책명	권수	과	분야	단원명	요소	주제	내용	성격1	성격2	문종1	문종2	출전	비고1	비고2
71	보통조한	卷三	11	한문	漢文	자료	불위와 불능, 마음가짐	불위, 불능, 방사팡탕, 검속규구	교훈	교훈	격언	격언			맹자, 소학
72	보통조한	卷三	12	조선어	淸潔	텍스트	신체 청결 필요	청결의 필요와 방법	위생	문명	논설	논설			초등소학 권4 제9과 비교
73	보통조한	卷三	13	한문	漢文(朝起之益)	텍스트	일찍 일어나 심신 수양 필요	6시 기상하는 자와 8시 기상하는 자의 시간 비교(中村正直=나카무라 마사나오)	교훈	교훈	논설	논설			中村正直
74	보통조한	卷三	14	조선어	雨露	텍스트	수증기가 물방울이 되는 원리	물의 순환	교훈	교훈	설명	설명	정정 권6 제18과		정정 권6 제18과
75	보통조한	卷三	15	조선어	雨	시	비가 내리는 원리	14과 우로와 관련된 시	정서	정서	시가	시가	정정판 권6 제19과		정정판 권6 제19과
76	보통조한	卷三	16	한문	三餘	텍스트	위동우의 호학과 독서	세 가지 여유(겨울, 밤, 음우)	교훈	교훈	고사	서사			위략
77	보통조한	卷三	17	조선어	소곰과 砂糖	텍스트	소금과 사탕의 유익함과 제조 원리	鹽과 砂糖	실업	실업	설명	설명	정정 권6 제21과		정정 권6 제21과
78	보통조한	卷三	18	한문	漢文	자료	실행의 중요성	칼과 재주를 닦음, 마음을 집중함, 악의악식을 부끄러워하지 않음	교훈	교훈	격언	격언			한시외전, 대학, 논어
79	보통조한	卷三	19	조선어	철의 담화(1)	텍스트	철광에서 솟이 만들어진 과정	솔과 못이 만들어진 과정(단편)	문명	문명	서사(대화)	서사	정정 권6 제10		정정 권6 제10
80	보통조한	卷三	20	조선어	철의 담화(2)	텍스트	철의 이로움	쇠의 이로움	문명	문명	서사(대화)	서사	정정 권6 제11		정정 권6 제11
81	보통조한	卷三	21	한문	漢文	자료	배움과 도	학문의 중요성, 도의 본질, 학업과 졸업	교훈	교훈	격언	격언			논어, 대학, 중용, 당시
82	보통조한	卷三	22	조선어	梨를 贈與하는 書札	텍스트	배나무 배양법 관련 편지	*林檎 梨로 바뀜	실업	실업	편지	편지	정정6 제14과		정정6 제14과
83	보통조한	卷三	23	한문	甘藷先生	텍스트	아오기곤요가 감자 재배법을 발견한 과정	일본에 감자를 재배하게 된 과정	실업	실업	전기	전기			선철총담
84	보통조한	卷三	24	조선어	北部朝鮮(1)	텍스트	만주와 접경한 북부 조선(함경, 평안) 설명	정정 권5 제12 평안남북도, 15 함경남북도를 합쳐 재구성	지리(식민)	지리	설명	설명	정정5 재구성	식민	정정5 재구성
85	보통조한	卷三	25	조선어	北部朝鮮(2)	텍스트	만주와 접경한 북부 조선(함경, 평안) 설명	정정 권5 제12 평안남북도, 15 함경남북도를 합쳐 재구성	지리(식민)	지리	설명	설명	정정5 재구성	식민	정정5 재구성
86	보통조한	卷三	26	한문	노기 대장 급 도고 대장	텍스트	충군애국(황민)	러일전쟁 당시 아들의 죽음보다 일본을 위해 죽은 전상자를 위로한 노기 대장, 러시아를 격파할 때 연합대를 이끌고 황국의 흥폐를 호령하여 분발시킨 도고 장군	식민(전공)	식민	전기	전기		식민	신정한문독본

번호	책명	권수	과	분야	단원명	요소	주제	내용	성격1	성격2	문종1	문종2	출전	비고1	비고2
87	보통조한	卷三	27	조선어	牛	텍스트	소의 이로움과 특성	내지로 수출되는 소(한자 중심에서 한글 번역)	실업	실업	설명	설명	정정 권6 제6과 牛		정정 권6 제6과 牛
88	보통조한	卷三	28	한문	漢文	자료	효	증자와 子游의 효	교훈	교훈	격언	격언			소학, 논어
89	보통조한	卷三	29	조선어	燈火	텍스트	등화의 필요성	등이 필요한 이유와 종류, 재료(와사등, 전기 등)	교훈	교훈	설명	설명	정정 권6 제2과		정정 권6 제2과
90	보통조한	卷三	30	조선어	俚諺	자료	속담	분수 관련(되로 주고, 뱁새 황새)	교훈	교훈	격언	격언			
91	보통조한	卷三	31	한문	漢文	자료	군자	군자의 도리	교훈	교훈	격언	격언			논어, 공자가어
92	보통조한	卷三	32	조선어	中部朝鮮(1)	텍스트	황해, 경기, 강원	철도 개항장, 물산 중심	지리	지리	설명	설명	정정 권6 제3,9,13과	식민	정정 권6 제3,9,13과
93	보통조한	卷三	33	조선어	中部朝鮮(2)	텍스트	황해, 경기, 강원	철도, 개항장, 물산 중심	지리	지리	설명	설명	정정 권6 제3,9,13과	식민	정정 권6 제3,9,13과
94	보통조한	卷三	34	한문	漢文(四知)	텍스트	후한 양진의 정직한 삶	하늘이 알고 땅이 알고 네가 알고 내가 안다.(비밀이 없음)	교훈	교훈	서사(고사)	서사			봉구
95	보통조한	卷三	35	조선어	朝鮮의 年中行事	텍스트	조선의 명절	정월부터 12월까지의 명절	민속(전통)	기타	설명	설명			
96	보통조한	卷三	36	한문	漢文	자료	군자	자신에 대한 수양(인지부지기)	교훈	교훈	격언	격언			논어
97	보통조한	卷三	37	조선어	瓜生岩(우리우이와)	텍스트	우리우이와라는 일본 여자가 후쿠시마에 양육회를 설립하게 된 이야기	일본 제생회를 설립한 이와우라의 행적: 청일전쟁 때 군납, 전사자를 위문함	식민	식민	서사(전기)	서사		식민	
98	보통조한	卷三	38	한문	漢文	자료	인(仁)	恭寬信敏惠, 愛人	교훈	교훈	격언	격언			논어, 맹자
99	보통조한	卷三	39	조선어	慈善	텍스트	자선의 필요, 제생원	메이지천황 하사금으로 제생원 고아 구제, 자선력에 의뢰해서는 안 됨 강조	식민	식민	논설	논설		식민	
100	보통조한	卷三	40	한문	漢文	자료	덕	빈이무원	교훈	교훈	격언	격언			논어
101	보통조한	卷三	41	조선어	이언	자료	속담	속담과 한문 대조	교훈	교훈	격언	격언			
102	보통조한	卷三	42	조선어	도쿄, 교토, 오사카	텍스트	도쿄, 교토, 오사카에 대한 소개	일본의 발전상 홍보(도쿄, 교토, 오사카 발전상-문명)=일본의 3부	문명(지리, 식민)	문명	설명	설명		식민	
103	보통조한	卷三	43	한문	계찰수신	텍스트	신의	계찰이 신의를 지킴: 죽은 서군을 위해 칼을 바침	교훈	교훈	서사(고사)	서사			봉구

번호	책명	권수	과	분야	단원명	요소	주제	내용	성격1	성격2	문종1	문종2	출전	비고1	비고2
104	보통조한	卷三	44	조선어	남부조선(1)	텍스트	삼남 경상 지역	정정 권6 제16 과 충청남북도, 20과 전라남북도, 권7 제4~5과 경상남북도	지리	지리	설명	설명	정정 권6 제16,20, 권7 제4,5과	식민	정정 권6 제16, 20, 권7 제4,5과
105	보통조한	卷三	45	조선어	남부조선(2)	텍스트	부산 경상 지역	정정 권6 제16 과 충청남북도, 20과 전라남북도, 권7 제4~5과 경상남북도(교통 중심)	지리	지리	설명	설명		식민	
106	보통조한	卷三	46	조선어	남부조선(3)	텍스트	충청, 전라 지역	정정 권6 제16 과 충청남북도, 20과 전라남북도, 권7 제4~5과 경상남북도	지리	지리	설명	설명		식민	
107	보통조한	卷三	47	한문	漢文 (養老醴泉)	텍스트	효(미노 초부·초부관)	일본 원정천황(元正天皇)이 미노 초부의 효행에 감탄하여 연호를 양로로 바꾸었다는 고사와 관련됨	교훈	교훈	서사 (일본사)	서사		식민	
108	보통조한	卷三	48	조선어	興夫傳(1)	텍스트	정직할 것	흥부전 텍스트	교훈	교훈	서사 (고전)	서사			
109	보통조한	卷三	49	조선어	興夫傳(2)	텍스트	욕심을 버릴 것	흥부전 텍스트	교훈	교훈	서사 (고전)	서사			
110	보통조한	卷三	50	한문	漢文	자료	선(善)	언행, 선	교훈	교훈	격언	격언			사기, 대학, 논어
111	보통조한	卷四	1	조선어	公德	텍스트	공중도덕	공중도덕을 지켜야 함(진보)	교훈 (문명)	교훈	논설	논설			
112	보통조한	卷四	2	한문	寒夜脫御衣	텍스트	다이고 천황(醍醐)의 어진 정치	헤이안 시대 백성을 사랑한 다이고 천황의 일화	식민 (황민)	식민	설명 (전기)	설명		식민	국사략
113	보통조한	卷四	3	조선어	種痘	텍스트	종두	종두의 이로움과 제너의 공적	문명 (위생)	문명	설명	설명			
114	보통조한	卷四	4	한문	漢文 (野中兼山)	텍스트	실업	노나가겐산이 上佐에서 蛤蜊(대합)를 생산하게 한 이야기	식민 (일본)	식민	서사 (고사)	서사		식민	선철총담
115	보통조한	卷四	5	조선어	愚人의 迷信	텍스트	미신	혹세무민하는 사람이 사람들을 속이다가 들킨 이야기-지자는 불혹	교훈	교훈	서사적 논설	서사			
116	보통조한	卷四	6	한문	漢文(安珦)	텍스트	미신	안향이 상주 관관이 되어 세 사람의 무녀를 축출한 이야기	교훈	교훈	서사	서사			고려사
117	보통조한	卷四	7	조선어	友人의 자친상을 조위함	텍스트	문상편지	친구의 어머니 문상 편지와 답장	생활	생활	편지	편지	정정 권8 제12~13과		정정 권8 제12~13과
118	보통조한	卷四	8	한문	漢文(五倫)	텍스트	오륜	오륜의 의미와 내용	교훈	교훈	논설	논설			초학지요
119	보통조한	卷四	9	조선어	移秧	시	모내기	모내기 노래: 강구연월, 격양가	실업	실업	시가	시가	정정 권7 제12과		정정 권7 제12과

번호	책명	권수	과	분야	단원명	요소	주제	내용	성격1	성격2	문종1	문종2	출전	비고1	비고2
120	보통조한	卷四	10	조선어	勤儉	텍스트	근검	근검, 노력, 검약, 가흥, 국강 (국가)	교훈	교훈	논설	논설			
121	보통조한	卷四	11	한문	儉約	텍스트	근검	검약과 인색은 다름	교훈	교훈	논설	논설			초학지요
122	보통조한	卷四	12	조선어	廢物利用	텍스트	근검	폐물 이용의 필요성(폐물 대상이 달라짐)	교훈	교훈	논설	논설	정정 권7 제18과		정정 권7 제18과
123	보통조한	卷四	13	한문	漢文	자료	배움	독서 심사 추구	교훈	교훈	격언	격언			소학, 중용, 계몽 요로, 맹자
124	보통조한	卷四	14	조선어	박테리아	텍스트	박테리아 설명	박테리아의 성질과 유익함	문명 (과학)	문명	설명	설명			
125	보통조한	卷四	15	한문	漢文	텍스트	진도간, 황회 고사	도간의 힘씀(스스로를 버리지 않음), 황회의 불편부당	교훈	교훈	서사 (고사)	서사			
126	보통조한	卷四	16	조선어	植物의 貯藏	텍스트	음식물 저장법	박테리아를 막는 방법	과학 (문명)	과학	설명	설명			
127	보통조한	卷四	17	한문	漢文	자료	무욕과 절제	안분지족(식무구포, 거무구안, 소사음수, 신언어 절음식)	교훈	교훈	격언	격언			
128	보통조한	卷四	18	조선어	與妹弟書	텍스트	편지	외지에 있는 오빠가 동생에게 보낸 편지	생활	생활	편지	편지	정정 권8 제4과		정정 권8 제4과
129	보통조한	卷四	19	한문	漢文	자료	수신	범익겸 자경문(좌우명: 두 종류 가운데 개인적 차원이 강한 것을 수록함)-절제 관련 강조	교훈	교훈	격언	격언			
130	보통조한	卷四	20	조선어	漂衣	시	빨래하는 모습	*이 과에는 연습이 없음	정서	정서	시가	시가	정정 권8 제8과		정정 권8 제8과
131	보통조한	卷四	21	조선어	老樹의 談話	텍스트	도로와 수목의 유용함	느티나무가 포플러에게 이야기하는 형식으로 새로 난 길의 유용함을 설득함 (신작로 담론)	문명 (도로, 식민)	문명	서사 (대화)	서사			
132	보통조한	卷四	22	한문	漢文 (雨森芳洲)	텍스트	아메노모리 호슈가 와카를 배움	조선어에 능통한 아메노모리 호슈가 81세에 와카를 배움	교훈 (식민)	교훈	서사 (전기)	서사		식민	선철총담
133	보통조한	卷四	23	조선어	猫와 虎	텍스트	호랑이를 그리려다 고양이를 그림	조선의 미신 담론, 호랑이를 그리려다 고양이를 그림 (방탐함)	교훈	교훈	설명	설명	정정 권7 7과 호		정정 권7 제7과 호
134	보통조한	卷四	24	한문	漢文	자료	효	효의 방법	교훈	교훈	격언	격언			
135	보통조한	卷四	25	조선어	朝鮮의 行政官廳	텍스트	조선은 일본의 일부, 조선총독부	조선총독부 급 소속관서(과명 변경)	지리	지리	설명	설명	정정 권5 제7과	식민	정정 권5 제7과
136	보통조한	卷四	26	한문	漢文	텍스트	조선 13도의 속칭	13도의 속칭이 생겨난 이유	지리	지리	설명	설명			

번호	책명	권수	과	분야	단원명	요소	주제	내용	성격1	성격2	문종1	문종2	출전	비고1	비고2
137	보통조한	卷四	27	조선어	職業	텍스트	직업의 필요성	직업의 필요성, 귀천이 없음(정정 권3 제16과 내용상 변화가 많음)	실업	실업	논설	논설	정정 권3 제16과		정정 권3 제16과
138	보통조한	卷四	28	한문	민손의담, 백유읍장	텍스트	효	민손과 백유의 효	교훈	교훈	서사(고사)	서사			몽구
139	보통조한	卷四	29	조선어	朝鮮의 産業(1)	텍스트	조선의 농업, 어업	정정판 권4 제4~5과 조선지세, 조선해안, 각도의 산업 현황 등을 재구성	실업	실업	설명	설명			
140	보통조한	卷四	30	조선어	朝鮮의 産業(2)	텍스트	조선의 광업, 공업	정정판 권4 제4~5과 조선지세, 조선해안, 각도의 산업 현황 등을 재구성	실업	실업	설명	설명			
141	보통조한	卷四	31	한문	漢文	자료	반성	사마온공, 증자의 일일삼성, 맹자의 자포 자기	교훈	교훈	격언	격언			논어, 맹자, 서경
142	보통조한	卷四	32	조선어	人蔘과 煙草	텍스트	조선의 특산물	인삼(홍삼, 백삼) 재배와 가치, 연초 재배/ 조선총독부의 홍삼 연구, 연초의 니코틴(니고진)	실업	실업	설명	설명			
143	보통조한	卷四	33	한문	文益漸 襄取 綿種	텍스트	문익점의 목화	문익점이 목화 씨를 낭중에 가져옴	실업	실업	서사(고사)	서사			수문쇄록
144	보통조한	卷四	34	조선어	梟眼	텍스트	인간, 동물, 올빼미 등의 눈동자	동공(올빼미의 눈동자)	과학	과학	설명	설명	정정 권7 제20과		정정 권7 제20과
145	보통조한	卷四	35	한문	四端	텍스트	수신	맹자의 사단론	교훈	교훈	격언	격언			맹자
146	보통조한	卷四	36	조선어	誠實	텍스트	성실	성실의 의미, 신용, 충실, 공중도덕	교훈(순종)	교훈	논설	논설			
147	보통조한	卷四	37	한문	漢文	자료	성실	중용, 맹자의 성실	교훈	교훈	격언	격언			중용, 맹자, 몽구
148	보통조한	卷四	38	조선어	軍艦	텍스트	군국주의	군함의 위용, 군함의 종류(잠수정 추가)	식민(군국)	식민	설명	설명	정정 권6 제1과	식민	정정 권6 제1과
149	보통조한	卷四	39	한문	中江藤樹	텍스트	예절	나가에도슈의 유훈(근강성인=예의를 지킴)	교훈	교훈	서사(고사)	서사		식민	선철총담
150	보통조한	卷四	40	조선어	面	텍스트	면제	1917년 제정된 면제 관련 법령	식민(통치)	식민	기타	기타		식민	
151	보통조한	卷四	41	한문	愛敬	텍스트	대인관계	애경(愛敬)으로 사람을 대함	교훈	교훈	논설	논설			초학요지
152	보통조한	卷四	42	조선어	朝鮮의 山林	텍스트	식민정책	조선의 삼림과 조선총독부의 삼림정책(영림창, 수원함양림, 다카도미 高遠見)	식민(산림)	실업	설명	설명		식민	
153	보통조한	卷四	43	한문	산림	텍스트	산림	삼림의 기능-남벌의 폐해	식민(산림)	실업	설명	설명		식민	중야안역

번호	책명	권수	과	분야	단원명	요소	주제	내용	성격1	성격2	문종1	문종2	출전	비고1	비고2
154	보통조한	卷四	44	조선어	農家의 餘業	텍스트	부업	농가의 부업(농부=겨울 한가)	실업(농업)	실업	설명	설명		부업	
155	보통조한	卷四	45	한문	漢文	텍스트	실업	맹자의 양생(권농), 왕양명의 사민이업동도	실업(농업)	실업	격언	격언			맹자, 왕양명
156	보통조한	卷四	46	조선어	麻	텍스트	실업	삼과 의복(마포와 생산지)	실업(농업)	실업	설명	설명			
157	보통조한	卷四	47	한문	漢文	텍스트	우애와 스승	소학의 우애, 경사(敬師)	교훈	교훈	격언	격언			소학
158	보통조한	卷四	48	조선어	권업모범장	텍스트	실업	농업개량(수원권업모범장, 농림업교, 각지 농업학교)* 내용 추가	식민(실업)	실업	설명	설명	정정 권8 제5과	식민	정정 권8 제5과
159	보통조한	卷四	49	한문	漢文	자료	효	부모에게 간하는 방법, 순종	교훈	교훈	격언	격언			예기, 소학
160	보통조한	卷四	50	조선어	俚諺	자료	속담	속담	교훈	교훈	격언	격언			
161	보통조한	卷四	51	조선어	書籍을 請借함	텍스트	실업학교 입학 후 시험준비용 서적 청구 편지	정정판 표기만 다름	학업	학업	편지	편지			
162	보통조한	卷四	52	한문	漢文	자료	실업	관자에 나오는 실업 사상	실업	실업	격언	격언			관자
163	보통조한	卷四	53	조선어	瀧鶴臺(다기가구다이)의 妻	텍스트	교육(여자)	여자교육: 선량한 미음, 내조: 다기가구다이의 처의 일화	교육(여자교육)	교육	서사(일화)	서사		식민	
164	보통조한	卷四	54	한문	漢文	자료	선	언행, 과실 천선	교훈	교훈	논설	논설			초학지요
165	보통조한	卷四	55	조선어	納税	텍스트	국가(납세)	납세와 국민의 본분	식민	식민	논설	논설			
166	보통조한	卷四	56	한문	漢文(管公忠愛)	텍스트	국가(충)	슈가와라미지사네(管道眞)의 충애한 삶, 한시 포함	식민	식민	논설, 시가	논설		식민	황조사략
167	보통조한	卷四	57	조선어	森村市左衞門(모리무라이지사에몬) 翁	텍스트	실업	일본인 무역업자 모리 용에 대한 이야기, 열심, 성의로 무역 종사, 국가, 사회 봉사(남작에 봉해짐)	실업	실업	설명(인물)	설명		식민	
168	보통조한	卷四	58	한문	漢文	자료	신의	언행, 신의 관련	교훈	교훈	격언	격언			중용, 노자, 회남자, 가의신서
169	보통조한	卷五	1	조선어	國旗	텍스트	국가	국기와 국가	식민	식민	논설	논설		식민	
170	보통조한	卷五	2	한문	漢文	자료	예의	비례물시	교훈	교훈	격언	격언			논어, 맹자, 예기, 백거이
171	보통조한	卷五	3	조선어	禮儀	텍스트	예의	예의의 필요	교훈	교훈	논설	논설			
172	보통조한	卷五	4	조선어	人事	문장	예의	신년, 제석, 취임, 부모환갑, 부모상, 숙질형제상, 부모병, 신병, 화재, 수재 등의 위로 표현	생활	생활	언어	논설			
173	보통조한	卷五	5	한문	漢文	텍스트	교육	백미, 난형난제의 고사	교훈	교훈	서사(고사)	서사			

번호	책명	권수	과	분야	단원명	요소	주제	내용	성격1	성격2	문종1	문종2	출전	비고1	비고2
174	보통조한	卷五	6	조선어	四時景	시	정서	사계절의 경치	정서	정서	시가	시가			
175	보통조한	卷五	7	한문	箕子朝鮮	텍스트	지리역사	기자조선을 강조함	역사(조선)	역사	설명	설명		식민	
176	보통조한	卷五	8	조선어	動物과 植物	텍스트	과학	동물과 식물의 생태	과학	과학	설명	설명			
177	보통조한	卷五	9	한문	漢文(陰德)	텍스트	신의	손숙오가 뱀을 보고 돌아온 뒤, 자신이 죽을 것이라고 믿음. 양두사를 묻은 음덕으로 하늘이 복을 내림	교훈	교훈	서사(고사)	서사			가의
178	보통조한	卷五	10	조선어	地球	텍스트	과학	최원식과 이종갑의 대화체로 이루어진 지구에 대한 설명	과학	과학	대화	대화			
179	보통조한	卷五	11	한문	自虛	텍스트	겸양	겸양의 의미	교훈	교훈	논설	논설			초학지요
180	보통조한	卷五	12	조선어	나이진게루	텍스트	애국	나이팅게일과 적십자	교훈	교훈	서사(전기)	서사			
181	보통조한	卷五	13	한문	金蓋仁之憐狗	텍스트	보은	김개인(거령현 사람)의 일화: 사람을 구한 개	교훈	교훈	서사(전설)	서사			보한집
182	보통조한	卷五	14	조선어	書簡文의 作法	텍스트	생활	서간문 작성법(식민시대 편지 형식이 자세히 소개됨)	언어	언어	설명	설명			
183	보통조한	卷五	15	조선어	水害 中 間候	텍스트	문안	수해 중 문안 편지	언어	언어	편지	편지			
184	보통조한	卷五	16	한문	朴赫居世	텍스트	역사	박혁거세	역사(조선)	역사	설명	설명			삼국사기
185	보통조한	卷五	17	조선어	害蟲 及 益蟲	텍스트	과학	해충과 익충	과학	과학	설명	설명	정정 권8제14~15과		정정 권8 제14~15과
186	보통조한	卷五	18	한문	水利	텍스트	실업	성호사설의 수리 시설	실업(농업)	실업	설명	설명			성호사설
187	보통조한	卷五	19	조선어	光과 音	텍스트	과학	빛과 소리의 성질	문명(과학)	문명	설명	설명			
188	보통조한	卷五	20	한문	漢文	자료	수양	생이지지, 신의, 견득사의	교훈	교훈	격언	격언			논어
189	보통조한	卷五	21	조선어	眞正한 勇者	텍스트	국가	염파와 인상여 고사: 국가를 위해 개인적 분노를 억제함	교훈	교훈	서사(고사)	서사			
190	보통조한	卷五	22	한문	漢文	자료	군자	군자의 도리(공경, 충심)	교훈	교훈	격언	격언			장자, 사기, 소학, 예기
191	보통조한	卷五	23	조선어	婢僕	텍스트	학업	신분보다 학문이 중요함	교훈	교훈	서사적 논설	서사			
192	보통조한	卷五	24	한문	昔脫解	텍스트	역사	석탈해 고사	역사(조선)	역사	설명	설명			삼국사기
193	보통조한	卷五	25	조선어	會社	텍스트	실업	회사의 기능과 종류	실업	실업	대화	대화	정정 권8 제11과		정정 권8 제11과
194	보통조한	卷五	26	한문	漢文	자료	분수	안분지족: 논어 道와 빈이무첨 부이무교	교훈	교훈	격언	격언			논어

번호	책명	권수	과	분야	단원명	요소	주제	내용	성격1	성격2	문종1	문종2	출전	비고1	비고2
195	보통조한	卷五	27	조선어	物의 價	텍스트	경제	물가에 대한 설명: 대화체 (경제 원리)	실업	실업	대화	대화			
196	보통조한	卷五	28	한문	忠益說	텍스트	정직	정직한 삶과 경제	실업	실업	서사 (고사)	서사			중촌정직
197	보통조한	卷五	29	조선어	晬辰을賀하는 書	텍스트	생신축하	생신을 축하하는 편지	생활	생활	편지	편지			
198	보통조한	卷五	30	한문	金閼智	텍스트	역사	김알지 탄생 설화	역사 (조선)	역사	조선역사	서사			삼국사기
199	보통조한	卷五	31	조선어	一家和睦	텍스트	화목	일가 화목의 필요성	교훈	교훈	논설	논설			
200	보통조한	卷五	32	한문	漢文	자료	수신	자신을 지킴, 양지	교훈	교훈	격언	격언			맹자
201	보통조한	卷五	33	조선어	戒喩談	텍스트	교훈	목에 가시가 걸린 이리(은혜를 모름), 닭을 죽여 늦게 일어나고자 한 집안 노비가 더 괴로움을 받음	교훈	교훈	서사 (우화)	서사			이솝우화(일본어)
202	보통조한	卷五	34	한문	猿說	텍스트	정직(군자)	원숭이가 사람처럼 꾸미나 스스로를 알지 못함 (군자와 소인)	교훈	교훈	서사 (고사)	서사			齋藤馨
203	보통조한	卷五	35	조선어	손의 動作	텍스트	지식	손의 역할과 지식의 필요	교훈	교훈	설명	설명			
204	보통조한	卷五	36	한문	高倉天皇(다카구라덴노)	텍스트	식민(황민)	일본 다카구라 천황의 관용(후지와라 노부나리에게 관대함)	황민	식민	서사 (일본)	서사		식민	황조사략
205	보통조한	卷五	37	조선어	節制	텍스트	절제	링컨(린구린)의 격언과 의사의 음식 절제 권고를 수용한 부자 이야기	교훈	교훈	서사적 논설	서사			
206	보통조한	卷五	38	한문	食力無已時	텍스트	근면	서국 한 농부가 아들들에게 밭에 황금을 묻었다고 유언한 뒤, 아들들이 밭을 헤집어 수확을 많이 얻게 되었다는 이야기	교훈	교훈	서사 (우화)	서사			담해
207	보통조한	卷五	39	조선어	他人의 名譽	텍스트	타인존중	이용선의 정직함과 타인의 명예를 중히 여김	교훈	교훈	서사	서사			
208	보통조한	卷五	40	한문	異次頓	텍스트	이차돈	신라 법흥왕 때 이차돈의 순교와 불교 수용	역사 (조선)	역사	서사 (전설)	서사			삼국사기
209	보통조한	卷五	41	조선어	寒中探節	텍스트	문안	문안편지	생활	생활	편지	편지			
210	보통조한	卷五	42	조선어	紙幣와 爲替	텍스트	경제	화폐 발달과 위체(爲替) 제도	실업	실업	설명	설명			
211	보통조한	卷五	43	한문	漢文	자료	학문	학문과 수양의 자세	교훈	교훈	격언	격언			논어

번호	책명	권수	과	분야	단원명	요소	주제	내용	성격1	성격2	문종1	문종2	출전	비고1	비고2
212	보통조한	卷五	44	조선어	師의 恩	텍스트	스승	스승의 은혜	교훈	교훈	시가	시가			
213	보통조한	卷五	45	한문	德曼	텍스트	역사	진평왕 때 덕만 공주의 일화(향기 없는 모란꽃)	역사(조선)	역사	서사(전설)	서사			동국통감
214	보통조한	卷五	46	조선어	淡水와 鹹水	텍스트	과학	물의 종류와 성질에 대한 대화	과학	과학	대화	대화	정정 권7 제3과		정정 권7 제3과
215	보통조한	卷五	47	한문	漢文	자료	선	선과 지혜	교훈	교훈	격언	격언			한비자, 사마온공
216	보통조한	卷五	48	조선어	種子의 選擇	텍스트	실업	종자 개량의 중요성	실업(농업)	실업	설명	설명	정정 권8 제9과		정정 권8 제9과
217	보통조한	卷五	49	한문	漢文	자료	빈민구제	환과고독, 절검, 사치 경계	교훈	교훈	격언	격언			맹자, 신사록
218	보통조한	卷五	50	조선어	無益한 勞心	텍스트	성품	쓸데없는 걱정, 도량	교훈	교훈	서사적 논설	서사	정정 권6 제4과		정정 권6 제4과
219	보통조한	卷五	51	한문	高句麗 及 新羅 太學	텍스트	역사	고구려와 신라의 교육기관	역사(조선)	역사	설명	설명			
220	보통조한	卷五	52	조선어	俚諺	자료	교훈	속담 관정지수 필류우지 등	교훈	교훈	격언	격언			
221	보통조한	卷五	53	조선어	公私의 區別	텍스트	교훈	장국진이 친척도 범법하면 처벌함, 진문공 당시 구범이 친소를 가리지 않고 인재를 천거함	교훈	교훈	서사(고사)	서사			
222	보통조한	卷五	54	한문	漢文	텍스트	믿음	信, 接人	교훈	교훈	격언	격언			초학지요
223	보통조한	卷五	55	조선어	元과 日本	텍스트	역사(일본)	원에 맞서 싸운 일본	역사(일본)	역사	설명	설명			
224	보통조한	卷五	56	한문	文武王	텍스트	역사(조선)	문무왕 사적(김유신, 김춘추, 법민)	역사(조선)	역사	설명	설명			삼국사기
225	보통조한	卷六	1	조선어	孔子와 孟子	텍스트	교훈	공자와 맹자의 삶과 교훈	교훈	교훈	설명	설명	정정 권6 제7과		정정 권6 제7과
226	보통조한	卷六	2	한문	漢文 (甘藷取種)	텍스트	실업	조엄이 대마도에서 감자를 가져온 이야기	실업(농업)	실업	설명	설명		일본	조엄 해유일기
227	보통조한	卷六	3	조선어	敬師	텍스트	스승	우에수기(上杉鷹山)가 호소이(細井平洲)를 스승으로 섬김	교훈	교훈	서사(일본)	서사		식민	
228	보통조한	卷六	4	한문	漢文	자료	군자	군자의 도리	교훈	교훈	격언	격언			서경, 주자
229	보통조한	卷六	5	조선어	春朝	텍스트	정서	세 편의 시	정서	정서	시가	시가			
230	보통조한	卷六	6	조선어	白兎(一)	텍스트	교훈	토끼가 악어를 속여 바다를 건넘	정서	정서	서사(우화)	서사			
231	보통조한	卷六	7	조선어	白兎(二)	텍스트	교훈	토끼가 神人을 만남. 大國主命	정서	정서	서사(우화)	서사			
232	보통조한	卷六	8	한문	漢文 (耽羅開國)	텍스트	역사(조선)	고려사의 탐라 개국기	역사(조선)	역사	설명	설명			

번호	책명	권수	과	분야	단원명	요소	주제	내용	성격1	성격2	문종1	문종2	출전	비고1	비고2
233	보통조한	卷六	9	조선어	범과어린아해	텍스트	기문(奇聞)	부부가 어린아이를 데리고 산중에 갔다가 아이를 잃었는데, 호랑이가 아이를 돌보아 줌. 남편이 호랑이를 죽임.	정서	정서	서사(우화)	서사			
234	보통조한	卷六	10	한문	漢文	자료	수신	적선성덕, 도	교훈	교훈	격언	격언			논어, 순자, 맹자
235	보통조한	卷六	11	조선어	新鮮한 空氣	텍스트	과학	신선한 공기가 필요함	문명(과학)	문명	설명	설명	정정 권4 제15과		정정 권4 제15과
236	보통조한	卷六	12	한문	漢文(濟州柑子)	텍스트	실업(농업)	신유한이 아메노모리호슈로부터 감자를 받아 제주에 심음	실업(농업)	실업	설명	설명		일본	신유한 해유록
237	보통조한	卷六	13	조선어	山上眺望	텍스트	정서	산 위에서 마을을 바라봄	정서	정서	묘사	묘사	정정 권2 제20과		정정 권2 제20과
238	보통조한	卷六	14	한문	漢文	자료	덕과 학문	덕과 학문, 온조기진	교훈	교훈	격언	격언			논어, 중용
239	보통조한	卷六	15	조선어	汽車窓	텍스트	문명	기차창을 통해 바라본 광경	문명	문명	묘사	묘사	정정 권3 제19과		정정 권3 제19과
240	보통조한	卷六	16	한문	漢文(日記)	텍스트	일기 쓰기의 세 가지 이로움	일기의 세 가지 이익(하루 반성, 글쓰기 연습, 마음 검속)	교훈	교훈	설명	설명			
241	보통조한	卷六	17	조선어	陸地와 海洋	텍스트	지리	오대양 육대주	지리	지리	설명	설명	정정 권8 제18과		정정 권8 제18과
242	보통조한	卷六	18	한문	漢文(薛女守信)	텍스트	신의	설씨녀의 신의	교훈	교훈	서사(전설)	서사			삼국사기
243	보통조한	卷六	19	조선어	飛行機와 飛行船·氣球	텍스트	과학	비행기, 비행선, 기구	문명(과학)	문명	설명	설명			
244	보통조한	卷六	20	한문	漢文	자료	수신	문행충신, 도, 학	교훈	교훈	격언	격언			논어, 순자
245	보통조한	卷六	21	조선어	早熱中에 寄하는 書	텍스트	문안	여름철 문안 편지	생활	생활	편지	편지			
246	보통조한	卷六	22	조선어	水와 人體	텍스트	위생	물과 인체의 관계, 위생 담론	문명(위생)	문명	설명	설명			
247	보통조한	卷六	23	한문	漢文	자료	수신	군자와 도리	교훈	교훈	격언	격언			중용, 논어
248	보통조한	卷六	24	조선어	保安林	텍스트	식민	산림을 보호해야 함(보호하는 산림을 보안림이라 함)	식민	식민	설명	설명		식민	
249	보통조한	卷六	25	한문	漢文	자료	사자성어	각주구검, 모순, 지설, 수주대토	교훈	교훈	격언	격언			여씨춘추, 한비자
250	보통조한	卷六	26	조선어	約束	텍스트	약속	복동이가 비가 오는 데도 순명에게 화첩을 돌려줌	교훈	교훈	서사적 논설	서사			
251	보통조한	卷六	27	한문	漢文(訓民正音)	텍스트	훈민정음 창제	훈민정음 창제 과정(성삼문이 황찬을 13번 방문)과 어제 서문	언어	언어	설명	설명			문헌조록

번호	책명	권수	과	분야	단원명	요소	주제	내용	성격1	성격2	문종1	문종2	출전	비고1	비고2
252	보통조한	卷六	28	조선어	自己의 物과 他人의 物	텍스트	정직	다른 사람의 밭에서 복숭를 따온 아이를 꾸짖음	교훈	교훈	서사적 논설	서사			
253	보통조한	卷六	29	한문	漢文(西伯仁人也)	텍스트	인의	인의	교훈	교훈	격언	격언			
254	보통조한	卷六	30	조선어	勇氣 잇는 兒孩(一)	텍스트	용기	호남이와 정선이-우유 배달	교훈	교훈	서사적 논설	서사			
255	보통조한	卷六	31	조선어	勇氣 잇는 兒孩(二)	텍스트	용기	정당한 사업 필요	교훈	교훈	서사적 논설	서사			
256	보통조한	卷六	32	한문	漢文	자료	근면 학문	효제, 학문, 불치하문	교훈	교훈	격언	격언			논어, 맹자
257	보통조한	卷六	33	조선어	順序	텍스트	순서	어떤 일이든 순서가 있음	교훈	교훈	논설	논설	정정 권3 제13과		정정 권3 제13과
258	보통조한	卷六	34	한문	漢文	자료	인의	논어 맹자에서의 인	교훈	교훈	격언	격언			논어, 맹자
259	보통조한	卷六	35	조선어	分業	텍스트	분업	분업의 필요	실업	실업	논설	논설			
260	보통조한	卷六	36	한문	漢文(申叔舟)	텍스트	역사(인물)	신숙주가 여러 언어를 번역하고, 일본 관제 풍속을 기록함	역사(조선)	역사	설명(전기)	설명		일본	연려실기술
261	보통조한	卷六	37	조선어	愛親	텍스트	효	사냥꾼이 원숭이를 잡아온 뒤 새끼 원숭이가 그것을 슬퍼함(엽부와 원숭이)	교훈	교훈	서사(우화)	서사	정정 권2 제26과		정정 권2 제26과
262	보통조한	卷六	38	한문	漢文	텍스트	예의	사람으로서 예의와 도덕이 필요함	교훈	교훈	논설	논설			초학지요
263	보통조한	卷六	39	조선어	(落張)	텍스트	낙장	낙장	낙장	기타	기타	기타			
264	보통조한	卷六	40	조선어	雁	텍스트	행렬(순서)	기러기의 생태와 행렬(군호)	정서	정서	설명	설명	정정 권4 제9과		정정 권4 제9과
265	보통조한	卷六	41	한문	漢文	자료	군자	주이불비, 태이불교	교훈	교훈	격언	격언			논어
266	보통조한	卷六	42	조선어	材木	텍스트	실업(임업)	목재와 용도(철도 침목)	실업	실업	설명	설명	정정 권4 제11과		정정 권4 제11과
267	보통조한	卷六	43	한문	漢文(怨天)	텍스트	실업(경제)	衣食의 중요성, 頑民과 怨天(성호사설)	실업	실업	논설	논설			성호사설
268	보통조한	卷六	44	조선어	火災	텍스트	화재의 위험성	화재 예방(번번치 않은 불에서 남)	식민(통치)	식민	논설	논설			
269	보통조한	卷六	45	한문	漢文(畵工良秀)	텍스트	화공 양수의 신념	불이 났을 때에도 불화(佛畵)를 먼저 구함	교훈	교훈	서사(일본)	서사			
270	보통조한	卷六	46	조선어	晝夜	텍스트	낮과 밤이 생기는 원리	낮과 밤의 원리, 지구의, 자전	과학	과학	설명	설명	정정 권2 제15과		정정 권2 제15과
271	보통조한	卷六	47	한문	漢文(晏子之御)	텍스트	안자의 수레를 모는 사람	제나라 상국이 된 안자의 수레를 몰던 사람의 부인의 지혜(의기)	교훈	교훈	서사(고사)	서사			사기

번호	책명	권수	과	분야	단원명	요소	주제	내용	성격1	성격2	문종1	문종2	출전	비고1	비고2
272	보통조한	卷六	48	조선어	小話三篇	텍스트	세 가지 이야기	'旅人과 熊', '나귀', '鹿의 自矜'	교훈	교훈	서사 (우화)	서사			
273	보통조한	卷六	49	한문	漢文	자료	사자성어	조삼모사, 다기망양	언어	언어	서사 (고사)	서사			열자
274	보통조한	卷六	50	조선어	論難과 爭鬪	텍스트	질서	논란은 무방하나 투쟁은 불가함	교훈	교훈	논설	논설		식민	
275	보통조한	卷六	51	한문	漢文(李退溪)	텍스트	역사(인물)	퇴계의 학문	역사 (조선)	역사	설명 (전기)	설명			
276	보통조한	卷六	52	조선어	寬大	텍스트	관대	송대 여몽정 고사: 자신을 비웃은 사람을 관대하게 대함	교훈	교훈	서사 (고사)	서사			
277	보통조한	卷六	53	한문	漢文(梁上君子)	텍스트	관대	후한 진식(陳寔)이 도둑을 풍자하여 도둑이 스스로 죄를 청함	교훈	교훈	서사 (고사)	서사			후한서
278	보통조한	卷六	54	조선어	講話會의 請邀文	텍스트	실업	실업강화회(일본 야마다고등상고 교수)에 초청하는 편지	실업	실업	편지	편지		식민	
279	보통조한	卷六	55	조선어	吾人의 衣服	텍스트	옷감의 종류	옷감의 종류와 근로	식민 (노동)	식민	논설	논설	정정 권3 제7과	식민	정정 권3 제7과
280	보통조한	卷六	56	한문	漢文(富山宜名)	텍스트	지리(일본--후지산)	후지산이라는 이름이 붙은 연유: 조엄 해유일기 (기행문)	지리 (일본)	지리	설명	설명		식민	조엄 해유일기
281	보통조한	卷六	57	조선어	人은 萬物의 長	텍스트	사람의 가치	사람은 만물의 영장	교훈	교훈	논설	논설			
282	보통조한	卷六	58	한문	漢文(李栗谷)	텍스트	역사(인물)	율곡 이이의 학문	역사 (조선)	역사	설명 (전기)	설명			격몽요결, 성학집요
283	보통조한	卷六	59	조선어	隣人은 四寸	텍스트	화목	이웃사촌, 친목, 상호부조	식민	식민	논설	논설		식민	
285	보통조한	卷六	60	한문	漢文	자료	정직	정직, 실인, 실업	교훈	교훈	격언	격언			논어
286	보통조한	卷六	61	조선어	植松	텍스트	실업(식림)	소나무 심기와 관련된 시가	실업 (식림)	실업	시가	시가			
287	보통조한	卷六	62	조선어	銀行	텍스트	검약(저축)	은행 이용법과 근면 저축	식민 (저축)	식민	대화체 논설	대화			
288	보통조한	卷六	63	한문	漢文(茶)	텍스트	실업	조선의 茶와 역사, 차 나무 장려	실업 (농업)	실업	설명	설명			
289	보통조한	卷六	64	조선어	儉約	텍스트	검약	일본인 도쿠가와 미루구니 일화: 종이 한 장이라도 아껴야 함	식민 (검약)	식민	서사적 논설	서사		일본	
290	보통조한	卷六	65	한문	漢文	자료	군자의 도리	취우지도 (取友)	교훈	교훈	격언	격언			공자가어, 藤森大雅

주해자 **허재영**

단국대학교 교육대학원 국어교육 전공 교수
국어 문법사를 전공하고, 국어 교육사 및 한국어 교육사, 근현대 한중일 지식 교류사 등을 중점적으로 연구해 왔다.
『우리말 연구와 문법교육의 역사』(2008, 보고사), 『일제강점기 교과서 정책과 조선어과 교과서』(2009, 경진출판), 『통감시대 어문교육과 교과서 침탈의 역사』(2010, 경진출판), 『일제강점기 어문정책과 어문생활』(2011, 경진출판), 『한국 근대의 학문론과 어문교육』(2013, 지식과교양) 등의 저서가 있으며, 한국학 중앙연구원 근대 총서 개발 책임자로 『한국 근현대 지식 유통 과정과 학문 형성·발전』(2019, 경진출판) 외 7종의 총서 개발, 한국연구재단 인문한국플러스 지원 사업 단장으로 『지식 생산의 기반과 메커니즘』(2019, 경진출판) 외 10종의 총서 개발을 진행하였다. 우리말 교과서와 독본 연구, 지식 교류 차원에서 다수의 자료를 발굴하고 주해하는 작업을 진행하였으며, 그 과정에서 『주해 유몽천자』(2018, 경진출판) 등의 주해 및 번역 작업을 진행하기도 하였다. 2022년 7월부터 2024년 6월까지 단국대학교 교육대학원장을 역임하였고, 2023년 1월부터 2024년 12월까지 한국사회언어학회 회장을 맡았다. 국립국어원의 '중앙 행정기관의 전문용어 개선 지원 및 순화어 정비 연구' 등 용역 사업을 맡아 진행하였으며, 한국의 언어정책과 사회언어학에 대한 다수의 논문을 발표하기도 하였다.

(일제강점기 제1차 조선교육령기)
주해 보통학교 조선어급한문독본

© 허재영

1판 1쇄 인쇄_2024년 12월 15일
1판 1쇄 발행_2024년 12월 25일

주해자_허재영
펴낸이_양정섭

펴낸곳_경진출판
　　　등록_제2010-000004호
　　　이메일_mykyungjin@daum.net
　　　스마트스토어_https://smartstore.naver.com/kyungjinpub
　　　사업장주소_서울특별시 금천구 시흥대로 57길17(시흥동, 영광빌딩), 203호
　　　전화_070-7550-7776 **팩스**_02-806-7282

값 30,000원
ISBN 979-11-93985-41-0 93370